Erwein Lobkowicz

Erinnerungen an die Monarchie

Erwein Lobkowicz

Erinnerungen an die Monarchie

Amalthea

Umschlag und Herstellung:
Verlagsservice Dr. Helmut Neuberger und
Karl Schaumann, Heimstetten
Umschlagfoto: Sammlung Prof. Kurt Stümpfl
Satz: Fotosatz Völkl, Germering
Gesetzt aus 10/12 Punkt Aldus
Druck und Bindung: Wiener Verlag, Himberg bei Wien
Printed in Austria 1989
ISBN 3-85002-276-5

Inhalt

Vorwort

Prinz Maria Erwein Karl Petrus von Alcantara Romanus Damianus Balthasar von Lobkowicz aus dem Hause Unterbeřkovic wurde am 28. Februar 1887 zu Prag geboren, heiratete zu Vukovár in Slowenien am 17. Mai 1923 Antoinette (»Netta«) Gräfin und Edle Herrin von und zu Eltz genannt Faust von Stromberg und starb nach einem erfüllten Leben am 28. August 1965 zu Stepperg bei Neuburg an der Donau. Er war, um nur das Wichtigste hervorzuheben, k. u. k. Kämmerer, Gesandter a. D., Rittmeister i. R., Bailli und Justiz-Großkreuzritter des Konstantin-Ordens von St. Georg sowie Ehren- und Devotions-Großkreuzritter des Souveränen Malteser-Ritterordens.

Hauptsächlich in den Jahren um 1930 hat Erwein Lobkowicz aus Briefen und Tagebuchnotizen Erinnerungen aus seiner Jugend bis zum Ende der Monarchie im Jahre 1918 zusammengestellt und teils seinen Schwestern, teils seiner Frau diktiert. Nach seinem Tode wurde das Manuskript im Auftrag seiner Witwe von seinem Großneffen Karl-Josef Freiherrn von Ketteler für die Veröffentlichung bearbeitet.

Besonderer Dank für die großzügige Hilfe bei der Bearbeitung gebührt den Damen und Herren des Heeresgeschichtlichen Museums in Wien, vor allem Hofrat Dr. Kaindl und Herrn Enne. Vieles im Zusammenhang mit Laxenburg wäre unklar geblieben ohne die wertvolle und überaus liebenswürdige Mithilfe von Frau Dr. Elisabeth Springer vom Österreichischen Haus-, Hof- und Staatsarchiv, Wien. Hilfreich beigetragen haben auch das Bayerische Hauptstaatsarchiv – Geheimes Haus- und Kriegsarchiv – und das Deutsche Museum in München, wobei besonders Herrn Dipl.-Ing. H. D. Lehmann für seine Fotos zu danken ist. Herr Heinz Urban vom Museum für Zeppelingeschichte in Friedrichshafen und das

Sudetendeutsche Archiv in München haben dem Bearbeiter mit Rat und Tat geholfen. Zu danken ist ferner Frau Veronika Kaul-Hraba in Nürnberg für ihre Recherchen in Prag, Herrn Dr. v. Looz-Corswaren vom Stadtarchiv Düsseldorf und Herrn Kustos Dr. Heppe vom Stadtmuseum Düsseldorf für ihre großzügige Unterstützung. Ungemein aufschlußreich waren die Hinweise und Mitteilungen zum kaiserlichen Schmuck von Frau Dr. Marquardt, Bochum, und Herrn Tillander, Helsinki, denen der Bearbeiter großen Dank schuldet. Ganz besonders aber sei gedankt allen Verwandten, Freunden und Bekannten, welche die ständigen Fragen erdulden mußten und dennoch bereitwillig Auskunft gaben; sie sind zu zahlreich, um sie hier einzeln aufzuführen. Einen aber muß ich nennen: Meinen Bruder Wilhelm Emanuel, ohne dessen elektronische Nachtarbeit die große Zahl von Namen nicht zu einem Personenregister hätte verarbeitet werden können.

Zwischen dem, was Erwein Lobkowicz niedergeschrieben hat, und seinen heutigen Lesern liegen nicht nur mehr als zwei Generationen, sondern auch ein gesellschaftlicher Umbruch, wie es ihn in Europa seit dem Dreißigjährigen Krieg nicht mehr gegeben hat. Traditionen sind abgerissen, und die Sprache hat sich grundlegend gewandelt, insbesondere in der Bedeutung einzelner Wörter und in den mit ihnen verbundenen Assoziationen. Daraus folgt, daß vieles in den hier vorgelegten Erinnerungen mißverstanden werden kann, so daß solche Formulierungen eigentlich in eine »moderne« Sprache hätten übertragen werden müssen. Das jedoch hätte den Charakter dieses Werkes völlig verändert; ein solcher Eingriff ist nicht zulässig.

Erwein Lobkowicz hatte zwar an eine Veröffentlichung seiner Erinnerungen gedacht, niedergeschrieben hat er sie jedoch zunächst für seine engere Verwandtschaft. Dabei hat er die in seiner Gesellschaftsschicht übliche Umgangssprache benutzt, ohne sie in sogenanntes Schriftdeutsch umzuformen. Die so entstandenen Satzungetüme von teils mehr als einer halben Seite sind bei der Bearbeitung getrennt worden, wobei strikt darauf geachtet wurde, Terminologie und Diktion des Autors nicht anzutasten. Wo in wenigen Fällen Kürzungen, Umstellungen oder neue Formulierungen notwendig waren, wurde ausschließlich das »Lobkowiczische« Vokabular verwendet. Im Hinblick auf seine »Zielgruppe«, wie man heute sagen würde, hat der Autor auch umfangreiche Passagen der Genealogie und den Krankheitsgeschichten einzelner Personen gewidmet, die bei der Bearbeitung entfallen mußten; nur so war es möglich, die Gesamtmenge des Textes auf ein dem Leser zumutbares Volumen zurückzuführen. Aus diesem Grund wurde auch darauf verzichtet, zu den meisten der von Prinz Lobkowicz genannten, zahlreichen Personen deren Lebensdaten zu nennen. Überhaupt wurden genealogische Angaben nur dort belassen, wo sie zum Verständnis der Zusammenhänge erforderlich sind.

In den Anmerkungen wurde so sparsam wie möglich versucht, solche Gegebenheiten zu erläutern, deren Verständnis der Autor bei seinen Lesern voraussetzte, was aber auf heutige Leser in der Regel nicht mehr zutreffen kann. Begriffe, die uns heute fremd geworden sind, wurden in einem Glossar zusammengefaßt. Ein Namen- und ein Ortsregister sind angefügt, von einem Sachregister wurde abgesehen.

Ein Hinweis erscheint angebracht: Erwein Lobkowicz hatte einen besonderen Sinn für das Absurde, für das unfreiwillig Komische – aber er überläßt es weitgehend dem Leser, solche Situationen zu erkennen; für einen Leser des ausgehenden 20. Jahrhunderts ist das nicht immer ganz einfach. Was heute wie oberflächliches Salongeplauder anmutet, ist tatsächlich eine exakte Darstellung des Vorgefundenen, jedoch in einer Sprache, für deren Nuancen uns das Gespür fehlt. Hinzu kommt, daß Emotionen grundsätzlich verschwiegen oder bestenfalls taktvoll unter ironischen Formulierungen scheinbar verborgen werden. Nicht zuletzt aus diesem Grund verwendet Erwein Lobkowicz so oft Begriffe und Redewendungen aus der Welt des Theaters. Und schließlich entstammte Prinz Lobkowicz einer Gesellschaft, deren lebendiges und gelebtes Geschichtsbewußtsein ungebrochen war und weit in die Jahrhunderte zurückreichte, in der Geschichte als Familiengeschichte verstanden wurde und dank riesiger Archive auch so verstanden werden konnte. Eine solche Gesellschaft steht den Aufregungen des kurzen Alltags gelassen, oft gelangweilt und manchmal auch verständnislos gegenüber; gerade letzteres hat wohl zu ihrem Untergang beigetragen.

Karl-Josef von Ketteler

1.
Von verbrannten Brillanten, erschossenen Tanten und Beethovens Eroica

Großmama Zdenka war eine strenge Frau. Wir Kinder, besonders die älteren, hatten sie trotzdem sehr gern. In unserer Kindheit waren unsere Hände, insbesondere die Fingernägel, immer ein Stein des Anstoßes. Wehe, wenn eines ihrer Enkel nicht mit tadellos gewaschenen Händen im Salon erschien! Da konnte sie ganz ernst zanken. Doch haben wir ihr – meist französisches – Vorlesen und Geschichtenerzählen immer sehr genossen.
Großmama Zdenka Lobkowicz, geboren am 4.10.1828, hatte im Jahre 48 meinen Großvater Josef, den 25 Jahre älteren Vetter ihrer Mutter, geheiratet, der sie zeitlebens auf Händen trug und sie sehr verwöhnte. Das war wohl der Grund, daß sie bis in ihr hohes Alter – sie starb am 25. Februar 1917, mit beinahe 89 Jahren – ihre sehr zahlreiche Deszendenz mehr weniger[1)] tyrannisierte.
Sie trennte sich stets sehr ungern und äußerst selten von ihrem Fauteuil in ihrem Salon in Beřkovic. Nur in den Jahren, da Onkel Fede – er hatte 1883 Gräfin Ida Podstatzky geheiratet – mit seiner Familie für einige Wintermonate in die Stadt nach Prag ging, bezog auch Großmama ihre Wohnung in der Prager Hybernergasse.[2)] In Beřkovic hatte sie zwar auch ein eigenes Appartement mit Kammerjungfer, Diener und Kutscher, doch nicht ihren eigenen Haushalt. Von ihrem Fauteuil übte sie durch rege Korrespondenz mit ihren Töchtern und Schwiegertöchtern wohl oft unbewußt durch Jahrzehnte ihre liebevolle Tyrannis aus. Ihrer mit flotter Handschrift auf goldgelbem Papier verfaßten Briefe gibt es Legionen.
Ihre drei Söhne hatten bei ihrer Mutter eine ganz eigene Stellung und wurden, wenn man so sagen kann, stets in Ruhe gelassen. Meine Mutter war bei Großmama immer sehr in Gnade. Ungleich schwerer hatte es Tante Ida, die eigentliche Hausfrau in Beřkovic. Durch nahezu dreißig Jahre durfte kaum etwas, sei es im Haus oder

im Garten, geändert werden, das an die Zeit von Großpapa erinnerte. Da er sowohl das Schloß ganz umgebaut als auch den Garten geschaffen hatte, war Tante Idas Wirkungskreis sehr beengt. Onkel Fede verhielt sich da meist passiv, teils um aus althergebrachter Gewohnheit Großmama herrschen zu lassen, teils wohl auch – er beschäftigte sich viel mit Politik und Angelegenheiten des öffentlichen Wohls – aus Mangel an Interesse an derlei Dingen. Erst in den letzten Jahren, als Großmama immer weniger am gemeinsamen Leben teilnahm, konnte Tante Ida sehr vorsichtig die im Laufe der Jahre durch Alter oder Mode immer notwendiger werdenden Änderungen vornehmen.

Auch Großmamas Töchter – Josefine (»Schossa«) Arco, Elisabeth Morsey, Gabi Kerssenbrock und die »Pittln« genannten Zwillinge Rosa Gudenus und Anna Wrede (ihre älteste Tochter Berta Brühl war sehr früh gestorben) – und ihre dritte Schwiegertochter Irma, geb. Palffy, die Frau Onkel Augusts[3)], taten sich nicht immer leicht mit ihr. Meist handelte es sich da um's geistige oder leibliche Wohl der zahlreichen Enkelkinder. Diesbezügliche Mängel wurden von Großmama den betreffenden Müttern teils schriftlich, aber auch mündlich schonungslos mitgeteilt und gerügt. Infolgedessen herrschte in Großmamas Salon bei Vorführung der Sprößlinge bei den Eltern immer eine ziemliche Nervosität.

Großmama war eine außerordentlich gebildete und geistvolle Frau, die ihre Besucher stets faszinieren konnte, auch durch ihre Belesenheit verblüffte. Sie hielt sehr darauf, daß man besonders in der Geschichte beschlagen sei. Ihre Kinder behaupteten, daß sie mit jedem neuen Bekannten eine Art Prüfung vorzunehmen pflegte. Sie nannten das scherzweise die »Palimpsestenprüfung«. Wisse der Betreffende nicht, was Palimpsesten oder ähnlich ausgefallene wissenschaftliche Bezeichnungen bedeuteten, werde er in Acht und Bann getan und als ungebildet bezeichnet. Ich hatte wohl diese Prüfung günstig bestanden, da Großmama zumindest mit meinen geschichtlichen Kenntnissen zufrieden war.

Das Rauchen war in Großmamas Umgebung ganz verpönt und ich glaube nicht, daß seit Großpapas Tod jemand versucht hat, in ihrer Gegenwart diesem Laster zu frönen. Großpapa hatte es zwar gewagt, doch mußte er zu diesem Behufe sehr lange Pfeifen oder Zigarrenspitzen benutzen. Mit diesen saß er dann nahe am Kamin und hielt sein Rauchzeug in die Feueröffnung. Im Freien mußte er sich stets mit seiner Pfeife, wie man sagt, unterm Wind aufhalten. Für meine Onkeln – mein Vater war Nichtraucher – war's recht hart, mit ihren Zigarren immer warten zu müssen, bis Großmama sich zurückgezogen hatte. Freilich spielten damals sogenannte Rauchzimmer noch eine Rolle. Dahin konnten sich die Herren absentieren, wenn rauchende Gäste anwesend waren. Als meine Generation in die Raucherjahre kam, nahm Großmama nicht mehr regelmäßig an allen Mahlzeiten teil oder zog sich wenigstens gleich nach diesen in ihren Salon zurück. So mußten wir nur bei gelegentlichen Besuchen unsere Glimmstengel in ihrem Vorzimmer ablegen; zu diesem Zweck war stets ein Aschenbecher dort bereitgestellt.

Großmamas Hauptbeschäftigung bildete das Stricken. Alljährlich fabrizierte sie Hunderte von Schals, Strümpfen und Pulswärmern – sogenannte Stützln – und anderes, hauptsächlich für die Armen. Aber auch die Rekruten ihrer Militärssöhne wurden stets mit Stützln bedacht. Ihre Vorräte waren in großen Truhen, sogenannten Kampferkisten[4)], aufbewahrt. Abends wurden meist illustrierte Zeitungen ausgeschnitten, doch weiß ich nicht recht, was mit den Stößen der in Schachteln geordneten Bilder geschah.

In ihren letzten zwanzig Jahren litt die alte Frau an recht merkwürdigen Anfällen, in denen sie für Augenblicke das Bewußtsein verlor. Sie wiederholten sich oft einige Male im Tag. Es sollen minimale Blutaustritte im Gehirn gewesen sein. Man durfte nie davon Notiz nehmen und mußte ruhig im Vorlesen, Patiencenlegen oder Konversationmachen fortfahren, um Großmama nicht zu beunruhigen. Beim Erwachen fragte sie manchmal, was los sei, doch meist schien sie es selbst nicht zu bemerken, da sie den begonnenen Satz richtig beendete. Auf einen uneingeweihten Besucher konnten diese Anfälle recht erschreckend wirken – Großmama verdrehte dabei ganz unheimlich die Augen, verzog den Mund und schnalzte mit den Lippen und machte mit den Händen krampfartige Bewegungen. Oft waren aber diese Absencen so kurz, daß man sie nur bemerken konnte, wenn man gerade hinsah.

Sehr ausgeprägt war Großmamas Ordnungsliebe. In früheren Jahren war es ihr sehr unangenehm, auch nur einen Tag mit der Beant-

wortung eines Briefes zu warten, nicht gleich eine Rechnung zu bezahlen, oder was immer es sei unerledigt zu lassen. Ihre Wohnräume waren stets sauber aufgeräumt, jeder Gegenstand darin hatte seinen genau vorgeschriebenen Platz. Besonders die ungezählten Photographien, Schalen und Schälchen, Lineale, Aufschneidmesser, Scheren, Bleistifte, kurz alles auf ihrem Schreibtisch und den Etageren und Tischen rings um ihren Fauteuil war auf's Peinlichste geordnet und lag stets in Reih' und Glied da. Das artete in ihrem Alter in eine nahezu krankhafte Pedanterie aus. Es war erstaunlich, wie sie – trotz ihrer schwachen Augen – sofort jede Veränderung dieser althergebrachten Ordnung bemerkte. Die kleinste Verschiebung eines Gegenstandes in ihrer Umgebung machte sie unglücklich. Stets war sie daran, etwas zurechtzurücken oder bat uns es zu tun. Dann konnte sie sehr ungeduldig werden, wenn es nicht gelingen wollte, den unbotmäßigen Gegenstand auf den vermeintlich richtigen Platz zu rücken.
Einmal – es war kurz vor dem Weltkrieg 1914 – schickte Großmama ihren berühmten Diener Karl zu meiner Mutter, deren Zimmer quer über dem Hof im Nebenhaus lag. Sie ließ sie bitten, ihr Fensterrouleau, das gegen die Mittagssonne herabgelassen war, entweder ganz bis zum Fensterbrett herunter zu ziehen oder aufzurollen, da Großmama der offen gelassene Spalt störe.
Sehr wichtig war's auch, die zahlreichen Bilder und Photographien in ihrem kleinen runden Schreibkabinett, dem sogenannten Türmerl, täglich gegen die Sonne mit Tüchern zu schützen. Diese mußten natürlich auch gerade hängen! Die Opfer dieses Ordnungssinnes in Großmamas letzten Jahren waren nebst ihrer Kammerjungfer Victorine, einem rührenden Wesen von abschreckender Häßlichkeit, ihre Enkelinnen, deren es immer einige in ihrer Umgebung gab. Meist waren es die Beřkovicer Cousinen Fannerl und Masi[5)], dann auch meine drei Schwestern.
Seit dem Anfang des Jahrhunderts gehörte auch eine Vorleserin zu Großmamas Umgebung. Ich erinnere mich an die Baronin Carnap und die Baronin Dürfeld und Fräulein Wiedemann. Ich fürchte, daß keine die Palimpsestenprüfung bestanden hat! Einst wurde von einer *Buhle* gelesen. Auf Großmamas Frage, ob die Betreffende wisse, was das sei, wurde geantwortet: »Ja, ja, die Goldene Bulle!«

Dasselbe Fräulein las zum Beispiel *Bombénkrl* und *Sáukrl* anstatt Bombenkerl und Saukerl. Auch las sie *vorbeireitendes Comité* statt vorbereitendes Comité. Großmama lachte sehr mit uns darüber, ohne es weiter die Vorleserin fühlen zu lassen, da sie im Grunde doch ein gutes Herz hatte. Es kam nicht vor, daß eine Bittschrift ohne Grund unberücksichtigt geblieben wäre. In Geldsachen war sie sehr genau, doch nicht kleinlich. Stets hatten die Patronatspfarrer erhebliche Summen an ihre Armen zu verteilen.

Bis zu ihrem Tode hatte sich Großmama ein unglaubliches Gedächtnis bewahrt; freilich erstreckte sich ihre Erinnerung mehr auf weiter zurückliegende Zeiten als auf jüngere Geschehnisse. Einmal an einem Winterabend in Prag, als ich sie nach einem längeren Besuch verlassen wollte – sie hatte viel aus ihrer Jugend erzählt – wurde Großmama ganz aufgeregt: Ich könne doch nicht jetzt, bei dieser Finsternis, zu Fuß durch die Stadt gehen! Man merkte, es schwebte ihr die primitive Stadtbeleuchtung alter Zeiten vor.

Besonders fesselnd konnte Großmama vom Revolutionsjahr 1848 erzählen. Sie hatte, wie schon gesagt, am 11. Mai jenes Jahres in Wien Großpapa Josef geheiratet, der zu jener Zeit Generalmajor und zum Kommandanten der Prager Nationalgarde ernannt worden war. Schon am 10. Juni fand in Prag die erste Beseda, der große böhmische Repräsentationsball statt, bei dem das neuvermählte Paar erscheinen mußte. Die Stadt war schon seit Monaten der Schauplatz arger Ausschreitungen, und auch diesmal befürchtete man Demonstrationen gegen den unbeliebten kommandierenden General, Feldmarschall Fürst Windisch-Graetz. Alle Offiziere, so auch Großpapa, mußten bei diesem Fest scharfgeschliffene Säbel tragen. Trotz einer recht ungemütlichen Stimmung verlief der Ball aber ganz ruhig.

Fünfzig Jahre später überbrachte eine Abordnung der alljährlich abgehaltenen »Národní Beseda« Großmama, der letzten Überlebenden dieses historischen Festes, ein prächtiges Blumenarrangement mit einer Einladung zum Jubiläumsball; leider konnte sie sich nicht entschließen, daran teilzunehmen. Sie erlebte dann noch das 60. und beinahe das 70. Besedajubiläum.

Pfingstmontag 1848 ging, wie Großmama erzählte, der Aufruhr richtig los. An diesem Nachmittag wurde die Gattin des Feldmarschalls, Eleonore Windisch-Graetz, geb. Schwarzenberg – sie war

die Schwester von Großmamas Mutter – meuchlings erschossen; der Schuß soll dem Fürsten gegolten haben, doch ihr grauer, rot gesäumter Schlafrock, der einem Generalsrock ähnlich war, wurde ihr zum Verhängnis. Ihre Schwester, Fürstin Caroline Bretzenheim, fragte Tante Eleonore, als sie eben ans Fenster trat, um ihrem Mann nachzublicken, der vor dem Tor des Generalkommandos die Menge zu beschwichtigen suchte: »Bist Du nicht besorgt, daß Alfred etwas geschieht?« Sie antwortete: »Nein, er tut ja seine Pflicht!« Da traf sie die tödliche Kugel in den Kopf.
In der Nacht zum 15. Juli zog sich der Feldmarschall mit seinen Truppen auf die Kleinseite und den Hradschin zurück, um von dort aus die aufständische Stadt niederzuzwingen. Es war ein trauriger Zug, in dessen Mitte unter anderen auch Großmama in einem Wagen fuhr, der sich durch die finsteren Straßen bewegte. Er führte die Leiche der Fürstin Windisch-Graetz und ihren schwer verwundeten ältesten Sohn, Großmamas späteren Schwager Alfred, mit hinauf zur Burg.
Auch meine Großmutter Schönborn war in diesen kritischen Tagen auf den Hradschin geflohen und hatte von Gräfin Franziska Eltz drei Zimmer auf der Burg für sich und ihre Familie zur Verfügung erhalten. Franziska Eltz (1780–1854), die Schwester von Nettas Urgroßvater Johann Jakob, war Stiftsdame des Theresianischen adeligen Damenstifts am Hradschin und Obersthofmeisterin der Erzherzogin Marie, der Tochter Erzherzog Karls, die Äbtissin des Stifts war. Die Unterkunft war recht primitiv, alles schlief auf Divans und Kanapees. Das Essen wurde aus dem Schönborn'schen Palais heraufgetragen. Tante Anna Gudenus, Mamas älteste Schwester, die damals 3 Jahre alt war, erzählte uns, sie sei mit ihren Geschwistern eben bei ihrem Abendbrei gesessen, als es plötzlich hieß: Alles soll auf den Hradschin! Das Kindermädchen Nina Podlaha, auf die ich mich noch gut erinnere, habe einfach alle Löffel der Kinder durch ihren Mund gezogen, um sie so rasch gesäubert in ihrer Rocktasche mit auf die Flucht zu nehmen.
Auf die Thronbesteigung Kaiser Franz Josephs in Olmütz, die Großmama Zdenka (Lobkowicz) im gleichen Jahr mitmachte, komme ich noch zurück. Später, es war am 5. April 1852 in Wien, wurde Großmama von einem Ball weg zum Sterbebett ihres Onkels Felix

Schwarzenberg, des Bruders ihrer Mutter, erster Minister des Äußeren Kaiser Franz Josephs, gerufen, der ganz plötzlich gestorben war. Angesichts der Leiche ihres geliebten, sehr bewunderten Onkels war Großmama ihr Ballkleid mit dem damals modernen Kopfputz, einem Fes mit langen Troddeln, traurig peinlich. Eine prachtvolle hellblaue, schwer in Silber gestickte Courschleppe[6], die uns einmal in Beřkovic gezeigt wurde, erinnerte an die Hochzeit Kaiser Franz Josefs mit seiner erst 16jährigen liebreizenden Cousine, Herzogin Elisabeth in Bayern, im Jahre 1854 in Wien. Großmama hat dieses Prunkgewand nur damals getragen. Großpapa bekleidete für kurze Zeit das Amt eines Obersthofmeisters bei der jungen Kaiserin.

Auch von Kaiser Ferdinand dem Gütigen, der wohl auch Gutinand der Fertige genannt wurde, erzählte Großmama oft. Nach seiner Abdankung residierte er mit seiner Frau, der heiligmäßigen Kaiserin Marianne, auf der Prager Burg. Bekanntlich waren seine Geisteskräfte sehr bescheiden zu nennen. Großmama fragte er einmal: »Bitt', Fürstin Lobkowicz, reiten's wie die Herren oder wie die Damen?« – für die damalige Zeit eine komische Frage, da es für Damen ein Reiten im Herrensitz zu der Zeit nicht gab. Von Tante Anna (Gox) Lobkowicz ließ er sich die Namen ihrer Töchter aufzählen. Vom Namen der ältesten, Berta, meinte er: »Nach der Fürstin Lobkowicz!«, bei Fanny: »Nach der Fürstin Liechtenstein!«, bei der damals jüngsten, Maria, Nettas Mutter: »A, das ist schon eine Unterhaltung!« Gelegentlich einer Reise Kaiser Ferdinands durch Beřkovic wurden auch die Kinder auf die Bahn gebracht, um ihm vorgestellt zu werden. Mein Vater erinnerte sich noch gut des ungeheuer häßlichen alten Herrn, der mit seiner großen Habsburgerlippe jedem der Kinder einen schallenden Kuß applizierte und stumm auf seine Wange wies, wo er geküßt sein wollte. Nach dem verlorenen Krieg im Jahre 1866 soll er recht philosophisch gemeint haben: »Das hätten Wir a noch 'troffen!«

Solcher Geschichten gab's noch eine Menge. Aus ihrer frühen Kindheit erzählte Großmama, daß sie in Salzburg einmal die Witwe Mozarts, Konstanze Weber, begegnet habe. Diese hätte einen stummen Hund besessen.

Über die Kindheit und Jugend Großpapas wissen wir nur wenig.

Am 17. Februar 1803 geboren, war er der dritte Sohn des ersten Herzogs von Raudnitz Josef Franz Maximilian Fürst von Lobkowicz und der Prinzessin Caroline Schwarzenberg (* 1775), der Schwester des Siegers von Leipzig. Großpapa Josef verlor beide Eltern im Jahre 1816, die Mutter am 24. Januar, den Vater am 15. Dezember.
Die letzten Lebensjahre seiner jung verstorbenen Eltern waren durch einen argen finanziellen Zusammenbruch umdüstert. Die Not war so groß, daß Fürst Schwarzenberg, nach der Schlacht bei Leipzig von Kaiser Franz aufgefordert, eine Gnade zu verlangen, um eine Unterstützung für seine Schwester Lobkowicz bat.
Großpapa erzählte von seinem Vater, dieser habe eine recht freudlose Jugend gehabt. Er sei von seinen Eltern täglich nur zum Gutenachtkuß empfangen worden und hätte zu dieser Audienz immer in Begleitung seines Präzeptors[7] mit Perücke und Degen erscheinen müssen.
Aus seiner eigenen Jugend erinnerte sich Großpapa der berühmten Hochzeit seiner älteren Schwester Gabriele (* 1793, † 1863) mit dem Prinzen Vincenz Auersperg, dem Stammvater der böhmischen Linie (Zleb), im Jahre 1811 in Raudnitz. Die Feste dauerten 14 Tage und kosteten die enorme Summe von über einer Million Gulden. Täglich wurden auf der Schloßbühne Opern und Komödien aufgeführt, zu welchem Behufe die berühmtesten Musiker und Künstler der Wiener, Münchener und Dresdener Hoftheater aufgenommen waren, darunter der Sänger Sibboni und die Schwestern Caroline und Anna Vranitzki.[8] Die Bilder aller dieser damaligen Koryphäen sind noch in Raudnitz zu sehen.[9] Laut einer Chronik des dortigen Schlosses wurden im Laufe dieser Feste an die 10000 Menschen gespeist, und auf den zahlreichen Jagden dreieinhalbtausend Stück Wild erlegt. Eine der vielen Programmnummern war eine Hasenjagd, bei der das Wild in Kostüme gesteckt worden war. Doch sagte Großpapa, daß die Strecke dieser schweißigen, als Harlekine, Rokokodamen oder Clowns verkleideten armen Hasen ihm einen sehr peinlichen Eindruck gemacht habe. Eine andere Unterhaltung war eine Eierschlacht, bei der die Hochzeitsgesellschaft in zwei Parteien geteilt war. Eine hatte das Schloß anzugreifen und die andere es zu verteidigen. Es wurden solche Massen verschossen, daß tagelang in der ganzen Gegend keine Eier erhältlich waren.

Der Hauptgrund der Verarmung meines Urgroßvaters war der allgemeine Finanzkrach der Monarchie nach den unglücklichen Kriegen in den Jahren 1809 und 1810[10], und auch die Errichtung eines Lobkowiczischen Landwehrbataillons im Jahre 1809, das Unsummen verschlungen haben soll. Freilich war das erwähnte Hochzeitsfest wohl der Schlußstein zu seinem definitiven Ruin.
Urgroßvater Josef Franz war ein großer Musikliebhaber, er soll schon als Kind sehr gut Violine gespielt haben. Als sein Vater, der erst nach langem Sträuben endlich den Violinunterricht gestattet hatte, der ersten Stunde beiwohnte, mußte das Kind viel Geschicklichkeit aufwenden, um vor dem gestrengen Vater seine insgeheim erlernten Kenntnisse zu verbergen! Später unterstützte Josef Franz mit namhaften Mitteln die Wiener Hofoper, auch Beethoven war lange sein Pensionär. Aus Dankbarkeit wurde die Eroica im Jahre 1804 im Saal des Wiener Lobkowiczischen Palais uraufgeführt und, laut einer Familientradition, meinem Urgroßvater gewidmet. Er unterhielt ein ständiges Orchester, dessen meist hervorragende Instrumente, wie eine Stradivari-Violine und etliche Steiner-Geigen, auch die einzige bekannte Baßgeige dieses Instrumentenmachers, im Raudnitzer Musikalienmuseum verwahrt wurden.
Über eine militärische Tätigkeit des Urgroßvaters konnte ich nie etwas erfahren, auch nicht über Aktionen des von ihm aufgestellten Bataillons. Einige Ausrüstungsstücke dieser Truppe befanden sich im Raudnitzer Waffenmuseum. Josef Franz bekleidete den Rang eines Generalmajors; wegen seines Fußleidens mußte er sich, wenn er zu Pferde stieg, immer an den Sattel schnallen lassen.
Einen ganz interessanten Einblick in die damalige Herrenmode gibt ein Garderobeninventar meines Urgroßvaters, das ich im Raudnitzer Archiv fand; es ist ein recht ansehnliches Heft.[11] Da gab es sogenannte Staatsröcke mit dazu passenden Hosen in allen Farben, in Samt und Atlas, mit schönen Knöpfen verziert, noch ganz in der Art des 18. Jahrhunderts. Dann waren da viele Familienjagduniformen, darunter die eigene Lobkowiczische, die Eszterhazysche, eine Liechtensteinische und andere. Aber auch das 19. Jahrhundert ist durch blaue und grüne Fräcke mit gelben und grauen, sogenannten Nanking-Hosen[12] vertreten.
Nach dem frühen Tod der Urgroßeltern wurden ihre Kinder bei Ver-

wandten verteilt. Nur die beiden älteren Schwestern Großpapas waren schon verheiratet, Gabriele seit 1811 mit Vincenz Auersperg (die Hochzeit wurde bereits erwähnt), der nach neun Monaten starb und Eleonore (* 1795, † 1876) seit 1812 mit dem Fürsten Weriant Windisch-Graetz, dem Bruder des Feldmarschalls; Großpapa kam zu seiner verwitweten Schwester Auersperg. Er trat früh in die Armee ein und diente bei den Konstantinkürassieren, den späteren 8er Dragonern; Rittmeister wurde er beim 1. Husarenregiment. Aus dieser Zeit stammt ein von uns oft zitierter Ausspruch eines seiner Kameraden, des Grafen Gustl Meraviglia: »Früh reit' ich, abends reit' ich, in der Mitte kutschier' ich!« Damals entstand ein Bild Großvaters von Amerling.[13] Es ist aus einem Familien-Gruppenbild herausgeschnitten, das der Maler vernichtet haben soll aus Ärger darüber, daß ihm das Portrait von Tante Zdenka Pálffy, Großpapas jüngster Schwester, nicht gelungen war.
Gelegentlich der Münchengrätzer Monarchen-Zusammenkunft im Jahre 1834[14] rückte Großpapa als Major der 9. Husaren mit dem Regiment bei Jungbunzlau aus. Als Kaiser Nikolaus von Rußland, der Inhaber des Regiments, das Ergreifen der Säbel kommandieren wollte, um die Husaren Kaiser Franz vorzuführen, wandte er sich an den neben ihm stehenden Stabsoffizier – meinen Großvater – mit den Worten: »Herr Obristwachtmeister, lassen Sie das Gewehr heben!«[15]
Ein großes Gemälde von Zellenberg[16] zeigt Großpapa 1843 mit Teilen seines Regiments, den 5. Cheveaux-legers, den späteren 10er Dragonern. Es stellt eine Musterung des Regiments durch seinen Inhaber und Brigadier, den Fürsten Karl Liechtenstein, in der Wiener Stiftskaserne dar. Wie lange mein Großvater das Regiment kommandierte, weiß ich nicht. Im Jahre '48 finden wir ihn, wie schon gesagt, kurze Zeit an der Spitze der Prager Nationalgarden, danach wird er vom Feldmarschall Windisch-Graetz mit dem hochwichtigen Posten eines Generaladjutanten und Kommandanten des Allerhöchsten Hoflagers bei Kaiser Ferdinand betraut. Er ist persönlich dafür verantwortlich, daß dem Kaiser durch die neuen Machthaber keinerlei weitere Konzessionen abgerungen würden. Er hatte die Reise der kaiserlichen Familie nach Olmütz zu leiten und ritt auf dieser Flucht eine lange Wegstrecke am Wagenschlag des Kaisers;

im Raudnitzer Archiv befanden sich interessante Aufzeichnungen über diese Tage. Siebzig Jahre später war sein Sohn, mein Vater, in derselben Stellung; auch er hatte seinen Kaiser auf der Flucht zu begleiten – nur führte dieser Weg in die Verbannung und den Tod seines Herrn![17]
Nach der Abdikation Kaiser Ferdinands wurde Großpapa von Felix Schwarzenberg, dem neuen Minister des Äußeren, in diplomatischer Mission zu Kaiser Nikolaus nach Petersburg gesandt, um russische Truppen gegen die aufständischen Ungarn zu erbitten.[18] Später kommandierte er im ungarischen Feldzug eine Division und wurde mit dem eben gestifteten Militärverdienstkreuz ausgezeichnet. Außerdem erhielt er für seine Verdienste als Generaladjutant vom jungen Kaiser Franz Joseph das Kommandeurkreuz des Leopoldordens. Am Abend vor seinem ganz plötzlichen Tod (18.III.1875) in Prag besuchte Großpapa eine Soiree. Als er danach seinen Orden ablegen wollte, zerfiel dieser ganz grundlos in mehrere Stücke. – 65 Jahre danach wurde mein Vater vom selben Kaiser mit dem gleichen Orden ausgezeichnet.
Seit 1852 war Großpapa 2. Inhaber der Kaiser-Ferdinand-Kürassiere, der späteren 4. Dragoner und bekleidete bis zu seiner Pensionierung als General der Kavallerie Ende der 50er Jahre den Posten eines Generalremontierungsinspektors, in welcher Stellung er sich große Verdienste um die österreichische Pferdezucht erwarb; schon Anfang der 30er Jahre hatte er zwecks Pferdekauf eine Reise nach Marokko unternommen.
In den letzten Dezennien seines Lebens widmete Großpapa sich ganz der Bewirtschaftung seiner Güter Beřkovic und Winteritz; Beřkovic hatte er von seinem ältesten Bruder Ferdinand, dem Majoratsherrn, in den 30er Jahren zur Abgeltung schuldiger Apanagen abgetreten erhalten, Winteritz hatte er von seinem Schwager Weriant Windisch-Graetz gekauft.
Das Beřkovicer Schloß, das wohl aus dem 15.–16. Jahrhundert stammte und im Dreißigjährigen Krieg in die Familie kam, wurde zu der Zeit größtenteils als Schüttboden verwendet. Erst in den 50er Jahren ließen es die Großeltern restaurieren, leider nach der damaligen Mode im Windsor-Stil. Großmama klagte jedoch immer darüber, daß der Baumeister in seinem Puritanismus zu weit gegangen

sei – er hatte alte gotische, mit Wappen gezierte Tür- und Fensterstöcke abschlagen lassen, um sie durch neugotische zu ersetzen!
Durch die Errichtung der ersten böhmischen Zuckerfabrik in Beřkovic erwarb Großpapa sich große Verdienste um die später so blühende Zuckerindustrie seines Vaterlandes.
Großmama Zdenka hatte testamentarisch verfügt, daß ihre gesamte Korrespondenz mit ihrem Mann nach ihrem Tode zu verbrennen sei. Damit sind sicher viele unschätzbare Dokumente, besonders für die Jahre 1848/49, für immer vernichtet worden.
Die folgenden Daten zum Leben von Großpapas Schwester Gabriele Auersperg, ihrer Eltern und Großeltern Lobkowicz sind einem in rotes Leder gebundenen, auf dem Deckel mit dem Lobkowiczischen Wappen bestickten Buch entnommen, das im Auerspergschen Archiv in Zleb verwahrt wurde; je eine Abschrift hatte das Raudnitzer Archiv bzw. habe ich.
Gabriele Auersperg geb. Lobkowicz soll zur Zeit des Wiener Kongresses zu den schönsten Frauen Wiens gezählt haben. Sie war, eben 21 Jahre alt, in der Fülle ihrer Jugend und Schönheit. Mit 18 Jahren hatte sie nach damaliger Sitte aus drei Bewerbern – dem Grafen Lazy Festetics, dem Fürsten Paul Eszterházy und dem Prinzen Vincenz Auersperg – den letzteren gewählt; wie sie selbst sagte, nicht aus Liebe, sondern nur, weil er ihr sympathischer war als die beiden anderen. Es wäre ihr nie in den Sinn gekommen, alle drei Bewerber auszuschlagen. »Wenn Gott einen Bewerber schickt«, meinte sie, »der den Eltern gefällt, muß man ihn nehmen – außer er flößt einem Widerwillen ein!«
Obwohl sie in den neun kurzen Monaten ihrer Ehe ganz zufrieden war, ist es begreiflich, daß man Tante Gabriele nach wenigen Jahren als Witwe wieder in der großen Wiener Welt findet. Besonders Kaiser Alexander von Rußland fühlte sich sehr zu ihr hingezogen, doch hatte sie in dem recht frivolen Damenkreis, der den ritterlichen und schönen Zaren umgab, einen schweren Stand. Dieser Kreis bestand aus den Beautées »Coquette« Caroline Szécheny, »Trivial« Sophie Zichy, »Étonnante« Rosine Eszterházy, »Céleste« Julie Zichy und »Du Diable« Gräfin Saurma, wie sie mit ihren Spitznamen genannt wurden.
Die Hauptakteure des Kongresses, Metternich und Gabrieles Onkel

Feldmarschall Schwarzenberg baten sie auf das Dringendste, den Kaiser ja nicht zu streng abzuweisen. Sie hatten allen Grund, ihren Gegenspieler in den schwierigen Kongreßverhandlungen bei guter Laune zu halten. Die Liebe Alexanders zu Gabriele Auersperg ging so weit, daß er sich allen Ernstes von seiner Gemahlin, der Kaiserin Elisabeth trennen wollte, um Gabriele zu heiraten! Eine offizielle Schlittenfahrt, bei welcher der Kaiser Tante Gabriele persönlich führte, war, wie sie ihrer Schwiegertochter erzählte, besonders dazu angetan, sie in den Augen des Publikums schlecht zu machen. »Soviele Menschen aus dem Fenster zusahen, so oft wurde mein guter Name zerrissen«, meinte sie damals. Von vorübergehenden Klatschereien abgesehen, wagte jedoch niemand, ihren tadellosen Ruf zu verunglimpfen.

Der beste Beweis von Tante Gabrieles guten Einfluß auf den Kaiser war die Dankbarkeit, welche die Zarin in der Zukunft für sie hegte. Alexander trennte sich nicht nur von seiner jahrelangen Freundin Nina Marischkin für immer, sondern näherte sich sogar sehr auffallend wieder seiner schönen Gemahlin. Auch später bewahrte Zar Alexander meiner Tante eine große Zuneigung. Sie sahen sich wohl zum letzten Mal im Jahre 1818 in Goldegg bei Gabrieles Adoptiv-Schwiegereltern, dem Fürsten Karl und dessen Frau Josephine Auersperg geb. Lobkowicz.[19)]

Viel Interessantes aus seiner Jugend hat der Kaiser meiner Tante erzählt. Da habe ihn seine Großmutter, die große Katharina, mit vier Jahren neben ein feuerndes Geschütz stellen lassen, um ihn abzuhärten! Seit dieser Zeit war er schwerhörig. Auch gedachte er der schweren Beschuldigung gegen seine Mutter, von der man sagte, sie habe um die Verschwörung gegen ihren Gatten, den Zaren Paul, gewußt. Kaiser Alexander habe gesagt, daß seine Mutter erst im letzten Moment davon erfahren hätte und ihren Mann durch eine Tapetentür retten wollte. Der unglückliche Zar aber hatte, in einem Anfall von krankhaftem Mißtrauen gegen seine Frau, am Tag zuvor diese Tür zumauern lassen!

Als nächste der Geschwister Großpapas kommen die schon genannte Eleonore, Fürstin (Weriant) Windisch-Graetz und der älteste Bruder Ferdinand (* 1797, † 1868), der im Jahre 1816 der 7. Fürst von Lobkowicz wurde; er vermählte sich 1826 mit Marie Prinzessin

Liechtenstein (* 1808, † 1871). Ferdinand scheint ein guter Mensch, doch recht wenig begabt gewesen zu sein. Im Schloß Enzowan sah ich große Gestelle, auf denen Reihen von Fläschchen standen. Das war der Rest der großen Erdsammlung Onkel Ferdinands – jedes Fläschchen enthielt Erde von einer Parzelle seiner Herrschaften. Seine energische Frau führte das Regiment.

Es folgt Onkel Hans (* 1799, † 1878), der Begründer des sogenannten Křimicer Astes der Familie, seit 1834 vermählt mit Gräfin Caroline Vrbna, die schon 1843 mit nur 28 Jahren starb. Als Onkel Hans während seiner Dienstzeit in der Armee Anfang der 30er Jahre des vorigen Jahrhunderts in einer Garnison in Südungarn war, bekam er mittels Staffette die Nachricht, daß er der Erbe des unvermählt gestorbenen letzten Grafen (Franz) Wrtby geworden sei. Der letzte Namensträger dieses alten böhmischen Geschlechtes, Besitzer sehr namhafter Latifundien in Böhmen, der mit unserer Familie gar nicht verwandt war, hatte nur aus Freundschaft zu meinem Urgroßvater Lobkowicz dessen Sohn – Onkel Hans – zum Erben bestimmt. Durch unglückliche Spekulation und eine sehr mangelhafte Führung wurde dieses riesige Vermögen schon innerhalb von fünf Dezennien verwirtschaftet. Einst wurden von der Stadt Berlin zur Pflasterung ihrer Straßen riesige Mengen Pflastersteine aus einem Konopišter Steinbruch bestellt; Schloß Konopišt war der Hauptsitz der Familie. Onkel Hans ordnete aus nicht ganz erklärlichen Gründen an, daß auf einer großen Anzahl dieser Steine das Lobkowiczische Wappen einzustanzen sei. Da aber die Maße der ganzen Bestellung bei Lieferung nicht stimmten, wurde sie zurückgewiesen; der Schaden war ungeheuer. Auf ähnliche Weise ging das leicht erworbene Vermögen zugrunde. Onkel Franz Lobkowicz, der Sohn des Wrtby-Erben, war gezwungen, die meisten Besitzungen zu verkaufen. Darunter auch Konopišt, welches der Thronfolger, Erzherzog Franz Ferdinand von Österreich Este, erwarb und zu einer prächtigen Residenz ausbaute.

Nach Großonkel Hans folgte Tante Therese, genannt Resy, geboren 1800, unvermählt gestorben 1868. Nach ihr kam mein Großvater, und auf diesen folgte Onkel Ludwig (* 1807, † 1882), vermählt 1837 mit Leopoldine Liechtenstein, der jüngeren Schwester der Frau seines ältesten Bruders. Er war in jüngeren Jahren Offizier und lebte

dann in Frischau und Meseritsch, Besitzungen seiner Frau in Mähren. Sein einziger Sohn war Onkel Rudolf.
Onkel Rudolf diente bei der Artillerie und beendete seine glänzende Karriere als Feldzeugmeister, Ritter des Goldenen Vlieses und Corpskommandant in Pest. Als alter Mann heiratete er die ehemalige Schauspielerin Frederike Kronau, Witwe des Freiherrn Leopold Edelsheim-Gyulai, seines Vorgängers auf dem Posten des kommandierenden Generals in Budapest. In den 60er Jahren war Onkel Rudolf Flügeladjutant des Kaisers Franz Joseph. Bei einer Hoftafel passierte ihm das von Corti in seinem Buch über Kaiserin Elisabeth berichtete Malheur, daß sein Zahnstocher, mit dem er spielte, bei der Suppe plötzlich über den Tisch schnellte und der Kaiserin in den Teller fiel. Diese will sich zuerst nichts anmerken lassen, doch endlich kann sie sich nicht mehr halten und schüttelt sich vor Lachen, so daß der Kaiser aufmerksam wird und sich nach dem Grund ihrer plötzlichen Heiterkeit erkundigt. Da sagt sie: »Ach weißt Du, mir ist etwas eingefallen!«
Tante Ludwiga Stadion, Rudolfs Schwester, erzählte, daß ihr Bruder in den 70er Jahren in diplomatischer Mission nach Rom gesandt worden und am italienischen Hof ganz als Vetter mit der größten Zuvorkommenheit empfangen worden sei. Nach Hause zurückgekehrt, hatte Rudolf dann viel über seine Erlebnisse und die gute Behandlung am Quirinal zu berichten und alles lauschte interessiert, bis seine Mutter, Tante Leopoldine, kurz von ihrer Stickerei aufsah und ihren Gefühlen mit dem nicht ganz diplomatischen Ausruf Luft machte: »Eine hübsche Schand', mit der Pakasch verwandt zu sein!« – sie konnte die Jahre 1859, 1866 und 1870 nicht vergessen.[20)]
Tante Anna (* 1809, † 1881) war die nächste Tochter der Urgroßeltern, vermählt 1827 mit dem Grafen Franz Harrach. Nach ihr kam als jüngste Tochter und vorletztes Kind Tante Zdenka (* 1812, † 1880), die 1832 Leopold Graf Pálffy-Daun, Fürst von Theano, Graf von Preßburg heiratete. Ihr jüngster Sohn Karl sei, wie mein Vater erzählte, zwar ein guter braver Mann gewesen, doch mit nur sehr bescheidenen Geistesgaben. Deshalb wurde er für den geistlichen Stand bestimmt und sein Vater, Onkel Leopold, hatte die ständige Redensart: »Ich find' schon einen Bischof, der ihn mir weiht!« Es scheint gelungen zu sein und Karl lebte dann jahrzehntelang bei sei-

nem Vater, später bei seinem Bruder als braver Priester, las täglich die hl. Messe und ist erst am 14.2.1908 gestorben. Er hatte eine hohe, durchdringende, meckernde Stimme und richtete seine Ministranten offenbar selber ab, denn bei der hl. Messe respondierten die Buben auf dieselbe meckernde Art, was natürlich zerstreuend wirkte.

Das jüngste Kind der Urgroßeltern, Onkel Karl (* 1814, † 1879), hat seine Eltern nicht mehr gekannt. Er heiratete 1856 die erst sechzehnjährige Freiin Julie v. Redwitz-Wildenroth und brachte es bis zum Statthalter von Tirol. Bezeichnend für die damals noch recht steife Art des gesellschaftlichen Verkehrs ist die Tatsache, daß Tante Julies Schwägerinnen, darunter auch meine Großmutter, ihr nie das Du angetragen haben. Der Grund war wohl ihre nicht standesgemäße Geburt, obwohl die Familie Redwitz zu den ältesten fränkischen Geschlechtern zählt.

Der Großvater meines Großvaters Lobkowicz war Ferdinand Philipp, 5. Herzog von Sagan, Sohn des Fürsten Philipp Hyazinth (1680–1734), des Begründers der Raudnitzer Linie. Philipp Hyazinths Vater Ferdinand August (1655–1715) war viermal verheiratet; seine erste Frau, Stammutter der Raudnitzer Linie, war Claudia Franziska Prinzessin von Nassau-Hadamar (1660–1680), die Mutter von Philipp Hyazinth. Seine zweite Frau, Stammutter der jetzt Hořin genannten Linie, war Maria Anna Markgräfin von Baden (1655--1701), seine dritte Frau Marie Philippine Gräfin v. Althan (1671–1706) starb kinderlos, und von seiner vierten Frau Marie Johanna Prinzessin von Schwarzenberg (1689–1739) hatte er nur eine Tochter Marie Ernestine (1714–1718). Ferdinand Philipp (1724–1784), der die Namen seines Vaters und seines Großvaters trägt, folgte als 5. Herzog von Sagan seinem 1739 mit erst 16 Jahren gestorbenen Bruder Wenzel, unter der Vormundschaft seiner Mutter Maria Wilhelmine, geb. Gräfin v. Althan (1703–1754).

Ferdinand Philipp scheint ein arger Sonderling gewesen zu sein, ja seine Taten grenzen oft an Wahnsinn. In seiner Jugend führte er ein unstetes Leben, war viel auf Reisen und kümmerte sich recht wenig um seine großen Besitzungen in Böhmen, Schlesien, Bayern und andernorts. Einige Jahre lebte er in England, woran zwei pracht-

volle, von Antonio Canale gemalte Ansichten von London in der Raudnitzer Galerie erinnerten.
Sein Aufenthalt in London nahm mit einem dramatischen Unglück sein Ende. Eine Dame der ersten englischen Gesellschaft, eine große Liebe Ferdinand Philipps, starb ganz plötzlich in seinen Armen. Sein Diener Geisler, nachmaliger Prager Hausverwalter, mußte die Tote in einem Sack ganz heimlich in ihre Wohnung bringen. Dies und die übrigen Details dieses Dramas erschütterten Ferdinand Philipp so, daß er fortan unter argen Depressionen litt und ganz menschenscheu wurde.
Nach dem Raub Schlesiens durch Friedrich II. huldigte Ferdinand Philipp als Herzog von Sagan dem preußischen König, was in Wien sehr verschnupfte. Er blieb der einzige in der Lobkowiczischen Fürstenreihe, der nicht das Goldene Vließ erhielt. Später jedoch scheint Ferdinand Philipp sich mit Maria Theresia und ihrem Sohn, Kaiser Josef, wieder ausgesöhnt zu haben, denn sie wurden die Paten seines einzigen Kindes Josef Franz Maximilian, meines Urgroßvaters. Auch wurde er bei Hofe oft zu Rate gezogen, da er, wie es scheint, sehr geistreich war.
Erst mit 45 Jahren, auf dringendes Zureden seiner Verwandten, entschloß sich Ferdinand Philipp zu heiraten; er hatte nämlich nur eine Schwester, Marie Elisabeth Gräfin Corfis v. Ulfeld (1726–1786). Sein ältester Vetter der jüngeren Linie (Hořin), Josef, besaß nur Töchter und der jüngere, Anton August, hatte bereits elf Kinder im zarten Alter verloren, so daß die Familie auszusterben drohte.
Zuerst wollte Ferdinand Philipp die Tochter seiner Schwester Ulfeld heiraten, die spätere Gräfin Waldstein (Leytomischl), doch gelang es der besorgten Mutter der Auserkorenen, ihren Bruder von diesem verrückten Plan abzubringen. Danach bewarb er sich um die schöne, anmutige Prinzessin Therese Savoyen Carignan (1749–1792) aus Turin, doch zögerte er so lange mit seinem Entschluß, daß sie inzwischen dem Prinzen Ludwig von Bourbon-Penthièvre, Herzog von Lamballe, versprochen wurde; dieser war ein entfernter Vetter König Ludwigs XV. und ungeheuer reich, so daß er wohl am savoyischen Hof als bessere Partie meinem Ahnen vorgezogen wurde. So ging denn diese arme Prinzessin nach Paris, ihrem furchtbaren Schicksal entgegen. Schon nach einem Jahr Witwe,

wurde sie Obersthofmeisterin und eine treue Freundin der jungen Königin Marie Antoinette. Am 3. September 1792 wurde ihr blutiges Haupt, auf einer Pike aufgespießt, der unglücklichen Königin durchs Fenster ihres Kerkers im Temple gezeigt.

Dem Fürsten Ferdinand Philipp Lobkowicz wurde ein Bild der um ein Jahr älteren, weniger hübschen Schwester der Herzogin von Lamballe, der Prinzessin Gabrielle (1748–1828), gesandt. So entschloß er sich endlich, diese zu ehelichen. Die Trauung fand per Prokuration am 22. Januar 1769 in Turin statt. Prinz Eugen, Graf von Villafranca, ein Bruder der Braut, vertrat den Bräutigam. Ihr ältester Bruder Victor Amadeo ist der Großvater des Königs Karl Albert von Sardinien und der Begründer der königlichen Familie von Italien. Tante Gabrielle Auersperg, Schwester meines Großvaters, erwähnt in ihren Aufzeichnungen, daß ihre Großmutter Gabrielle viel aus ihrer Jugend erzählt habe, auch von ihrem merkwürdigen Verhältnis zu ihrem schrullenhaften Mann.

Die Prinzessinnen am Turiner Hof wurden zur damaligen Zeit in einem Kloster erzogen, das mit dem königlichen Schloß zusammenhing. Nach größeren Festlichkeiten durften die jugendlichen Damen bei ihrer Mutter außerhalb des Klosters übernachten. Da wurden dann in aller Eile kleine eiserne Feldbetten in einem der Salons aufgestellt. Das Waschen spielte damals nur eine sehr geringe Rolle. Auch mit dem Lernen war es nicht weit her. Gabrielle konnte italienisch und französisch lesen und schreiben und auch etwas rechnen. Der Religionsunterricht wurde ernster betrieben. Sehr wichtig waren Tanzen, Singen und das Musizieren auf der Teorbe, einer Art größerer Mandoline. Die von Großmutter Gabrielle war hellblau und mit Blümchen bemalt. Großmutter Gabrielle wurde in der Familie oft »Grandmaman« genannt.

Die erste Begegnung Ferdinand Philipps mit seiner um 24 Jahre jüngeren Frau fand in Linz statt, wohin er ihr mit seiner Schwester Ulfeld entgegengefahren war. Zunächst wurde Gabrielle von ihrer Schwägerin mit einem langen, ernsten Sermon über die Eitelkeiten dieser Welt und über ihren neuen Pflichtenkreis empfangen. Ihr Kleid wurde getadelt und sie bekam eine Alte-Frauen-Haube aufgesetzt. Die junge Frau war über diesen Empfang so erschüttert, daß sie in Tränen ausbrach. Diese Szene wurde von ihrem menschen-

scheuen Gemahl durchs Schlüsselloch beobachtet. Erst dann lernten sich die Neuvermählten kennen. Es scheint, daß sich die junge, fremde Prinzessin nie an ihren merkwürdigen Mann hat gewöhnen können. Sie fürchtete sich so vor ihm, daß sie bis in ihr hohes Alter – sie war 44 Jahre lang Witwe – des Abends nie gern mit seinem Bild zusammen war.
Der langersehnte Sohn, das einzige Kind, mein Urgroßvater Josef Franz Maximilian, wurde 1772 geboren. Als die Mutter bei der Geburt in Lebensgefahr schwebte, tat der Vater das schreckliche Gelübde, sein Sohn solle ihn sieben Jahre lang nicht sehen! Er führte das streng durch, obwohl man alles versuchte, ihn davon abzubringen. Man wollte sogar durch den Papst eine Befreiung von diesem unsinnigen Versprechen erwirken, doch blieb er fest.[21)] Nur selten, wenn das Kind schlief, gönnte er sich den Anblick seines Sohnes.
Einst sah Ferdinand Philipp in Wien eine ältere Frau an seinem Palais vorübergehen. Er fand, daß ihr Gesicht den Ausdruck habe, den er sich für die Kindsfrau seines Sohnes wünschte. Trotz ihres Widerstrebens wurde die Frau gleich aufgenommen. Die Wahl scheint nicht sehr gelungen gewesen zu sein, denn die Kindsfrau ließ ihren Schützling bald so unglücklich fallen, daß mein Urgroßvater zeitlebens ein Krüppel blieb und nur auf Krücken gehen konnte; er hatte einen verkürzten, halblahmen Fuß.
Für gewöhnlich machte Ferdinand Philipp die Nacht zum Tage und umgekehrt, so daß er seine Frau nur bei der sogenannten Abendschokolade sah, die gleichzeitig sein Frühstück war. In Wien ließ er meist zwischen 12 und 1 Uhr nachts aus dem nahen Kapuzinerkloster einen Mönch holen, der im Palais die hl. Messe las.
Ferdinand Philipp war ein ganz geschickter Bastler und Schnitzer. Manches seiner kleinen Kunstwerke aus Elfenbein oder Buchs wurde im Raudnitzer Schloßmuseum aufbewahrt, und in der dortigen Galerie waren auch einige von ihm gemalte Landschaftsbilder. Da er sie offenbar bei Kerzenlicht malte, sind die Bäume blau und der Himmel grün getönt, doch kann man nicht behaupten, daß er diese Kunst beherrscht hätte. Im Eisenberger Schloß im böhmischen Erzgebirge wurden in einem Zwischenstock noch einige Kammern gezeigt, die auch mittels einer Falltüre zu erreichen waren. Sie waren im Stil der Zeit ganz geschmackvoll eingerichtet, enthielten

auch eine Drechselbank und viele Werkzeuge und dienten dem Fürsten als Versteck, sobald Gäste im Schloß waren.
Der berühmte Komponist Christoph Willibald Gluck (Ritter v.), 1714–1787, der aus Erresbach in der Lobkowiczischen gefürsteten Grafschaft Störnstein stammte, verkehrte viel im Hause Ferdinand Philipps. Dieser machte einst bei einem Essen in Wien, offenbar besser gelaunt als gewöhnlich, den Scherz, er würde dem Meister eine eben aufgetragene große Silberschüssel schenken, falls Gluck sie in Hemdsärmeln über die Straße nach Hause mitnehme. Der Musiker genierte sich nicht weiter und erhielt die Schüssel.
Nach dem Tode Ferdinand Philipps 1784 kamen seine riesigen Besitzungen an seinen erst zwölfjährigen Sohn Josef Franz Maximilian, unter Vormundschaft von dessen Mutter und Ferdinand Philipps Vetter Anton August Lobkowicz-Hořin. Im Jahre 1786 wurde der nun zu Preußen gehörende schlesische Besitz, das Herzogtum Sagan, an den Herzog von Biron und Kurland verkauft, der Herzogtitel auf Raudnitz übertragen. Mein Urgroßvater scheint lange wie ein Kind gehalten worden zu sein, denn laut Bericht seiner Tochter Gabriele fiel er als junger Ehemann aus dem Bett, weil er bis zu seiner Hochzeit (Wien, Karlskirche, 2. August 1792) immer in einem Gitterbett geschlafen hatte.
Die jüngere Lobkowiczische Linie (Hořin) wurde von Fürst Georg Christian (1686–1755), dem Stiefbruder von Philipp Hyazinth, begründet. Er diente sein Leben lang in der kaiserlichen Armee, kämpfte 1739 gegen die Türken, führte 1740 im ersten schlesischen Krieg eine Armee gegen die Franzosen und belagerte, inzwischen Feldmarschall geworden, im Dezember 1742 Prag, doch Marschall Broglie und seine Truppen entwischten ihm. Danach kämpfte Georg Christian in Norditalien, wo er eine Zeitlang Gouverneur der Lombardei war. Er stellte ein eigenes lobkowiczisches Regiment auf; ungefähr 20 Portraits seiner Offiziere, in gelben Kollern und roten Aufschlägen, habe ich während meines längeren Aufenthaltes in Raudnitz (nach dem Umsturz 1918) im ganzen Schloß zusammengesammelt und gemeinsam mit Vetter Ferdinand Erbprinz Lobkowicz im linken Stiegenhaus aufgehängt.
Seit 1718 war Georg Christian mit Gräfin Caroline Waldstein verheiratet, die ihm neun Kinder, darunter 6 Söhne schenkte. Karl, der äl-

teste (* 1719), stirbt als Feldmarschall am 29.10.1760 an den bei Lobositz erhaltenen Wunden. Josef (* 1724) erhält 1760 für Meißen das Theresienkreuz, ist 1764–1777 kaiserlicher Botschafter am russischen Hof und leitet die Einverleibung Galiziens an Österreich ein; er stirbt 1802 als Feldmarschall, Gardekapitän und Ritter des Goldenen Vließes. Mit seiner Frau Maria Josefa Prinzessin von Liechtenstein hatte er drei Töchter, von denen die jüngste, Josefa, den Fürsten Karl Auersperg heiratete, der dann Vincenz, den Mann von Tante Gabriella Auersperg, adopierte. Ferdinand (1726–1795), der dritte Sohn, wird Domherr in Salzburg, 1746 Bischof von Namur und später von Gent, wo er auch begraben liegt. Philipp Josef (* 1732), der fünfte Sohn (zum vierten komme ich noch), fällt als Oberstwachtmeister am 15.8.1760 bei Liegnitz. Leopold (* 1734), der jüngste, stirbt 1759 als Oberstleutnant in Dresden.

Nur der vierte Sohn, Anton August, setzt die Linie mit einem Sohn (Anton Isidor) fort. Anton August (* 1729, † 1803) dient in der Armee, wird Generalfeldwachtmeister und ist 1772–1776 Gesandter am Madrider Hof. Seine Frau, Ludmilla Gräfin Czernin, ist die Erbin zahlreicher Besitzungen, unter anderem des Gutes Mélnik-Hořin und des schönen Prager Palais am Welschenplatz. Sie schenkte ihrem Mann neunzehn Kinder, von denen aber sechzehn im Kindesalter starben – bis zu vier in einem Jahr! Diese allerdings, glaube ich, an der Pest. Die meisten dieser Kinder sind in St. Thomas in Prag begraben.

Nur zwei Töchter und besagter Anton Isidor (* 1773, † 1819) überlebten die Eltern. Letzterer kämpft in den Befreiungskriegen, wird Oberst der kaiserlichen Landwehr und war später Oberstlandkämmerer im Königreich Böhmen. Nach dem finanziellen Niederbruch seines Vetters, meines Urgroßvaters Josef Franz Maximilian verwaltete er dessen Güter und war dann auch Vormund meines Großvaters und seiner Geschwister. Mit seiner Frau, Gräfin Sidonie Kinsky, hatte Anton Isidor sieben Kinder, davon vier Söhne. Der älteste von diesen, Großmama Zdenkas Vater August Longhin Lobkowicz (1797–1842), war eine Zeitlang Gouverneur des Königreichs Galizien und Lodomerien[22)]; Großmama Zdenka ist in Lemberg geboren. Auf Betreiben des Kaisers Nikolaus von Rußland mußte August Longhin diesen Posten wegen seiner polenfreundlichen Einstellung bald wieder verlassen. Danach wurde er Präsident der Hofkammer für Münz- und Bergwesen, was ungefähr einem heutigen Finanzminister entspricht. Seine Frau war Anna Berta Prinzessin Schwarzenberg (1807–1883), jüngste Tochter des Fürsten Josef Schwarzenberg und Pauline, geb. Prinzessin Arenberg, und vier Jahre jünger als ihr Vetter und künftiger Schwiegersohn, Großpapa Josef. Diese Pauline Schwarzenberg kam gelegentlich des berühmten Ballfestes am 1. Juli 1810 in Paris bei einem Brand ums Leben. Das Fest wurde vom kaiserlichen Botschafter am französischen Hof veranstaltet, dem Feldmarschall Fürst Karl Schwarzenberg, Bruder von Paulines Mann und späterer Sieger von Leipzig, zu Ehren Napoleons und seiner jungvermählten Gemahlin Marie Louise. Als der Saal schon lichterloh brannte, lief Pauline aus Angst um ihre älteste Tochter Eleonore (die so tragisch im Jahre 1848 als Fürstin Windisch-Graetz ums Leben kommen sollte) wieder zurück. Ihre verkohlte Leiche wurde erst am nächsten Tag gefunden, sie konnte nur an ihren Zähnen und an ihrem Schmuck erkannt werden. Später bekam meine Mutter von Großmama Zdenka ein Collier, dessen Diamanten Pauline Schwarzenberg bei jenem Ball einst getragen hatte. Als meine Mutter das Collier einem Juwelier zum Putzen gab, erkannte dieser gleich, daß die Steine einem starken Feuer ausgesetzt gewesen waren.

Nach einer Familientradition ist Pauline Schwarzenberg in der Nacht ihres Todes im fernen Schloß Frauenberg im Kinderzimmer erschienen, um – wie die Kinderfrau erzählte – ihre Kinder zu segnen; diese waren meine Urgroßmutter, der spätere Minister Felix und der zukünftige Kardinal und Erzbischof von Prag Friedrich.

Nächster Sohn von Anton Isidor Lobkowicz (nach August Longhin) war Josef (* 1799, † 1832), der 1829 Maria Franziska Gräfin Sternberg-Manderscheid heiratete, eine Schwester meiner Urgroßmutter Brühl. Sie hatten nur eine Tochter Maria Franziska (1830–1913), Tante Marinka, die unvermählt blieb. Josefs Witwe heiratete in zweiter Ehe 1837 den Grafen Charles O'Hegerty, dessen Vater Oberststallmeister am Hofe Karls X. von Frankreich gewesen und mit seinem Herrn nach Prag ins Exil gegangen war. Tante Marinka erzählte öfter aus dieser Zeit.

So soll zum Beispiel bei der Ankunft des Königs auf dem Hradschin

der Prager Burghauptmann »Leerói! Leerói!« gerufen und ihn dann mit »anschantäh siräh« begrüßt haben.
Damals bemühte sich Karl Wilhelm Naundorf, der angebliche Ludwig XVII. und (angeblicher) Sohn Ludwigs XVI. vergeblich, mit »seiner kleinen Schwester«, der am Exilhofe Karls X. lebenden Herzogin von Angoulême zusammenzutreffen, der Tochter von Marie Antoinette. O'Hegerty war von der Wahrheit der Angaben Naundorfs überzeugt und auch die Herzogin, die bekanntlich die Schwiegertochter Karls X. war, schien ihm zu glauben. Sie weinte immer, wenn sie darüber sprach, doch konnte oder durfte sie Naundorf nie empfangen. Die beiden Geschwister waren wohl das Opfer der sogenannten Großen Politik.
Nur die Niederlande haben später Naundorf den königlichen Namen zuerkannt und nach seinem Tode im Jahre 1845 die Errichtung eines Grabsteins am Haarlemer Friedhof gestattet. Dieser trägt alle Titel Ludwigs XVII. als »Roi de France et de Navare, Duc de Normandie«.
Charles O'Hegerty, Oberststallmeister der Herzogin von Angoulême, lebte mit seiner Familie auf Schloß Tillysburg bei St. Florian in Oberösterreich. Nach seinem Tode lebte seine Stieftochter Tante Marinka mit ihren Stiefschwestern Fanny und Emma O'Hegerty in einem reizenden kleinen Häuschen in St. Florian.
Zwei weitere Söhne Anton Isidors starben unvermählt; Ferdinand, geboren 1801, starb als Rittmeister 1830, mehr weiß ich nicht von ihm. Sein älterer Bruder Franz Lobkowicz (* 1800) diente in der Armee und brachte es bis zum Obersten. Nach dem Tode seines ältesten Bruders August Longhin übernahm Franz die Verwaltung von dessen Besitzungen und die Vormundschaft von August Longhins Kindern Großmama Zdenka, Hedwig (»Wixa«), Polyxena (»Xena«), Rosa und Georg Christian (»Gox«); letzterer ist Nettas Großvater. Onkel Franz wurde in der Familie der »Tanter« genannt, seine Mündel verehrten und liebten ihn sehr. Großmama schenkte er einst eine Medizinschachtel voller ungefaßter schöner Edelsteine.
1848/49 machte Onkel Franz Lobkowicz freiwillig den ungarischen Feldzug mit und betätigte sich als wahres Mitglied des Deutschen Ritterordens (er war Großkapitular) meist als Krankenpfleger. Später errichtete er mit seiner jüngeren Schwester Helene (1805–1856)

das große Krankenhaus der Barmherzigen Schwestern auf der Kleinseite in Prag; beim Bau legte er als einfacher Arbeiter selbst Hand mit an. Er führte ein zurückgezogenes, frommes Leben und widmete sich ganz den Armen, besonders den Kranken. Oft besuchte er die Loretokirche auf dem Hradschin, wo ihn – während der hl. Messe zu Mariä Lichtmeß am 2. Februar 1858 – ganz plötzlich der Tod ereilte. Ein Stein mit dem Todesdatum im Fußboden der Kirche bezeichnet die Stelle, wo Onkel Franz umsank.

Im Wandelgang dieser Loretokirche, der die Nachbildung des Loretohäuschens umgibt, starb am 31. August 1931 der Malteser-Profeßritter[23)] Friedrich (»Liti«) Lobkowicz, mein Vetter des Křimicer Astes, den gleichen plötzlichen Tod; auch diese Stelle ist mit einem Stein bezeichnet.

Das Loretoheiligtum auf dem Prager Hradschin[24)], das von den Mönchen des nahen Kapuzinerklosters betreut wird, wurde von Benigna von Lobkowicz im Jahre 1626 errichtet. Sie war die Frau von Wilhelm dem Jüngeren, Oberstkämmerer und Landjägermeister von Böhmen, dessen Nachkommen gegraft wurden; die Linie starb zu Beginn des 18. Jahrhunderts aus. Die letzte Gräfin Lobkowicz, Eleonore (1685–1720), heiratete 1703 den schon erwähnten Ahnen, Fürst Philipp Hyazinth, und brachte u. a. Bilin und die Loretokirche an die Raudnitzer Linie. Das Heiligtum wurde damals gründlich restauriert und erhielt die heutige Gestalt.

Der weit bekannte Schatz, der bei dieser Kirche verwahrt wird, besteht meistenteils aus kostbaren Weihegeschenken des böhmischen Adels. Die berühmte Strahlenmonstranz aus purem Gold ist mit über 6000 Diamanten besetzt, die ursprünglich das Prunkgewand der Spenderin zierten, einer Gräfin Ludmilla Eva Kolowrat (geb. Lobkowicz?); ihr Portrait mit dieser Prachtrobe wird hier gezeigt. Ein silbernes Kreuz mit Widmung und lorbeerumwundenen Lobkowicz-Wappen aus Email, das meine Eltern dem Loreto-Schatz schenkten, war ursprünglich eine reich verzierte Zigarettendose, die Graf Johannes Coudenhove-Khalerghi von Ronspergheim meinem Bruder Wenzel hatte schenken wollen, der mit ihm im Felde gedient hatte. Das Geschenk traf Wenzel aber nicht mehr am Leben an, und Hans Coudenhove erbat es zurück und ließ daraus das Kreuz formen.

Die oben erwähnte Benigna Lobkowicz war auch eine geborene Lob-

kowicz gewesen; ihr Neffe Franz Josef Lobkowicz (1615–1644), Sohn ihres Bruders Wenzel Wilhelm, war der letzte der Lobkowicz aus dem Hause Dux. Franz Josefs Witwe Polyxena heiratete den Grafen Max Waldstein und brachte ihm nach damaliger Sitte das Erbe ihres ersten Mannes zu – Dux und Oberleutensdorf. Auch unser Ahne Zdenko Adalbert Lobkowicz (1568–1628), erster Fürst von Lobkowicz, kam durch seine Ehe mit Polyxena Pernstein (1566–1642), Witwe des steinreichen Wilhelm von Rosenberg, in den Besitz der großen Herrschaft Raudnitz. Sopherl Waldstein-Hoyos (1874–1922), die Frau des Majoratsherrn Adolf Waldstein (1868–1930), pflegte uns immer zu hänseln: »Ja, wenn Ihr Eure Polyxena nicht hättet ...!« Mein Triumph war groß, als ich entdeckte, daß das Duxer Fideicommiss ebenfalls von einer Polyxena stammte, die überdies noch eine Lobkowicz war.
Es sollen noch die Kinder August Longhins kurz erwähnt werden. Der einzige Sohn, Onkel Gox (Georg Christian, 1835–1908), seit 1864 mit Prinzessin Anna Liechtenstein (1846–1924) verheiratet, war nahezu 25 Jahre Oberstlandmarschall des Königreichs Böhmen. Seine Schwester Tante Wixa (Hedwig, * 1829), heiratete 1851 ihren Vetter Alfred Windisch-Graetz, den ältesten Sohn des Feldmarschalls, starb aber schon 1852. Ihr Mann war Kavallerist und ritt 1866 bei Střešetic in der Schlacht bei Königgrätz an der Spitze seiner Regimenter eine glänzende Attacke, wohl einer der wenigen Erfolge dieses für Österreich so unglücklichen Tages. Schwer verwundet fiel Onkel Alfred in preußische Gefangenschaft; er starb im Jahre 1876. Sein einziger Sohn Alfred war später Ministerpräsident und Präsident des böhmischen Herrenhauses.
Tante Xena (Polyxena, * 1830), heiratete 1854 den Grafen Moritz Eszterházy auf Csakvar, der 1861–1867 Minister ohne Portefeuille am Wiener Hof war; die Versöhnung Kaiser Franz Josephs mit der ungarischen Nation ist zum größten Teil sein Verdienst. Später verfiel er in Wahnsinn und starb 1890 in einer Heilanstalt in Pirna. Tante Xena trat noch zu seinen Lebzeiten in den Karmeliterorden ein, mußte sich aber verpflichten, stets ein weltliches Kleid bereit zu halten, damit sie gleich zu ihrem Mann zurückkehren könne, falls dieser es verlangen würde; doch das geschah nie. Sie starb 1913 als Schwester Maria Ignatia im Kloster Mayerling bei Baden.[25)]

Tante Rosa (* 1832) trug immer einen Zwicker und war die lustigste von ihren Schwestern. Sie hatte die komische Eigenschaft, sozusagen grundlos zu stolpern, schlug auch manchmal auf völlig ebenem Boden der Länge nach hin, zum Schreck ihrer Umgebung – worüber sie dann sehr lachen konnte; dieses Stolpern ist wohl ein Hořiner Erbstück. 1852 heiratete sie den Grafen Erwin Neipperg, dessen erste Frau Henriette Waldstein (aus der Dux-Leytomischler Linie) 1845 nach nur dreimonatiger Ehe gestorben war. Onkel Erwin Neipperg (* 1813) war der Sohn erster Ehe des berühmten einäugigen Generals Graf Adam Neipperg, der in zweiter Ehe die Witwe Napoleons, Marie Louise, nunmehrige Herzogin von Parma, geheiratet hatte. Aus dieser zweiten Ehe stammt Wilhelm, Stiefbruder Onkel Erwins und diesem auch sehr ähnlich, der zum Begründer der Familie Montenuovo (= ital. Übersetzung von Neipperg) wurde. Onkel Erwin war lange Jahre kommandierender General in Lemberg und starb 1897; außer dem Theresienkreuz besaß er nahezu alle Orden und Dekorationen der Monarchie.

Anmerkungen

1. »mehr weniger« ist eine für den Autor und seine Zeit typische Redewendung, die er oft gebraucht; ihre Bedeutung liegt bei »eher weniger als mehr«.
2. Onkel Fede, d. i. Prinz Ferdinand v. Lobkowicz, war der Familienchef der Beřkovicer Linie und Besitzer des Prager Palais in der Hybernergasse. Nur wenn er und seine Familie, üblicherweise zur Gesellschaftssaison im Winter, »in die Stadt« gingen, war das Palais »bewohnt«, und nur dann konnten auch seine Mutter bzw. sein Bruder Zdenko dort wohnen.
3. Onkel August ist der jüngste Bruder des Familienchefs Ferdinand.
4. Kampferholz enthält ätherische Öle, die auf Insekten, besonders Kleidermotten, abstoßend wirken. Die erwähnten Truhen wurden anfangs ganz aus Kampferholz hergestellt, später aus anderem Holz oder Metall und mit Papier ausgelegt, das mit Kampferöl getränkt war.
5. Töchter des Familienchefs.
6. Courschleppe: Eine besonders kostbar gearbeitete Schleppe, die nur zu einem bei Hofe getragenen Kleid angelegt wird, und auch dies nur einmal, da es einer Beleidigung des Hofes gleichgekommen wäre, zweimal im gleichen Kleid zu erscheinen.
7. Ein Präzeptor war Schul-, Fecht- und Tanzlehrer in einer Person; er war vor allem für die Erziehung des ihm anvertrauten Kindes verantwortlich.
8. Die Schwestern Vranitzki (Wranitzki) dürften mit den Töchtern von Anton Wranitzki identisch sein. Die Brüder Paul und Anton W. waren mit Beethoven bekannt; Paul († 1808) leitete das Wiener Hofopernorchester, Anton († 1820) war bis 1814 Hauskapellmeister des Fürsten Lobkowicz und leitete unter Beethoven alle Aufführungen der Eroica. Seine Tochter Caroline Seidler-Wranitzki (1799–1872) sang in der Uraufführung des »Freischütz« die Agathe, ihre Schwester Anna Katharina Kraus-Wranitzki (1801–1851) war ebenfalls Sängerin (frdl. Mittlg. von Herrn Peter Schleuning, Universität Oldenburg, 27.11.1988). Eine mögliche Verwandtschaft mit dem derzeitigen österreichischen Bundeskanzler wurde nicht untersucht.
9. Wo diese Bilder heute sind und ob sie überhaupt noch existieren, konnte leider nicht festgestellt werden.
10. Im Krieg von 1809 gegen Napoleon siegte Österreich zwar bei Aspern, und auch der Tiroler Volksaufstand unter Andreas Hofer war

scheinbar erfolgreich, doch verlor es im sog. Frieden von Schönbrunn dennoch große Teile seines Staatsgebietes.

1810 heiratete Napoleon die österreichische Kaisertochter Marie Louise, und diese politische Heirat wurde in Österreich durchaus als Erpressung empfunden.

11. Nach frdl. Mittlg. von Herrn Peter Schleuning sind die Lobkowiczischen Hausarchive in musikhistorischer Hinsicht ausgewertet worden, somit also erhalten geblieben. Eine Einsichtnahme war dem Bearbeiter leider nicht möglich.
12. Die Bezeichnung Nanking-Hosen leitet sich von der gleichnamigen Stadt in China her, wo u. a. ein glattes, festes Baumwollgewebe für solche Hosen und andere Zwecke hergestellt und gehandelt wurde.
13. Friedrich v. Amerling, 1803–1887, Portraits der österr. Aristokratie.
14. Die sog. Münchengrätzer Monarchen-Zusammenkunft fand tatsächlich schon ein Jahr früher statt. Vom 10. bis 19. September 1833 verhandelten in Münchengrätz Kaiser Franz I. von Österreich und Kaiser Nikolaus I. von Rußland über das 1815 von der »Heiligen Allianz« erstmals formulierte »Interventionsprinzip« und erneuerten für ihre Staaten diese feierliche Vereinbarung. Sie besagt u. a., daß gewaltsame Eingriffe eines Staates in die Belange eines anderen Staates nicht erlaubt sind.
15. Ein Oberst- (oder Obrist-)Wachtmeister entspricht dem Major, mit »Gewehr« (= Waffe) ist hier der Säbel gemeint. Beide Ausdrücke waren damals schon reichlich veraltet. Es ist nicht ganz klar, ob der Autor mit dieser Episode andeuten will, daß Kaiser Nikolaus besonders konservativ oder sein Militärwesen sehr veraltet war.
16. Franz Zeller Edler v. Zellenberg, 1805–1876, Pferdemaler.
17. Kaiser Karl I. von Österreich starb am 1.4.1922 im Exil auf Madeira.
18. Der schon seit längerer Zeit schwelende ungarische Aufstand gegen die österreichische Zentralregierung in Wien richtete sich nicht so sehr gegen das Haus Habsburg, als vielmehr gegen dessen politisches System, was freilich zu jener Zeit nicht voneinander zu trennen war. Wirklich gefährlich wurde dieser Aufstand im September 1848, als Lajos Kossuth die Führung der ungarischen Rebellen übernahm und sie organisierte. Damit war auf den ungarischen Teil der Armee kein Verlaß mehr, und Wien suchte und fand Hilfe im befreundeten St. Petersburg. Knapp ein Jahr später wurde der ungarische Aufstand mit Hilfe russischer Truppen niedergeschlagen, und Kossuth, inzwischen zum Reichsverweser gewählt, mußte abdanken und ins Ausland gehen.
19. Die Erklärung dieses etwas verzwickten Verwandtschaftsverhältnisses findet sich im weiteren Verlauf des Kapitels.

20. Der Krieg von 1859 gegen Piemont-Sardinien endete aufgrund des Eingreifens von Napoleon III. mit Österreichs Niederlage und dem Verlust der Lombardei.
    1866 unterlag Österreich im sog. Deutschen Krieg und verlor Venetien an Italien.
    1870 besetzte Italien die Stadt Rom und verleibte sich den letzten Rest des Kirchenstaates ein.
21. Eine Suche in englischen Quellen zu dem Tod der Dame, der letztlich diese fast paranoide und selbstanklägerische Haltung des Fürsten ausgelöst hat, mußte aus Zeitmangel leider unterbleiben.
22. Das Königreich Galizien und Lodomerien entstand 1772 aus den Erwerbungen Österreichs in der ersten Teilung Polens. Der Titel war seit dem 13. Jh. Teil des ungarischen Königstitels, bezog sich ursprünglich aber nur auf den Ostteil des neuen Königreiches.
23. Profeßritter gibt es nur in religiösen Ritterorden; sie legen wie ein Mönch die sog. Ewigen Gelübde (= lat. professio) der Armut, der Keuschheit und des Gehorsams ab, sind aber nicht Priester.
24. Das eigentliche Loreto-Haus steht in Loreto, Provinz Ancona; der Legende nach ist es das Wohnhaus der Hl. Familie, welches Engel von Nazareth zuerst nach Dalmatien und später nach Loreto gebracht haben sollen, wo es 1294 in einem Lorbeerhain (= lat. lauretum) aufgestellt wurde. Im 15. Jh. wurde darüber eine Basilika errichtet, das Haus selbst üppig verkleidet. Eine Kopie dieses verkleideten Hauses errichtete Benigna v. Lobkowicz in Prag.
25. Nach der Ermordung des Kronprinzen Rudolf wurde Schloß Mayerling in ein Kloster umgewandelt.

2.
Erinnerungen an die Goldene Stadt

Im letzten Dezennium des vorigen Jahrhunderts war Prag, am heutigen Stadtbild gemessen, noch eine recht bescheidene Provinzkapitale. Schon seit über 1000 Jahren bestand sie aus nur fünf Stadtteilen: Der Alt- und der Neustadt, der Kleinseite und den beiden Burganlagen – dem Hradschin und dem älteren Vyschehrad; dazu kam noch die Judenstadt. Alle übrigen, später eingegliederten Stadtteile waren noch selbständige Städte oder Dörfer oder existierten noch gar nicht. Die Vorstädte waren durch Felder von der eigentlichen Stadt getrennt. Für mich und meine Geschwister war Prag der Inbegriff alles Schönen, Gemütlichen und Guten – mit einem Wort: eines sorglosen Lebens.

Die Karlsbrücke mit ihrem reichen Statuenschmuck, Hauptverbindungsader der beiden Moldau-Ufer, war uns natürlich ganz vertraut. Wenige Sockel standen leer, ihre Statuen waren bei der großen Überschwemmung 1890 mit einem Teil der Brücke in die Fluten gerissen worden. Besonders ein böser Türke imponierte uns sehr. Er lehnte an einer Höhle, welche die Statuengruppe des hl. Johannes von Matha, des hl. Felix und des hl. Iwan trug und bewachte unheimliche, bärtige Gefangene, die in Ketten in ihrem Verliese schmachteten. Es hieß auch, sie stellten Arme Seelen im Fegfeuer dar. Nie kam man ohne eine gewisse Angst dort vorüber, war es doch nicht sicher, ob nicht doch einer der Bärtigen herauskommen konnte.

Das vergoldete Kruzifix mit dem langen Spruch in hebräischen Lettern am Ende der Brücke wurde stets gegrüßt, so wie auch die Broncestatue des hl. Johannes von Nepomuk.[1)] Sie stand in der Nähe der durch ein kleines Gitter gekennzeichneten Stelle seines Martertodes und war damals noch mit fünf großen, bunten Glassternen geziert, die abends mit Lichtern versehen wurden. Sehr wichtig war

es, auf der Brücke einem Geistlichen, einem Juden und einem Schimmel zu begegnen.
Über die damals noch hoch gewölbte Karlsbrücke mit ihren Katzenköpfen ratterte die Pferdebahn, allgemein »Tramwai« genannt. Wegen der starken Steigung an den beiden Enden der Brücke benötigte die Tramwai dort außer den normalen zwei Pferden noch ein Vorauspferd, das vom Sattel kutschiert wurde. Dieser Rosselenker hatte es mir angetan, wie so vielen Prager Buben; jedenfalls war er der Grund für meine Berufswahl – ein Reitersmann zu werden.
An Stelle der Čechbrücke führte ein Kettensteg über die Moldau, der – gegen eine Brückenmaut von wenigen Kreuzern – nur für Fußgänger bestimmt war; stromauf- und -abwärts gab es noch je eine Kettenbrücke. Die steinerne Palackybrücke unterhalb des Emausklosters stand damals schon ungefähr zehn Jahre. Für uns waren diese Übergänge von minderer Bedeutung, es sei denn bei Spazierfahrten mit der Prager Großmama.
Die »Prager Großmama« Schönborn, so genannt zum Unterschied zur Beřkovicer Großmama Zdenka Lobkowicz, wohnte ständig im Palais Schönborn am Eiermarkt der Kleinseite.[2)] Zwischen diesem Haus und der Hybernergasse auf der Neustadt, wo das Palais des ältesten Bruders meines Vaters, Onkel Fede, stand, erstreckte sich unsere Stadt. Hier kannten wir alle Gassen und Gässchen und die ungezählten, für Prag so charakteristischen Durchhäuser. Den Altstädter Ring schmückte noch die Mariensäule, und bis zur Errichtung des Hus-Denkmals sollten noch Jahre vergehen. Lange standen wir immer vor dem uralten Uhrturm des Rathauses und spähten erwartungsvoll nach den zwei kleinen Fenstern, um die bunten Apostel vorbeiziehen zu sehen. Zum Schluß krähte der Hahn, der Geizhals wackelte mit Kopf und Geldbeutel und der Tod, ein zierliches Skelett, zog am Totenglöcklein.
Nicht fern davon lag die Judenstadt, das alte Ghetto Prags. Nur ausnahmsweise durften wir dort spazieren gehen, was unsere Neugier umso mehr aufstachelte. Am Weg dorthin sah man sich den greulichen grünen Frosch an, über der Tür des gleichbenannten Wirtshauses, in dem schon Wenzel der Faule Feste gefeiert haben soll. Außer viel Schmutz und Gestank gab's in der Judenstadt nicht viel Interessantes. In allen Gassen boten Trödler ihre unappetitlichen Waren

aus, alte Kleider und Hausrat aller Art. Die kaum stockhohen Häuser waren unglaublich verwahrlost. Im Zentrum dieses übelriechenden Häusergewirrs stand die uralte gotische Altnasynagoge. Damals wurde uns erzählt, daß der Name von »alt/neu« käme; der jetzige »neue« Bau sei ca. 100 Jahre nach dem Brand, der 1142 die alte Synagoge vernichtete, auf den alten Grundmauern errichtet worden.
Ziel unserer dortigen Spaziergänge war immer der weltberühmte Judenfriedhof. Da gab's ein Grab des Rabbi Abigdor Caro vom Jahre 1439, dann das des bekannten Rabbi ben Bezalel Jehuda Löw, Meister des unheimlichen Golem und Freund von Kaiser Rudolfs II. Astronomen Tycho Brahe, der in der nahen Teinkirche seine Ruhestätte gefunden hat; oder das der Sara Katz aus dem Stamme Aaron, die – wie es hieß und wir gerne glaubten – im Jahre 606 hier begraben wurde; tatsächlich stammt ihr Grab von 1606. Nach alter Sitte legten wir oft Steinchen auf diese altverwitterten Sarkophage. Als zu Beginn dieses Jahrhunderts die Judenstadt abgetragen wurde, hat man den Friedhof sehr verkleinert und ihn wie auch die Synagoge mit seelenlosen Zinshäusern umgeben.
Eine beliebte Attraktion unserer Promenaden war die Auslage der »Stadt Paris« in der Zeltnergasse, unweit des Pulverturmes. Es war ein Galanteriewarengeschäft, dessen bunte, oft geänderte Auslage mit ihrer üppigen Gasbeleuchtung uns besonders in den Abendstunden sehr gefiel. In einer illustrierten Zeitung sah ich einst das Bild einer Tiara, die Papst Leo XIII. von der Stadt Paris zum Geschenk bekommen hatte. Natürlich zweifelte ich nicht daran, daß unsere so bewunderte »Stadt Paris« die Geberin war.
Viel zu selten für unseren Geschmack wurden wir Kinder hie und da zum »Guckkasten« mitgenommen; meines Wissens gab es deren höchstens zwei oder drei in Prag. Meist besuchten wir den im Großen Bazaar, einem Durchhaus zwischen Obstmarkt und Graben. In einem spärlich beleuchteten Raum stand der runde Kasten, um den ca. 50 Sessel aufgestellt waren; ebenso viele Gucklöcher mit je 2 Okularen entsprachen ihnen. Durch die Ritzen der Holzwände schien ein geheimnisvolles Licht hervor. Mittels einer Vorrichtung, die bei jedem Guckloch angebracht war, konnte der Besucher die Bilder nach Geschmack beleuchten. Wie man sich denken kann, haben

wir Kinder diesen Bedienungshebel stark in Anspruch genommen. Auf die Art lernten wir Paris, London und so manche schöne Gegend bei grellem Sonnenlicht und trübem Mondschein kennen. Die Bilder rückten langsam von einem Guckloch zum anderen im Kreise herum, so daß jeder Besucher die Serie im Laufe etwa einer halben Stunde zu sehen bekam. Vor jedem Bildwechsel schlug ein Glöckchen an; da war es uns streng aufgetragen, entweder die Augen zu schließen oder wenigstens nicht in die Okulare zu blicken, da das Verrücken der Bilder den Augen schade. Es wurden serienweise Städte und auch Landschaften gezeigt, seltener Aktualitäten. Einmal erinnere ich mich, die Kaisermanöver dieses Jahres gesehen zu haben, was uns natürlich besonders unterhielt.
Kurz vor unserer Übersiedlung nach Stanislau 1897[3)] gingen mein Bruder Josef und ich wie so oft mit unserem Lehrer Mrhálek am Graben spazieren, als uns eine Menschenansammlung auffiel, die einen Wagen umstand; es wurde geschimpft und höhnisch gelacht. Es waren etliche Fiakerkutscher, die hier ihren Stand hatten. Der umlagerte Wagen war geschlossen, hatte keine Pferde vorgespannt und aus seinem Innern klang ein merkwürdig surrender Laut hervor. Es war ein Automobil oder Schnellwagen, der erste, den wir zu Gesicht bekamen; er gehörte dem Großindustriellen Baron Ringhoffer. Dieses Pech, gerade bei dem Fiakerstand stecken zu bleiben! Mit Recht sahen die Kutscher in dieser Maschine ihren zukünftigen Konkurrenten, deshalb der Hohn und Spott. Das Auto unterschied sich kaum von den damals üblichen Stadtcoupés, es war schwarz mit grünen Rädern und wurde vom Bock aus mit einem kleinen Lenkrad gesteuert.
Viel später erst, in den ersten Jahren unseres Jahrhunderts, kam es zu meiner ersten Autofahrt. Es war im Wagen von Erwein Nostitz (Miešice), dessen Chauffeur die Beřkovicer Jugend in der dortigen Gegend spazieren führte. Sehr schnell kann das Tempo wohl nicht gewesen sein, da einer von uns dabei aus dem Wagen fiel, ohne sich das Geringste zu machen! Aus dieser Zeit stammt ein Bericht des Rentmeisters Pfeil aus Eltz[4)], in welchem er sich über die neuen Automobilwägen beschwert; mit ihrem rasenden Fahren, bis zu 30 km in der Stunde, machten sie die Gegend unsicher.
Im Jahre 1896 oder 1897 sah ich den ersten Straßenbahnwagen in

Prag. Er pendelte auf einer Probestrecke längs des Stadtparks auf und ab. Der lange, rot gestrichene Wagen unterschied sich kaum von den jetzigen[5] und imponierte und gefiel uns viel mehr als das erste Auto.

Zu Beginn der 90er Jahre kamen auch die Grammophone auf, damals noch Phonographen genannt. Johannes Lobkowicz bekam zu Weihnachten einen kleinen roten Kasten geschenkt, ein Pariser Erzeugnis. Steckte man eine blaue, flache Spule hinein und wurde eine Feder aufgezogen, so fing der Kasten zu kreischen an. Nur selten war ein französisches Wort zu verstehen, doch alles bewunderte dieses Spielzeug. Auf einem Jahrmarkt in Postelberg, wo mein Vater damals in Garnison war, erschien ein richtiger Phonograph. An dem Kasten hingen Dutzende von Gummiröhrchen, ihre gegabelten Enden aus Hartgummi mußte man in die Ohren stecken, um die Musik zu hören, die dem Kasten entströmte; sie war auf Wachsrollen aufgenommen. Zu unserem Leidwesen wurde uns natürlich dieses unhygienische Horchen verboten. Dafür ließ mein Vater den Mann mit seinem Kasten ins Schloß kommen. Hier gab er uns nun eine Sondervorstellung ohne die unappetitlichen Gummischläuche, die durch einen Blechtrichter ersetzt waren. Die Musik klang zwar etwas rauh, doch wir waren begeistert.

Noch zwei Erfindungen möchte ich hier erwähnen, die damals anfingen, in Böhmen bekannt zu werden: Das Telefon und das elektrische Licht. Um ersteres kennenzulernen, machten wir einen Spaziergang zum nahe gelegenen Schwarzenbergischen Kohlenbergwerk, das mit der Postelberger Zuckerfabrik telefonisch verbunden war. Es machte uns Kinder natürlich sehr verlegen, als jeder von uns zum Apparat hinaufgehoben wurde, um etwas hineinzusagen. Viel mehr Spaß hatten wir daran, bei Onkel Zdeni Lobkowicz in Bilin das neue Wunderlicht immer wieder aufblinken zu lassen. Doch dauerte es damals immer noch einige Augenblicke, ehe der Draht in den plumpen Glasbirnen rötlich zu glühen anfing. Bilin war, glaube ich, das erste Schloß in Böhmen, das elektrisches Licht einführte, doch dauerte es noch viele Jahre, ehe es populär wurde. Erst im Jahre 1908 hatte ich eine elektrisch beleuchtete Wohnung.

Doch zurück nach Prag. Das Schönborn'sche Haus war eines der größten Gebäude der Stadt. Es wurde wohl nur von der Königlichen

Burg am Hradschin, dem Palais Waldstein auf der Kleinseite[6] und höchstens noch vom Klementinum, dem ehemaligen Jesuitenkolleg auf der Altstadt, in dem jetzt das Erzbischöfliche Seminar untergebracht war, an Ausdehnung übertroffen. Es hatte eine lange, etwas gebogene, recht einfache Front mit 3 Toren, denen ebenso viele Höfe entsprachen. Diese wurden von vier zweistöckigen Flügeln begrenzt. Den Fond der drei Höfe bildete eine stockhohe Terrasse. Sie war von einer wuchtigen Barockbalustrade bekrönt, die den großen Park abschloß. Dieser zog sich terrassenförmig am Hang des Laurentiberges hinauf und war durch eine zweiflügelige Freitreppe und zwei schöne schmiedeeiserne Barocktore mit dem Mittelhof verbunden. Ungefähr am höchsten Punkt des Gartens stand eine kleine, schmucklose Gloriette im klassizistischen Stil, eine offene Stiege führte aufs flache Dach dieses Gartenhäuschens. Von da genoß man eine herrliche Aussicht auf die barocken Dächer der Kleinseite mit der schönen grünen Kuppel der Niklaskirche und dem gegenüberliegenden Hradschin. Wir liebten es sehr, um die Mittagszeit oben zu sein, um dem unvergleichlichen Geläute der im wahrsten Sinne hunderttürmigen Stadt zu lauschen.

Hier im Park veranstaltete Großmama Schönborn zu Ostern 1893 ein großes Eiersuchen zu Ehren des Erzherzogs Carl Franz Josef, dem späteren Kaiser Karl, dessen Vater, Erzherzog Otto, in Prag in Garnison war. Erzherzogin Josefa erschien mit ihrem Sohn und den beiden Hofdamen, der Markgräfin Crescence Pallavicini und der Gräfin Zoscha Zamoyska. Es war das erstemal, daß ich den Erzherzog sah. Er war wie ich 6 Jahre alt und ganz besonders wohlerzogen, was wir natürlich viel zu hören bekamen. In seinem dunkelblauen Matrosenanzug mit langen Hosen sah er ganz gut aus und machte jeder Dame stramm ein tiefes Kompliment. Ein oft wiederholter Ausspruch von ihm war: »Ich hasse Wien!«; es hieß, er habe sich dort recht gelangweilt. Einige ältere Buben, wie Rudi Czernin und Johannes Lobkowicz, wurden ihm zum Eiersuchen zugeteilt, was sie nicht sehr zu freuen schien. Wir bekamen jeder einen Korb, um unsere Schätze verwahren zu können; der des Erzherzogs war mit einer schwarzgelben Masche geziert. Das Fest beschloß eine üppige Schokoladenjause.

Nur das Mitteltor des Palais wurde als solches gebraucht; das südli-

che war mit einem Ziergitter abgeschlossen, das nördliche wurde nur als Haustür von den zahlreichen, dort wohnenden Mietparteien benutzt. Zwei mächtige Karyatiden des bekannten Bildhauers des 18. Jahrhunderts Matthias Braun rahmten die Einfahrt des Haupttores gegen den Hof zu ein. Ein schmuckloses, aber wohlproportioniertes Stiegenhaus führte in den I. Stock, es verband die Appartements des Hausherrn – Onkel Karl Schönborn, ältester Bruder meiner Mutter –, die in der Gassenfront und im linken Mittelflügel lagen, mit der Wohnung von Großmama Christine im rechten Flügel. Onkel Adalbert, Großmamas jüngster Sohn, samt Familie hatte seine Behausung im II. Stock des Palais. Auch Graf Josef (Pepiku) Czernin, der kühne Reiter des Dänenfeldzuges (1864), hatte im Südflügel eine Mietwohnung. Im gleichen Hof befanden sich die weitläufigen Stallungen, die aber nur in den Wintermonaten voll besetzt waren. Nur Großmama und Tante Wilma hatten ständig je ein Paar Pferde hier stehen.
Ungezählte Treppen, Küchen und Kammern barg dieses Palais, das 1625 vom Fürsten Karl Liechtenstein erbaut worden war. An Schönborn kam es durch Erbschaft. Ich glaube kaum, daß es jemanden gab, der sich im Palais gut auskannte. Oft hörte ich die Onkeln und Tanten – auch meine Mutter, deren Heimat doch dieses Haus war – über die Lage einzelner Räume lange Diskussionen führen. Der hohe, finstere, altmodische Salon von Großmama, dessen eine Tür auf die Gartenterrasse führte, war wohl der Raum, den wir Kinder am besten kannten. Die dunkel tapezierten Wände waren recht dicht mit meist guten Ölgemälden – Familienportraits – behangen. In der Mitte befand sich ein großer, mit einem grünen Tuch bedeckter Tisch, den viele dunkelrote und grüne Barockfauteuils umstanden. Hinter dem langen Kanapee war eine Palmengruppe, die damals kaum in einem Salon fehlte und in deren »Schatten« wir Kinder oft gespielt haben. Längs der Wände standen einige schön eingelegte Tabernakelschränke, zwischen den Fenstern Konsoltische mit Marmorplatten, auf denen Miniaturen und allerhand Schalen und Kunstgegenstände herumstanden. Eine Gruppe von Putten aus Alabaster hielt ich jahrelang für einen Karfiol. Außerdem waren noch etliche Tische mit den dazugehörigen Fauteuils im Raum verteilt, in einer Ecke stand eine Muttergottes-

Statue vor einer Samtdraperie, und natürlich fehlten auch nicht die üblichen Photographien.

Nur selten setzte sich Großmama ans Klavier, um dann sehr schön zu spielen. Sonst lag sie wegen ihres Fußleidens meist auf der Chaiselongue und ließ sich vorlesen, wobei sie entweder Seide zupfte oder mittels bunter Fäden Bücherzeichen knüpfte. Ihr Arbeitskorb stand auf einer Etagere, in deren oberster Platte Schlitze gemacht waren, durch die man nach dem Vorlesen Großmamas Briefe in Schubladen stecken konnte.

Immer war Großmama darauf bedacht, uns eine Freude zu machen. Mit dem Motto »Wenn die Katze fort ist, tanzen die Mäuse am Tisch herum« gab sie uns einmal, als meine Mutter verreist war, eine Jause von »Rakahu«, ein von uns äußerst geschätztes Getränk, das ihr wohl zur Kräftigung verschrieben worden war; Großmama war damals schon hoch in den Achtzigern (* 1811, † 1902). Großmamas einflußreiche Kammerjungfer, Marie Hlaváček, war über diese teure Mahlzeit äußerst ungehalten. Dreißig Jahre später gelang es mir endlich, wieder einmal »Rakahu« zu kosten: Der Nektar unserer Kindheit entpuppte sich als eine dickliche, recht schale, etwas nach Kakao schmeckende Brühe.

Großmama Schönborn sprach ein reines Hochdeutsch, das als »draußig« bezeichnet wurde, zum Unterschied vom österreichischen Deutsch. Unvergeßlich sind mir ihre schönen, gepflegten Hände, die im Freien immer mit weißen, schwarz bestickten Halbhandschuhen bekleidet waren. Wie es hieß, war Großmama wegen ihrer geraden, etwas schroffen Art in der Prager Gesellschaft gefürchtet, doch wurde ihr Einstehen für alles Rechte und Fromme stets geachtet. Als sie als Neuvermählte Anfang der 40er Jahre nach Prag kam, soll sie beim Adel, der noch tief im liberalen Josefinismus steckte, den regelmäßigen Besuch der Sonntagsmesse wieder in Mode gebracht haben.

Tante Wilma führte Großmutters Haus. Nicht mehr jung (* 1851, † 1911), war sie trotzdem immer etwas verlegen und aufgeregt, doch hatten wir Kinder sie wegen ihrer großen Güte sehr gern. Der meist brummige Kammerdiener Friedrich Schmidt, die schon erwähnte, ungeheuer dicke alte Marie Hlaváček, der Kutscher Frantik Sotner, einige Stuben- und Hausmädchen, die Köchin sowie das Hilfsperso-

nal in Küche und Stall, das aber oft wechselte, bildeten den Hausstand Großmamas. Tante Wilma hatte ihr eigenes Personal, den Diener Fanta († 1940), den Kutscher Vojta und die uralte Jungfer Luise, die uns Kinder sehr verzog. Für heutige Begriffe war dieses Hauswesen recht üppig, damals aber galt es als sehr bescheiden. Es war auch stets die Rede vom Sparen und Tante Wilma sorgte sich beständig, daß sie nicht mit dem Hausgeld auskommen könne.[7)]
Natürlich gab's noch kein elektrisches Licht. In Großmamas Salon brannten meist zwei bis drei gleich hohe, weiße Spirituslampen mit sogenannten Auerstrümpfen[7a)] als Brenner. Diese waren aus gepreßter Asche und dementsprechend spröde. Einstmals hatten wir uns wegen irgendetwas am alten Friedrich zu rächen. Da wurden nun die Auerstrümpfe in Großmamas Salon vernichtet! Das langsame Zerdrücken dieses feinen Gewebes unterhielt uns sehr, doch verminderte es nicht die schlechte Laune Friedrichs und trug uns einen Extrarüffel ein. Bis auf die Hauptstiege waren alle Gänge und Stiegen meist mit offenen Gasflammen beleuchtet. Auf der Hauptstiege und im Vorzimmer wurden die Flammen durch oben offene Milchglaskugeln geschützt. Ihr diskret surrendes, gemütliches Pfauchen samt dem starken Gasgeruch gehörten ganz zum Schönborn'schen Haus.
Zu Weihnachten waren wir in der Regel in Beřkovic und fuhren erst in der Weihnachtswoche nach Prag, um der dortigen Großmutter zu gratulieren. Meist hatten wir dann bei ihr noch einen Christbaum mit eigenen Gabentischen. In einem für uns Kinder besonders ergiebigem Jahr, ich glaube 1893, kam noch ein dritter Christbaum beim Onkel Kardinal hinzu.
1896 waren die Onkel Fedes nicht in Beřkovic und wir infolgedessen zu Weihnachten bei Großmama Schönborn in Prag. Die Bescherung wurde im großen halbrunden Salon der Onkel Karls gefeiert. Der Christbaum war ganz besonders prächtig, über und über mit Silberketten, anderem Schmuck und buntem Zuckerwerk dicht behangen und mit hunderten von Kerzen erhellt. Vor dem Baum stand, amphitheatralisch aufgebaut, eine große Krippe mit nahezu 100 Figuren, unsere ganze Wonne. In Beřkovic gab's merkwürdigerweise keine Krippe, auch wurde nie gesungen. Damals lernten wir das alte Weihnachtslied »Gelobet seist Du, Jesus Christ«; es soll aus Blan-

kenheim oder Schussenried stammen, der Heimat von Großmamas Mutter Auguste Sternberg-Manderscheid (1793–1820).
Während der Bescherung erschien ein weißbärtiger Mann in Großmamas Vorzimmer und bot eine alte Spieldose zum Kauf an. Onkel Kardinal kaufte sie um 50 Gulden, um sie uns zu schenken. Das Werk spielte zwei Lieder, »Narodil se« (Er ist geboren) und ein unbekanntes Stück. Von da ab war der kleine Musikkasten unzertrennlich von unseren Bescherungen (1945 in Agram geblieben!).
Noch eine schöne Erinnerung knüpft sich an diesen großen Salon: Ein Kammerkonzert des weltberühmten Böhmischen Quartetts, unter Führung des Cellisten Professor Vyhan; es wurde zu Ehren von Großmama und Onkel Kardinal gegeben. Hoffmann spielte die erste Violine, Suk die zweite, Nedbal die Viola; beide letztere wurden sehr bekannte Komponisten. Ihre Darbietungen haben auch uns Kinder sehr begeistert. Die Künstler erhielten mit Dlažkovicer Granaten verzierte Silberrahmen mit Bildern vom Onkel Kardinal. Zwanzig Jahre später hatte mein Bruder Josef, während er sich wegen seiner Krankheit in Chotzen aufhielt, Gelegenheit, Professor Vyhan öfter zu sehen und sich mit ihm anzufreunden. Als Andenken schenkte ihm der Professor eine große, in Stanniol verpackte Zigarre. Er hatte sie seinerzeit von Brahms bekommen, der solche Zigarren als Zeichen größter Zufriedenheit zu verschenken pflegte.
Auch zu Ostern waren wir öfters in Prag. Von einem der vielen Eiersuchen im Schönborn'schen Garten habe ich schon berichtet. Die geweihten Eier und das Fleisch bekam man bei Großmama am Ostersonntag zum Mittagessen, da es hier kein sogenanntes Osterfrühstück gab. Die Eier waren bunt gefärbt und wiesen hübsch gezierte Sprüche und Arabesken in Goldfarbe auf. Unsere ganze Freude waren aber die ungezählten Ostereier aus den Prager Klöstern, mit denen Onkel Kardinal und auch Großmama bedacht wurden. Besonders die in Silberdraht eingesponnenen waren sehr beliebt, doch gab's Eier in allen Größen und Farben, von denen wir die meisten bekamen. Auf die Zeremonien der Karwoche im Prager Dom komme ich noch zurück.
Als sich im Jahre 1891 eine päpstliche Kommission in Prag aufhielt, veranstaltete Onkel Kardinal u. a. für diese Herren einen Tee bei seiner Mutter, Großmama Schönborn. Jüngstes Mitglied der Kommis-

sion war Achille Ratti von der Ambrosiana in Mailand. Als dieser dreißig Jahre später als Pius XI. den Thron Petri bestieg, war leider niemand mehr am Leben, der über diese Jause hätte nähere Angaben machen können. Wie ich glaube, war es Monsignore Wünsch, Dechant am Vyscherader Kapitel und damaliger Zeremoniär von Onkel Kardinal, der sich dieser Tatsache erinnerte.
Immer etwas Besonderes waren unsere langen Stadtspaziergänge in Prag, und eines ihrer Ziele war das Aufsuchen, Bewundern und Zählen der Portiere. Diese hatten in Zweispitz und mit hohem Stock vor den Toren der Palais zu paradieren, insbesondere wenn ihre Herrschaft empfing.
Da war vor allem der eigene Portier im Palais Schönborn, der alte Benýr. Zu unserem größten Leidwesen trug er meist nur die simple Portiermütze und hatte einen schwarzen Livreemantel mit gelben Wappenknöpfen an. Nur selten, bei feierlichen Gelegenheiten, hing er sich ein hochrotes Bandelier um, das als einzigen Schmuck einen großen in Messing getriebenen Wappenschild aufwies, und nicht wie üblich mit Borten besäumt war. Auch den Hut trug Benýr unkorrekt mit den Spitzen nach vorn und hinten, statt quer à la Napoleon, wie es damals die Regel war.
Noch unscheinbarer erschien uns der Portier vor dem Palais Lobkowicz am Welschenplatz, wenige hundert Schritte vom Schönborn'schen Hause entfernt, in seinem dunkelblauen Mantel ohne Bandelier. Wir nannten das Haus »bei dem Onkel Göxen«, nach dem Hausherrn Georg Christian Lobkowicz, dem einzigen Bruder der Beřkovicer Großmama und Chef der jüngeren Linie Lobkowicz-Hořin. Er war mit kurzen Unterbrechungen nahezu 40 Jahre Oberstlandmarschall des Königreichs Böhmen.
Die größte Ausbeute an Portieren brachte wohl der Waldsteinplatz mit seiner nächsten Umgebung. Der Cerberus am gleichnamigen Palais war damals oft in Trauer. Da mußten der Hut samt Stock, das Bandelier und die Wappenknöpfe am schwarzen Mantel, kurz, alles was glänzte, in Crèpe eingenäht sein. Diesem Palais gegenüber stand ein prächtiger Mann vor dem Auersperg'schen Haus. Er hatte einen hochroten Mantel an mit hellblau-silbernem Bandelier. Doch schon Anfang der 90er Jahre wurde das Palais verkauft oder vermietet, und so verschwand einer der schönsten Vertreter dieser Gilde.

Gleich daneben befand sich das Palais Ledebur mit einem Portier im schwarzen Mantel mit dunkelblauer Schärpe. Wenige Schritte weiter vor dem Palais Palffy stand einer in hellblauem Mantel mit gelbem Bandelier, vor dem Kolowrat'schen Haus ein schwarzer Mantel mit rotsilbernem Bandelier und, weiter in der Waldsteingasse, ein ganz ähnlicher vor dem Palais Fürstenberg. In der Spornergasse, die damals zur »Nérudova« wurde, standen sich zwei Türhüter gegenüber, der Thunische Portier mit langem weißen Nikolausbart, dunkelblauem Mantel und gleichem Bandelier; der gegenüber, vor dem Palais Czernin-Morzin mit den berühmten Brokoff'schen Negerkaryatiden, trug einen schwarzen Mantel mit rotsilbernem Band.
Vor der kaiserlichen Statthalterei, gleich um die Ecke, war stets ein prächtiger Torwart zu sehen, in hellblauem, dicht mit gelben Borten benähten Mantel. Überdies hatte der Mann, zu unserer größten Bewunderung, einen Degen an einem schwarzgelben Bandelier umhängen. Den Hut trug er allerdings falsch, so wie bei Schönborn.
Nur noch der Portier vor dem erzbischöflichen Palais am Hradschin trug an Festtagen auch einen Degen. Hier waren Mantel und Bandelier schwarz, letzteres aus Samt mit Goldborten besäumt. Nahe bei der Statthalterei hatten die Palais Oswald Thun, Lažansky, Lobkowicz-Křimiz, Byland alle einen Portier. Auch vor dem Landhaus[8] stand während der Sessionen einer, im schwarzen Mantel und hochrot-silbernem Band. Der Torwächter im Palais Rohan in der Karmelitergasse gefiel uns in seinem weißen Mantel mit dunkelrot-goldenem Bandelier ganz besonders. Der Portier von Zdenko Thun, einige Häuser weiter, im schwarzen Mantel mit blaugoldenem Band wirkte viel einfacher. Das Palais Erwein Nostitz nicht fern davon, mit seiner eben restaurierten, prächtigen Fassade, hatte einen sehr bekannten Portier, den Rekuba mit schön gepflegtem Kaiserbart. Sein Mantel war dunkelblau, das Bandelier etwas heller mit Silberborten und großem Wappen, das übrigens nur selten auf diesen Schulterbändern fehlte. Dann erinnere ich mich noch auf der Kleinseite an Portiere bei Wolkenstein, Buquoy, am Malteser-Palais und bei Windisch-Graetz in der Belvederegasse.
Über der Moldau war die Ausbeute unserer Spaziergänge viel bescheidener. Nahe der Karlsbrücke am Palais Colloredo, damals schon Franz Auersperg, sah man fast nie einen Türwart. Auch bei

Clam war er selten. Dann gab's einen in der Ursulinergasse bei Schwarzenberg (Vorlik) und bei Karl Erwein Nostitz in der Nikolandergasse.
Ganz isoliert stand der alte Anton Sykora, über den ich noch Verschiedenes zu erzählen habe, vor dem Haus von Onkel Fede in der Hybernergasse 12. Er trug einen lichten drap Mantel mit Silberwappenknöpfen und hatte ein hochrot-silbernes Bandelier um und in seiner Rechten einen großen, mit Silberschnur umwundenen Stock mit einem dicken Fürstenhut als Knauf. Auch sein Hut wies eine breite Silberborte auf. Sein Kollege Lomos am Hradschin vor dem Lobkowiczischen Majoratshaus trug nahezu das gleiche Gewand, nur daß hier der Mantel zu unserem Mißfallen schwarz war.
Im Winter hatten die Portiere mehr weniger prächtige Pelze an, die auch oft mit Borten besetzt waren.
Die Torhüter hatten, wie schon gesagt, vor den Palais zu stehen, die Gäste durch Salutieren und einen Bückling zu begrüßen, ihnen eventuell aus dem Wagen zu helfen und ihr Kommen durch ein Glockenzeichen anzukündigen; die Glocken hingen meist in der Einfahrt.
Waren zwei Haushalte in einem Palais – wie bei Schönborn oder in der Hybernergasse – so waren auch zwei verschieden klingende Glocken vorhanden; so konnten wir leicht unterscheiden, ob der Besuch dem Hausherrn oder Großmama galt. Herren wurden mit einem Glockenschlag, Damen oder Ehepaare mit zweien angekündigt. Kamen mehrere Herren zur gleichen Zeit, wurde nur einmal geläutet. Dem Kardinal gebührten drei Glockenzeichen, überdies wurde er – wenn angesagt – von zwei Dienern mit brennenden Kandelabern die Stiege hinaufgeleitet. Denselben Empfang hatten auch die Mitglieder des Kaiserhauses, nur daß der Portier dann viermal zu läuten hatte. Der Kaiser endlich wurde mit fünf Glockenschlägen begrüßt. Diese seltene Ehre wurde in den letzten Jahrzehnten der Monarchie nur sehr wenigen Prager Häusern zuteil, meines Wissens nur den Palais Lobkowicz am Welschenplatz und in der Hybernergasse, den Palais Erwein Nostitz, Oswald Thun und wohl auch Franz Thun in der Spornergasse.
Das Palais Lobkowicz in der Hybernergasse stammte aus dem 16. Jahrhundert, doch erinnerte nichts mehr an diese Zeit; die gefällige Fassade war im Stil des 18. Jahrhunderts gehalten, die meisten

Räume waren späteren Datums. Das Haus hieß früher »U Věžníků« (Bei den Turmwächtern?), wechselte oft den Besitzer und kam schließlich durch die Wrtby'sche Erbschaft an Lobkowicz.
Hier in Prag hatte Großmama Zdenka, im Gegensatz zu Beřkovic, ihren eigenen Haushalt, ihre Wohnung befand sich damals im I. Stock gegen die Hybernergasse zu. Durch ein unscheinbares Vorzimmer und das schmale Speisezimmer gelangte man in den hellen, großen Salon, der ganz in Blau gehalten war. Die bequemen dunklen Möbel im Stil der 70er Jahre waren mit dunkelblauem Wollrips bezogen, auch der Bodenbelag war in gleicher Farbe, durch rosa Blumenbouquets belebt. Alle Vasen und Lampen und der große Lüster waren aus blauem Porzellan mit buntem Blumendekor, sogar die sehr reichhaltige Schreibtischeinrichtung war aus dem gleichen Material. In dieser Einheitlichkeit nahm sich das Zimmer ganz gut aus. Zwischen den weiß gestrichenen Fenstern standen dunkle Konsoltische unter großen Spiegeln; auch die sehr hohen Türen waren weiß. Gelegentlich einer Generalrestaurierung des ganzen Palais 1908 stellte sich heraus, daß die Türen prachtvoll eingelegt waren. Sie wurden von ihrem dicken Anstrich befreit und bildeten seither eine Hauptzier des Hauses.
Im rechten Flügel des Hauses lag im I. und II. Stock je ein großer Saal. Der untere wurde damals eigentlich nur als Möbelmagazin gebraucht und erst 1908 wieder als Ballsaal gerichtet. Im oberen fanden manches Mal des Abends politische Beratungen statt, sogenannte Fraktionssitzungen. Es war die Partei des böhmischen konservativen Großgrundbesitzes, der Onkel Fede und viele unserer Onkel und Vettern angehörten. Wir unterhielten uns, von den gegenüberliegenden Fenstern aus diese Sitzungen zu beobachten und unsere Bekannten herauszufinden. Die Gegner dieser Partei im böhmischen Landtag nannten sich »der verfassungstreue Großgrundbesitz«. Sie erschienen uns als der Ausbund alles Verwerflichen. Dazu gehörte der deutsch orientierte Adel Böhmens mit etwas liberalem Einschlag, als Gegensatz zu unseren mehr weniger böhmisch fühlenden Standesgenossen, die streng konservativ und katholisch dachten; freilich standen beide Parteien auf einer großösterreichischen Basis.
Nach unserer Übersiedlung nach Stanislau[9)] sahen und bewohnten

wir diese lieben und gemütlichen Räume noch einmal, als wir Buben im Jahre 1898 aus dem fernen Ostgalizien auf einige Wochen nach Prag zu Besuch kamen. Als mein Vater drei Jahre später zu den 7er Dragonern nach Altbunzlau in Böhmen versetzt wurde, kamen die Onkel Fedes nicht mehr regelmäßig im Winter nach Prag, und im Winter 1905/1906 mietete Gräfin Christa Thun-Waldstein einen großen Teil des Hauses; vieles war umgestellt und sah auch anders aus. Erst nach der Ernennung von Onkel Fede zum Oberstlandmarschall – Onkel Gox war im Dezember 1908 gestorben – öffneten sich die Räume wieder in ihrem neuen Gewand; es war alles geputzt und größtenteils neu und prächtig eingerichtet worden. Großmama zog in den II. Stock, ihr großer Salon wurde Onkel Fedes Empfangszimmer; die alte Hybernergasse gehörte der Geschichte an.
Eine besondere Erinnerung für alle Enkel von Großmama Zdenka ist das mit ihrem Monogramm gezierte blaue Service. Wie viele köstliche Jausen haben wir darauf in Prag kredenzt bekommen! Besonders die Crèmebecherln, von denen es immer ungezählte gab, spielten eine große Rolle. Das Service war in den 70er Jahren für Čekanic angeschafft worden, eine kleine Herrschaft, die Großmama damals kaufte; ich glaube aber nicht, daß sie ihren neuen Besitz je gesehen hat. Als mein Vater, für den Čekanic wohl bestimmt war, die militärische Laufbahn gewählt hatte und auch später sich nicht entschließen konnte, diese gegen die kleine Klitsche einzutauschen, wurde in den 90er Jahren das Schlößl samt dem Gut wieder verkauft. Übrig blieb das Service, das Großmama stets in Prag benützte. Wir Kinder aber können unserem Vater für diesen Entschluß nur dankbar sein, denn auf diese Art sahen und erlebten wir unvergleichlich viel mehr, als es uns als wenig bemittelten Landbesitzern möglich gewesen wäre.
Der Hybernergasse 12 gegenüber lag seinerzeit das Haus der Eltern von Großpapas erster Frau, Toni Kinsky; ihre Mutter Elisabeth, geb. Gräfin Thun-Choltitz ist erst 1876 gestorben. Wollte Großmama sie besuchen, so mußte sie, um quer über die Straße zu gelangen, stets ihren Wagen mit Diener am Bock in Anspruch nehmen.[10)] Zu Fuß ging man damals in der Stadt höchst selten und wenn, dann nur spazieren. Da hatten dann ein bis zwei Diener der Herrschaft zu folgen und eventuell die Mäntel nachzutragen.

In meiner Kindheit wurde das freilich nicht mehr so streng gehandhabt, doch beherrschten die Equipagen noch sehr das Prager Stadtbild. Wir brachten diesen und allem, was damit zusammenhing, nahezu das gleiche Interesse entgegen wie den Portieren.
Gräfin Olga Kolowrat-Khevenhüller fuhr täglich aus ihrem Palais in der Waldsteingasse zur hl. Messe in die nahegelegene Thomaskirche. Ihr sogenanntes Stadtcoupé war schwarz lackiert und hatte rote Räder. Die großen Rappen klirrten vornehm mit ihren schweren Gebissen, die blank geputzten, silberbeschlagenen Kummetgeschirre samt den Aufhalteketten blinkten in der Sonne und ein Diener mit Zylinder im langen, schwarzen Mantel mit Silberknöpfen stand feierlich vor der Kirchentür. Derlei Bilder konnte man überall in der Stadt bewundern.
Die eleganteste Equipage in Prag war die des Grafen Erwein Nostitz (Miešice). Sowohl die Pferde – ich erinnere mich an ein Paar ganz besonders schnittiger Schimmel – als auch der Kutscher und der Diener am Bock, kurz Bockdienst genannt, waren immer von tadellosem Aussehen. Meist erschien der Bockdienst in gleichem Mantel, bei strenger Kälte im Pelz. Nur im späten Frühjahr, oder falls es im Sommer in der Stadt ein Fest gab, waren die beiden ungleich gekleidet. Der Kutscherrock war einreihig, meist hochgeschlossen und reichte bis zu den Knien, während der Livreefrack der Diener die weiße Krawatte sehen ließ und zwei Reihen Knöpfe hatte. Nebstbei trugen die Kutscher in eleganten Häusern weiße Breeches samt Wichsstiefeln mit naturledernen Stulpen. Um diese Unegalität zu vermeiden, wurde bei Nostitz ein gutgewachsener Stallbursche als »Diener« auf den Bock gesetzt, der den gleichlangen Rock, die Hosen und die Stulpstiefel wie der Kutscher anhatte. Das sah ausgezeichnet aus.
In der Stadt war am Bock der glänzende Zylinder obligat, nur am Land konnte ein solcher aus Tuch getragen werden. Auf der linken Seite dieser Kopfbedeckung befand sich eine große, schwarz lakkierte Kokarde, in deren Mitte entweder eine kleine schwarze Masche oder eine solche in den Wappenfarben angebracht war. Nur bei Hof trug der Bockdienst, falls »englisch« ausgerückt wurde[11)], breite Silberborten am Zylinder. Sonst waren solche zu dieser Zeit nicht mehr üblich. In Prag sah man den silberbordierten Zylinder nur mehr am Bock des Schimmelgespannes des Prämonstratense-

rabtes von Strahov. Der Erzbischof fuhr stets nur mit Rappen. Die Beschläge an Wagen und Pferdegeschirr mußten mit den Wappenknöpfen der Mäntel und Röcke des Bockdienstes übereinstimmen. Bei Lobkowicz zum Beispiel war die Livree dunkelblau, der Mantel drapfarben, die Knöpfe durchwegs silbern und die Beschirrung der Pferde dementsprechend silberplattiert. Bei Schönborn waren die Diener schwarz livriert, die Knöpfe sowie Beschläge auf Wagen und Geschirr gelb.

Es galt als Regel, daß, falls eine Dame im Wagen ausfuhr, stets ein Diener am Bock mitfahren mußte.

Im Winter trug der Bockdienst, wie gesagt, oft Pelze; je größer der Pelzkragen, umso eleganter. Bei Kolowrat hatten die Kutscher bei den schwarzen Mänteln ebensolche, üppige Pelzkrägen, die bis zum Ellbogen reichten. Bei Colloredo war der Drapmantel mit einem braunen Pelz versehen. Zu unserem Leidwesen hatte die Hybernergasse Pelzkrägen, die nur die Schultern bedeckten.

Die mehr weniger reich beschirrten Pferde trugen im Winter meist große Geschirrdecken. Diese wiesen in den Ecken gestickte Wappen oder Kronen auf. Bei Onkel Fede waren die Decken dunkelblau mit gestickten großen gelben Fürstenhüten; bis 1919 hatten nämlich Beřkovic – auch mein Vater – blaugelb als Wappenfarbe. Ich glaube, daß Großmama, die bekanntlich der Hořiner Linie entstammte, diese dort schon länger geführten Farben mitbrachte. Raudnitz hatte immer rotweiß, nach den Grundfarben des Lobkowiczischen Herzschildes. Erst gelegentlich eines Familientages im Jahre 1919 nahmen Beřkovic und Hořin die rotweißen Wappenfarben an, dafür wurde für den Familiennamen die alte Schreibweise cz statt tz eingeführt, nach Hořiner Gebrauch.

Bei feierlichen Anlässen wie den Auffahrten zu Hochzeiten, großen Hausbällen oder Audienzen sah man hier und da noch einen sogenannten Leibjäger statt des Dieners neben dem Kutscher thronen. Sie trugen Zweispitze mit weißem oder weißgrünem Federbusch; an einem silber- oder goldbestickten Bandelier hing der Hirschfänger über dem dunklen Mantel. Der Jäger hatte Bartfreiheit zum Unterschied von allen Dienern, Kutschern oder Portieren, die niemals einen Schnurrbart tragen durften. Bei Kammerdienern, Tafeldekkern, Portieren und alten Dienern erlaubte man einen Backenbart,

nur mußte das Kinn stets ausrasiert sein. Die Hausuniform der Leibjäger bestand meist aus einem doppelreihigen dunklen Rock und einer gleichfarbigen Hose. Die Aufschläge waren aus grünem Samt mit gesticktem Eichenlaub, die Hosen hatten breite grüne Lampas.
Die Obliegenheit des Jägers bestand in der Bedienung des Hausherrn, den er natürlich auch auf die Jagd zu begleiten hatte; daher der übliche Name: Büchsenspanner. Zu Zeiten der Vorderlader nahm man bei großen Jagden zwei bis drei Jäger mit auf den Stand, da der Schütze oft sechs Gewehre brauchte. Bei Diners hatte der Jäger die Weine einzuschenken.
Bei Hof fuhr nur der Kaiser mit einem Leibjäger am Bock, so wurde sein Wagen schon von weitem erkannt. Ein Leibbüchsenspanner stand bei Déjeuners stets hinter dem Stuhl Kaiser Karls und hielt dessen Seitengewehr, ein Bajonett. Die Leibjäger rekrutierten sich teils aus dem Dienerstand, teils waren es auch studierte Leute. Letztere hatten wohl keinen Tafeldienst. Der Posten war sehr angestrebt, da sich sein glücklicher Inhaber durch treue Dienste bei seinem Herrn leicht beliebt machen konnte. Er wurde nach einigen Jahren Förster und brachte es oft, zumal bei großen Waldherrschaften, bis zu einer leitenden Stellung. Ich erinnere mich, Mitte der 90er Jahre in Postelberg, an den späteren Schwarzenberg'schen Forstchef Kukačka (der Akademiker war) als Leibjäger bei Onkel Adolf, bin auch bei Ausfahrten zwischen seinen Füßen am Bock gesessen.
Gelegentlich großer Diners, Hochzeiten oder Hausbällen erschien die Dienerschaft in Galalivree. Die Lobkowicz-Raudnitzer Gala nahm sich besonders prächtig aus. Die dunkelblauen, langen Röcke waren reich mit breiten Goldborten benäht, ebenso die roten Westen und die kurzen Hosen[12)]; dazu wurden weiße Strümpfe und Schnallenschuhe getragen. Nur dort sah ich noch die alten Läufer-Uniformen, in die man schmächtige Stallburschen steckte. Sie trugen goldbordierte Spenzer, besonders die Ärmel waren dicht mit Borten quer besetzt. Über die roten Hosen wurden blauseidene, einem schottischen Kilt ähnliche Schürzen mit langen Goldfransen geschnallt, die dunkelblauen Samtkappen der Läufer waren rund gewölbt, schirmlos und hatten vorn ein mit großem Wappen versehenes aufrechtstehendes Schild. Dann gab's grüne Galalivreen für die

Jäger, die in Schnitt und Bortenbesatz denen der Diener ganz ähnlich waren, dazu gehörten dunkelgrüne Strümpfe. Die Lobkowiczische Halbgala war in Aussehen und Farbe gleich der Gala, nur bestand der Besatz aus schmalen Silberlitzen. Diese Livree war noch in den 30er Jahren des vorigen Jahrhunderts täglich in Gebrauch. Auch bei Palffy war die Gala noch altmodisch. Sie bestand aus hellblauen, silberbesetzten Röcken, gelben Westen und Hosen, letztere aus Plüsch. Oft sah man, so beim Prager Erzbischof, Wappenborten als Besatz. Bei Thun waren die Galahosen aus braunrotem Plüsch, die Röcke blau mit Fangschnüren verziert. Res Schwarzenberg-Trauttmansdorff fand in einer Frauenberger Rumpelkammer einen Stoß Galalivreen, die aus dem 18. Jahrhundert stammten. Die Röcke aus rosa Tuch mit Silberbesatz, die Hosen aus schwarzem Atlas. Gelegentlich eines im Jahre 1921 in Prag abgehaltenen Kostümballes erschienen die Diener in diesem malerischen Anzug; die alten Livreen hatten so schmale Ärmel, daß es Mühe kostete, für sie passende Träger zu finden.

In vielen Häusern, zum Beispiel auch in der Hybernergasse, bestand die Gala aus dunklen kurzen Atlashosen, die zum gewöhnlichen Livreefrack getragen wurden, dazu Fangschnüre in den Wappenfarben und schwarze Strümpfe. Bei Erwein Nostitz waren die Strümpfe mit hellblauen Seidenzwickeln bestickt. Besonders geschmackvoll sah die Gala im Haus von Otto Windisch-Graetz und seiner Frau, Erzherzogin Erzy, Enkelin Kaiser Franz Josephs aus: Frack und Hose schwarz, diese mit einem Silberband abgeschlossen, Weste und Seidenstrümpfe dunkelrot, rotsilberne Fangschnüre.

Doch all diese Prunkgewänder rückten nur recht selten aus. Für den Alltag war in der Stadt der Livreefrack vorgeschrieben, die Farbe war blau oder schwarz, seltener braun oder grau. Er konnte mit zwei Reihen Wappenknöpfen geschlossen oder offen getragen werden, in letzterem Fall war die Weste meist aus Leinen, waschbar und in den Wappenfarben gestreift, seltener einfarbig, rot, blau oder dergleichen. Sehr beliebt waren beim geschlossenen Frack sogenannte falsche Westen. Das waren schmale, gestreifte Leinenbänder, die in den Frack eingeknöpft wurden, etwas vorschauten und so eine Weste vortäuschten. Doch zurück zu uns Kindern.

Bei unseren Bubenjausen in Prag waren Ringkämpfe eine Zeitlang eine große Mode. Als Richter wurde meist der Jüngling gewählt, bei dem die Jause stattfand. Er nahm sich noch zwei oder drei Gehilfen, ein Teppich wurde in der Mitte des Zimmers ausgebreitet und es konnte beginnen. Natürlich war dieses Ringen mehr ein mit viel Geschrei vollführtes Balgen. Unsere Matrosenblusen, aus weißem Leinen oder dunkelblauem Wollstoff, die damals durchwegs zu unserer Bekleidung gehörten, eigneten sich zu nichts weniger als zum Ringerdress. Immer zerrten sich die Gegner an den breiten Krägen oder langen schwarzen Krawatten herum, bis einer von ihnen regelrecht auf beiden Schultern lag. Unsere Kraftmeier waren unter anderem der ganz jung verstorbene Zdenko, Sohn von Philipp Sternberg, und Albik Kolowrat, doch erinnere ich mich noch an viele Gegner – die Brüder Franzi und Kari Czernin, von denen Franzi später als Pater Wolfgang Benediktinermönch in Beuron wurde, Kari Almeida, die vielen Brüder von Albik Kolowrat und andere mehr.

Im April 1890 kam unsere erste Bonne ins Haus, Marie Valentin; sie rückte in Prag ein. Zuerst wurden ihr meine beiden älteren Geschwister Josef und Zdenka zugeteilt. Marie stammte vom Elsaß, aus St.-Marie-aux-Mines (Markirch), und sprach nur gebrochen Deutsch. Josef zog sich ihre erste Ungnade zu, weil er nicht stillsitzen wollte. Sie stellte es ihm mit den Worten aus: »Sie müssen nicht unter den Tisch kriechen!« Darauf dachte sich Josef: »Natürlich muß ich nicht, aber ich will!« und kroch weiter.[13)] Nach ein bis zwei Jahren kam auch ich zu ihr, nachdem uns die vielgeliebte Kindsfrau Mana Hafemann verlassen hatte; sie heiratete einen Lokomotivführer Reišik. Als Trost schickte er mir eine Photographie seiner Lokomotive, die mich mit Stolz erfüllte und jetzt in einem Album klebt.

Bei Marie fühlte ich mich die erste Zeit recht ungemütlich und trachtete immer wieder, über den langen Gang ins Kinderzimmer durchzubrennen. Einmal gelang mir ein solcher Ausflug in der Früh im Moment des Hemdwechselns. Ohne nichts an erschien ich bei Míry, unserem langjährigen Kindermädchen, die nun bei meiner jüngeren Schwester Christl Kindsfrau geworden war. Mit Schimpf und Schande wurde der nackte Delinquent wieder Marie übergeben!

Einmal sagte ich ihr ganz ohne üble Absicht: »Marie, vous avez une moustache!«, worauf sie zu meinem größten Erstaunen heraus-

zischte: »Allez dans le coin, vilain singe!«[14] Doch sonst vertrugen wir uns ganz gut. Marie blieb bis zum Jahre 1897 bei meinen Schwestern.
Im gleichen Jahr – Herr Mrhálek war mittlerweile als Lehrer zu uns gekommen – bekamen wir, Josef mit 13 und ich mit 10 Jahren, unsere ersten »Herrenanzüge«, auf die wir ungeheuer stolz waren. Onkel Kardinal schenkte jedem von uns eine Krawatte samt Nadel; an meiner Nadel war ein Katzenauge, an Josefs ein Tigerauge. Ich war besonders froh, die wollenen Matrosenblusen los zu sein, die bei uns nur die »gratlavys«[15] hießen, da mir schon die bloße Berührung dieses härenen Gewandes immer sehr unangenehm war. Mit unserer Übersiedlung nach Stanislau, Herbst 1897, schließt diese Zeit für mich ab.

Anmerkungen

1. Der Heilige stammte »ne pomuk« – aus Pomuk.
2. Der Eiermarkt heißt heute Rytířská ulice (Rittergasse).
3. Wie der Autor später erwähnt, war sein Vater versetzt worden.
4. Rentmeister Pfeil von der Burg Eltz, Stammsitz der Grafen Eltz.
5. »jetzigen« ist bezogen auf 1934.
6. Errichtet von Albrecht Wenzel Eusebius Wallenstein (= Waldstein).
7. Immerhin ein Haushalt mit mindestens 10 Arbeitsplätzen.

7a. Auerstrümpfe: Erfunden von Dr. Carl Auer v. Welsbach, Wien (1858–1929); maschinengestrickte Schläuche, getränkt mit einer Lösung aus seltenen Erden und Metallen, wurden über einem Platindorn verbrannt und hinterließen ein feinmaschiges Skelett, das bei Berührung mit brennenden Gasen hell erglühte. Die Glühkörper aus »Asche«, je etwa 0,5–0,6 g, waren sehr fragil und recht teuer (Quelle: R. Böhm, Das Gasglühlicht, Leipzig 1905).

8. Das Sitzungsgebäude des Landtages.
9. S. Anm. 3.
10. »Am« heißt hier immer »auf dem«, auch wenn es später »am Altar« heißt, da dann die Altarstufen gemeint sind.
11. Wie später erklärt wird, bedeutet »englisch« mit Schimmeln ausrükken.
12. »Kurze« Hosen sind Kniebundhosen.
13. Rückübersetzt ins Französische wird die Pointe klarer, denn »devoir« heißt zwar »müssen«, aber auch »sollen«. Die Anrede mit »Sie« war teilweise sogar zwischen Eltern und Kindern üblich, zumal das französische »tu« (du) nur sehr intimen Gesprächen vorbehalten war.
14. »Marie, Sie haben einen Schnurrbart!« – »Marsch in die Ecke, böser Affe!«
15. Die Bedeutung von »gratlavys« konnte nicht einwandfrei geklärt werden. Das Wort ist möglicherweise eine Ableitung von »gatá« oder »šarawary«, den slawischen Wörtern für Hose, wobei das erste Wort ursprünglich den Strick oder Gürtel meinte, mit dem die weiten Leinenhosen gehalten wurden, und aus der türkischen bzw. ungarischen Tracht (»gatya«) kommt. Das zweite Wort ist iranischen Ursprungs und wurde in der Steiermark zu »Tschariwari«-Hosen umgebildet.

3.
Franz de Paula Kardinal Schönborn (1844–1899)

Der Bruder meiner Mutter, »Onkel Kardinal«, spielt in meinen Kindererinnerungen eine große Rolle. Nur meine beiden älteren Geschwister, Josef und Zdenka, konnten sich noch dunkel erinnern, ihn »Onkel Erzbischof« genannt zu haben. Zdenka und mich hat er getauft, in der Hauskapelle meiner Großmutter Schönborn im gleichnamigen Palais auf der Kleinseite, jetzt Tržíště (die amerikanische Gesandtschaft). Mein verstorbener Bruder Josef war im April 1884 noch von seinem Vorgänger Kardinal Schwarzenberg getauft worden, dem Bruder meiner Urgroßmutter Lobkowicz (Hořin).

Seit 1895 wohnten Josef und ich, wenn wir in Prag waren, beinah immer beim Onkel Kardinal in der erzbischöflichen Residenz am Hradschin, meist mit unserem damaligen Hofmeister Josef Mrhálek, dem späteren Rat bei der Prager Landesbehörde († 1934). Mein Vater wohnte auch oft da, hauptsächlich dann, wenn das Haus seines Bruders Ferdinand (Onkel Fede) in der Hybernergasse nicht bewohnt war. Wir wohnten immer im I. Stock mit der Aussicht auf die Dächer des Hradschin und das ehemalige Palais Sternberg, jetzt Ernestinum (Trottelanstalt). Der Zugang zu diesen Gastzimmern ging durch das Billardzimmer, einen langen schmalen Raum, dessen eine Tür auf die Hauptstiege führte, dem großen Vorzimmer gerade gegenüber; zwischen den Fenstern hing ein langer Kupferstich mit der alten Ansicht von Prag.

Zum schwarzen Kaffee ging man meist durch die Salons in dieses Billardzimmer, wo Onkel Kardinal mit seinen Herren, manchmal auch mit Gästen, eine Partie zu spielen pflegte. Die ersteren bestanden damals aus dem Sekretär Pater Dědek und dem Zeremoniär Pater Anton Wünsch. Letzterer ist jetzt Kapitulardechant am Vyšehrad und hat mir viel über den Onkel Kardinal erzählt, den er über alles verehrte. Pater Dědek bekam damals eine andere Anstellung,

1 *Auf dem Prager Hradschin 1899; hinter den Bäumen das Erzbischöfliche Palais*

2 *Die Familie des Verfassers in Postelberg (bei Genesius Greiner), im Sommer 1896 (signiert von Paula Lobkowicz-Schönborn): Zdenko Vincenz Prinz v. Lobkowicz (1858–1933), Rittmeister im 1. Dragoner-Regiment (zeitweiliger Obersthofmeister der Kaiserin Elisabeth und Generaladjutant Kaiser Karls), hinten rechts; Paula Prinzessin v. Lobkowicz, geb. Gräfin Schönborn (1861–1922), sitzend; 1. Josef Zdenko (vor dem Vater); 2. Zdenka (hinter der Mutter); 3. Erwein (links außen); 4. Christl (rechts vorn); 5. Wenzel Eusebius (links vorn); 6. Bertha (auf dem Schoß der Mutter)*

3 Kaiser Franz Josef bei der Fronleichnamsprozession, Wien 10.6.1909; im Vordergrund Offiziere der Leibgarde Reitereskadron, mit Leopardenfellen die ungarische Trabantenleibgarde, auf der anderen Seite des Zuges Trabanten und Arcièren

4 v. l.: FZM Anton Galgotzy, FML Ljubičic, Flügeladjutant Graf Wladimir Ledochowski

5 GM Prinz Zdenko v. Lobkowicz-Beřkovic (links) und sein jüngerer Bruder August, Ende 1916

6 Der Autor mit seinen Geschwistern, Prag, Dezember 1910, v. l.: Josef Zdenko, Zdenka, Erwein, Christl, Wenzel, Bertha

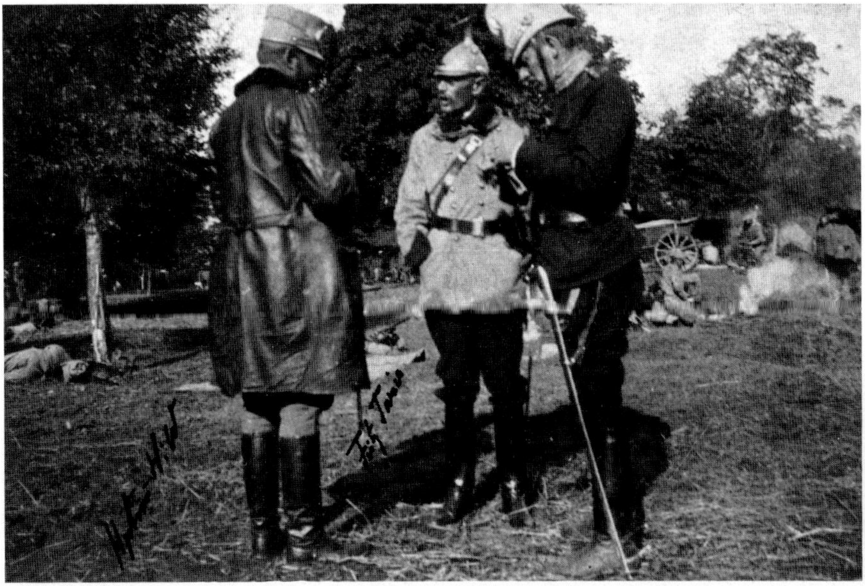

7 An der Ostfront, Winter 1914, v. l.: Hauptmann Wild, Prinz Friedrich Thurn und Taxis, Graf August Eltz (Tillysburg)

8 (links) Wien-Hetzendorf, 1. April 1916: Oberleutnant Prinz Erwein v. Lobkowicz, Leibgarde Reitereskadron, in voller Parade-Adjustierung
9 (rechts) Rittmeister Prinz Erwein v. Lobkowicz, D. 1, mit folgenden Auszeichnungen: die bronzene Militär-Verdienstmedaille am Bande des Militärverdienstordens, das Kavallerietruppen-Kreuz, das Militär-Jubiliäumskreuz, das Ehrenzeichen 2. Kl. für Verdienste, das Ritterkreuz mit der Krone des Manöverkreuzes, das Ritterkreuz des kgl. bayer. Militär-Verdienstordens 4. Kl. mit der Krone und Schwertern; Aufnahme vom Frühjahr 1919

ich glaube im Konsistorium, nachdem er Ehrendomherr von Altbunzlau geworden war. Sein Nachfolger wurde Pater Moritz Pícha, der jetzige Bischof von Königgrätz.
Kardinal Schönborn war eine imposante Erscheinung von beinahe zwei Meter Größe. Wir hatten ihn alle sehr gern, da er stets freundlich und mit uns Kindern immer lustig war. Er erzählte uns viele Geschichten, die er gleichzeitig mit witzigen Zeichnungen zu illustrieren wußte. Er zeichnete immer, hauptsächlich komische Vorkommnisse. So entstanden ganze Stöße von Karikaturen, in denen die Pfarrer, die naturgemäß viel mit Onkel Kardinal zu tun hatten, eine große Rolle spielten. Oft erwähnte der Kardinal seinen Geschwistern gegenüber, er hoffe, daß es nie herauskommen werde, daß der Oberhirt seine Geistlichen karikiere.
Das Geschichtenerzählen und Illustrieren spielte sich meist im Salon bei Großmama Schönborn ab, bei welcher der Kardinal, ihr zweiter Sohn, täglich zu soupieren pflegte. Um aber ihrer Küche nicht zur Last zu fallen, wurde das Souper des Onkels täglich von einem Diener aus der Residenz heruntergebracht. Ich sehe den Onkel noch am Mitteltisch im großen, düsteren Salon im Kreise seiner Verwandten sitzen. Großmama lag wie immer auf einer Chaiselongue, dann waren da noch Tante Wilma, Onkel Adalbert und Tante Adelheid, seine Frau; Mama mit uns Kindern, und wenn mein Vater in Prag war, kam auch er oft.
Was haben wir da alles erfahren – Erbauliches und Interessantes! Freilich wurden wir oft, zu unserem Leidwesen, »abgeschafft« und mußten uns dann in einem anderen Teil des für uns Kinder unendlich großen Salons beschäftigen; meist spielten wir dann unter der bewußten Palmengruppe. Nach Hause gebracht wurden Josef und ich durch einen Diener. Wir gingen dann durch das spärlich erleuchtete sogenannte Renthaus über die Spornergasse (jetzt Nerudová) hinauf auf den Hradschin; die neue Schloßstiege nämlich, d. h. ihr Zugang von der Spornergasse aus, wurde gegen Abend geschlossen. Onkel Kardinal fuhr im Wagen nach Hause und nur selten, wenn er zufällig früher aufbrechen mußte, wurden wir mitgenommen. Nur am Karfreitag benutzte er nie einen Wagen, da gingen wir Buben mit ihm zu Fuß hinauf. Lange standen wir dann oben an der Rampe, über den tausend kleinen Lichtern der Stadt und bewunderten wohl

auch die vielen Lichter, die auf den Laurenziberg hinaufzogen zum Heiligen Grab. Einen großen Eindruck machte es mir, daß der Kardinal am Karfreitag nicht rauchte; sonst pflegte er nach jeder Mahlzeit seine Zigarre zu genießen.
Köstlich schmeckte uns immer das Frühstück, das in unserem Gastsalon neben dem Billardzimmer aufgetragen wurde. Wir, die wir nur gewohnt waren, Milch zu bekommen und manchmal etwas Marmelade auf die Semmel streichen konnten, erfreuten uns da an köstlichem Kaffee und an viel Butter, deren runde Scheiben mit frommen Emblemen geziert waren.
Zu gewöhnlichen Zeiten, nämlich wenn keine besonderen Zeremonien – wie hauptsächlich in der Karwoche – im Dom waren, wohnten wir der hl. Messe des Onkel Kardinal in der Hauskapelle bei, bei der einer seiner Herren ministrierte. Ich hatte immer etwas Angst davor, weil mir dort leicht schlecht wurde. Die Kapelle hatte keine direkte Ventilationsmöglichkeit, weil sie ganz von einem Gang umbaut war – zwecks leichter Kommunikation mit dem der Burg zugekehrten Flügel, wo Onkel Kardinal seine Privatzimmer hatte. Dieser Gang war erst im 19. Jahrhundert angelegt worden, die Kapelle war infolgedessen nahezu ganz finster und es mußte ständig eine Gasflamme darin brennen. Diese verbreitete zwar einen gemütlichen, surrenden Ton, aber auch den dazugehörigen, stark stickigen Gasgeruch, der damals auf allen Gängen und Stiegen der Prager Palais zu spüren war. Dieser Geruch ist mir von der damaligen Zeit unzertrennlich geblieben.
Onkel Kardinal hatte sowohl die Hauskapelle als auch die Hauptfront des Palais ganz restaurieren lassen. Bemerkenswert waren zwei Reliquienbehälter, Bronzeköpfe der Apostelfürsten aus dem Anfang des 15. Jahrhunderts, die in den 80er Jahren auf dem Dachboden der Residenz unterm Gerümpel gefunden worden waren. Onkel Kardinal ließ sie auf Konsolen rechts und links vom Altar aufstellen. Der nicht große Raum war ganz in Weiß und goldenem Stuck gehalten und machte einen ganz prächtigen Eindruck. Die Bänke freilich waren weniger gelungen.
Nach der hl. Messe durften wir dem Frühstück des Onkels assistieren, meistens bekamen wir auch was ab. Sehr zu seiner Belustigung dienten unsere Versuche, auf die hauchdünnen, sehr spröden gerö-

steten Brotscheiben Butter und Honig aufzutragen. Wenn man nicht besonders vorsichtig verfuhr, zerbrach die Unterlage. Besonders der Honig bereitete uns viele Sorgen, da er sich dann überall hin verteilte, wohin er nicht gehörte – sogar bis tief in unsere Ärmel hinein!

Beim Frühstück hatte der Kardinal stets einen leichten schwarzen Mantel über seiner roten Soutane an, in der er die hl. Messe las. Sein alltägliches Gewand – schwarze Klerik[1] mit den vielen roten Knöpfen und Litzen – zog er erst später an. Das breite Cingulum[2] aus roter Moireeseide, das er sichtlich ungern hatte, trug er nur bei besseren Gelegenheiten, wenn er z. B. Gäste bei Tisch hatte. Bei weltlichen Festlichkeiten, z. B. Hochzeiten, Soireen oder dergleichen, hatte er dann noch einen dünnen roten oder lila seidenen Ferraiolo[3] um, von uns »Fliegmantel« genannt. Sein Mantel war dann ein langer Havelock[4] aus lila Tuch mit ebensolchem Samtkragen, ganz mit Goldschnur passepoiliert. Erst viele Jahre später sah ich bei einem Kardinal in Rom den gleichen Mantel in rotem Tuch.

Gelegentlich erkundigte ich mich bei P. Wünsch, was es mit diesem lila Mantel vom Onkel Kardinal für eine Bewandtnis hatte, und erfuhr folgendes: Bei einem seiner ersten Besuche in Rom als Kardinal fragte ihn P. Wünsch, warum er sich keinen roten Mantel kaufe und immer nur den der Fastenzeit trage. Der Pater bekam zur Antwort, daß man diesen roten Mantel doch nicht tragen könne! Und richtig trugen die prominenten Purpurträger dieser Zeit, z. B. der Staatssekretär Kardinal Rampolla, immer nur den lila Mantel – was darauf deuten könnte, daß auch Kardinäle Moderegeln unterworfen sein können.

Während und nach dem Frühstück machten wir meist Entdeckungsreisen im großen Arbeitszimmer, wo das Frühstück serviert wurde, oder im daneben liegenden Schlafzimmer des Kardinals. Das erstere war ein sehr langer, breiter Raum, dessen zwei Fenster auf den erzbischöflichen Garten und die Burg schauten. An den Wänden standen hohe Büchergestelle, die Decke hatte eine barocke Holzkassettierung. Um einen langen Tisch, der mit verschiedenen Werken bedeckt war, standen bequeme, hirschlederne Fauteuils; die Decken hatten Rožmitaler erzbischöfliche Hirsche geliefert.[5] Bei einem der Fenster stand ein mit Akten hoch beladener Schreibtisch, auf dessen

Galerie u. a. ein hohes Elfenbeinkruzifix stand; hinter dem Schreibtisch, auf einer Staffelei, ein Bild der hl. Familie.
Das Schlafzimmer ist mir als nicht gemütlich in Erinnerung. Ein mit großen, rotbesäumten Leinenvorhängen umgebenes Bett, ein heller Tisch mit ebensolchen Stühlen und dazu passenden, hohen Garderobenschränken waren die Einrichtung. Zwischen den Fenstern befand sich noch ein Schreibtisch, auf dem der alte Helm des Kardinals stand, darüber hing ein Kürassierpallasch.[6] In einer Ecke erinnere ich mich an einen Betschemel, in einer anderen, hinter einer großen Spanischen Wand, des Waschtisches. Hier hing auch das große Stahlstich-Muttergottesbild »Den Mitgliedern des Kunstvereins für Rheinland und Westfalen« und eine Handzeichnung des Guten Hirten von Steinle (?).
Bekanntlich war der (nachmalige) Kardinal im Jahre 1866 freiwillig zur Nordarmee eingerückt und hat den Feldzug als Leutnant bei den Hessenkürassieren, den späteren 6. Dragonern mitgemacht. Erst gegen Ende der 60er Jahre begann er seine theologischen Studien in Rom und Innsbruck. Ich glaube aber, daß es nicht wahr ist – wie es oft geheißen hat – daß Onkel Kardinal sich wegen der im Feldzug erhaltenen Eindrücke zum priesterlichen Beruf entschlossen hat. Obwohl er mit der Waffe in der Hand einen Krieg mitgemacht hatte, konnte von einer Dispens zur Erlangung der Priesterweihe Abstand genommen werden, da er versichern konnte, weder in der Schlacht bei Nachod noch bei Königgrätz einen Feind verletzt oder getötet zu haben.
Hier im Schlafzimmer zeigte uns der Onkel vieles, was für uns von größtem Interesse war. Vor allem den großen Kardinalshut, der jedem Purpurträger bei seiner Ernennung im öffentlichen Konsistorium vom Papst symbolisch aufgesetzt wird. Es ist kein eigentlicher Hut, sondern eine große, mit dunkelrotem Tuch überzogene runde Scheibe, die in der Mitte nur eine ganz seichte Vertiefung hat. Rechts und links an großen Knöpfen hingen bis zum Boden reichende, dunkelrote Schnüre mit langen Seidenquasten, deren es auf beiden Seiten je 15 waren.
Zu Fronleichnam wurde dieser Hut dem Kardinal hinter dem Baldachin nachgetragen, und zwar vom erzbischöflichen Direktor Zveřína, dem ehemaligen Hofmeister der Schönbornischen Onkeln, in

einer Art altspanischer Tracht mit schwarzem Mantel und Degen. Ist ein Kardinal gestorben, so wird dieser Hut bei der Aufbahrung vor den Sarg, beim Leichenbegängnis auf den Sarg gelegt. In manchen Kirchen, besonders in Italien, kann man diese Hüte vor den Kardinalsgräbern hängen sehen. Beim Tod des Onkels blieb, wie ich glaube, der Hut am Sarg, in der Gruft im Dom.

Noch einen Hut gab es zu sehen, den sogenannten Reithut. Er war auch aus Tuch, aber richtig scharlachrot und konnte gut aufgesetzt werden, was wir Buben auch reichlich besorgten. Dieser Hut hatte keine Quasten, sondern auf beiden Seiten dicke rote Schnüre, die in der Mitte unterm Kinn durch eine Schlaufe festgemacht werden konnten. Natürlich wurde diese Kopfbedeckung nie benützt.

Ein dritter Hut war aus Seidenplüsch, von normaler Form, genauso wie die gewöhnlichen schwarzen, vom Kardinal benützten Abbé-Hüte, die sich je nach der Gelegenheit durch eine reichere oder einfachere rotgoldene Hutschnur samt Quaste unterschieden. Dieser Galahut hatte eine breite Goldborte mit ebensolchem Rand. Er wurde oft im Vatikan getragen, in Prag aber nur höchst selten, z. B. bei einem Kaiserempfang in der Burg.

Nun wurde die Kasse neben dem Schreibtisch geöffnet. Was gab's da nicht alles zu sehen! Viele Brustkreuze, Ringe, Orden – von ersteren war das schönste das Manderscheidt-Kreuz, so genannt nach dem erzbischöflichen Spender aus der Mitte des 18. Jahrhunderts, aus sieben großen Smaragden und Diamanten. Dann noch eines mit roten, in Diamanten gefaßten Steinen, und eines mit Granaten. Für gewöhnlich trug der Kardinal ein einfaches goldenes Kreuz an einer ebensolchen Kette; bei der hl. Messe hing das Kreuz an einer rotseidenen Schnur mit einer Quaste am Rücken.

Von den Ringen ist mir einer aus hellblauem Email erinnerlich, mit einer Zeichnung aus kleinen Diamanten, den der Kardinal oft trug. Dann gab's noch Smaragd- und Amethystringe, auch noch einen mit einem kleinen, in Diamanten gefaßten Rubin, der auf Reisen getragen wurde. Der interessanteste war der eigentliche Kardinalsring, den jeder Purpurat bei seiner Creierung vom Papst angesteckt bekommt und mit dem er, glaube ich, auch begraben wird. Es war ein großer, bräunlicher Topas, auf dessen Rückseite das Wappen von Papst Leo XIII. in Email angebracht war.

In einem runden, rotgoldenen Lederetui aufbewahrt wurde das rote Seidenkäppchen, »Soli Deo« genannt[7], das jedem Kardinal bei seiner Ernennung vom Papst durch einen Nobelgardisten[8] zugeschickt wird. Wenn ich mich richtig erinnere, war es beim Onkel der Conte Stani de Witten.
Das rote Birett überbringt ein Prälat der Kurie; beim Onkel Kardinal war es, wie ich glaube, der spätere Staatssekretär von Papst Pius X., Merry del Val, mit dessen Vater, dem langjährigen spanischen Botschafter in Wien, Onkel Kardinal sehr befreundet war. In Österreich wurde das Birett vom Papst dem Kaiser übersandt, der es dann in feierlicher Weise dem betreffenden Kardinal in der Burgkapelle in Wien aufsetzte.[9] Ich machte diese Zeremonie nur einmal als Kämmerer mit, als Erzherzog Franz Ferdinand in Vertretung des Kaisers sie an den Kardinälen Czernoch von Gran und Piffl von Wien vornahm, am 16. Juni 1914. Es war das letzte Mal, daß ich den Erzherzog sah und auch die letzte solche Feier in der alten Monarchie! Das ganz flache Etui des Biretts war auch aus rotem Saffian und reich mit Gold geziert, in der Mitte das Wappen des Papstes.
Die Orden des Kardinals wurden natürlich von uns umgehängt, besonders der schöne St. Stefans-Orden, den der Kardinal eben jetzt im Jahre 1894 bekommen hatte. Die lange Kette angelegt, das rotgrüne Band wie ein Kragen um den Hals, den Stern in ein Knopfloch gesteckt, so stolzierten wir herum und begriffen nicht, was die Großen so zu lachen hatten! Auch das schwarze Band des Heiligen Grabes und das Malteserband wurden noch darüber gehängt. Sonst hatte der Kardinal nur noch die Kriegsmedaille[10], auf die er sehr stolz war und die er oft trug. Gerade zu dieser Zeit hatte auch noch der Statthalter, Graf Karl Coudenhove, diese Medaille für's Jahr '78, aber der kommandierende General nicht – was zu vielen Witzen Anlaß gab.
Auf den Kästen standen kleine vergoldete und versilberte Weinfäßchen, Weihegeschenke der vom Onkel Kardinal konsekrierten Bischöfe. In den Kästen hingen und lagen in Schubladen die roten und lila Soutanen in Tuch und Seide, Krägen (Mozetten genannt), die ärmellosen Mantolettas, die von den Kardinälen nur in Rom angelegt werden, und vieles mehr. Bekanntlich trägt ein Kardinal im Advent

und in der Faste, dann noch bei Requiems eine lila Soutane samt Mozetta, nur das Birett samt Käppchen bleibt immer rot.
Die sogenannte Cappa Magna, der lange Schleppmantel für feierliche Kirchenfeste, ist ganz aus Moireeseide; dazu wird im Winter (in Prag von Allerheiligen bis zum Karsamstag) ein weißer Hermelinkragen getragen. Am Karfreitag trug Onkel Kardinal eine Cappa Magna aus lila Wolle und auch die Soutane, die übrigens immer eine aufknöpfelbare Schleppe hatte, war aus dem gleichen Tuch. Sehr schön waren die breiten Seiden-Cingulums mit den schweren goldenen Quasten, die nur bei kirchlichen Zeremonien angelegt wurden. Am Land, bei Visitationen, trug der Kardinal immer eine Soutane aus leichtem roten Tuch. Diese gefiel mir immer viel besser, da sie schöner rot leuchtete als die etwas mehr ins Bläuliche spielende Moireeseide.
Nach seinem Tod vermachte Onkel Kardinal alle seine Gewänder aus Tuch den Prager Pfarrkirchen für Ministrantenröcke. Die seidenen Cappa magnas erbte sein Nachfolger, Kardinal Skrebensky. Kardinal Schönborn hatte seinerzeit auch von seinem Vorgänger alle Cappa magnas geerbt, doch erwiesen sie sich viel zu kurz für ihn, so daß sie unbrauchbar waren. Speziell um die schöne neue rote war's P. Wünsch immer leid. Kardinal Schwarzenberg, der Vorgänger von Onkel Kardinal, war schon in jungen Jahren 1842 Kardinal geworden, zuerst als Erzbischof von Salzburg, dann seit 1850 in Prag. Im Laufe der Jahrzehnte war seine Cappa magna ganz unansehnlich geworden und spielte, wie P. Wünsch sagte, in allen Farben. Da beschloß die Verwandtschaft, dem Kardinal eine neue zu schenken, und so geschah es auch gelegentlich eines seiner zahlreichen Jubiläen zu Beginn der 80er Jahre. Onkel Kardinal, damals noch Rektor des Seminars und viel mit seinem Oberhirten zusammen, erzählte immer über dessen Zorn und übermäßigen Grant, als ihm dieses Geschenk übermittelt wurde. Er hätte die etlichen tausend Gulden, die so eine Cappa kostete, viel lieber für eine seiner Stiftungen verwendet.
Einmal baten wir den Onkel auch, uns seine große Kapuze zu zeigen, die nur gelegentlich des Aufsetzens des Kardinalshutes im ersten Konsistorium in Gebrauch war. Er machte uns die Freude, sie sogar überzuziehen – jedenfalls ein seltener Anblick! Sonst führte

diese Kapuze, fein säuberlich kunstvoll zusammengefaltet, als schmaler Stoffstreifen am Kragen der Cappa magna ein verborgenes Dasein. Nur Alois Kříž, der Privatkammerdiener des Kardinals, genoß unser Gestöber in allen Kästen nicht sehr, da er doch alles wieder in Ordnung bringen mußte. Und speziell die Kapuze hat er uns lange nicht verziehen!
Auch die vielen Albums und Werke am langen Tisch des Arbeitszimmers durften wir anschauen. Ein Album befand sich dort mit Unterschriften bemerkenswerter Persönlichkeiten, u. a. der beiden Kaiser Wilhelm I. und II., deren Schnörkel sich sehr glichen. Da sagte einer der Erwachsenen: »Der Enkel macht's halt dem Großvater nach!«, was mir damals einen komischen Eindruck machte.
Der Kardinal mußte übrigens öfters nach Berlin, da Teile seiner Diözese in der Grafschaft Glatz lagen, also preußisch waren. Er mußte uns natürlich viel von seinen Audienzen beim alten Kaiser Wilhelm erzählen. Viel später habe ich wo gelesen, vielleicht war's in den Memoiren des Freiherrn v. Reischach, daß Onkel Kardinal von der alten Kaiserin Auguste über seine Kriegsmedaille, die er für's Jahr '66 bekanntlich bekommen hatte, angesprochen wurde. Als jemand die Bemerkung machte, das müsse dem Kardinal peinlich gewesen sein, erwiderte die Kaiserin sehr richtig: »Der Herr hätte sicher seine Medaille nicht am preußischen Hof angelegt, wenn er nicht gewollt hätte, daß man ihn darüber anspricht!«
Ein beliebter Sport von uns Buben war es, im ganzen Haus Entdekkungsreisen zu machen. Da wir außer wenig Ferienaufgaben nichts zu tun hatten (sehr ernst wird unser Lehrer damals wohl nicht genommen worden sein), gaben wir uns dieser Beschäftigung mit Eifer hin. Oft kamen wir auch in die Mansarden oder auch ins Konsistorium, dessen Räume den Abschluß des großen Hofes bildeten. Wir zogen immer einzeln und abwechselnd aus, da es das unheimlich Gruselige der vielen großen, meist unbewohnten Räume, Gänge, Wendeltreppen und Treppchen noch erhöhte und es auch viel interessanter war, sich gegenseitig die vielen Erlebnisse dieser Schleichwege recht drastisch zu erzählen.
Wie schon gesagt, war das Haus recht groß und umschloß zwei Höfe. Durch den großen zog sich eine wunderschöne, säulengetragene Barockloggia, die beide Längsflügel miteinander verband. Oft

geschah es, daß man vor eine verschlossene Tür kam. Da war es natürlich Ehrensache, mit einem Umweg hinter diese zu gelangen. Das gelang beinah immer und ließ uns immer wieder unbekannte Gänge, Wendeltreppen und Geheimtüren entdecken. Groß war mein Stolz, als ich einmal, über eine sehr enge Stiege in den zweiten Stock vordringend, mich plötzlich in einem Vorzimmer des großen Festsaales befand. Die Tür war als Ofen so gut maskiert, daß sie von diesem Raum aus gar nicht zu merken war. Im zweiten Stock befanden sich die eigentlichen Festräume, die nur bei Hochzeiten, Banquetten oder dergleichen geöffnet wurden.
Im großen Saal hingen, außer den Bildern des Kaisers Ferdinand und seiner Gemahlin, die mehr oder weniger gut gelungenen Portraits vieler Vorgänger des Kardinals. Später kam auch sein eigenes, lebensgroß von Ženišek gemaltes Bild hinzu; es war sehr gut und ähnlich, das Ganze eine Symphonie in Rot. Nur das Gesicht war leider auch etwas zu rot gefärbt, was nach Ženišek auf den natürlichen Reflex der Cappa magna zurückzuführen war. Der Maler behauptete, bei diesem Bild seine Augen durch das leuchtende Rot ganz verdorben zu haben. Auch von Kardinal Skrebensky sah ich später dort ein großes Bild von Brüch, es war recht schwach.
In den anschließenden Salons, die ganz im Stil des 18. Jahrhunderts mit weißem und vergoldetem Stuck reich geziert waren, hingen prächtige Gobelins – ich glaube, es waren acht Stück –, die Tiere des Paradieses vorstellend; »La Nouvelle Tenture des Indes« werden sie einmal bezeichnet. An diese Salons schloß sich der Thronsaal an, an dessen Stirnseite unter einem rotsamtenen Baldachin das Bild des regierenden Papstes Leo XIII. hing. Davor stand der mit rotem Damast bezogene weißgoldene Thron, der bei festlichen Gelegenheiten dem Papstbild zu gegen die Wand gekehrt wurde.
Bei Hochzeiten wurde meist der erstgenannte (große) Saal als Kapelle hergerichtet. Hier haben, wie ich sicher glaube, meine Eltern im Jahre 1883 geheiratet. An die Hochzeit meiner Schwiegereltern Eltz kann ich mich noch dunkel erinnern, es war 1891. Bei der Hochzeit von Onkel August Lobkowicz und Tante Irma Palffy 1897 stand der Altar auf der dem Eingang gegenüber liegenden Schmalseite. Später, unter Kardinal Skrebensky und Erzbischof Kordáč habe ich noch manche Trauung dort mitgemacht; da stand der Altar auf der

Mitte der Breitseite, den Fenstern gegenüber, was ein hübscheres Bild ergab.
Prächtig nahm sich bei solchen Gelegenheiten die reich mit Blattpflanzen gezierte Stiege aus. Da standen auf jedem Treppenabsatz zwei Diener in der schönen Galalivree. Für gewöhnlich hatte der große dunkelrote Läufer im Stiegenhaus einen weißen Leinenstreifen übergespannt, als Schutz gegen allzu rasches Abnützen. Zum größten Ärger des würdigen Haushofmeisters Stoj wollten aber die täglichen, zahlreichen Besucher und Audienzbewerber, meist einfachere Leute, offenbar diesen weißen Läufer nicht beschmutzen und gingen immer, wenn schon nicht auf den freien Steinstufen, so wenigstens auf dem Rand des Plüschläufers, der beiderseits herausschaute. Wir Kinder fanden auch, daß der weiß-rote Teppich sich viel festlicher ausnahm als der ungeschützte rote.
Im großen Vorzimmer des II. Stocks stand in einer Ecke eine alte Sänfte, in die wir natürlich immer kriechen mußten. Auch dort hing ein schöner Gobelin.
Unsere Entdeckungsreisen führten bis hinauf auf die Dachböden. Zwischen diesen befand sich in der Mitte der Front, so einen fünften Stock bildend, ein großer, mit Ziegel gepflasterter Saal. Zwei lebensgroße Portraits des Kaisers Franz und einer seiner Gemahlinnen hingen darin, sonst machte er aber mehr den Eindruck einer Rumpelkammer. Ich weiß auch nicht, ob dieser Raum seinerzeit bei Festen benützt wurde. Große Gestelle für mächtige Fahnen – schwarz-gelbe, rot-weiße und solche in den päpstlichen Farben weiß-gelb[11] – die gelegentlich aus den Saalfenstern hinausgesteckt wurden, waren dort aufgestellt und man konnte sie gut zum Kraxeln benutzen.
In einem der Dachböden hingen viele alte Kristallüster, deren Prismenketten in wirrem Durcheinander am Boden schleiften; viele dieser Ketten lagen auch herum. Gelegentlich einer großen Jause, die Onkel Kardinal – ich glaube, im Anschluß an eine Kinderpredigt – gab, führten wir unsere zahlreichen Vettern herum und kamen auch da herauf. Im Vollbewußtsein verteilten wir viele dieser Prismen, geschliffenen Kristallbirnen und so weiter, die uns dort ganz überflüssig schienen. Monate später entdeckte meine Mutter diese Glasstücke bei uns.

Ein großes Inquirieren hob an. Endlich wandte sich meine Mutter an den Kardinal, ob wirklich diese Kristalle Freigut seien, wie wir es darstellten. Leider kam bald die Antwort, daß der Onkel uns zwar gerne dieses Glas gönnen würde, daß es ihm aber, da erzbischöflich, nicht privat gehöre. Außer dem Verlust dieser Schätze gab's noch eine gehörige Nase und meine arme Mutter mußte die ganze Verwandtschaft mobilisieren, um das gestohlene Kirchengut wieder auf dem Dachboden stellig zu machen. Ob diese Lüster wohl je repariert worden sind?

Im I. Stock befanden sich die Salons, die täglich für Audienzen und kleinere Empfänge benützt wurden und natürlich von uns nicht so ohne weiteres betreten werden durften. Vom großen Vorzimmer kam man in den mittleren Salon, von dem man links ins Speisezimmer und von dort um die Ecke in die Kapelle gelangte; diese hatte auch wieder einen Eingang ins Vorzimmer. Rechts neben dem Mittelsalon war noch ein Salon, bemerkenswert durch ein lebensgroßes Bild von Leo XIII. und das Modell des Grabdenkmals des Kardinals Schwarzenberg, das auf einem hohen roten Damastsockel im Eckkabinett unter Blattpflanzen aufgestellt war. Die überlebensgroße kniende Bronzestatue, eine der besten des Bildhauers Myslbeck, befindet sich jetzt der erzbischöflichen Gruft gegenüber im alten Teil des Domes, an einer recht ungünstigen, finsteren Stelle. Die Figur war für das Mittelschiff des neuen Domes bestimmt, doch hat die neue demokratische Zeit es verhindert, daß dieses Denkmal zur Geltung komme.

Aus dem zweiten Salon gelangte man in das schon erwähnte Billardzimmer. Beide Salons waren sehr geschmackvoll eingerichtet, zahlreiche Portraits österreichischer Herrscher und auch ganz gute Heiligenbilder schmückten die Wände, rotsamtene Barockfauteuils standen umher.

Die Mittelfront des Palais umschloß nur diese drei Räume – die beiden Salons und das Speisezimmer. Über dem Mittelbalkon des I. Stocks hatte der Kardinal sein Wappen anbringen lassen, weil er bei Antritt seiner Regierung die ganze Fassade restauriert hatte.

Zur Zeit des Nachfolgers von Onkel Kardinal, des Kardinals Skrebensky, war der zweite Salon dessen Schlafzimmer. Wir bewohnten damals (1907–1913) das sogenannte Kleine Schwarzenbergische Pa-

lais, dem erzbischöflichen gerade gegenüber. Vor jeder feierlichen Auffahrt sahen wir, wie sich der Kirchenfürst am Fenster die Haare richtete, nachdem ihm der Kammerdiener die Cappa magna übergestülpt hatte. Das war immer das Zeichen, daß nun gleich der sogenannte Goldene Wagen erscheinen würde. Onkel Kardinal, der eine große Glatze hatte, machte das sicher wenig Sorgen.
Im Mittelraum erinnere ich mich auch, etliche Frühstücke mitgemacht zu haben, nach der ersten hl. Kommunion oder nach Firmungen von Verwandten und Bekannten, so z. B. die Firmung von Engelhardine und Ernst Wolkenstein und von deren Geschwisterkindern Josef und »Co« Nostitz, später Traun. Ihr damaliger Bräutigam, Karl Wurmbrand, war anwesend. Seine Ulanenuniform machte mir, als Dragonersohn, einen besonderen Eindruck. Ernst Wolkenstein und Josef Nostitz erschienen in Frack und schwarzer Krawatte.
Einmal passierte es mir, daß ich ein Stück Butter an einer Gabel verzehrte, da ich kein Brot oder dergleichen fand, um es draufzuschmieren. Jahrelang wurde mir das von meinen Geschwistern höhnend vorgehalten. Die Mittagessen, die wir immer mit Onkel Kardinal und seinen Herren einnahmen, imponierten uns eher. Der Tisch war immer schön gedeckt und besonders die goldrot geränderten Teller und Schüsseln sind mir erinnerlich – und die köstlichen Salzstangerl, die statt des üblichen Brotes oder Semmeln in künstlichen Serviettengebilden lagen.
Der äußerst feierlich-gemessene Haushofmeister Stoj führte die zahlreiche Dienerschaft an. Von all den Leuten ist (1935) nur mehr der pensionierte Konsistorialdiener Syrowátka am Leben, der uns damals als jüngster Hausknecht bediente und natürlich immer unser spezieller Freund war und blieb.
Von besonderen Gästen erinnere ich mich z. B. an den Bischof von Krakau, den späteren Kardinal Puzyna, der durch sein Veto gegen Kardinal Rampolla im Namen Kaiser Franz Josephs berühmt wurde, gelegentlich des Konklaves im Jahre 1903, aus dem Pius X. als Papst hervorging. Dann an die sehr freundliche Großherzogin Alice von Toscana, die uns durch vieles Fragen sehr verlegen machte. Interessiert hörten wir den Erzählungen des berühmten Missionärs und Aussätzigenapostels P. Wehinger zu, über seine jahrelange Tätigkeit

unter den armen Leprakranken Birmas. Er zeigte uns auch einen Brief in birmanischer Schrift, den so ein armer Kranker mit seinen Fingerstummeln geschrieben hatte. Ob solch ein Brief eines Leprosen bei den heutigen hygienischen Anschauungen auch so bei einem Essen von Hand zu Hand gehen würde?
Einmal sagte sich die etwas verschrobene Herzogin Paul von Mecklenburg, geb. »Mariechen« Windisch-Graetz – eine Cousine meines Vaters – mit einem ellenlangen Telegramm als Logiergast an. Sie kündigte darin auch an, daß sie dem Kardinal beichten wolle. Ob das alles so programmgemäß verlief, habe ich vergessen. Aber ich sehe uns Buben noch auf der Stiege auf der Lauer liegen, um diese komische Hoheit zu sehen!
Unser gleichaltriger Vetter Josef Ferdinand Lobkowicz war an einem Gründonnerstag zum Essen eingeladen. Beim Fisch machte mein Vater den alten Witz: »Von allen Braten ist mir der Apfelstrudel der liebste Fisch!« – was Josef so lachen machte, daß der Hausherr schon besorgt war, es käme zu einer Speierei, für die der Vetter Josef bekannt war.
Nach dem Essen ging man immer zu einem kurzen Gebet in die Kapelle, wobei vom ältesten Sekretär dem Kardinal kniend Weihwasser gereicht wurde. Dann ging man zum schwarzen Kaffee ins Billardzimmer, wo der Kardinal, wie gesagt, meist eine Partie spielte. Waren Damen oder besondere Gäste anwesend, ging man von der Kapelle weiter in einen der zwei kleinen Salons, die vor dem Schreibzimmer waren.
Im ersten befand sich auf einem Konsoltisch unter einem Kruzifix ein Kardinalsbirett, wie es in jeder Kardinalswohnung üblich, ja eigentlich vorgeschrieben ist. In den Kardinals-Appartements in Rom befindet sich dieses Birett im Vorzimmer, außerdem noch unter einem roten Baldachin das Wappen des betreffenden Kardinals, samt zwei Zeremonienschirmen und zwei Pölstern in rot und in lila – beides historische Gegenstände, die nicht mehr in Gebrauch sind. Wenn ehemals ein Kardinal dem Allerheiligsten begegnete, das zu einem Kranken getragen wurde, stieg er aus dem Wagen und kniete auf einem der Pölster, und der Schirm wurde über ihm aufgespannt. Rot und lila wechselten nach der Kirchenfarbe.
Die beiden Salons waren recht feierlich und ungemütlich. Ich erin-

nere mich an einige Vitrinen mit meist frommen Bibelots, in der einen befand sich auch ein alter Papstpantoffel. Auf einer Truhe lag eine prachtvolle alte Bockdecke eines Galawagens, reich in Gold und Rot gestickt.

Da wir meist für die Osterfeiertage nach Prag kamen, nehmen die Zeremonien der Kartage im St. Veitsdom einen breiten Raum in meinen Erinnerungen ein. Schon manches Jahr bevor wir im erzbischöflichen Palais wohnen durften, nahmen wir an den Zeremonien teil, und zwar im Wladislawschen Oratorium. Es war durch die Burg über einen langen Gang und einen Schwibbogen, der diesen mit dem Dom verbindet, zu erreichen. Das Oratorium war in zwei Räume geteilt, das Hof- und das Suitenoratorium. Das erstere war ganz in rotem und grauem Damast ausgeschlagen und hatte eine sehr üppige, breite Kniebank längs der Fenster. Es war für die Zeremonien Großmama Schönborn zur Verfügung gestellt, die meist mit Tante Wilma und Mama dort war. Im bescheideneren Suiten-Oratorium waren wir mit unserer Bonne Marie Valentin untergebracht. Der Altar war zwar von uns aus durch einen großen Pfeiler beinahe ganz verdeckt und nur der Thron gut zu sehen, doch das war für uns die Hauptsache, da wir so den Kardinal gut sehen konnten. Im Jahre 1936 wurde diese Empore restauriert und bei der Gelegenheit der unschön neugotische, einem Glaskasten ähnliche Aufbau abgetragen. Die zwei Oratorien gehören der Geschichte an.

Es war wohl in der ersten Karwoche, die ich mitmachte, 1890 oder 1891, daß ich tief unter mir im Presbyterium, zwischen den ganz als Bischöfe gekleideten Domherren, fromm betende Klosterfrauen zu sehen glaubte. Viel später entdeckte ich, daß es die für Karfreitag schwarz überzogenen breiten Armlehnen der Kirchenbänke waren. Damit beginnt meine erste Erinnerung an den alten Dom, den Dom unserer Kindheit.

Er hatte in seiner Gedrungenheit – die abschließende Orgelwand erhob sich knapp hinter dem Kaisermausoleum – etwas ungemein Gemütliches und Persönliches. Die Kirche machte mit ihrer jahrhundertealten Patina einen ganz dunklen Eindruck, nur der silberne Altar des hl. Johannes mit seinem roten Baldachin leuchtete etwas hervor. Die Wenzelskapelle hatte noch ihren gemütlichen barocken Altar und war noch nicht durch die neue Imitation samt dem riesi-

gen neuromanischen Luster verunstaltet. Von außen war der Dom beinahe ganz eingeplankt, eben begannen die zwei vorderen Türmchen aus dem Gewirr der Balken und Bretter herauszulugen. Unvergleichlich nahm sich der sogenannte dritte Burghof mit seiner mehr als unebenen und recht scheckigen Pflasterung aus. Die alte Propstei, eines der harmonischsten Gebäude Prags, war noch mit einer Rampe umgeben, die durch den schönen barocken Georgsbrunnen und einige Bäume geziert war.
Der sehr bescheidene und schmale Eingang in den Dom befand sich unter dem oben erwähnten Bogen, der die Burg mit der Kirche verband.
Wir kannten natürlich alle Kirchendiener, Lichtlweiber, Bettler und alles und jedes, was zum Dom gehörte. Auch alle Paramente, Imfeln und die verschiedenen Gerätschaften waren uns vertraut. Das meiste war alt und schäbig. Um diese Zeit begann – durch den Kardinal Schönborn lebhaft gefördert – langsam die Erneuerung und Restaurierung des Dominventars. Jedes Jahr konnten wir einen Fortschritt bemerken. Welche Aufregung, als die Domherren mit ihrem Propst an der Spitze, dem alten, ungeheuer dicken Prälat Tersch, mit neuen, goldglitzernden Bischofsmützen erschienen! Die alten waren schon nahezu schwarz von Alter und Schmutz gewesen.
Eine Quelle liturgischen Interesses waren schon für unsere Onkeln, und später auch für uns, die einzigartigen Privilegien, die das Prager Domkapitel in bezug auf seine Kleidung innehatte. Die Domherren hatten das Recht, immer als Bischöfe gekleidet zu sein und unterschieden sich von einem solchen nur dadurch, daß sie weder ein Brustkreuz noch auch ein Kappl tragen durften. Ihre Schleppe an der Cappa magna mußte immer am Arm zusammengerollt und durfte nur im Falle der Sedisvakanz entfaltet werden. Die Privilegien mit dem Titel: »Allzeit getreu« datieren noch aus der Hussitenzeit, als der Erzbischof abfiel und das Kapitel durch nahezu 150 Jahre ohne Oberhirten treu zur Kirche hielt. Freilich resultieren auch heute noch viele Freiheiten daraus, die den jeweiligen Erzbischof eigentlich nur zum Gast oder höchstens geduldeten Oberhaupt seines eigenen Kapitels machen.
Auch Onkel Kardinal stand mit seinen Domherren nicht gut. Zu vieles gab's nach der überlangen Regierungszeit seines Vorgängers zu

reformieren. Dieser war in Wien gestorben und es wurde damals sehr übel vermerkt, daß die Deputation des Domkapitels, die zur Einholung ihres Oberhirten nach Wien entsandt worden war, vollzählig am Abend im Theater erschien. Das hatte zwar mit den Privilegien nichts zu tun, zeigt aber, wie frei sich diese Herren fühlten. Auch die Ernennung des jungen, sehr frommen und energischen Erzbischofs war ihnen ein Dorn im Auge und es wurde alles versucht, dies zu hintertreiben. Als dann der Kardinal einen Weihbischof zu ernennen hatte, fiel seine Wahl auf Monsignore Kalous, seinen ehemaligen Sekretär, der nicht dem Prager Kapitel angehörte, sondern Propst in Altbunzlau geworden war.
Diese und meist viel wichtigere Fragen störten uns Kinder damals sehr wenig. Doch haben wir so manches aus den Gesprächen der Großen aufgeschnappt, so z. B. den Ärger des Kardinals darüber, daß die Domherren seinem Weihbischof keinen besonderen Platz in ihren Bänken – den »Stallen« – einräumen wollten.
Wagengerassel über das holprige Hradschiner Pflaster. Ein Wagen nach dem anderen in nicht enden wollender Kolonne verläßt die Burg und wendet sich hinunter zur Spornergasse. Es sind die Herren der Statthalterei mit den übrigen Spitzen der Behörden, die von ihrer Gründonnerstagsmesse zurückkehren, bei welcher die meisten, mit dem Statthalter an der Spitze, zur hl. Kommunion gezogen sind. Wir eilen an dieser Wagenreihe vorüber dem Dome zu, um von Anfang an bei den Zeremonien dabei zu sein. So begann alljährlich unsere Karwoche.
Etwa im Jahre '94 durfte auch ich mit in die kleine Bank halb hinter dem Hochaltar an der Evangelienseite, nahe am erzbischöflichen Thron. Diese Bank besetzten schon mein Vater und seine Brüder in ihrer Jugend, als ihr »Onkel Kardinal« Schwarzenberg den Thron inne hatte. Nun saßen wir noch recht kleine Buben von 10 und 7 Jahren mit unserem Vater dort voller Neugier und Wißbegierde. Ich glaube nicht, daß wir da viel gebetet haben – zu viel gab's zu sehen! Doch mußten wir uns zumindest tadellos benehmen, durften nicht schwätzen und uns gar rekeln, da wir doch den Blicken nahezu der ganzen Kirche ausgesetzt waren.
Auch imponierten uns die schönen Zeremonien, die sich in unmittelbarer Nähe vor uns abspielten. Es war wirklich erhebend, Onkel

Kardinal pontifizieren zu sehen. Er wußte größte Frömmigkeit mit unnachahmlicher Würde zu verbinden. Kerzengerade saß er auf dem Thron, nicht rechts und nicht links schauend, den Blick gleichsam in sich gekehrt. Stehend überragte er seine Umgebung um mehr als Kopfeslänge. Würdevoll, ohne Hast, zog er segnend durch die Kirche, die schier unendliche Schleppe von P. Wünsch getragen. Sehr bald wußten wir in allen Zeremonien Bescheid und konnten es mit jedem Zeremoniär aufnehmen. Wir konnten alle die Ite missa est, Glorias und Präfationen richtig singen, sehr zur Freude des Onkels und seiner Herren. Auch die nur selten vorkommenden Fehler – der Kardinal war sehr genau – wurden von uns gleich bemerkt. Josef konnte einst mit 12 Jahren dem Münchner Nuntius, späterem Kardinal Lorenzelli, die Osterpräfation tadellos auswendig vorsingen, was diesen recht verwunderte; uns Buben schien das selbstverständlich. Viel später erfuhren wir von unserer Mutter, daß sich Onkel Kardinal bei ihr immer beschwerte, daß wir speziell beim Essen viel zu wohlerzogen waren und schwer zum Reden zu bringen. Allerdings, wenn sich das Gespräch den Zeremonien, speziell der Karwoche zuwandte, stellten wir unseren Mann.
Bald nachdem wir unsere Plätze in der kleinen Bank bezogen hatten, erschien der Kardinal in lila seidener Cappa magna mit weißem Hermelinkragen. Begleitet wurde er von drei Domherren in lila Mantelettas, die ihn an der Kirchentür empfangen hatten und als Paranymphus, Archidiakon und Subdiakon fungierten. Ihnen voraus ging ein langer Zug von Akolyten, den Alumnen des Prager Priesterseminars, mit weiß verhülltem Vortragekreuz und dem Pedum. Es folgten dem Kardinal der Sekretär P. Dědek und der schleppetragende Zeremoniär P. Wünsch; dieser hatte auch für die klaglose und richtige Abwicklung aller Zeremonien zu sorgen.
Alles erhebt sich, ein leichtes Kopfnicken des Kardinals nach rechts und links zu den Stallen der Domherren, die bereits in weißem Vespermantel und goldener Imfel ihre Plätze innehaben. Sobald der Kardinal am Thron sitzt, verschwinden seine drei Begleiter hinter dem Altar, um sich gleichzeitig mit ihm für die hl. Messe umzukleiden. Raschen Schrittes erscheint der Kammerdiener Kříž Alois, begleitet von einem Akolyten, der auf einer Tatze die Pontifikalstrümpfe und -schuhe trägt. Der Diener wechselt seinem Herrn die

Fußbekleidung, was immer eine heikle Angelegenheit war, da der Onkel furchtbar kitzlig war. Wie er immer sagte, gehörte viel Überwindung dazu, ohne zu zucken mit ausgebreiteten Armen da zu stehen, während der Subdiakon, P. Šubowský, der an argem Tatterich litt, sich unter seiner Achsel mit den Bändern der Dalmatica und Tunicella zu schaffen machte.

Mittlerweile haben die assistierenden Prälaten neben unserer Bank die Kirchengewänder angezogen; der Paranymphus den Vespermantel, die Diakone ihre Dalmaticen, alles nur über ihre Rochetten, ohne Alba, da sie ja nur die Begleitung des Kardinals ausmachten und nichts am Altar zu schaffen hatten. Nur der Paranymphus hatte hie und da mit seinem silbernen Stäbchen dem Zelebranten die zu betende Stelle zu weisen.[12] Dann genoß er noch das Vorrecht, den Kardinal zu incensieren. Alle drei setzten ihre Goldinfeln auf und kamen hinter dem Altar heraus – ein sehr seltener Anblick (außer bei den großen Papstmessen in Rom), einen Diakon mit der Bischofsmütze zu sehen.

Die normale Pontifikalmesse nimmt ihren Verlauf. Sehr schön und fromm ist die Generalkommunion aller im Presbyterium anwesenden Priester. Zuerst hören wir das vom Diakon, dem alten dicken P. Padrok, mit leicht sächsischer Betonung – aber richtig – gesungene Confiteor. Dann nahen in langen Reihen zuerst die Domherren – die übrigens hierbei selten vollzählig erscheinen – dem Altar. Der alte Propst Tersch verschwand immer vorher – so auch am Karfreitag vor der Kreuzadoration – da es ihm kaum mehr möglich war, sich allein fortzubewegen, geschweige denn zu knien. Es folgten alle Vertreter der Prager Pfarreien, immer zwei Geistliche für eine Pfarre, die an der Weihe der heiligen Öle teilnehmen. Danach alle Domvikaristen, meist ältere Herren, die am Dom die Seelsorge ausüben, in großen schwarzen Lammfellkrägen. Zum Schluß Reihen auf Reihen von Seminaristen in schwarzen Talaren und weißen Rochetten. Zwanzig Jahre später waren derer so wenig, daß sie kaum mehr zur Bedienung bei einem Pontifikalamt genügten!

Vor und nach der Kommunion spielt sich die sehr lange Zeremonie der Ölweihe ab. Es werden je zwei Zinnkrüge, mit weißen, grünen und lila Tüchern bedeckt, in Prozession an einen Tisch gebracht und der Kardinal begibt sich in feierlichem Zug dorthin. Alljährlich fei-

ern wir Wiedersehen mit den verschiedenen Kaseln und Dalmaticen der Pfarrdelegierten; es sind meist dieselben. Auch die Stimmen der einzelnen Priester beim Singen des »Ave, sanctum oleum!«, das recht schwierig dreimal immer um eine Oktav höher zu singen ist, werden natürlich scharf beobachtet und als gut oder falsch kritisiert. Beim Essen kommt's dann heraus: »St. Jakob hat heuer wieder nicht herauf können!«, oder: »St. Aegid war heuer viel besser als voriges Jahr!«
Nach der Messe wird der Kardinal mit einem prachtvollen gold-lila Pluvial bekleidet und man setzt ihm die »Aurea« auf, die goldene Infel, statt der edelsteinbesetzten, die er beim Amt trug. Nun ziehen die 13 Greise in weißen Mänteln mit ebensolchen Hüten auf und die Fußwaschung beginnt. Der Oberhirt rutscht nun auf den Knien von einem Alten zum anderen, es wird etwas Wasser über den entblößten rechten Fuß jedes Greises gegossen, dann vom Zelebranten abgetrocknet und zu unserer grenzenlosen Bewunderung wirklich geküßt! Das Pluviale hatte der Kardinal vorher abgelegt und eine weiße Schürze mit lila Bändern umgebunden bekommen. In der Kasel dieses prächtigen, von uns so bewunderten violetten Apparates wurde Onkel Kardinal im Jahr '99 begraben.
Während die Greise, von Akolyten unterstützt, ihre Schuhe und Strümpfe mühsam wieder anziehen, schreitet die Geistlichkeit zur Entblößung und Waschung der Altäre. Doch wir verlassen unsere Bank durch die hinter dem Altar befindliche Tür und eilen ins erzbischöfliche Palais zurück, um noch einen Platz bei der Abspeisung der Greise zu bekommen.
Im großen Vorzimmer im I. Stock ist ein langer Tisch gedeckt, an dem diese alten »Apostel«, die zusammen immer einige Jahrhunderte alt sind, Platz nehmen. Nach einer geraumen Weile erscheint der Kardinal, er hat die Cappa magna mit einer lila Mozette vertauscht. Alle Domherren kommen in ihren Mantelettas. Nach kurzem Gebet und Vorlesen des Evangeliums werden die Speisen hereingetragen und vom Kardinal vor jeden Teilnehmer gestellt. Doch nur die Suppe wird verzehrt, alles übrige, nämlich Fische, viel Backwerk, eine Flasche Wein, wird gleich von den Domherren wieder abgeräumt und den Verwandten der Greise übergeben, die alles in große Körbe packen, um es nach Hause mitzunehmen. Noch in der

Kirche hat jeder der 13 ein Säckchen mit Geld vom Kardinal geschenkt bekommen. Mit viel Rührungstränen der weiblichen Verwandtschaft der Alten verabschiedet sich alles vom Hausherrn und strömt in wirren Haufen der Stiege zu. Es ist 2 Uhr vorüber und endlich kann der Kardinal mit seinen Herren zum Essen gehen, wo alles noch gründlich besprochen wird. Die Metten haben wir nie im Dom mitgemacht, da gingen wir meist nach Emaus oder in eine andere Kirche.

Karfreitag. Wir stehen am dritten Burghof und warten auf die Ankunft des Kardinals, während im Dom vor nahezu leeren Bänken eine der Karfreitagspredigten gehalten wird; wenn ich mich recht erinnere, waren es drei, je eine in lateinischer, böhmischer und deutscher Sprache. Dann naht der ernste Zug. Wieder hinter dem – nun lila – verhüllten Vortragekreuz kommen paarweise etliche Alumnen, dann leuchtet schon das rote Birett des Kardinals hervor. Er hat eine dunkellila Woll-Cappa magna mit weißem Hermelinkragen an, es umgeben ihn seine Herren wie gewöhnlich. Der Zug geht vom erzbischöflichen Palais durch das Matthiastor, dann rechts bei der Burgkapelle vorüber durch das finstere lange Tor (das heute geschlossen und teilweise verbaut ist) in den dritten Burghof; es war der übliche Zugang zum Dom. Erst eine geraume Zeit nach dem Umsturz, nachdem der neue Teil ausgebaut war, wurde der heutige Zugang obligat.

Für die ersten Karfreitagszeremonien waren wir meist im Oratorium oben und zwar bei Großmama, weil nur von dort die Kreuzenthüllung für uns zu sehen war. Der Thron ist heute ein einfacher Lehnstuhl mit spärlicher lila Polsterung, vor einer glatten lila Tuchwand ohne Baldachin darüber. Die Domherren haben graue Pelzkrägen (Almuzia) mit den vielen Schweifchen am Saume an.

Die drei assistierenden Prälaten ziehen sich wieder hinter den Altar zurück. Sie tragen heute keine Dalmatica, sondern zum Zeichen der Trauer die liturgisch richtige sogenannte planeta plicata, die vorn aufgestülpte Kasel. In den ersten Jahren gebrauchte man noch gewöhnliche schwarze Meßgewänder, die einfach vorn umgelegt waren. Später wurden für die Assistenz die vorn kurzen, schwarzgoldenen planetas angeschafft. Auch die Domherren bekamen damals schöne schwarzgoldene Vespermäntel.

P. Padrok und P. Šubowský sind wieder Diakon und Subdiakon und nehmen auf ihren üblichen Sitzen Platz, auf der Epistelseite dem Thron gegenüber, der Diakon in der Alba mit der großen, breiten Trauerstola, Šubowský, der Subdiakon, in der erwähnten planeta plicata. Die Passion beginnt, gesungen von drei stimmbegabten Seminaristen in Alba und Diakonstola, respondiert vom Chor. Dann kommt die Fürbitte für alle Stände, nach jedem Absatz das richtig sonor gesungene »flectamus genua« von P. Padrok, dann sehr hastig, meist zu früh und falsch, das »levate« vom armen, zittrigen Šubowský.[13)] Jedes Jahr derselbe Nervenkitzel, ob auf die Fürbitte »pro perfidis Judaeis« nicht doch einmal ein »flectamus genua« erfolgen würde – und richtig, einmal haben wir's erlebt, daß sich zu unserer Freude der alte Padrok geirrt hat.[14)]
Die Enthüllung und Verehrung des Kreuzes folgt. Für mich von jeher die eindrucksvollste Zeremonie der Karwoche, doch muß man sie vom Kardinal Schönborn zelebriert gesehen haben. Mit unvergleichlicher Frömmigkeit hielt er das zu enthüllende Kreuz in seinen Händen. Dann kommt der dreimalige Gesang, immer um einen Ton höher, das »Ecce lignum crucis!«[15)], ganz richtig und rein gesungen. Alles wirft sich auf die Knie, nur der Oberhirt mit dem wieder sichtbaren Kruzifix steht aufrecht in der Mitte vor dem Altar. Der Diakon übernimmt das Kreuz, um es auf einem Bahrtuch auf der Epistelseite im Chor niederzulegen.
Mittlerweile hat sich der Kardinal auf einem Faldisterium seiner Schuhe entledigt, die weiße Trauermitra wird ihm aufgesetzt; die Kasel hat er bereits zu Beginn der Zeremonie abgelegt. In schwarzer Dalmatica, frei fallender Wollschleppe und lila Wollstrümpfen zieht er nun allein, gesenkten Hauptes, demutsvoll durch's Presbyterium zur Verehrung des Kreuzes. Ein unvergeßliches Bild! In einiger Entfernung folgt ihm der Zeremoniär. Dreimal kniet der Kardinal nieder zu kurzem Gebet, jedesmal wird ihm die Inful abgenommen; das Käppchen hält er in seinen gefalteten Händen. Er küßt die Wundmale Christi und begibt sich dann langsam schreitend zu seinem Thron.
Der Chor singt mittlerweile die rührend schönen Improperien, und paarweise folgt die ganze Geistlichkeit nun ihrem Oberhirten zur Kreuzadoration. Zunächst der Paranymphus, der Archidiakon, der

Subdiakon; dann der fungierende Diakon und Subdiakon[16], die Domherren, die Domvikaristen – an ihrer Spitze der Dompfarrer Čermák –, das gesamte Seminar mit seinem Rektor Monsignore Doubrava, dem nun lang verstorbenen späteren Bischof von Königgrätz; eine lange, lange Prozession.
Währenddessen entfalten die Kirchendiener eine rührige Geschäftigkeit. Ganze Stöße von schwarzen Vespermänteln und weißen Infeln werden gebracht und auf die Plätze der Domherren verteilt. Diese legen ihre Pelze ab und verwandeln sich in Bischöfe. Kerzen werden auf den Altar gestellt und die Altartücher ausgebreitet. Das veranlaßt mich zu der Bemerkung: »Ah, jetzt wird alles hingerichtet!«, und mein Vater antwortet lächelnd, mir damals unverständlich: »Hoffentlich doch nicht!«
In feierlicher Prozession werden die zwei gestern konsekrierten Hostien eingeholt. Während der kurzen missa prae sanctificatorum[17] hört man im Hintergrund der Kirche recht argen Lärm: Die Domsänger poltern die jahrhundertealte hölzerne Wendeltreppe herunter, die gegenüber der Wenzelskapelle, an einen Pfeiler angelehnt, die beiden Orgelchöre mit der Kirche verbindet. Das wird dann alljährlich vom Kardinal als ungehörig und störend gerügt.
Die Messe ist beendet, und die Domherren kommen mit brennenden Kerzen, schwarzen Pluvialen und weißen Infeln aus ihren Stallen hervor. Der Zug ordnet sich zur Grablegung. Die dicken Sänger in schwarzen Talaren und ärmellosen Chorhemden intonieren das »Pange lingua«. Ganz vorn trägt ein Kirchendiener auf einer hohen Stange ein mit Stoff überzogenes, glockenförmiges Gestell, Umbrella (Schirm) genannt. Heute ist die Stange schwarz und der Überzug aus schwarzgold gesäumtem Samt. Es ist das Abzeichen der Chorherren und wird ihnen bei Prozessionen vorangetragen; der Überzug wechselt nach der Kirchenfarbe.[18] Es folgen die Sänger und dann die übliche Reihenfolge. Unter dem Baldachin, im prachtvollen Pluviale aus schwarzem Samt mit breiter, schwerer Goldbrokateinfassung, der Kardinal mit dem Allerheiligsten in prächtiger Monstranz, die mit einem Tüll-Velum verhüllt ist. Die beiden Enden des Mantels werden von den assistierenden Domherren getragen, während der Diakon und der Subdiakon, Rauchfässer schwingend, rücklings dem Baldachin vorangehen. Nach der kur-

zen Zeremonie der Grablegung in der Wenzelskapelle, die in ein Lichtermeer getaucht und mit prachtvollen Blumen und Blattpflanzen geschmückt ist, intonieren die Sänger das uralte Kirchenlied »Svatý Václave« und feierlich und getragen, vom Volk aufgenommen, durchbraust wie seit Jahrhunderten dieser ehrwürdige Choral das Gotteshaus.[19]
Der Karfreitag-Nachmittag, sowie – nach den Zeremonien des Karsamstags – dessen Vormittag waren mit dem Besuch der hl. Gräber in zahlreichen Prager Kirchen ausgefüllt. Natürlich war's Ehrensache, so viele als möglich gesehen zu haben! Mein liebstes war das bei den Cajetanern[20] in der Spornergasse. Da bildeten mit gefärbtem Wasser gefüllte Glaskugeln, die von rückwärts mit Talglichtern erleuchtet waren, die hauptsächliche, bunte Zier. In Emaus bewachten lebensgroße, geschnitzte Holzfiguren römischer Soldaten das hl. Grab. Hier wurden mit Gasflämmchen viele schöne Lichteffekte erzielt, so prangte über allem ein solches Kreuz. Die Tumba war von einem Regenbogen aus Glasscheiben überspannt, hinter welchem auch eine Reihe unzähliger Gasflämmchen glitzerte.
In der Nähe des Pulverturmes, ungefähr dort, wo heute das Repräsentationshaus[21] steht, befand sich die alte Garnisonskirche. Ihr Heiliges Grab war über und über verziert und umgeben von den verschiedensten Kriegsemblemen, bestehend aus Gewehrpyramiden, Gruppen von Trommeln und Trompeten, an den Wänden Räder, die aus Bajonetten und Säbeln gebildet waren. Den eigentlichen Hintergrund für's Allerheiligste bildete eine Tafel, auf der fein säuberlich in den verschiedensten Mustern alle möglichen Gewehrbestandteile angebracht waren. Rechts und links des hl. Grabes standen unbeweglich zwei Infanteristen in Parade, die wir natürlich auch sehr anstaunten. Später wurde die Garnisonskirche auf den Hradschin verlegt – wie ich konstatieren konnte, samt ihrem Heiligen Grab, wo es wohl bis zum Umsturz im Jahre 1918 alljährlich aufgebaut wurde.
Ich erinnere mich an ganz beachtliche Leistungen von uns Kindern bei diesen Gräberbesuchen, wenn man in Betracht zieht, daß alles zu Fuß gemacht wurde! Man konnte höchstens vom Radetzkyplatz über die Karlsbrücke zu den Kreuzherren die Pferdebahn benutzen. Überall herrschte ein beängstigendes Gedränge und wir hatten

immer zu tun, uns durch die Menge der Besucher vorzudrängen. Einmal geschah's, daß wir in der Garnisonskirche Papa, der uns führte, richtig aus den Augen verloren und ratlos auf der Kirchentreppe standen. Zdenka fing zu weinen an und ich kam mir als Held vor, daß ich das nicht tat, sondern sogar meine Schwester tröstete, obgleich ich, vom Ernst der Situation überzeugt, uns als für immer verloren ansah. Doch bald kam mein Vater an der Tür zum Vorschein und alles löste sich in Wohlgefallen auf.

Die Feuerweihe am Karsamstag Morgen – so wie die Mitternachtsmesse zu Weihnachten – war stets der Wunschtraum unserer frühesten Kindheit. Erst wenn man hier mit dabei sein durfte, war man groß! Endlich, als ich zu Ostern 1895 mit Josef, der drei Jahre älter war als ich (ich war damals 8), im erzbischöflichen Palais wohnte, durfte ich diese Zeremonie im Dom mitmachen. Schon um ½ 7 mußten wir parad[22] sein. Nach hastigem Frühstück eilten wir die Hauptstiege hinunter, immer einige Stufen auf einmal nehmend. Mit der rechten Hand hielt ich mich am Geländer an, an dessen Samtpolsterung man so weich heruntergleiten konnte. Da bohrt sich mir ein spitzes Blatt des schmiedeeisernen Geländers tief unter meinen Daumennagel! Aus war's mit der Feuerweihe, statt dessen mußte ich meinen sehr schmerzhaften Daumen pflegen lassen, so daß wir dann kaum zur hl. Messe zurecht kamen. Nie mehr habe ich dieses Geländer angerührt und noch heute, nach nahezu 50 Jahren, beschleicht mich eine gewisse Scheu, wenn ich beim Betreten des erzbischöflichen Palais das ominöse Geländer erblicke. Doch im nächsten und in den folgenden Jahren habe ich dann doch noch an der Feuerweihe teilgenommen, vor dem Dom gegen den Hirschgraben zu; der Platz ist jetzt durch den neuen Dom verbaut.

Die Weihe der Osterkerze und die Wasserweihe erfolgten in der Sigismundkapelle, die bis zum Umbau der Kirche die erste Kapelle auf der Evangelienseite war. Unter Absingen der Allerheiligenlitanei, sehr schön vorgetragen von den Domsängern, zieht die Prozession zum Hochaltar. Wir Kinder waren so begeistert von dieser Litanei, daß es zum feststehenden Ritus wurde, sie alljährlich während der Pause des Eiersuchens zu singen.

Die von den Domherren abwechselnd sehr monoton vorgelesenen Prophetien wurden von uns in der kleinen Bank auch mitgelesen, doch bin ich kaum über die dritte oder vierte gekommen. Bald entfernten sich vier der Domherren. Einer wird die heutige Messe zelebrieren, die anderen sieht man, nachdem sie ihre Pelzkrägen abgelegt und die Cappa magna angezogen haben, dem Domeingang zustreben. Dort erwarten sie den Kardinal, der heute der hl. Messe nur assistieren wird.

Ein dumpfes Pferdegetrappel verrät uns, daß der Kardinal vorgefahren ist. Die spärlichen Kirchenbesucher verdrehen ihre Köpfe, weil der Kardinal zu einem kurzen Gebet beim hl. Grab in die Wenzelskapelle zieht. Aber schon erscheint er im Presbyterium. Knapp hinter ihm zieht der Zelebrant ein, umgeben von Diakon und Subdiakon und einigen Akolyten. Der Kardinal hat heute wieder die lila-seidene Cappa magna angelegt, doch ohne den weißen Pelzkragen – der kirchliche Sommer hat begonnen!

Die hl. Messe setzt ein und gleich ertönt das Gloria, erbraust die Orgel, alle Glocken werden geläutet. Ein großer roter Seidenballen wird an uns vorbeigetragen, gefolgt von Alois mit den roten Schuhen des Kardinals. Dieser bedeckt sich mit dem Birett und es wird ihm die lila Cappa über den Kopf ausgezogen und die rote übergestülpt. Die schwarzen Schnallenschuhe werden gegen rote vertauscht und bald kann der Kardinal in seiner vollen roten Pracht, die bauschige lange Schleppe neben sich auf den Stufen des Thrones ausgebreitet, das Gloria in excelsis beten. Ein unendlich festliches Bild! Auch einen schönen Anblick bot der Kardinal, wenn er hoch aufgerichtet dem gesungenen Evangelium assistierte, den Hirtenstab in seinen gefalteten Händen. Mit einem festlichen Oster-Alleluja schlossen die Zeremonien dieses Tages.

Eine Hauptattraktion auch für die höhere Generation war die sogenannte Auferstehungsparade, die wir stets mit vielen Bekannten vom Balkon des Palais Tarouca (ehemals Nostitz) am Graben mitmachten. Da defilierten die Truppen, die bei der sehr früh angesetzten Auferstehung in der Garnisonskirche ausgerückt waren, vor dem Corpskommandanten und kommandierenden General von Prag. Dieser stand mit seiner Suite unterm Balkon, so daß wir der Musik gerade gegenüber waren und alles gut hören und sehen konnten. Hier wurde zu Beginn der 90er Jahre der später berühmte Defiliermarsch des Prager Hausregiments Nr. 28 als »Castoldo-

Marsch« aus der Taufe gehoben; er wird noch heute gespielt. Castoldo hieß der Regimentskommandeur, der sein Regiment an diesem Karsamstag dem Corpskommandanten, FZM Graf Grünne, vorführte.
Als im Jahre '98 derselbe Graf Grünne, der Sohn des bekannten Generaladjutanten Kaiser Franz Josephs, wahnsinnig wurde, wurde die Parade abgeschafft. Wir haben an diesem traurigen Schauspiel nicht teilgenommen, da meine Familie im Jahre '97 nach Stanislau in Ostgalizien übergesiedelt war. Der arme General war plötzlich durch die Reihen der vorbeidefilierenden Truppen auf den ihm gegenüber stehenden Regimentstambour los geeilt und hatte dem verblüfften Mann die Hand geschüttelt. Nur mit Mühe konnte Grünne in seinen Wagen und rasch nach Hause geschafft werden. Die Parade wurde natürlich abgebrochen und, wie gesagt, nie mehr abgehalten; ob aus Angst, daß nachfolgende Kommandierende das gleiche Schicksal treffe?
Die Auferstehungszeremonien machten wir, der Menschenmengen wegen, nie im Dom mit. Wir Kinder durften bei den sogenannten Cajetanern, den Redemptoristen in der Spornergasse, im Oratorium oberhalb der Sakristei der Prozession zusehen. Uns gegenüber befand sich das Thunische Oratorium, das Palais (jetzt italienische Gesandtschaft) schließt an die Kirche an. Die langen weißen Handschuhe der alten Tante Leopoldine Thun-Lamberg († 1902) leuchteten alljährlich aus dem sonst dunklen Raum zu uns herüber.
Am Ostersonntag gingen wir in eine stille hl. Messe, da die Eltern und die älteren Geschwister zu den Sakramenten gingen. Im Dom, und zwar wieder im Oratorium und nach Schluß des Pontifikalamtes, versammelte sich die ganze Verwandtschaft, um vom Kardinal den päpstlichen Segen zu erhalten.
Uns zwei Buben brachte der frühe Vormittag eine interessante Sensation: Im Stall und in der Wagenremise der Residenz wurde alles zur festlichen Auffahrt in den Dom im sogenannten Goldenen Wagen bereit gemacht. Besagter Wagen war eine alte Glaskalesche, wohl aus dem Anfang des 18. Jahrhunderts. Alle Holzteile waren reich geschnitzt und vergoldet, einzelne Flächen auch bemalt. Am Wagenschlag prangte das gemalte erzbischöfliche Wappen aus neuerer Zeit. Der rotgepolsterte Wagenkasten hing in schweren roten

Ledergurten auf dem Radgestell. Die weit zurückstehenden Hinterräder waren etwa mannshoch und auch mit rotgoldenen Arabesken geziert. Die Vorderräder waren ganz niedrig, ober diesen befand sich der verhältnismäßig kleine Bocksitz, der mit einer prächtigen, goldgestickten Decke überzogen war.
Das Fahren in dieser wackeligen Gelegenheit war eher eine Qual. Nur mit Schaudern konnte Onkel Kardinal an seinen Einzug als Erzbischof zurückdenken. Am 15. August 1885, schon am damaligen Roßtor, war er oben am Wenzelsplatz, wo jetzt das Museum steht, mit diesem Goldenen Wagen feierlich eingeholt worden. Gegen 5 Uhr früh war der Kirchenfürst von Břežan aufgebrochen, dem erzbischöflichen Sommersitz. Vom Roßtor ging nun die schwankende Fahrt durch die ganze Stadt zur Niklaskirche auf der Kleinseite. Dort hörte der neue Erzbischof eine stille hl. Messe. Von da konnte er, zu seinem Glück zu Fuß, weiter auf den Hradschin und nach dem St. Veitsdom ziehen, um hier das Pontifikalamt zu zelebrieren; anschließend folgte noch seine feierliche Inthronisation durch den Wiener Nuntius Seraphino Vanutelli. Eine bemerkenswerte Leistung, da der Erzbischof natürlich nüchtern sein mußte.[23)]
Später hat meines Wissens der Goldene Wagen den Hradschin nie mehr verlassen, aber auch schon die Fahrten zum und vom Dom machten den Onkel Kardinal, wie er immer sagte, leicht seekrank. Nach dem Umsturz im Jahre 1918 wurde der Galawagen in Acht und Bann getan und erst gelegentlich des Katholikentages 1935 für den päpstlichen Legaten, Kardinal Verdier von Paris, wieder hervorgeholt; übrigens für eine Fahrt auch in der unteren Stadt. Nachdem der Erzbischof Kaspar im Dezember des gleichen Jahres zum Kardinal ernannt worden war, wurde der alte Goldene Wagen wieder regelmäßig in Benützung genommen und trug wie ehedem den Oberhirten zu Ostern, zu Johanni, an Fronleichnam und zu Wenzeslai (Fest des hl. Wenzel) zum feierlichen Gottesdienst in den Dom.
Als wir in den Stall kamen, waren schon die großen, in Fächer eingeteilten Kisten bereitgestellt, in denen die Galageschirre mit ihren unzähligen Schnallen, Aufsätzen, Riemen und Riemchen aufbewahrt wurden. Sechs der größten Rapphengste mußten in Toilette gebracht werden. Diese schweren Carossiers, deren Stangenpaar Napoleone und Sacramoso so groß war, daß ein 2 m langer Mann

mit ausgestrecktem Arm ihren Scheitel nicht erreichen konnte, stammten aus einem Gestüt des Olmützer Erzbischofs. Sie waren von gleicher spanischer bzw. neapolitanischer Rasse wie die berühmten Kladruber Hofpferde.[24] Die mit Napoleone unternommene Größenprobe zeigte uns unser Vetter Clemens Graf Galen, Clau genannt, der mit seinen Brüdern Onkel Kardinal besuchte. Damals Student, ist er jetzt Bischof von Münster (als Kardinal gestorben 22. März 1946).[25]

Die langen, dichten Schweife und Mähnen wurden mit roten, golddurchwirkten Bändern verflochten und aufgebunden, daran noch schwere Goldquasten befestigt. Die ungeheuer gewichtigen Kopfgestelle waren von aufrecht stehenden Goldtroddeln bekrönt, den sogenannten Fiocchi, dem Vorrecht der römischen Kardinäle. Das Zaumzeug mußte erst mit vielen Schnallen zusammengestellt werden. Die vergoldeten Beschläge, wohl auch alle Geschirre, stammten dem Stile nach aus dem Ende des 18. Jahrhunderts. Zum Schluß wurden die unendlich langen, rotgoldenen Zügel, die in großen Scheiben zusammengelegt waren, aufgerollt und recht kompliziert eingeschnallt. Die vergoldete Bogenpeitsche mit schönem Griff und die Reitpeitsche holte man aus dem alten ledernen Futteral hervor, und nun erst konnten Kutscher und Stallburschen an ihre eigene Toilette gehen.

Auch sechs Diener, die dem Wagen voranschritten, und der Portier warfen sich nun in ihre Gala. Sie bestand aus einem dunkelblauen, langen Livreerock mit goldenen Wappenknöpfen, roten Hosen und Westen, reich benäht mit gelbseidenen Wappenborten. Diese hatte Onkel Kardinal eigens mit dem erzbischöflichen Wappen weben lassen, um seinen Nachfolgern diese immer wiederkehrende, erhebliche Ausgabe zu ersparen. Sein Vorgänger hatte Schwarzenbergische blausilberne Borten in Benützung gehabt, die natürlich für einen Erzbischof Schönborn unbrauchbar waren. Merkwürdigerweise hat dann Kardinal Skrebensky doch wieder seine eigenen Wappenborten eingeführt, leider auch schwarze Hosen und Westen, die dem festlichen Bilde des Umzuges sehr Abbruch taten. Als im Jahre 1935 (Katholikentag) die Galalivreen wieder ausrückten, hatten sie noch die Skrebensky'schen Borten, und die werden sie wohl noch lange behalten.[26] Der Portier trug zu diesem Festanzug noch sein ge-

wöhnliches, schwarzsamtenes Bandelier und einen Degen, um den wir ihn sehr beneideten. Als Kopfbedeckung hatten die Diener goldbordierte Zweispitze, der Kutscher, die Reiter und die zwei Pferdehalter hatten Dreispitze mit weißen Straußenfedern. Alle trugen weiße Strümpfe und (schwarze) Schnallenschuhe.
Weil der Sechserzug vom Bock gefahren wurde, saß auf dem sattligen Vorauspferd ein Reiter in gleicher Livree, nur mit kolossalen Postillonstiefeln mit großen, goldenen Sporen. Zwei Stallburschen führten die Mittelpferde und trugen die schönen vergoldeten Reitpeitschen. Rechts und links am Wagenschlag gingen zwei Kammerdiener in kurzen Hosen und Strümpfen, mit Zweispitz, Degen und »Fliegmantel«, alles in schwarz.
Für gewöhnlich benützte der Kardinal einen normalen Stadtbroom[27)], Kutscher und Diener in Zylinder. Nur bei offiziellen Fahrten hatten diese ihre »goldenen« Zweispitze auf. Fuhr der Kardinal zu einer größeren Feier, rückte der sogenannte Kleine Galawagen aus. Er hatte eine scharlachrote, goldbesäumte und mit Wappen versehene Bockdecke und rückwärts eine Plattform, auf der zwei Diener standen. Diese erschienen dann auch in Halbgala, die sich nur durch viel weniger Borten von der großen Gala unterschied.
Nur äußerst selten fuhr der Kardinal vierspännig in die Stadt hinunter. Wenn es bei großen Festlichkeiten doch geschah, mußte ein weiter Umweg gemacht werden, da der große Galawagen keine Wagenschleife hatte und nicht die sehr steile Spornergasse herunterkutschiert werden konnte. Dieser sonst schwarze Wagen war mit recht vielen vergoldeten Zierraten, hauptsächlich Fürstenkronen, und zwei vergoldeten großen Laternen ausgestattet. Er hatte ein hohes, zusammenklappbares Trittbrett und rückwärts Platz für drei Diener. Mit diesem Wagen fuhr der Kardinal zu Weihnachten in den Dom, und zwar im Trab! Die Pferde trugen da rotes Geschirr und ebensolche Fiocchen, der Kutscher einen üppigen schwarzen Pelz und seinen schönen, federgeschmückten Dreispitz.
Am Ostersonntag gingen wir, wie gesagt, erst gegen Mittag in den Dom. Das Amt war beendet und Onkel Kardinal sitzt noch im vollen Ornat mit der prächtigen, edelsteingeschmückten Mitra auf dem Thron. Der Generalvikar besteigt die Kanzel, um das päpstliche Breve in lateinischer, böhmischer und deutscher Sprache zu verle-

sen. Immer wieder hört man das »... del titulo dei Sancti Giovanni et Paolo al monte ceeelio ...« recht breit und gedehnt ausgesprochen; es ist die Titelkirche des Onkels, mir unvergeßlich durch diese alljährliche Vorlesung. Ein Diakon mit dem Vortragekreuz, flankiert von zwei Kerzenträgern, kniet am Hochaltar gegenüber. In feierlichem Zug begibt sich der Kardinal zum Altar, um der dort knienden Menge den päpstlichen Segen zu erteilen.

Alles strömt aus der Kirche; auch wir laufen, den Erwachsenen voraus, über den langen Gang und beim Wladislavischen Saal in der Burg die kurze Stiege hinunter, um der Abfahrt des Goldenen Wagens recht nahe zu sein. Viele Bekannte sind da und man wünscht sich Fröhliche Ostern. Die riesigen Hengste scharren ungeduldig unter dem Schwibbogen das holprige Pflaster. Doch schon hat der Kardinal in seiner roten Cappa magna, geschmückt mit dem smaragdbesetzten Manderscheidt-Kreuz, im Fond der Galakalesche Platz genommen, ihm gegenüber P. Dědek und P. Wünsch, und langsam geht die Fahrt los. Alles kniet nieder, lächelnd verneigt sich der Oberhirt nach allen Seiten, immer wieder segnend. Wir trachten, ein Stück Weges dem Goldenen Wagen zu folgen, doch bald entschwindet diese prächtige Vision unseren Blicken im finsteren Torweg des Burghofes.

Am Ostermontag zelebrierte Onkel Kardinal das Amt im Benediktinerkloster Emaus auf der Neustadt. Er fuhr mit seinem Sekretär im Kleinen Galawagen, mit zwei Dienern, die in Zweispitz und Mantel rückwärts auf der Plattform standen. Die weißen Strümpfe und die Schnallenschuhe nahmen sich sehr wenig hübsch unter den gewöhnlichen Livreemänteln aus.

Wir durften im zweiten Wagen mit P. Wünsch – der an diesem Tag als Caudatar (Schleppträger) immer seinen lila Mantel an hatte – und dem Kammerdiener Alois mitfahren. Alois führte eine Art großen, rotseidenen Sack mit, in dem die Pontifikalien des Kardinals gepackt waren – Dalmatiken, Schuhe, Strümpfe, Infeln etc. Natürlich wurde er von uns fort belästigt, bis er uns alles gezeigt hatte. Nur das Pallium, das Alois in einer großen, flachen Kassette im Schoß hielt, wurde zwar gezeigt, durfte aber nicht berührt werden, weil es geweiht war. Da sahen wir nun dieses merkwürdige Abzeichen der Erzbischöfe. Es ist ein schmaler, weißlicher, in Ringform sehr grob gewebter Wollstreifen, an dem vorne und rückwärts zwei ebenso beschaffene kurze Streifen herabhängen. Das Pallium ist mit sechs aufgenähten, schwarzseidenen Kreuzchen geziert, außerdem sind die beiden Enden mit einem schwarzseidenen Streifen benäht, unter dem ein Bleiplättchen zur Beschwerung angebracht ist. An drei Kreuzchen, und zwar am vorderen, rückwärtigen und dem an der linken Schulter sind Ösen angebracht, in denen je eine goldene, mit einem bunten Stein geschmückte Nadel befestigt ist. Auch die übrigen liturgischen Gegenstände lernten wir auf diesen Fahrten gründlich kennen.

Damals konnten wir am Pontifikalamt noch von der großen Orgel aus teilnehmen, auf der Epistelseite des Chores, dem Thron gegenüber. Später, nachdem Franzl Eszterházy ein Gebetbuch den unter der Orgel sitzenden Mönchen auf die Köpfe geschmissen hatte, wurde der Protektionsplatz ausnahmslos für's Publikum gesperrt – was umso trauriger war, weil man außer einer ausgezeichneten Aussicht auf die von den Benediktinern so schön und exakt ausgeführten Zeremonien auch die Möglichkeit verlor, den Organisten mit seinen Gehilfen auf einer der größten Orgeln der damaligen Zeit beobachten zu können. Der geniale Meister an der Tastatur war der spätere Abt Schachleitner. Wer hätte damals seinen viel umsprochenen Lebensweg vorausgeahnt?[28)]

Nach dem Amt wurde dem Kardinal im Kloster ein einfaches Frühstück geboten, an dem wir teilnahmen. Hier sind wir wohl zum erstenmal mit Salamischnitten zusammengekommen, jedenfalls wußten wir nicht recht, wie die zähe, harte Haut los zu werden und würgten nach vergeblichen Tranchierversuchen das Ganze hinunter. Onkel Kardinal, der sehr feierlich neben dem Abt saß, beobachtete uns heimlich und hatte seinen rechten Spaß daran.

Auch das Festessen am Emaustag[29)] machten wir hier einige Male mit. Da thronte der Kardinal mit dem roten Birett am Kopf am Abtplatz neben diesem. Wir waren zwischen den Gästen placiert, an einer mit Blumen reichgeschmückten Tafel, welche die Mitte des großen Refektoriums einnahm. Die Mönche saßen, wie gewöhnlich, nach ihrem Alter längs der Wände, die Tische kahl und einfach wie alle Tage; hier wurde das Fest nur durch ein Gläschen Wein und eine Süßspeise markiert. Die Gäste wurden dafür mit unzähligen

Braten und Torten, die meistens ganz gut schmeckten, mit unendlicher Nötigung halb tot gefüttert. Nur die sauren Zwetschgen waren mein Schreck, mußten aber trotzdem vertilgt werden.
Außerhalb Prags haben wir Onkel Kardinal nur selten gesehen. Er besuchte uns in Theresienstadt vielleicht ein bis zwei Mal, dann einmal in Postelberg – wie ich glaube, auf einer seiner üblichen Reisen nach Wörrishofen zum berühmten Kaltwasserapostel Pfarrer Kneipp, dessen begeisterter Anhänger er war. Dort verbrachte er meist einige Wochen des Jahres. Dunkel erinnere ich mich auch an einen Besuch von Josef und mir beim Onkel in Břežan, seiner Sommerresidenz in der Nähe Prags. Viel weiß ich nicht darüber zu berichten. Die Räume waren gemütlich, altväterlich eingerichtet. Sehr unterhielten wir uns mit einem mächtigen Sprachrohr, mit dem der Nachtwächter eventuelle Brände anzusagen hatte.
Alljährlich im Sommer besuchte der Kardinal seine Mutter in Dlažkovicz für wenige Tage. Wir verbrachten bis 1897 unsere Ferien immer dort. Dieses gemütliche, echte Rokoko-Schloß liegt im böhmischen Mittelgebirge, unweit Lobositz beim Berge Milleschaua. Für uns bedeutete es als Ferienaufenthalt damals das Paradies, obwohl es für heutige Wohnbegriffe mehr als primitiv eingerichtet war. Von einer Wasserleitung und allen damit verbundenen Bequemlichkeiten war natürlich keine Rede, die Beleuchtung besorgten wenige Öl- und Petroleumlampen, meistens aber nur Kerzen. Die Salons waren im Stile der 30er Jahre des vorigen Jahrhunderts ganz in Biedermeier – sehr spärlich – eingerichtet. Einige Zimmer waren mit hübschen Vedouten ausgemalt, andere hatten in Felder eingeteilte Wände im Stil Ludwigs XVI.; Türen und Fenster waren weiß gestrichen.
Eine große Attraktion in Dlažkovicz war der weite Park, in dessen Mitte ein großer Teich lag. Einige Brücken führten über seine Zuflüsse. Künstliche Felspartien mit zahlreichen weißen Bänken und Tischen waren im ganzen Park verteilt. Alle Wege waren mit Granatsand bestreut, der in den nahen Schönborn'schen Gruben von Pocedic gewonnen wurde. Kaum ein Besucher Großmamas konnte der Versuchung widerstehen, sich auf einem dieser Wege flach am Bauch zu legen und nach Granaten zu suchen. Im Laufe der Jahre

haben wir viele Schachteln voll dieser schönen, wenn geschliffen so prächtig leuchtenden Steine gefunden.
Vom Stiegenhaus führten einige Stufen zu einer großen Halle herunter, einer sogenannten salle terraine, an deren Wänden auf Holzkonsolen alle Arten von Blattpflanzen standen. Aus dieser Halle gelangte man direkt in den Garten, neben diesem lag der große Gemüsegarten, den der alte Reif betreute. Er sah mit seinem langen, weißen Bart genau so aus wie der hl. Nikolaus und man hatte etwas Respekt vor ihm.
Der alte Reif war ein großer Künstler im Entwerfen schöner Blumenmilieus[30] für den Speisetisch, natürlich in der damaligen Mode. Auf einem Lehmpolster wurden die verschiedensten, stengellosen Blüten in sehr mannigfaltigem Muster angeordnet. Die Mitte dieses Blütenpolsters bildete meistens eine rote Rose. Oft wurde auch ein ganzer Korb aus Blüten gebildet; da wand sich dann eine ganz naturgetreue Schlange um den hohen Henkel des Korbes – es war eine sehr dünne Gurke, die eigens so gezüchtet war. An einem Ende wurde der Kopf markiert: Zwei schwarze Stecknadelköpfe bildeten die Augen, der weit ausgeschnittene Rachen wurde rot gefärbt und mit einer gespaltenen Zunge aus einem Grashalm versehen. Für uns Kinder war diese Schlange immer ein Quell etwas unheimlicher Sensation und Freude.
Es wimmelte von Kaninchen, die von uns teils bejagt, teils betreut wurden. Zwei unserer Lieblinge, ein großes weißes und ein kleines braunes, hießen Salathiel und Zorobabel; die Namen hatten wir dem Evangelium vom 8. September entnommen, was Onkel Kardinal und seine Geistlichen viel lachen machte.
Im Schupfen stand ein alter Ponywagen, auf dem immer herumgeturnt wurde. Er stammte noch aus dem Empire, in der Form eines römischen Streitwagens, der beim spitz zulaufenden Muschelende eingespannt wurde. Später hat ihn dann Vetter Hansi Schönborn in Lukawitz als große, sehr bewunderte Jardiniere im Salon aufgestellt.
Wochen, bevor Onkel Kardinal nach Dlažkovicz kam, wurde die gemütliche kleine Dorfkirche auf Glanz gesetzt. Alles wurde blank geputzt und die Altäre wurden mit frischen Papierblumen versehen. Josef und einige Jahre später auch ich haben bei der vom Onkel Kardinal dort zelebrierten Messe zum ersten Male ministriert. Natür-

lich wurden wir vorher gründlich gedrillt. Nach einer vor Aufregung fast schlaflosen Nacht kam der große Tag. Geführt vom guten alten Dechant Dvořák versammelte sich die aus den umliegenden Patronatskirchen gekommene Geistlichkeit samt dem Schloßkaplan, der über den Sommer meist ein Benediktiner aus Emaus war, und dem Sekretär des Kardinals vor dem Zimmer des hohen Gastes, um diesen feierlich in die Kirche zu geleiten. Wir Buben hatten das Aspergil zu tragen; sehr stolz waren wir auch auf unser Ministrantengewand, das wir sonst nie trugen.

Nachdem der Kardinal uns alle gesegnet und mit Weihwasser besprengt hatte, setzte sich der Zug durch den Hof und die Dorfgasse, die natürlich dicht von Zuschauern besetzt war, in Bewegung. Der Kardinal hatte eine leichte, rote Tuchsoutane samt Mozet angelegt, die sich viel schöner ausnahm als seine feierlichen Seidengewänder. Das schönste Meßgewand der Kirche, aus dunkelrotem Samt mit breiten, weißen, gestickten Blumenstreifen – für uns Kinder der Inbegriff alles Schönen – wurde dem Zelebranten angelegt. Es war ihm viel zu kurz, mußte aber immer bei dieser Gelegenheit gebraucht werden, um die Pfarrkinder nicht zu kränken. Bei meinem ersten Auftreten als Ministrant war ich etwas außer Fassung gebracht, als das Staffelgebet[31)] vorüber war, ehe ich überhaupt zum Antworten gekommen war; das hatte die assistierende Geistlichkeit besorgt. Es wurde uns nur das Läuten und das Bringen der Kännchen überlassen.

Recht eigentümlich war die Fußbekleidung meines Onkels. Er war wohl von früher her an Halbstiefel, sogenannte Wellington boots[32)] gewöhnt. Nun trug er für gewöhnlich solche Stiefel, deren Schäfte bis zur normalen Schuhhöhe mit rotem Tuch überzogen waren; darunter hatten die Stiefel das Aussehen von Schuhen mit großen Messingschnallen und roten Absätzen, einem Vorrecht der Kardinäle. Solche Stiefel standen in Dlažkovicz immer in der Früh vor dem Schlafzimmer des Kardinals. Bei feierlichen Gelegenheiten mußte sich der Onkel natürlich bequemen, normale Schnallenschuhe und rote Strümpfe zu tragen. Auf diesen Schuhen waren dann die Schnallen oft sehr schön ziseliert und vergoldet. Zur roten Cappa magna wurden stets die dazu passenden Schuhe getragen.

Viele Jahre später, wohl im Jahre 1912 oder 1913, machte ich von

Brüx aus in der dortigen Gegend ein Manöver mit. Ich hatte mit meiner Abteilung in Dlažkovicz einen Posten in der Nacht zu überfallen. Dank meiner Ortskenntnis gelang mir das natürlich und trug mir hohen Orts viel Lob ein. Damals habe ich auch das ganz verlassene Schloß wieder gesehen und ganz melancholisch durchwandert. Später wurde es zwar wieder bewohnt, doch jetzt ist es beinahe eine Ruine; der Hof und der Park sind parzelliert und verkauft.

Im Oktober 1897 habe ich den Kardinal zum letzten Mal gesehen. Josef und ich wohnten noch im erzbischöflichen Palais und am Morgen unserer Abreise nach Stanislau, wohin mein Vater mit seinem Regiment versetzt worden war, erteilte uns der Onkel im Vorzimmer seinen Segen. Beim Niederknien rutschte ich auf dem glatten Parkett zwischen seine Füße, was uns natürlich lachen machte, mich aber in der Erinnerung an den Abschied lange störte.

Bei der Einweihung des Monuments bei Křehoř am Koliner Schlachtfeld am 27. Mai 1899 hatte sich der Kardinal stark verkühlt, dennoch aber seine alljährliche Firmungs- und Visitationsreise begonnen. In Falkenau, im Schloß des Grafen Erwein Nostitz, mußte er sich zu Bett legen; es war das Fest des hl. Aloisius am 21. Juni. Sein Beichtvater war bei ihm, der berühmte Kanzelredner und Jesuit P. Kolb, den er hatte rufen lassen, damit er im Egerland gegen die Los-von-Rom-Bewegung[33)] predige. In der Nacht vom 24. auf den 25. Juni kam es zur Krise, und nach dem Empfang der hl. Sakramente und nachdem er der ganzen Erzdiözese und dem Domkapitel seinen letzten Hirtensegen gespendet hatte, starb Kardinal Schönborn um 3 Uhr 22 am Sonntag, den 25. Juni 1899.

Anmerkungen

1. Klerik: Bodenlanges, hochgeschlossenes Gewand, das vorn durchgehend geknöpft wird.
2. Cingulum: lat. Gürtel.
3. Ferraiolo: Cape oder Schulterumhang ohne Kapuze.
4. Havelock: Nach dem engl. General Havelock (1795–1857) benannter ärmelloser Herrenmantel mit Pelerine, in Mode nach 1850.
5. Rožmital war das »Staatsrevier« des Prager Erzbischofs.
6. Pallasch: Reitersäbel.
7. »Soli Deo«: lat. = Nur für Gott (abzunehmen, nicht für Menschen).
8. Nobelgarde: Päpstl. Ehrengarde aus Adeligen, 1969 aufgelöst.
9. Der »Umweg« über den Kaiser galt nicht für das staatsrechtlich von Österreich getrennte Königreich Böhmen.
10. Erinnerungsmedaille an den Krieg von 1866, kein Orden!
11. Schwarz-gelb für Habsburg, rot-weiß für Böhmen.
12. Zu den liturgischen Ämtern s. Anm. 16; der Zeigestab erinnert an den Thorastab im jüdischen Ritus, evtl. eine Prager Spezialität.
13. »Lasset uns die Knie beugen!« – »Erhebt euch!«
14. Die Fürbitte für die »treulosen Juden« entfällt seit dem Zweiten Vatikanischen Konzil.
15. »Seht das Holz des Kreuzes.«
16. Paranymphus: Heute vergessenes liturgisches Amt, auch damals schon selten und wohl nur noch in Prag üblich. Im hellenistischen, vorchristlichen Brauchtum brachte der Nymphus die Braut zur Hochzeit, der Paranymphus begleitete das Hochzeitspaar zur Wohnung. Archidiakon, Diakon, Subdiakon: Rangordnung der Diakone oder Priestergehilfen, in Dalmatiken gekleidet, die dem eine Kasel tragenden Priester bei der hl. Messe assistieren (tridentinischer, vorkonziliarer Ritus).
17. Der Karfreitagsgottesdienst nach tridentinischem Ritus bestand aus einer »abgekürzten« hl. Messe, bei welcher die Wandlung entfiel.
18. Die Kirchenfarben entsprechen den jeweiligen Kirchenzeiten bzw. -festen, wobei alle liturgisch genützten Textilien von jeweils der gleichen Farbe sind, z. B. Violett im Advent und in der Faste.
19. Ein politischer Unterton ist hier unschwer zu erkennen. »Svatý Václave«, der hl. Wenzel (König Wenzel I.), begünstigte die Christianisierung seines Landes, wurde deshalb von seinem heidnischen Bruder ermordet (28.9.929) und zum Landespatron Böhmens. Er ist – auch heute noch – ein ausgesprochen nationaler Heiliger.

20. Cajetanus von Thiene (1480–1547) stiftete 1524 den Orden der Theatiner (nach dem Ort Thiene benannt, nicht nach »Theater«!).
21. Sitz der Abgeordneten (»Repräsentanten«).
22. Der Autor schreibt ausdrücklich »parad«, wohl abgeleitet von Parade; gemeint ist nicht nur »fertig« (parat), sondern auch »gut im Aussehen« (in Parade).
23. »Nüchtern« im ursprünglichen Sinn: Wer kommunizieren wollte, durfte ab Mitternacht keinerlei Nahrung mehr zu sich nehmen, nicht einmal Wasser.
24. Das Kladruber k.u.k. Hofgestüt züchtete vor allem besonders große und schwere Rappen für den Einsatz als Vierer- oder Sechsergespann vor den kaiserlichen Galakutschen und ursprünglich wohl als Artilleriepferde.
25. Clemens August (»Cl ...Au ...«) Graf Galen (1878–1946), der »Löwe von Münster«.
26. Ein Bischof oder Erzbischof führt von Amts wegen ein besonderes Amtswappen, unabhängig von seinem persönlichen Familienwappen. Die Schwarzenberg- bzw. Skrebensky-Wappen auf den Borten könnten bedeuten, daß diese Kardinäle solche Dekorationen aus ihrer persönlichen Schatulle finanzierten.
27. Ein Stadtbroom ist eine meist viersitzige, geschlossene Kutsche, die als Ein- und Zweispänner gefahren werden kann.
28. Alban Schachleitner (1861–1937), eine tragische Figur. 1918 von den Tschechen aus seiner Abtei St. Emaus zu Prag vertrieben, resignierte er 1920 und ließ sich 1921 in Bayern nieder. Politisch deutschnational, erhoffte sich Schachleitner von Hitler die Verwirklichung seiner Ideen und warb ab 1922 in Reden und Aufrufen für ihn und seine Bewegung; von den Nazis wurde er als Aushängeschild mißbraucht. Energische Vorhaltungen und Strafen seitens des Erzbischöflichen Ordinariats München und der Ordensoberen konnten den ehemaligen Abt nicht umstimmen. Während seiner Zeit in Prag trat Schachleitner besonders als Vorkämpfer gegen die »Los-von-Rom-Bewegung« (s. Anm. 33) in Erscheinung.
(Quelle: Handbuch der Kirchengeschichte VII, S. 375)
29. In der Regel ist der »Emaustag« der Ostersonntag, gelegentlich auch der Ostermontag. Ob dieses Fest im Prager Emauskloster, evtl. als Stiftungsfest, an einem anderen Tag gefeiert wurde, ließ sich nicht feststellen.
30. Blumenmilieus: »Milieu« hier als »Mitte« zu verstehen, ein Blumenarrangement für die Tischmitte.
31. Wechselgebet zwischen Priester und Ministranten zu Beginn der tri-

dentinischen Messe, das auf den Stufen (»Staffeln«) des Altares gesprochen wurde; durch das Zweite Vatikanische Konzil abgeschafft.

32. Wellington boots: Erfunden angeblich vom Herzog von Wellington, heute ein englischer Ausdruck für Gummistiefel.

33. Die »Los-von-Rom-Bewegung« entstand 1897 aus der Verbindung der alpenländischen »Katholischen Volkspartei« mit slawischen Parteien. Von deutscher Seite (Evangelischer Bund!) stark, auch finanziell, unterstützt, war sie antidynastisch geprägt und insgesamt mehr eine politische als eine religiöse Bewegung. Zwischen 1898 und 1904 »erwarb« sie 78 Kirchen und Kapellen, davon 35 allein in Böhmen, und richtete »Übertrittshäuser« ein, in denen katholische Geistliche zum Abfall bewogen werden sollten.

4.
Kaiserbesuch, Kommodehut und Prager Parade

Zum ersten Mal sah ich den Kaiser gelegentlich einer Inspizierung der Theresienstädter und Leitmeritzer Garnison am 6. September 1892. Schon Tage vorher herrschte in Theresienstadt allgemeine Aufregung. Onkel August, der Bruder meines Vaters, war damals bei der Leibgarde Reitereskadron und kommandierte eine Abteilung von etwa 10 Gardisten, die den Kaiser bei dieser Gelegenheit zu begleiten hatten. Mit ihnen kam auch der Leibstall des Kaisers und wurde in der großen Kavalleriekaserne untergebracht. Die beiden Leibbereiter, der alte Engländer Styles und Lechartier (später Nachfolger als Chef der sogenannten Campagne Reitschule), führten eine Schar von Hofbereitern und Reitknechten an.

Wir Kinder trieben uns natürlich viel in diesen Stallungen herum. Viel Eindruck machten mir die Gardeschimmel und natürlich auch die Sattelkammer, wo uns Oberreiter Styles den Sattel des Kaisers mit dem roten Generalsgurt und der schönen schwarzen Lammfelldecke zeigte. Andächtig lauschten wir seinen Worten, daß zum Beispiel das Zaumzeug und besonders der Namenszug auf der Lammfelldecke vergoldet seien.

Der Kaiser sollte im Hofzug nach Leitmeritz kommen, dort zu Pferde steigen und in der Nähe der Stadt dem Manöver beiwohnen. Mein Vater, damals 2. Rittmeister bei einer Eskadron der Einser Dragoner, war für diesen Tag Ordonnanzoffizier beim Kaiser. Meine Mutter fuhr mit uns drei Kindern – Josef, Zdenka und mir – sehr früh von Theresienstadt los, um einen guten Platz bei der Defilierung vor dem Kaiser zu bekommen, die dem Manöver folgen sollte. In unseren weißen Matrosenanzügen waren wir sehr feierlich gestimmt. Es rückte unser schöner Landauer aus, die Pferde in neuem Geschirr, Kutscher und Diener in den besten Livreen – dunkelblaue Röcke mit silbernen Knöpfen und Zylinder. Wir kamen bis auf die Leitmeritzer Brücke; es war noch die alte, schmale Eisenbrücke. Rechts und links von uns zog eine unendliche Prozession von Schaulustigen, so wie wir auch, nach Leitmeritz, den Kaiser zu sehen.

Da plötzlich blieben unsere Pferde mitten auf der Brücke stehen. Alles Zureden, Schlagen oder Führen half nichts, die Pferde gingen einfach nicht weiter. Mein Vater hatte vor kurzem ein ausgedientes Chargepferd als Wagenpferd eingestellt, da es sehr gut zu seinem Kollegen paßte. Jetzt stellte sich heraus, daß es offenbar kollrig war, zumindest aber nicht zugsicher. Das Pferd stand wie angewurzelt da und war nicht zu bewegen, vor-, rück- oder seitwärts zu treten. Das andere Pferd wurde unruhig und fing zu bocken an und auszuschlagen. Die eiligen Passanten, die kaum vorbei konnten, fingen weidlich zu schimpfen an.

Doch es kam noch besser: Plötzlich hörten wir sich nähernde Militärmusik – die ganze Garnison Theresienstadt, mit FML Baron Bonn an der Spitze, rückte heran. Es kam ein Polizist, der einfach befahl, Platz zu machen. Die Division rückte immer näher; es kam ein Ordonnanzoffizier, nachzuschauen, was für eine Stockung es gäbe. Endlich kam der Generalstabschef selbst vorgeritten und bat meine Mutter sehr höflich – wie wird er wohl innerlich geflucht haben! – doch wenigstens etwas mit dem Wagen seitwärts zu rükken. Es seien circa 2 Regimenter Infanterie und etliche Artilleriebatterien hinter uns, die unbedingt, und zwar sehr bald, hier vorüber müßten, da der Kaiser doch nicht warten könne!

Meine Mutter war, wie sie uns später gestand, den Tränen nahe. Was sollte sie mit den drei kleinen Kindern machen? Abgesehen von der Peinlichkeit der Situation war natürlich nicht daran zu denken, ohne Wagen etliche Kilometer hinter der Stadt dem Manöver beizuwohnen oder den Kaiser zu sehen. Wir waren recht kleinlaut geworden. Es half alles nichts, wir mußten aus dem Wagen heraus und nach Leitmeritz zu Fuß wandern. Mittlerweile hatte die Infanterie begonnen, im Gänsemarsch rechts und links an uns vorbei zu marschieren. Der dichte Haufen von Wägen, Pferden und Militär hinter uns – und die leere Brücke vor uns werden mir unvergeßlich bleiben.

Leitmeritz hatte sich für den Kaiser festlich herausgeputzt, alle

Häuser waren beflaggt. Hier und da befand sich auch eine schwarz-rot-gelbe Trikolore darunter, sonst war alles schwarz-gelb.[1] Der Kaiser haßte alle Trikoloren als revolutionäre Farben, sie erinnerten ihn wohl auch ans Jahr 1848. Auf dem Wege, den er zu passieren hatte, war auch keine zu sehen.[2] Wie hat sich das in den nächsten zwanzig Jahren geändert! Man sah immer weniger schwarz-gelbe Fahnen, sie mußten der deutschnationalen Trikolore weichen. In den böhmischen Ortschaften war die slawische Trikolore[3] behördlich verboten und es wurde infolgedessen in den Landesfarben rot-weiß geflaggt. Die schwarz-gelben österreichischen Farben schwanden mehr und mehr, um den nationalen Platz zu machen.
Alle Straßen, die der Kaiser zu passieren hatte, waren mit dem traditionellen gelben Sand dick bestreut. Ich habe mich immer gefragt, ob der Kaiser glaube, daß alle Wege sandgelb seien. Seit seinem 18. Lebensjahr wird er wohl nie mehr andere Straßen gesehen haben, ausgenommen vielleicht in Italien im Feldzug 1859; aber sogar da möchte ich die Möglichkeit einer guten Regie, die für den gelben Sand auf den vom Kaiser zu passierenden Straßen sorgte, nicht ganz ausschließen. Dasselbe gilt übrigens auch für den Frack: Dieser war für alle Zivilisten, die zum Kaiser zu Audienz oder Vortrag kamen, vorgeschrieben. Wieviele Jahrzehnte hat wohl Franz Josef keinen anderen Anzug in seiner Umgebung gesehen, ausgenommen natürlich die Jagdanzüge in Ischl.
In Leitmeritz war, wie vorauszusehen, natürlich kein Wagen zu haben. Alles war bereits zum Manöver hinausgezogen, alle verfügbaren Vehikel längst vergriffen; wir irrten ratlos durch die Straßen. Doch wer beschreibt unsere Freude, als plötzlich unser Wagen vor uns auftaucht? Folgendes berichtet unser findiger Kutscher: Als wir den Wagen verlassen hatten, mußte ausgespannt werden. Dem kolligen Pferd mußten die Augen verbunden werden, da erst ließ es sich wegführen! Der Wagen wurde mit Hilfe des nachrückenden Militärs über die Brücke geschoben. Ich habe vergessen, wie sich der Kutscher noch ein Pferd zu beschaffen wußte. Es war klein, unansehnlich und wenigstens auf einem Auge blind, doch was machte das? Rasch eingespannt, das unbrauchbare Pferd eingestellt – und da war er! Selig fuhren wir nach langem Aufenthalte weiter, und kamen ohne Zwischenfall bis zum Standort der Truppen.

Die Übung war natürlich längst vorüber. Mein Vater hatte den ganzen Vormittag nach uns Ausschau gehalten, da taucht plötzlich auf der Straße eine Equipage auf – er traut seinen Augen nicht: Es war sein schöner Wagen, sein Kutscher, aber was waren das für Pferde? Doch auch mein Vater wußte von Erlebnissen an diesem Vormittag zu berichten. Er bekam den Auftrag, den Kaiser samt seiner Suite von der Aussteigestation zu einem bestimmten Platz zu führen und setzte sich also an die Spitze des Zuges. Nun waren in der Gegend von Leitmeritz längst aufgelassene Forts zerstreut, noch aus der Zeit, da Theresienstadt Festung gewesen war; der Weg führte durch ein solches Vorwerk. Als mein Vater mitten drin stand und ein beträchtlicher Teil der Suite ihm gefolgt war, überfiel ihn plötzlich ein Schreck, was wohl geschehen würde, wenn sich der Weg als Sackgasse erwiese? Ein Geschehnis, das bei jedem Spazierritt passierte! Man brauchte nur zufällig beim Eingang des Forts einen dem richtigen ganz ähnlichen Weg einzuschlagen, um plötzlich vor einer sogenannten Poterne zu stehen. Der Kaiser würde fragen, wie lange mein Vater hier in Garnison sei? Vierzehn Jahre! Tableau![4] Mit einem Stoßgebet gelang es ihm aber, glatt durch den Engpaß zu kommen.

Im Verlauf der Übung kam der Kaiser zu einer Abteilung, die gegen einen Wald schoß. Er fragte, auf welche Distanz geschossen würde. Ein armer, schüchterner Infanterieleutnant meldete: »Vierzehnhundert Meter!«

»A, was, das ist ja viel näher!« war die etwas ungeduldige Antwort des Kaisers. »Bitte es abzumessen!«

Feldzeugmeister Beck, der Chef des Generalstabes, fing gleich an, auf der Karte zu messen und meldete, daß es tatsächlich 1400 m seien. Worauf der Kaiser, zum Leutnant gewendet, ganz laut sagte: »Sie haben Recht gehabt, Herr Leutnant, ich habe mich geirrt!«

Der Corpskommandant und Übungsleiter des Tages, Prinz Leopold Croy, war ein bekannter, sehr gefürchteter Choleriker. Der Kaiser wünschte eine kleine Änderung der Übung und sagt zu Croy: »Bitte das zu veranlassen!« – »Aber ganz ruhig!« fügte er noch hinzu. Croy rief einen alten Infanterieobersten zu sich und gab seine Befehle. Der Oberst, sehr diensteifrig, wendet seinen Gaul und gibt ihm die Sporen, um recht flott wegzukommen. Das Pferd, erschrokken, feuert aus und trifft das Pferd des Kommandanten voll in die Brust. Mein Vater sagte, man habe nur ein dumpfes Stöhnen von Croy gehört, auch sei er so blau angelaufen wie eine Zwetschge; sagen durfte er nichts. Beliebt hat sich der Oberst bei ihm wohl nicht gemacht.

Unsere ganze Aufmerksamkeit war jetzt auf den Kaiser gerichtet. Eine dichte Menschenmenge umlagerte den Platz der Truppenaufstellung. Abwechselnd wurden wir Kinder von Mama und dem Diener hochgehoben, um alles gut sehen zu können. Ich erinnere mich noch genau des Moments, wo der Kaiser nicht weit von uns an den Truppen vorbeiritt.

Voraus kam Generaladjutant Baron Bolfrass auf einem Schimmel geritten, dahinter auf circa 100 Schritt der Kaiser und hinter diesem eine große Suite. Der Kaiser sah schon damals genau so aus wie in den letzten Jahren seines Lebens. Der berühmte weiße, sehr gepflegte Kaiserbart fiel vor allem auf. Seine tadellose Haltung zu Pferd war berühmt, doch war er kein wirklich guter Reiter im strengen Sinne des Wortes. Er verlangte absolut tadellos zugerittene Pferde, die auf die leiseste Hilfe zu reagieren hatten. Allerdings mußten sie auch manchen Puffer aushalten, ohne mit dem Ohr zu zucken. Der Kaiser hatte die Gewohnheit, wenn er sich über etwas ärgerte, mit dem Reitstock auf den Hals, nämlich die Mähne des Pferdes zu schlagen. Das durfte das Tier nicht irritieren, selbstverständlich auch kein Schießen, keine Musik, keine schreienden Menschenmassen und so weiter. Es mußte dabei sehr gängig und nicht langweilig sein, da der Kaiser sehr flott zu reiten pflegte. Wie man sieht, war's nicht leicht, Kaiserpferd zu sein!

Franz Josef war sozusagen ein passiver Reiter, allerdings mit tadellosem Sitz, was jedes Zureiten seiner Pferde wesentlich erleichterte. Bei den größeren Manövern Anfang der 90er Jahre in Günz in Ungarn, gelegentlich eines flotten Galopps querfeldein, geschah es, daß das Pferd des Kaisers vor einem Feldrain leicht stutzte, dabei sein Tempo kaum verlangsamend. Darauf dreht sich der Kaiser zum Oberststallmeister Prinz Emmrich Taxis, der knapp hinter ihm reitet, und mein Vater hörte, wie er ihm nicht sehr gnädig sagte: »Heutzutage ist jeder Bataillonsadjutant besser beritten wie ich!« Mein Vater dachte sich nur: »Oh, wenn Du wüßtest!« Franz Joseph

verlangte, wie man sieht, viel von seinen Pferden, doch konnte er sich's als Kaiser gut leisten, meine ich. Er bezahlte auch sicher das Fünffache des gewöhnlichen Preises!
Damals in Leitmeritz habe ich das alles noch nicht gewußt. Aber der Anblick des Kaisers begeisterte uns sehr und wir fingen alle an, unbändig »Hoch!« zu schreien. Die Leute um uns nahmen das Hochrufen auf und es entstand ein allgemeines Hut- und Tüchergewinke. Der erste in der kaiserlichen Suite war der alte Erzherzog Rainer, der durch seinen sehr langen, schneeweißen Schnurrbart auffiel. Er war damals Landwehrinspektor und wohl wegen der größeren Landwehrgarnison in Leitmeritz mitgekommen. Ich glaube, es war bei dieser Gelegenheit, wie mir Onkel August Lobkowicz später erzählte, daß der Kaiser mit seiner Umgebung eine Frage über die Aufstellung der Regimentsfahnen besprach. Erzherzog Rainer äußerte auch eine Ansicht, worauf der Kaiser ihm sagte: »Du kannst das nicht wissen, Ihr habt ja keine Fahnen!« Er meinte die Landwehr, die tatsächlich keine hatte.
Erster Generaladjutant war damals Graf Eduard Paar. Als ich im Jahr 1916 zur Garde kam, waren sowohl er als auch Baron Bolfrass noch immer in der gleichen Stellung! Ich erinnere mich, auch den Grafen, später Fürsten Franz Thun, damals Statthalter von Böhmen, in der Suite gesehen zu haben. Er hatte die sogenannte kleine Beamtenuniform an, eine Art Gehrock mit grauen Pantalons, die er übrigens zur Zeit seiner ersten Statthalterschaft immer zu tragen pflegte. Er ritt ein recht kleines Kommißpferd mit Mannschaftssattel, was den auffallend großen Herrn nicht taillierte.
Ich glaube, der Kaiser fuhr dann erst nach Leitmeritz, um von dort im Hofzug weiterzureisen; er war in der Früh in einer anderen Station ausgestiegen. Dieses mein erstes Zusammentreffen mit Kaiser Franz Joseph habe ich mir trotz meiner fünfeinhalb Jahre gut gemerkt.
Ein Jahr später war mein Vater Rittmeister beim 1. Dragonerregiment in Theresienstadt, doch noch nicht Eskadronskommandant. Zur Besichtigung der recht bedeutenden dortigen Garnison kam am 21. und 22. Juni 1893 Erzherzog Albrecht, der Sieger von Custozza[5)], nach Theresienstadt. Der Erzherzog wurde nachmittags am Bahnhof in Bauschowitz erwartet. Wir gingen mit meiner Mut-

ter auf die Bauschowitzer Straße, um die Wagenkolonne an uns vorbeifahren zu sehen. Ich sehe den Wagen des Erzherzogs noch genau vor mir, am Rücksitz den uralten Herrn mit dem ungewöhnlich häßlichen Gesicht, der großen wulstigen Habsburgerlippe, dem struppigen Stoppelbart. Als Kopfbedeckung diente dem Erzherzog meist der armeebekannte sogenannte Kommodehut, da er kaum was am Kopf vertrug. Es war ein mit schwarzem Tuch bezogenes, leichtes Drahtgestell, das nach oben spitz zulief. Auf der Spitze thronten wenige grüne Federn, die dieses Gebilde einem Generalshut ähnlich machten. Mit dem Erzherzog fuhren sein langjähriger Flügeladjutant, Graf Ernst Chotek, und noch einige Offiziere.

Gerade als der Zug an uns vorüberfuhr, wurde aus einem der Wagen: »Alarm!« gerufen. Das bedeutete, daß der Erzherzog die gesamte Garnison alarmiert habe, und daß diese aufs schnellste auf die den Truppen angewiesenen Alarmplätze auszurücken hätte – in diesem Fall auf den sogenannten Paradeplatz vor der Kirche, im Zentrum der Stadt. Wir Buben – Josef war 9 Jahre alt, ich drei jünger – liefen nun voller Wichtigkeit in die Kavalleriekaserne, um diese Botschaft den Dragonern zu bringen.

Nur wer vor dem Weltkrieg Soldat war, kann ermessen, was dieses Zauberwort an dem Nachmittag bewirkte! Die ganze Mannschaft war emsig beschäftigt gewesen, ihre Uniformen, das Sattelzeug und überhaupt ihre ganze Ausrüstung für die Besichtigung des nächsten Tages auf Glanz herzurichten. Jeder Riemen mußte gesondert geputzt werden, die Sättel waren auf X Teile zerlegt, ebenso die Waffen, Helme und so weiter. Ob wir die Ersten waren, die diese Schreckensnachricht in unsere Kaserne brachten, weiß ich nicht; jedenfalls hatten wir die Genugtuung, es noch etlichen Offizieren mitteilen zu können. Der taube Eskadronskommandant von Wenke konnte uns lange nicht verstehen und erschrak dann sichtlich, als er die Sachlage begriffen hatte.

Nun entstand ein fabelhaftes Hetzen. Die Kaserne glich buchstäblich einem Ameisenhaufen, in den man getreten war. Für uns Buben höchst unterhaltend, für die Betroffenen weniger! Wir hielten uns hier nicht lange auf, sondern liefen weiter durch alle Gassen und riefen jedem Soldaten, dem wir begegneten, »Alarm!« zu.

Mittlerweile hatten auch alle Trompeter das Alarmsignal zu blasen begonnen. Die ganze Garnison war in der Höhe.
Der Erzherzog stand mit seinem Stab während der Zeit am Paradeplatz und wartete auf die Truppen, die auch wirklich schon heranzurücken begannen. Die Eskadron unseres Regiments, die in der sogenannten Kleinen Festung lag, kam als erste im Trab daher. Im Tagebuch meiner Mutter steht: »Nach nur 40 Minuten!« Das war umso bemerkenswerter, als die Kleine Festung immerhin 2–3 km von Theresienstadt auf der Straße gegen Doxen zu gelegen ist. Einundzwanzig Jahre später bin ich von dort im gleichen Regiment in den russischen Feldzug ausgerückt.
Am nächsten Tag beobachteten wir von den Wällen der seit Jahren aufgelassenen Festung die Bewegungen der ausgerückten Garnison am Leitmeritzer Kessel. Es waren 2 bis 3 Infanterieregimenter, 3 Eskadronen unserer Einser Dragoner, ein Artillerie- und ein Genieregiment[6)], die Landwehr aus Leitmeritz und was alles noch zu dieser großen Garnison gehörte. Befehligt wurde die Ausrückung von FML Baron Bonn, mit dessen Töchtern Mimi und Lila wir sehr befreundet waren. Letztere starb noch als Kind, Mimi heiratete einen Baron Stenglin.
Unser Vetter Rembert Kerssenbrock, der gerade mit seiner Mutter Gabi – Schwester meines Vaters – bei uns zu Besuch war, hatte zur Feier des Tages ein besonders schönes, rotseidenes Taschentuch eingesteckt. Nun schwang er dieses Tuch, zur Belustigung des zahlreichen Publikums, in der Luft und rief dazu: »Schau her, Erzherzog Albrecht!« Doch Er, durch seinen grünbebuschten Kommodehut in der Ferne kenntlich, ahnte nichts von dieser besonderen Ovation. Zum Schluß der Besichtigung ritt er mit seinem riesigen Gefolge nahe an uns vorüber.
Der Erzherzog sprach den Wunsch aus, meine Mutter besuchen zu dürfen. Er hatte für ihren Bruder, den Kardinal Schönborn, eine besondere Wertschätzung und stand ihm, dem viel jüngeren, freundschaftlich nahe. Der Besuch versetzte uns Kinder in die größte Aufregung; er fand am selben Vormittag statt. Wir bekamen zu dieser Feier weiße, waschlederne Handschuhe angezogen und fühlten uns in den weißen Matrosenanzügen festlich gehoben.
Meine Eltern bewohnten in Theresienstadt das sogenannte Gemein-

dehaus an der Straße nach Doxen, dem Wassertor gegenüber. Wir Kinder standen stramm im Vorgarten, als der Erzherzog vorfuhr. Mein Vater eilte zum Wagenschlag, um dem Feldmarschall beim Aussteigen zu helfen, meine Mutter erwartete ihn am obersten Treppenabsatz. Schwer in meinen Vater eingehängt, erklomm der Erzherzog die Stiege. Nahezu blind, mußte er ganz dicke Brillen tragen und war mit 76 Jahren schon sehr gebrechlich († 18.12.1895). Ernst Chotek begleitete ihn. Die Eltern verschwanden mit ihrem hohen Gast im Salon, während wir Kinder mit Chotek, wie sich's für einen Hoheitenbesuch schickte, im davorliegenden Speisezimmer hielten. Bald wurden wir hereingerufen, um vorgestellt zu werden.

Mit meiner damals jüngsten Schwester Christl befaßte sich der Erzherzog besonders freundlich, gab ihr sein Goldenes Vließ zum Spielen und setzte ihr seine leichte Offiziersmütze auf; sie hatte nur fadendünne Schnüre. Zum Schluß nahm er Christl noch auf den Schoß und gab ihr einen Kuß – ein Wunder, daß sie sich das gefallen ließ, denn der hohe Herr war wirklich abschreckend häßlich! Nur sein Lächeln war lieb und gewinnend.

1907 lag mein Vater beim 7. Dragonerregiment in Altbunzlau in Garnison, als vom 15. bis 29. April dieses Jahres der alte Kaiser zum letzten Mal in seiner böhmischen Hauptstadt weilte. Wir fuhren wiederholt nach Prag, um die Kaisertage mitzumachen. Die festliche Erregung der Stadt war ungeheuer, auch die Ausschmückung ganz geschmackvoll. Nur auf wenigen Privathäusern – allerdings auf allen Staatsgebäuden – sah man schwarz-gelbe Fahnen, sonst war alles rot-weiß; Trikoloren waren ganz verboten. Die Palais hatten meist zusätzlich noch in Familienfarben geflaggt. Das Fürstenbergische Haus auf der Kleinseite hatte eine blau-weiß-rote Fahne herausgehängt, die Fürstenbergischen Farben. Das trug dem Fürsten Max Fürstenberg eine geharnischte Note von der Polizei ein, sofort die panslavistische Fahne verschwinden zu lassen! Wohl das einzige Mal, daß man ihn slawischer Gefühle verdächtigte.

Dem feierlichen Einzug des Kaisers sah ich vom Haus des Landeskulturrates[7)] am Wenzelsplatz zu. Im ersten Wagen fuhr der Bürgermeister – »Primator« – mit einigen seiner Herren.[8)] Im zweiten der Landmarschall des Königreiches, Onkel Gox Lobkowicz, in der sogenannten kleinen Geheimen-Rats-Uniform. Er fuhr in seiner eigenen Equipage mit sehr schönen, großen Füchsen, die aus Vukovar stammten. Erst an dritter Stelle kam der Leibwagen des Kaisers, dem noch einige Hofwägen folgten; es war nämlich eine recht große Abteilung des Hofstalls nach Prag vorausgeschickt worden. Der Kaiser fuhr mit dem Statthalter, Graf Karl Coudenhove. Die Begeisterung des Volkes war sehr groß, besonders eindrucksvoll das Tücherschwenken aus den endlosen Fensterreihen des Wenzelsplatzes.

Besonders eigen berührte einen in diesen Tagen das rege Leben in den sonst so stillen Burghöfen. Im ersten Hof war rechts die Hauptwache, die jeden Tag mit Musik aufzog. Auf der linken Seite befand sich die Hauptwache der Bürgergarden. Besonders schön nahmen sich die Grenadiere aus mit den althistorischen Bärenmützen, gelben Aufschlägen auf ihren schwarzen Röcken und dem weißen Riemenzeug. Ganz dekorativ wirkte auch die berittene Bürgergarde, die aber die Wache zu Fuß bezog. Sie hatten dunkelgrüne Röcke und die schönen, goldglänzenden Offiziers-Dragonerhelme, dazu rote Hosen. Außerdem gab's noch eine Bürgerinfanterie mit scharlachroten Aufschlägen und Infanterie-Offiziers-Tschako, sowie blauen Hosen. Endlich noch die Scharfschützen mit Federhüten.

Den Besuch des Kaisers bei Großmama Lobkowicz konnte ich leider nicht mitmachen. Am Tag vorher kam der Leibkutscher des Kaisers in die Hybernergasse, um sich über die Einfahrt in die Höfe des Palais zu orientieren, damit alles flott gehe. Dieser Walter war eine sehr bekannte Persönlichkeit; der Kaiser fuhr in den letzten Jahrzehnten seines Lebens nie mit einem anderen.

In Wien brachte Walter den Kaiser an die Bahn, bestieg dann den Hofzug, um ihn am Reiseziel – wieder am Bock sitzend – zu empfangen, natürlich in der jeweils vorgeschriebenen Livree! In Wien, Pest, Prag und anderen großen Städten fuhr der Kaiser immer mit Braunen. Der Kutscher hatte da die sogenannte deutsche Livree an: Quergestellter, silberbordierter Zweispitz, drap Mantel oder Rock mit Silberknöpfen, gelbe, silberbetreßte Weste, schwarze kurze Hosen mit drap Gamaschen oder weißen Strümpfen. Am Land, hauptsächlich in Ischl, oder bei Manövern fuhr der Kaiser immer »englisch«, das heißt mit Schimmeln. Die Livree war dann schwarz mit Silberborte am Kragen, gelbes Passepoile, Zylinder ebenfalls mit breiter, silberner Borte. Im Winter waren die Hof- und Leibkutscher, die sich sonst in nichts unterschieden, besonders dekorativ. Sie trugen schwarze, sehr reich mit gelben Borten benähte Mäntel mit sehr großen, weißen Pelzkrägen und Aufschlägen.

Nur der Kaiser fuhr – und zwar immer – mit einem Leibjäger am Bock, so daß sein Wagen schon von weitem als seiner zu erkennen war. Für Eingeweihte war der Leibwagen (wenigstens in den letzten Jahren, wenn sich der Kaiser nicht darin befand und infolgedessen auch kein Leibjäger am Bock saß) sowohl am Kutscher, dem »Herrn Walter«, als auch an den recht üppigen Pneumatikrädern zu erkennen. Die übrigen Hofwägen – sowohl die mit goldenen Rädern, die nur von Mitgliedern des Kaiserhauses benützt wurden, als auch die mit grünen Rädern für den Hofstaat – hatten nur gewöhnliche Gummibereifung.

Der Besuch bei Großmama Lobkowicz verlief ganz programmgemäß. Der Kaiser wurde von Onkel Fede am Wagenschlag empfangen und unter Vorantritt von zwei Dienern, die brennende Kandelaber trugen, hinaufgeleitet, während der Portier unten fünfmal läuten mußte. An einem Stiegenabsatz empfing ihn die Hausfrau, Tante Ida Lobkowicz. Beide führten den Kaiser bis in Großmamas Salon, wo diese auf ihn wartete. Während der Kaiser bei Großmama war, stellten sich die Kinder des Hauses mit ihren Eltern im Vorzimmer auf, um dem Kaiser bei seinem Weggehen aufzuwarten; der begleitende Flügeladjutant wartete auch im Vorzimmer.

Der pensionierte Portier Anton Sykora wurde zur Salontür gestellt, um dem Kaiser gezeigt zu werden. Er war schon im Jahre 1848 Diener bei Großpapa und mit diesem – der Generaladjutant bei Kaiser Ferdinand gewesen war – in Olmütz bei der Thronbesteigung Franz Josefs gewesen.

Großmama Zdenka war übrigens eine der wenigen Eingeweihten, die um das Geheimnis der Thronbesteigung wußten. Großpapa hatte es ihr gesagt, als der gesamte Hof für den 2. Dezember früh in die Olmützer Residenz befohlen wurde. Außer den Hauptbeteiligten wußten es nur Feldmarschall Windisch-Graetz, Felix Schwarzenberg, auch vielleicht Jelačich und, wie schon gesagt, der Generaladjutant des abdankenden Kaisers, mein Großvater Josef Lobkowicz. Großmama erzählte immer, wie die Erzherzöge und deren

Hofstaat aufgeregt herumrieten, warum man sie zu so früher Stunde berufe. Leider hat Großmama keinerlei schriftliche Aufzeichnungen hinterlassen.[9)]

Beim Verlassen des Salons stellte Onkel Fede den alten Anton dem Kaiser vor, der ihn sehr lieb ansprach. Sykora küßte, zu Tränen gerührt, die Hand des Kaisers, die dieser ihm gereicht hatte. Dann wurden noch die Kinder einzeln genannt und Masi, die Jüngste, überreichte ein Bouquet, das der Kaiser mit den Worten »Das ist für mich?« entgegen nahm.

Ich selbst konnte damals den Kaiser bei anderen Gelegenheiten recht gut sehen, so bei seinem Besuch am Wenzelsplatz im Palais des Landeskulturrates, dessen Präsident Onkel Fede war, und beim Ständchen der deutschen Sängervereine im dritten Burghof. Wir hatten ein sehr gutes Fenster in der Burg und konnten so den Kaiser recht lang und genau sehen, der mit dem jungen Erzherzog Karl Franz Josef, dem späteren Kaiser, auf dem mittleren Balkon stand. Der Erzherzog, damals Oberleutnant bei den 7er Dragonern, hatte irgendwelche Bekannte in einem der Burgfenster entdeckt und winkte ihnen zu, als sich der alte Kaiser, offenbar mit einer Bemerkung, lächelnd ihm zuwandte. Es war unterhaltend zu beobachten, wie der Erzherzog momentan in Strammheit erstarrte. Zum Schluß der schönen Gesangsvorträge nickte der Kaiser nur ganz leicht, bevor er sich zurückzog. Es machte mir damals einen großen Eindruck, daß dieser kaum merkliche kaiserliche Kopfnicker allgemein als Zeichen großer Zufriedenheit gewertet wurde!

Eine der Hauptattraktionen des Kaiserbesuches war die große Parade der Prager Garnison am 23. April, auf dem jetzt längst schon verbauten Dejvicer Exerzierplatz. Es war meine letzte militärische Feier, der ich in Zivil beiwohnte, da ich im Herbst dieses Jahres als Einjährig-Freiwilliger nach Pardubitz einrückte. Sehr stolz war ich auf meinen Zylinder, der für alle Herren von Zivil damals selbstverständlich war.

Gegen 7 Uhr bewegte sich ein schier endloser Wagenzug über die Chotekstraße hinaus auf das damals nur mit wenigen Villen bebaute Belvedere und weiter auf der Landstraße gegen Dejvic. Die Truppen rückten von allen Seiten an, blitzblank geputzt, das grüne Feldzeichen – drei Eichenblätter – am Tschako, was jeder solchen Ausrük-

kung ein sehr festliches Gepräge gab. Die Regimenter wurden in langen Reihen aufgestellt, die man »Treffen« nannte, immer zwei Regimenter neben einander, dahinter wieder zwei Regimenter. Dann kam die Artillerie und die Kavallerie, welch letztere nur aus drei Eskadronen der 7er Dragoner bestand.
Eine sehr glänzende Suite erwartete den Kaiser beim Eingang des Exerzierplatzes. Es braucht eine Weile, bis alle Truppen in schnurgerader Linie aufgestellt sind und alles den vorgeschriebenen Platz eingenommen hat. Da ertönt ein klares, sehr hohes Hornsignal – der Kaiser ist angekommen. Der kommandierende General – ich glaube, es war FZM Czibulka – galoppiert dem Kaiser entgegen, senkt dreimal den Säbel vor ihm und meldet die ausgerückten Truppen.
Die Riesensuite stoppt einige Augenblicke, um sich dann wieder in Galopp zu setzen. Alle Musiken intonieren die Volkshymne, die Fahnen senken sich. Alle Trompeten blasen den Generalmarsch, man hört den Wirbel der Trommeln. Der Kaiser weit voraus, gefolgt von seinen Generalen, einer großen Schar von Offizieren aller Waffengattungen und einer Abteilung Gardisten, galoppiert quer über den Platz zum Empfangsflügel des ersten Regiments. Die wehenden grünen Generalsbüsche, die Gardeschimmel mit ihren roten Schabracken, die Volkshymne – ein wunderschönes, unvergeßliches Bild!
Der Kaiser reitet nun mit kleiner Begleitung im Schritt die Front aller Truppen ab, während sich die große Suite auf dem Defilierungspunkt aufstellt. Die Regimentsmusiken spielen nun so lange die Hymne, wie der Kaiser sich bei ihren Regimentern befindet, so daß man genau verfolgen kann, wo der Kaiser gerade ist. Zum Schluß hört man nur mehr den Generalmarsch blasen, der Kaiser ist bei der Artillerie und Kavallerie angelangt. Dann erfolgt wieder ein allgemeines »Habt Acht!«, alle Musiken intonieren wieder die Hymne und der Kaiser begibt sich im Galopp zu dem Platz, an dem die Defilierung abgehalten wird.
Es kommt Leben in die langen Menschenmauern. Für den Uneingeweihten vollführen die Kolonnen ganz sinnlose Vor- und Rückmärsche. Alles formiert sich zur Defilierung, und schon ertönt der erste Marsch. In Kompaniebreite marschieren, Beine schmeißend und

stechend, die Infanterie, Jäger und Landwehr vorüber. Sehr wichtig ist das sogenannte Radl jedes Regimentskommandanten, dessen Pferd am richtigen Fuß, also diesmal am rechten, in Galopp einzusprengen hat, um im schönen Bogen rechts hinter den Kaiser zu gelangen. Für manchen behäbigen General oder Infanterieoberst keine geringe Kunst, da knapp vorher mit dem Säbel vor dem Kaiser gegrüßt und das Radl mit gesenktem Säbel gemacht werden mußte. Die Musik des letzten Infanterieregimentes muß nach dem Vorbeimarsch ihres Regimentes auf ihrem Platz bleiben, dem Kaiser gegenüber, um für die Jäger und die Landwehr zu spielen. Dann bricht sie plötzlich ab, der Prinz-Eugen-Marsch ertönt und dröhnend und säbelrasselnd zieht die Artillerie, nach ihr die Kavallerie vorüber, zum Schluß einige Train-Abteilungen. Die Parade ist aus.
Aller Zuschauer bemächtigt sich ein gewisser Katzenjammer, daß das schöne Fest schon vorüber ist; noch lange hätte man das bunte Bild genießen können. Die Truppen freilich und besonders deren Kommandanten atmen auf und freuen sich, daß alles so gut gelungen ist.
Der Kaiser ritt übrigens an diesem Tag einen Fuchs mit heller Mähne. Das Tier kam sehr gut vorwärts, war dabei bewunderungswürdig ruhig, besonders bei der Defilierung. Es stand die ganze Zeit in guter Haltung ohne sich zu rühren da; später erfuhr ich, daß es an dem Tage schon einige Stunden Galopp im Leibe hatte.
Gelegentlich der großen Jagdausstellung in Wien 1910 sah ich den alten Kaiser gemeinsam mit Kaiser Wilhelm bei einer Kinovorführung am 20. September im Ausstellungskino; es wurde eine Jagd des Kaisers in Ischl und eine Kaiser Wilhelms in Donaueschingen gezeigt. Es hieß, der Kaiser sehe hier zum ersten Mal eine kinematographische Vorführung. Auch war es ein sehr großes Ereignis, daß der Kaiser zum ersten Mal in Wien ein Hofautomobil benutzte. In Wien blieb es bei diesem einzigen Mal, erst der junge Kaiser hat das Automobil sozusagen hoffähig gemacht.
Sehr interessant und schön anzusehen war das bei dieser Gelegenheit sichtlich zur Schau gestellte, deferente Benehmen des viel jüngeren Kaisers Wilhelm Kaiser Franz Joseph gegenüber. Es kam nicht vor, daß er sich vor dem alten Kaiser gesetzt hätte, obwohl er doch dessen Gast war. Nie vergessen werde ich seine guten, liebevollen

Blicke, die er bei jeder Anrede auf den alten Kaiser richtete; ich saß ganz nah bei den Monarchen und konnte sie genau beobachten. Nach der Vorstellung fuhr der alte Herr nach Hause, während Kaiser Wilhelm die Jagdausstellung weiter besichtigte; ich schloß mich seinem zahlreichen Gefolge an. Auch hier konnte ich immer wieder den grundgütigen Blick des in der ganzen Welt als hart und kriegshetzerisch verschrienen Monarchen konstatieren. Auffallend jedoch war sein nicht sehr vornehmes Äußeres, besonders in der österreichischen Uniform, im Vergleich zur unnachahmlichen Eleganz und Vornehmheit des alten Herrn.

Anmerkungen

1. Die schwarz-rot-»gelbe« (richtig: -goldene) Fahne war seit 1848 im deutschsprachigen Raum des ehemaligen Heiligen Römischen Reiches Deutscher Nation, zu dem ja auch Böhmen gehört hatte, das Symbol für einen deutschen Nationalstaat. Im Böhmen des Jahres 1892 war dies ganz gewiß eine »revolutionäre Farbe«, die wohl nur deshalb von der Polizei geduldet wurde, weil das deutsche Element im österreichischen Kaiserreich politisch führend war und man die deutschnationalen Strömungen als weniger gefährlich betrachtete als ihr panslawistisches Gegenstück.
2. Bekanntlich hatte Kaiser Franz Josef am 2.12.1848 als gerade Achtzehnjähriger den Thron bestiegen, nachdem Kaiser Ferdinand zur Abdankung »überredet« worden war. Für Franz Josef war dies Amt von Anfang an eine kaum erträgliche Bürde gewesen, die ihm nicht zuletzt durch die Revolution von 1848 aufgezwungen worden war.
3. Die slawische oder »panslawistische« Trikolore hatte die Farben Blau-Weiß-Rot.
4. »Tableau!« als Ausruf bei einer meist unangenehmen, blamablen Überraschung entstammt der Theatersprache. Ein »Tableau« war ein sog. Lebendes Bild, eine bewegungs- und sprachlose Anordnung von Schauspielern und Requisiten, die eine ganz bestimmte, bei den Zuschauern als bekannt vorausgesetzte, jedoch unerwartete Szene darstellte. Der Ruf »Tableau« ertönte gelegentlich beim Öffnen des Vorhangs, um anzukündigen, daß nun ein Lebendes Bild und nicht eine Spielszene folgen würde.
5. Im Krieg Österreichs gegen Piemont-Sardinien 1848 wurde König Karl Albert von Sardinien am 25.7.1848 von Erzherzog Albrecht vernichtend geschlagen.
6. Genietruppen = Pioniereinheiten.
7. Der Landeskulturrat war eine von Wien aus gegründete und geförderte Einrichtung, welche nationalistische, gegen Habsburg gerichtete Strömungen in Böhmen auffangen und kanalisieren sollte. Diese Strömungen artikulierten sich vornehmlich auf kulturellem (»Brauchtum«!) und auch sportlichem Gebiet (Turnbewegung), da dem Normalbürger andere politische Ausdrucksmöglichkeiten weitgehend verschlossen waren.
8. »Primator« war einer der Amtstitel des Prager Bürgermeisters.
9. Heute sind die Vorgänge um die Thronbesteigung (s. Anm. 2) Kaiser Franz Josefs ebenso wenig ein »Geheimnis«, wie sie es im Jahre 1932 waren, als Erwein Lobkowicz dies niederschrieb. Habsburgische Fami-

lien-Interna waren jedoch gleichzeitig politisch sehr »heiße Eisen« und wurden im österreichischen Kaiserreich als äußerst brisante Staatsgeheimnisse behandelt. Zumindest im Jahr 1848 war dies durchaus berechtigt, denn es ging um die Regierungsfähigkeit des bedeutendsten Monarchen Europas und um den Weiterbestand dieser Monarchie.

5.
Ein wandelnder Ölfleck und Rosengirlanden

Am 16. Januar 1911 wurde in Wien ein Hofball abgehalten. Da der Kaiser in den Jahren danach im Winter immer etwas verkühlt war und man nicht wagte, ihn der Anstrengung eines Balles auszusetzen, war dieser Hofball der letzte, der in Wien je abgehalten wurde. Ich war damals in der Brigadeschule in Pardubitz und mein Reitlehrer, Oberleutnant von Hanvay, war mit meinem Urlaub nach Wien nicht einverstanden, auch wenn er nur höchstens zwei Tage dauerte; er meinte, ich könne ja auch nächstes Jahr zum Hofball gehen. Ich werde immer froh sein, nicht nachgegeben und, hauptsächlich mit dem Hinweis auf das hohe Alter des Kaisers, doch den Urlaub durchgesetzt zu haben.
Der Hofball war im alten Österreich immer das größte Repräsentationsfest des Jahres, bei welchem dem Kaiser – und seinerzeit der Kaiserin – Massen Leute vorgestellt wurden. So auch alle hoffähigen jungen Mädchen, die das erste Mal in die Welt gingen bzw. zum ersten Mal am Hofball erschienen. Hatte eine später einen hoffähigen Mann geheiratet, so wurde sie nochmals als Frau vorgestellt. Nach dem Tod der Kaiserin übernahm die rangälteste Erzherzogin deren Funktionen bei allen Hoffesten, also auch am Hofball. Im Jahre 1911 war dies Erzherzogin Maria Annunziata, kurz Miana genannt; als Äbtissin des Theresianischen Damenstiftes in Prag am Hradschin hatte sie den Rang einer verheirateten Frau.
Im Prinzip waren alle Offiziere hoffähig. Beim Hofball wurde das so gehandhabt, daß das Wiener Platzkommando etliche hundert Einladungen, sogenannte Hofansagen, vom Zeremonienamt erhielt und diese dann auf die Wiener Regimenter, Schulen[1)] und Kommanden aufteilte. Ich gehörte zwar damals nicht zur Wiener Garnison, aber da ich Kämmererkandidat war, konnte man mit etwas Protektion auch zu so einer Hofansage kommen. Beim Betreten der Burg hielt

ich mich dann an Onkel Fede, der mit Frau und Tochter Fannerl zum Hofball gekommen war, und konnte so als quasi Kämmerer hineinschlüpfen.

Die Subaltern-Offiziere der Garnison hatten einen ganz anderen Eingang zugewiesen bekommen. Sie sahen, glaube ich, im Rittersaal dem Einzug des Hofes zu und konnten sich an dem berühmten Buffet gütlich tun. Vom Tanzen sahen sie wohl nichts, da sie den großen Redoutensaal gar nicht betreten durften. Das Öffnen der Buffeträumlichkeiten war ein Spektakel für sich – das ganze Offizierskorps stürmte herein und in sehr kurzer Zeit war alles kahl gefressen. Wenn ich mich richtig erinnere, war ein Saal ganz für sie reserviert.

Der Zugang für die Hofgesellschaft war, wie bei allen großen Hoffesten, die Botschafter-Stiege im Schweizer Hof. Wir waren verhältnismäßig recht früh da; alles wimmelte von Hofangestellten in scharlachroten, goldbordierten Galaröcken und weißen kurzen Hosen. Sie verliehen jedem Hoffest ein farbenfreudiges Gepränge. Gleich wurde ich von einem Platzoffizier angesprochen, der mich zuerst umkreist hatte, um den Kämmererschlüssel zu suchen.[2)] Ich konnte mich leicht auf Onkel Fede berufen. Oben wurde einem eine Tanzordnung in die Hand gedrückt und wir zogen in Prozession durch lange Gänge, die ganz mit Gobelins verhängt waren und voller Palmen standen, in den riesigen Redoutensaal.

Um den Kaiser vor zu viel Mühe und einer eventuellen Verkühlung zu schützen, spielte sich diesmal der Diplomatencercle ebenfalls im Redoutensaal ab und nicht, wie bisher, im Marmorsaal. Der Hofball dauerte auch nur bis 11 statt bis 12 Uhr; das Gedränge war auch dementsprechend.

Die Pracht der Kleider, des Schmuckes, der Uniformen, Magnatengewänder und so weiter war überwältigend. Sehr merkwürdig war die chinesische Gesandtschaft, die in Nationalgewändern erschien. Auf ihren kahlen Köpfen mit den stets lächelnden Gesichtern hatten die Chinesen hohe, schwarze Mützen mit bunten Knöpfen, rückwärts baumelten ihnen Zöpfe herab. Alle hatten buntgestickte seidene Kaftans an. Das Diplomatische Corps war in seiner Buntheit überhaupt recht komisch. Unter den Diplomaten besonders des Balkans oder aus Südamerika sah man Gesichter, die nicht ganz in den Hofballsaal paßten.

Auf der dem Haupteingang gegenüber liegenden Schmalseite war eine Estrade, mit Palmen geziert; darauf standen die Lehnstühle für den allerhöchsten Hof. An der linken Breitseite, rechts der Estrade, war auf einer Stufe eine lange, rot bezogene Bank aufgestellt – die Fürstinnenbank, auf der genau dem Range nach alle Palastdamen Platz nahmen. Beginnend mit den Damen des Hauses Liechtenstein, die – als einem souveränen Haus angehörig – etwas separiert saßen, kamen die reichsunmittelbaren Fürstinnen, die Fürstinnen-Witwen, die nachgeborenen Prinzessinnen, die Witwen derselben Rangklasse, die österreichischen Fürstinnen, deren nachgeborene Prinzessinnen und Witwen, alles genau nach dem Familienrang. Dann folgten die übrigen Palastdamen, die nach dem Rang ihrer Männer rangierten.

Diesmal war von den Liechtensteins Maritza, geb. Gräfin Andrássy und Olga, geb. Gräfin Pückler erschienen. Es folgte als erste Fürstin Tante Berta Lobkowicz, die im Hofballkleid sehr dekorativ wirkte. Das hohe Diadem nahm sich im weißen Haar wirklich sehr gut aus. Vor Tante Berta saß noch Fürstin Josl Trauttmansdorff, betraut mit den Funktionen einer Ersten Obersthofmeisterin, welche stets den ersten Hofrang hatte. Es folgten Fürstin Auersperg-Breuner, Irma Fürstenberg-Schönborn, Johanna Schönburg-Colloredo, Fürstin Metternich-Silva y Carvahal, und Tante Gabrielle Windisch-Graetz-Auersperg, welche immer die letzte Fürstin war, da die einzige noch rangjüngere, Fürstin Josl Trauttmansdorff, wie gesagt, Obersthofmeisterin war.

Wenn ich mich recht erinnere, war diesmal keine andere Cheffürstin anwesend. Die erste nachgeborene Prinzessin war Tante Ida Lobkowicz – zu schön in einem gelben Kleid und recht viel Schmuck! Geradezu prachtvoll nahm sich Fürstin Metternich in einer weißen, pelzverbrämten Robe aus. Willy Arco-Auersperg, die als sogenannte Fremde von Distinction am Hofball teilnahm, fiel durch ihren Kopfputz auf; sie hatte einen langen Diamantgürtel etwa fünfmal um den Kopf gewickelt, es sah aus wie ein großer, diamantener Turban!

Es war soviel Schmuck zu sehen, daß ich leider keine richtigen Beobachtungen machen konnte. Sehr bemerkenswert war die diamantene Toison vom alten Karl Trauttmansdorff, mit zwei riesigen Sa-

phiren über einander. Da, wie es hieß, der Kaiser derlei geschmückte Vliese nicht liebte, trauten sich nur wenige Besitzer, mit solchen zu erscheinen. Auch auf vielen ungarischen und polnischen Kleidern[3] sah ich manchen Prachtschmuck, z. B. auf einem Kalpak einen großen, diamantenen Flügel.
Um 8 Uhr herrschte schon ein tolles Gedränge, bei tropischer Hitze; ich glaube nicht, bei einem Ballfest je so heiß gehabt zu haben. Langsam bildete sich eine breite Gasse durch den Saal. Das Stimmengewirr ebbte sehr ab, um auf dreimaliges Klopfen des Oberzeremonienmeisters ganz zu verstummen. Alle Hälser reckten sich und alles schaute zum Eingang, von wo der Hof seinen Einzug hielt. Voraus erschien Alfred Montenuovo, dem nach wenigen Schritten der Kaiser folgte, am Arm die erste Gastdame, die Herzogin von Cumberland, die als Königin von Hannover bei solchen Gelegenheiten immer den ersten Rang hatte.[4] Der Kaiser war etwas gebeugt, aber wie immer in seiner Gala-Feldmarschallsuniform fabelhaft ausschauend. Es folgten Erzherzog Karl als Dragoner-Oberleutnant mit seiner Tante, der sehr gut aussehenden Erzherzogin Miana, und noch ungefähr 15 Paare; zum Schluß eine ungeordnete Schar von jungen Erzherzoginnen.
Die Herzogin von Cumberland war nichts weniger als schön, doch wirkte sie hauptsächlich durch ihre gute Gestalt. Ihr Kleid war reich mit Gold gestickt, die ausgezeichnet gemachte schneeweiße Perücke trug ein großes Diadem. Die Herzogin besaß deren einige, teils mit, teils ohne Schmuck, den verschiedensten Gelegenheiten angepaßt, und sie wechselte diese Haartrachten wie einen Hut.
Sobald der Hof eingezogen war, begann der Tanz; während dessen hielt der Kaiser in der oberen rechten Ecke den Diplomatencercle. Charles Graf Schall eröffnete als Erster Vortänzer mit Prinzessin Olga von Cumberland den Ball. Alle tanzenden Herren[5] legten Kopfbedeckung und Säbel ab, und die Paare begannen sich in einem sehr kleinen Teil des Saales zu drehen. Ich verstaute meinen Helm und Säbel hinter einer Palme; natürlich mußte man sich den Ort gut merken, um nach Schluß des Festes die Sachen rasch wieder zu finden!
Die Erzherzoginnen tanzten nur mit den Herren, die sie zuvor dazu befohlen hatten. Ich hatte nur den zweiten Walzer mit Erzherzogin

Maria Immaculata, kurz Mac genannt; es war, glaube ich, ihr erster Ball. Sie war unsäglich verlegen und ich glaube, ihr kaum ein einziges Wort erpreßt zu haben. Da sie kaum tanzen konnte, standen wir die längste Zeit in der vordersten Reihe; der Walzer dauerte allerdings nicht lange.[6] Als auswärtiger Herr kannte ich damals nur die wenigsten Erzherzoginnen, so daß ich auch nicht weiter kommandiert wurde. Später, hauptsächlich im Winter 1913/14, hat sich das leider recht geändert; es verging kaum ein Ball, wo man nicht von etlichen Erzherzoginnen kommandiert worden wäre. Wieviele unterhaltende Cotillons wurden einem dadurch verpatzt, aber auch dadurch, daß die Erzherzöge einem die Partnerinnen wegengagierten!
Hier sah ich zum ersten Mal die Prinzessin Zita von Parma, die spätere Kaiserin. Wer hätte ihr damals ihr hartes Schicksal vorausgesagt? In einem bescheidenen, weißen Kleidchen sah sie recht herzig aus, ohne besonders aufzufallen. Laut Salonblatt[7] waren ihre kommandierten Tänzer: Feri Graf Kinsky, Ardi Graf Thun (gefallen 1915), Franz »Tschek« von Adamovich, Jeannot Baron Bourgoing, Franz Graf Dubsky, Lató Graf Sailern, Ferdinand Prinz Montenuovo, Pauli Graf Thun, Ali Markgraf Pallavicini.
Wie gesagt, war der zum Tanzen reservierte Platz höchst beschränkt. Es war so viel zu sehen, daß man wenig ans Tanzen dachte. Ich erinnere mich, tanzend ganz nahe am Kaiser vorübergekommen zu sein. Da gab ich lieber das Tanzen auf und schaute ihn mir gut an.
Da das Fest in drei Stunden fertig sein sollte, folgten die Tänze einander sehr schnell. Es wurden drei Walzer, zwei Polkas, drei Quadrillen und ein stehender Cotillon getanzt, zu dem die Damen kleine komische Bouquetten bekamen, in altmodische Papiermanschetten gefaßt, die Herren scheußliche bunte Kokarden aus Ripsseide. Ich hatte den Cotillon mit Sita Gräfin Nostitz, spätere Wilczek. Eine Française, eigentlich Quadrille, tanzte ich mit Nora Gräfin Kinsky, ebenfalls spätere Wilczek. Wir schockierten viele Leute, indem wir es wagten, böhmisch zu reden, was uns sehr gut unterhielt.
Nach dem Diplomatencercle begab sich der Kaiser auf die andere Seite des Saales, um einige Palastdamen und dann auch Herren anzusprechen. Die angesprochenen Damen mußten natürlich aufstehen und versuchen, einen tiefen Knicks zu machen, was recht

schwer war, weil sich das auf besagter Stufe abspielte. Auch stand die Betreffende viel höher als der Kaiser, was recht peinlich war. Tante Berta machte das mit unnachahmlicher Grandezza.
Sehr unterhaltend war es zu beobachten, wie sich um jeden angesprochenen Herrn sofort ein weiter, leerer Platz bildete. Es sah beinah so aus, wie wenn der Kaiser ein wandelnder Ölfleck wäre. Wenn der Kaiser weitergegangen war, trachtete der Angesprochene, etwas verlegen, wieder in der Masse unterzutauchen. Vielfach wurde der Betreffende dann angratuliert und man merkte, wie sich manche um ihn drängten, um zu erfahren, was der Kaiser gesagt hatte.
Erzherzogin Miana saß mittlerweile auf ihrem Lehnstuhl in der Mitte der Estrade, rechts und links von ihr standen zwei leere Fauteuils. Auf diese ließ die Erzherzogin immer abwechselnd je zwei Damen bitten – eigentlich kommandieren –, eine Palastdame und eine höhere Diplomatin.[8)] Zuerst wurde die rechts, dann die links sitzende Dame angesprochen, dann nach kurzer Pause hatten beide aufzustehen, gleichzeitig einen tiefen Hofknicks und dem nächsten Paar Platz zu machen. Für die bekannt schüchterne Erzherzogin war diese Art Unterhaltung richtig eine Qual! Die übrigen hohen Damen saßen mit recht gelangweilten Gesichtern da und sahen dem Getriebe im Saal zu.
Die Erzherzöge konnten sich jedoch etwas unters »Volk« mischen, die jüngeren tanzten auch gelegentlich. Der Kaiser saß lange auf der Estrade zwischen den älteren Erzherzögen und sah dem Tanze zu.
Gegen 9 Uhr zogen sich alle hohen Damen mit den Ersten Palastdamen und Botschafterinnen zu einem Tee zurück, der in einem benachbarten Saal an kleinen Tischchen serviert wurde; auch hier saßen die Damen genau nach ihrem Rang. Nachher setzte die Erzherzogin Miana ihren sitzenden Cercle fort.
Sehr bunt sah der ganze Saal aus. Dominierend war eigentlich der weiße Galarock der Generäle, aber auch viele goldverschnürte, rote ungarische Generäle waren zu sehen. Der gewöhnliche schwarze Frack fehlte beinahe ganz, der Wiener Bürgermeister und einige Abgeordnete waren die einzigen Frackträger. Es gab auch eine sogenannte Hofziviluniform, doch habe ich sie beim Hofball nicht gesehen. Merkwürdig waren die Uniformen einiger alter Herren, die noch aus den 50er Jahren des vorigen Jahrhunderts stammten.

Onkel Ernst Windisch-Graetz trug die alte, dunkelgrüne Ulanenuniform mit großem, roten Latz, Graf Dominik Hardegg erschien als dunkellila Husar; das war die alte Uniform der Husarenoffiziere im Ruhestand. Er war, glaube ich, der letzte, der diese Uniform trug. Der alte Georg Graf Stockau hatte noch die Husarenuniform der 50er Jahre mit vielen Goldschnüren, trug auch gelegentlich einen weißen Mantel dazu. Karl Fürst Paar war dunkelgrüner Dragoner mit kirschroten Aufschlägen; an einer goldenen Schnur hing ihm über seine rechte Schulter eine kleine, goldene Trompete, die er als österreichischer Erblandpostmeister bei Hofe trug.
Recht rasch war es 11 Uhr geworden. Der Kaiser erhob sich, reichte der Herzogin von Cumberland den Arm, wieder bildete sich eine breite Gasse, und der Hof zog ab – in der gleichen Reihenfolge, wie er gekommen war. Auf der zweiteiligen Botschafter-Stiege entstand ein buntes Gedränge. Unten wartete eine dichte Schar mehr oder weniger eleganter Leibjäger und Lakaien oder Husaren mit den Hüllen ihrer Herren, doch die große Masse strebte zur Garderobe – die das Primitivste war, das man sich vorstellen kann; das schlechteste Vorstadtkino hat heute bessere Garderoben als damals die Wiener Hofburg. In einem schmalen, recht finsteren Gang waren alle Mäntel aufgestapelt und am Eingang standen etliche Hoflakaien, die sich verzweifelt bemühten, der meist ungeduldig schimpfenden Hofgesellschaft wieder zu ihren Mänteln zu verhelfen.
Drei Jahre später machte ich wieder ein letztes Fest am Habsburger Hof mit, eine Soiree dansante in Schönbrunn am 16. Februar 1914; es wird mir immer eine schöne Erinnerung bleiben. Die Soiree wurde eigentlich nur abgehalten, um der jungen Erzherzogin Zita Gelegenheit zu geben, als erste Dame des Wiener Hofes aufzutreten und die Vorstellung der Hofgesellschaft entgegen zu nehmen. Für meine engere Familie war dieses Fest insofern bemerkenswert, als wir sechs Geschwister das erste und einzige Mal mit den Eltern bei einem Ballfest gemeinsam auftraten, was den alten, sympathischen aber etwas theatralischen Grafen Hans Wilczek veranlaßte, meine Mutter mit weit ausladender Geste zu segnen, als christliche Mutter, wie er sagte.
Man versammelte sich im Maria-Theresien-Zimmer und den nebenliegenden Appartements um 6 Uhr Nachmittag. Der Zugang

der gewöhnlichen Sterblichen war über die Kapellenstiege im Meidlinger Trakt. Diese Stiege hatte ein prachtvolles, schmiedeeisernes Geländer, das durch alle Stockwerke ging und aus dem 18. Jahrhundert stammte. Ein Amerikaner war von dem Geländer so begeistert, daß er dem Schloßhauptmann Ruprecht (der es mir selber erzählte) den Antrag stellte, dieses Geländer in Silber nachgemacht dort aufstellen zu lassen, um das Original zu bekommen! Natürlich ging der Hof nicht darauf ein.

Weil das Gedränge recht groß zu werden versprach – waren ja doch viele Vorstellungen zu erwarten – wurden etliche Herren der Gesellschaft vom Zeremonialamt als sogenannte Staberlherren bestellt, die für Ordnung zu sorgen hatten. Das Maria-Theresien-Zimmer war eigentlich ein großer Saal zwischen der großen Galerie und dem Meidlinger Trakt gelegen; dort wurde getanzt. Inzwischen wurden dem Kaiser und der Erzherzogin Zita eine große Zahl Diplomaten, deren Frauen, Damen und junge Mädchen der Gesellschaft in verschiedenen Salons und in der großen und kleinen Galerie vorgestellt.

Erst beim Cotillon – für unseren Geschmack sehr spät – erschien der Kaiser mit den älteren Erzherzoginnen und deren Männern im Saal. Die tanzenden Hoheiten waren schon früher gekommen. Sehr bemerkt wurde der neue Rang der Herzogin von Hohenberg, die vor den unverheirateten Erzherzoginnen rangierte.[9)] Sie hatte ein wunderschönes, dunkelrosa Kleid und sah viel dekorativer aus als die meisten Erzherzoginnen. Erzherzogin Blanca zum Beispiel hatte ein sogenanntes Spitzendevant; ihr Unterkleid war ganz heraufgerutscht. So saß sie nun auf der Estrade und man sah ihre schwarz bestrumpften Beine recht hoch hinauf, für damals etwas ganz Unmögliches! Nebstbei standen ihre Füße etwas eingedreht, einer auf dem anderen, kein schöner Anblick![10)]

Von Hoheiten hatte ich nur Prinzessin Elisabeth von Bragança, spätere Taxis, zur ersten Française, eine charmante junge Dame, die sehr vorteilhaft gegen die meisten tanzenden Hoheiten abstach. Ihre Mutter verlangte, daß sie wie die Erzherzoginnen nur mit kommandierten Herren tanze – was sie sehr langweilte, weil sie in Ermangelung eines eigenen Hofherren immer einen fremden bitten mußte, ihre Tänzer zu engagieren. Den Cotillon hatte ich mit He-

lene (Lelle) Eltz, spätere Saldanha da Gama, die zweite Française mit Ernestine Thun, das Souper mit Therese Buquoy. Es wurde, wie meist bei solchen Hoffesten, wenig getanzt und mehr herumgeschaut. Man sah guten Schmuck, wenn auch die Toiletten nicht so prunkvoll waren wie beim Hofball.
Die Herren der Kavallerie erschienen wie beim Ball bei Hof nur in langen Hosen, nur die Husaren hatten ihre Stiefel an. Die Kämmerer waren in kleiner Uniform, einem nur wenig bestickten Staatsfrack. Die tanzenden Herren von Zivil im simplen Frack. Der Kaiser erschien als Inhaber des 1. Infanterieregimentes, Erzherzog Franz Ferdinand in der Uniform der 4er Dragoner, die er eben erst, zu seiner größten Freude, als Inhaber bekommen hatte. Nur kurz sah der Kaiser dem Tanze zu, dann machte ihm Alfred Montenuovo ein unmerkliches Zeichen. Der alte Herr drehte sich zu seiner Nachbarin und sagte: »Schon?«, wie ich ganz deutlich hörte. Aber ganz folgsam erhob er sich, mit ihm der ganze Hof, und verließ unter Vorantritt Montenuovos den Ballsaal.
Erzherzogin Zita war mittlerweile auch in den Saal gekommen, nachdem sie mit den so zahlreichen Vorstellungen fertig geworden war. In der ersten Reihe der sich bildenden Gasse stand Erwin Königsegg. Montenuovo benützte das, um ihn – seinen Neffen – dem Kaiser vorzustellen als Enkel der langjährigen Obersthofmeisterin der Kaiserin Elisabeth, Gräfin Paula Königsegg-Bellegarde. Der Kaiser sprach Erwin sehr gnädig an. Sofort bildete sich der bekannte leere Raum um die beiden, und mit Mühe trachtete Erwin, nachdem der Kaiser gegangen war, unauffällig in der Menge unterzutauchen.
Es war 8 Uhr, und wir bekamen an polierten Tischen in den angrenzenden Fremden- und Erzherzog-Karl-Appartements ein halb serviertes Buffetsouper.[11)] Große Empörung herrschte bei einigen Damen, daß sich ein paar junge Herren Zigaretten angezündet hatten – etwas bei Hoffesten Unerhörtes! Freilich war seit 1911 kein Hofball mehr gewesen. Rasch wurde dieser Frevel abgestellt.
Ein Beispiel der damaligen Damenmode: Die jungen Comtessen Therese Kálnoky (später Belcredi) und ihre Schwester Elisabeth hatten reizende dünne weiße Seidenkleider, um die Röcke wanden sich Rosengirlanden. Um diese nicht zu verknittern, mußten die armen

Mädchen im Wagen, der sie den langen Weg aus der Stadt nach Schönbrunn hinausbrachte – knien! Sicher traf damals manche Dame dieses Los.
Um 9 Uhr war das Fest zu Ende, und die Räume schlossen sich für immer dieser Gesellschaft.

Anmerkungen

1. Mit »Schulen« sind hier ausschließlich militärische Ausbildungsstätten gemeint.
2. Der Kämmererschlüssel, ein reichverzierter, kompliziert geschnittener, meist vergoldeter Schlüssel ohne dazugehöriges Schloß, war das Abzeichen der Kammerherren oder Kämmerer. Das Ehrenamt des Kammerherrn, der – theoretisch – jederzeit Zutritt zu seinem Herrn hatte (daher der Schlüssel), war dem Adel vorbehalten; das Amt gab bzw. gibt es an allen europäischen Höfen, auch an den nicht-souveränen.

   Der Kämmererschlüssel wird zur besonderen Kämmerer-Uniform in einer besonderen Tasche getragen, die sich auf der rechten Rückseite des Fracks befindet (kurz über der Hüfte), und zwar so, daß der Griff mit dem Herrscher-Monogramm sichtbar ist. Der Platzoffizier mußte also erst die Rückseite des Gastes in Augenschein nehmen, ihn »umkreisen«, um das Abzeichen sehen zu können. Kämmererkandidaten hatten diesen Schlüssel naturgemäß noch nicht.
3. Ungarische bzw. polnische »Kleider« werden in diesem Fall nur von Männern getragen. Es handelt sich um die jeweilige Nationaltracht des Adels (die des Volkes war anders), deren korrekte Bezeichnung »Kleid« lautet. Das ungarische (polnische) Kleid hatte seine familienspezifischen Besonderheiten, vergleichbar mit den unterschiedlichen Tartans der schottischen Highlands.
4. Seit 1714 war der König von England, zu dessen Titel auch der eines Herzogs von Cumberland gehörte, in Personalunion auch König von Hannover, bis bei der Thronbesteigung von Queen Victoria 1837 in Hannover Herzog Ernst August zur Regierung kam, da Hannover keine weibliche Erbfolge kannte.

   König Georg V. (seit 1851) kämpfte 1866 auf seiten Österreichs gegen Preußen, mußte aber bei Langensalza kapitulieren. Das Königreich Hannover wurde preußische Provinz, die königliche Familie ging unter dem Namen Herzog von Cumberland ins österreichische Exil.
5. »Tanzende Herren« waren jene, denen es erlaubt war zu tanzen, d. h. Herren ohne offizielle Funktion. Ein Hofball war, wie jede Veranstaltung am kaiserlichen Hof, auch ein politisches Ereignis; beim Diplomatencercle war Gelegenheit, Bemerkungen auszutauschen, für die eine »dienstliche« Umgebung oder gar die Schriftform ungeeignet gewesen wären.
6. Erwein Lobkowicz sah zeit seines Lebens blendend aus, hatte »Gar-

demaß« und war unter den vielen hervorragenden Walzertänzern jener Zeit einer der besten – wie noch heute einige Damen bestätigen. Außerdem war er für eine »nachgeborene« Erzherzogin (d. h. die nicht aus einer der thronberechtigten erzherzoglichen Familien stammte) ein durchaus ebenbürtiger potentieller Bräutigam. Kein Wunder, daß die arme »Mac« verlegen war!

7. Eine auf Gesellschaftsnachrichten spezialisierte Wiener Zeitung.
8. Nicht etwa eine wirkliche Diplomatin, sondern »nur« die Gattin eines Botschafters. Eine Palastdame – die Bezeichnung wurde vom französischen Hof (vor 1789) übernommen – gehörte zum Hofstaat.
9. Die Herzogin von Hohenberg, geborene Gräfin Chotek, war die Gattin des Thronfolgers Erzherzog Franz Ferdinand; beide wurden wenige Monate nach diesem Fest in Sarajevo ermordet. Kaiser Franz Josef hatte die eigentlich nicht ebenbürtige Gräfin zunächst zur Herzogin von Hohenberg ernannt und ihr dann zusätzlich den Hofrang verliehen, der ihrer künftigen Würde entsprach.
10. Unbarmherzig und ungalant scheint diese Beschreibung nur auf den ersten Blick zu sein. Erwein Lobkowicz war die Liebenswürdigkeit in Person, aber auch für ihn war ein Mitglied des Kaiserhauses in erster Linie ein Symbol, im heutigen Jargon eine Kultfigur, und erst dann, mit weitem Abstand, ein Mensch. Ein solches Symbol mußte ganz einfach immer und unter allen Umständen, koste es, was es wolle, perfekt sein; menschliche Schwächen waren ihm nicht erlaubt. Der Kaiser selbst, der diese Anschauung bis in seinen engsten Familienkreis praktizierte, war das Vorbild, an dem alle Angehörigen des Hauses Habsburg gemessen wurden.

    Auch dies war ein Grund, warum Abweichungen von dieser unmenschlichen Norm bei Mitgliedern des Kaiserhauses bis zuletzt als Staatsgeheimnis behandelt wurden.
11. Buffetsouper an polierten Tischen – ein dem Rang des Festes entsprechendes Essen an gedeckten Tischen, aber ohne Tischtücher, bei dem ein Teil der Speisen serviert wurde, während man sich andere Speisen von einem Buffet holen (lassen) konnte.

6.
Mit Pallasch und Pistole

Kurz nach meiner Rückkehr aus dem Feld habe ich meine Aufzeichnungen anhand knapper Notizen meinen Schwestern diktiert. Zu Anfang des Jahres 1915 erhielt ich dann als »noch nicht felddiensttauglich« eine provisorische Hinterlands-Anstellung im Reservespital Nr. 4 in Meidling, was ein weiteres Diktieren unmöglich machte. So sind meine hier folgenden »Kriegserinnerungen« ein Torso geblieben.

31. Juli 1914. Die meisten Truppenteile der Theresienstädter Garnison waren schon vor acht Tagen gegen Serbien mobilisiert worden und bereits nach Süden abgefahren. Es war 5 Uhr, die Nachmittagsbeschäftigung eben zu Ende, als Leutnant Zapp von seinem Spazierritt zurückkehrte; schon von weitem hörte ich ihn rufen: »Allgemeine Mobilisierung!«
Also wir auch – Gott sei Dank! Gleich darauf kam der Eskadronskommandant, Rittmeister Comploier, per Rad aus der Stadt in die Kleine Festung gefahren. »Alle Chargen in die Kanzlei!« Dort wurde uns offiziell mitgeteilt, daß endlich Ernst gemacht wurde und der Kaiser uns zu den Waffen rief. Es war ein spannender Moment, als das altbekannte Couvert »Mob. Fall R.« vom Kommandanten geöffnet wurde.
Die Ordre lautete: »Die Eskadron hat in Prosnik und Mlikojed sofort einzuquartieren und am zweiten Alarmtag von Theresienstadt-Bohušovic per Bahn nach Ržežow, Galizien, abzugehen!« Ich wurde gleich beordert, den Ergänzungstransport von Brüx am Bahnhof Bauschowitz abzuholen. Dieser kam aber erst um 10 Uhr abends an, so daß ich nochmals in der Nacht hin mußte.
Um 8 Uhr letztes Souper im Deutschen Haus; die gewöhnliche Tafelrunde, bestehend aus Major Baron Lempruch, Rittmeister Hans

Comploier, Leutnant Zapp und mir. Heute war auch Oberleutnant Kubin gekommen, der gewöhnlich zu Hause speiste; ob mit seiner Frau, ist mir nicht erinnerlich. Dann noch Frau Wiese, Familie Heimerich (Kommandant des Theresienstadter Artillerieregiments), das Ehepaar Hauptmann Baron Neuenstein und von den 11er Ulanen Major von Maurik und Rittmeister Schlaghammer. Der Abschied war so wie jeden Abend, obwohl jeder wußte, daß man sich kaum bald wiedersehen würde. Von Oberst von Heimerich habe ich auch erst gelegentlich seiner schweren Verwundung in der Schlacht bei Komarow wieder gehört.

Gegen 10 Uhr machte ich mich per Rad auf den Weg zur Bahn, ohne Laterne, was mich um ein Haar das Leben gekostet hätte. Ich fuhr im schnellsten Tempo über den mir wohlbekannten Weg am Bauschowitzer Kessel, als ich plötzlich in unmittelbarer Nähe ein Bajonett aufblitzen sah; erst ein zweimaliges: »Halt! Wer da?« brachte mich zum Stehen. Der Landsturm hatte bereits Posten bezogen und der Mann dachte hier offenbar an einen feindlichen Angriff. In Bauschowitz lud ich meine Pistole; erst zwei Monate später in Wien habe ich sie wieder entladen.

Rührend war die Wiedersehensfreude der Reservisten, teilweise von mir abgerichtete Leute.[1)] Schon aus den Waggons streckten sie mir jubelnd die Hände entgegen und versicherten mir, wie sehr sie sich freuten, mit mir in den Krieg zu gehen. Der Kommandant des Transportes war Leutnant in der Reserve Veilchenfeld. Er nahm mich beiseite und bat verlegen, ihm seine Pistole zu laden. Er zog sie ganz verschämt aus einer Aktentasche hervor – es war ihm die ganze Reise über nicht gelungen! Nach einem kurzen Vortrag über Waffenwesen und anderen Aufenthalten dieser Art brachte ich endlich den Transport von 50 bis 60 Mann gegen 1 Uhr nachts in die Kleine Festung.

1. August. 9 Uhr angesagte Eidesleistung der gesamten Eskadron; vorher mußten die Zugkommandanten jeden Mann visitieren. Da ich nie ein Kaisermanöver[2)] mitgemacht hatte, mußte ich mich an den schweren umgehängten Pelz erst gewöhnen. Die Zugkommandanten belehrten die Mannschaften über die Bedeutung des Eides. Dann kam der große Moment, der mir unvergeßlich bleiben wird.

Die Eskadron stand in entwickelter Linie[3] aufgesessen, Front gegen das Stadttor; sämtliche sogenannten Füßler, Offiziersdiener inbegriffen, mußten auch antreten. Höchstanwesender war Major Baron Rudolf Lempruch. Nach einer kurzen Ansprache des Eskadronskommandanten verlas dieser die Eidesformel, die von allen mit großer Begeisterung nachgebrüllt wurde. Oberleutnant Kubin hielt eine böhmische Ansprache mit darauf folgenden Eid; dieses Ehrenamt war zwar mir zugedacht gewesen, doch mußte ich leider darauf verzichten, da mir sicher die Stimme versagt hätte. Außer den schluchzenden Wachtmeisterfamilien war nur die Frau vom Rittmeister Wiese mit ihren beiden Buben anwesend. Die Fenster der Strafanstalt waren dicht mit Profosen und Sträflingen besetzt.
Rittmeister Wiese war samt dem Kader einige Tage vor der Mobilisierung nach Brüx übersetzt worden. Das führte natürlich zu großen Konfusionen bei der Einberufung der »Privatbenützlerpferde«[4], die scharenweise in Theresienstadt einlangten und erst nach Brüx geschickt werden mußten. Auch die Reservisten des Regiments irrten verzweifelt von Kaserne zu Kaserne, ehe man sie endlich weiter nach Brüx schickte. Oft mußten wir ihnen aus eigener Tasche einen Zuschuß gewähren, um sie vor dem ärgsten Hunger zu bewahren.
Ergreifend war der Abschied des diensttuenden Wachtmeisters Jelínek von seiner Familie. Immer wieder umarmte er seine weinende Frau und die Kinder, bis das Kommando: »Aufsitzen!« ertönte. Da wendete er sich ab und versah seinen Dienst, ohne noch einen Blick für die Seinen zu haben. Seine Familie bezog auf Kriegsdauer die eingerichtete Wohnung des Rittmeisters Comploier, um diese zu bewachen.
So wie unzählige Male vorher verließen wir die Kleine Festung und marschierten auf den Leitmeritzer Kessel; nach kurzem Trab erreichten wir Prosnik und Mlikojed, unseren heutigen Bestimmungsort. Gleich nach der Einquartierung ritt ich nach Leitmeritz hinüber, um mich von den dortigen Bekannten zu verabschieden.
Ich muß wohl nicht geringes Aufsehen in meiner Kriegstracht gemacht haben: Rote Lagermütze, das neu eingeführte graue Halstuch und die riesigen Kommißstiefel, die mir unschätzbare Dienste geleistet haben. Auch hatte ich mich seit dem ersten Mobilisie-

rungstag nicht mehr rasiert und sah deshalb recht verwahrlost kriegerisch aus.
Im Korpskommando traf ich Graf Rudolf Kinsky und Baron Hammerstein, den Mann der berühmten Anni Dirkens, beide Ordonnanzoffiziere beim 9. Korps. Wir saßen zusammen im »Krebsen«. Dort waren auch der Automobilist[5], Oberleutnant Jerje, D.7, und zwei Zivilkommissäre, die aus Kroatien gekommen waren, um das 9. Korps nach Serbien zu begleiten.
Nach dem Essen suchte ich meinen Regimentskameraden Oberleutnant Czuber auf, Schwager des ehemaligen Erzherzogs Ferdinand Karl (Burg), Personaladjutant des Korpskommandanten General der Infanterie von Hortstein. Dieser stand in der Mitte des Hofes in Leinwandbluse[6] und großer Perücke und gab seine letzten Anweisungen zur Packung der Feldkanzlei. Er kehrte nicht mehr als Korpskommandant nach Leitmeritz zurück; nach einer Schlappe, die er am Anfang des Feldzuges bei Šabatz erhalten hatte, wurde er pensioniert. Sein Sohn, Leutnant in meinem Regiment, war damals noch krank. Erst später, als ich schon in Wien war, rückte er im Oktober zur 2. Eskadron ein und geriet bei seinem ersten Patrouillenritt in russische Gefangenschaft.
Czuber war im Begriff, mit den Pferden des Korpskommandos auf den Bauschowitzer Bahnhof zu reiten, wo sie am nächsten Tag mit dem ganzen Stab an den südlichen Kriegsschauplatz abgehen sollten; ich begleitete ihn. Vor Mlikojed trennten wir uns mit den besten Wünschen und sahen uns erst in Komarow in Rußland wieder, am Tage nach der Schlacht. Er hatte mittlerweile einen neuen Herrn bekommen, Exzellenz Friedl, Hortsteins Nachfolger.
In Prosnik erreichte mich für lange Wochen die letzte Post. Es war ein Brief von Berta mit gepreßten Blumen von ihren Fenstern. Zum Souper fuhr ich wieder nach Leitmeritz, diesmal per Dampfschiff. Die kurze Elbfahrt war prachtvoll, aus tiefblauem Himmel lachte mir die Sonne entgegen und nichts ließ darauf schließen, daß sich die Menschheit zu ihrem blutigsten Kriege anschickte. Trotz aller Begeisterung wurde einem der Abschied von der Heimat doch recht schwer. Auf dem Leitmeritzer Hauptplatz war noch wenig Kriegsaufregung zu spüren, der allabendliche Korso wogte auf und ab, und auch die Habitués waren vollzählig vertreten, unter ihnen natürlich

auch Oberstleutnant Pollack von Zděradov, Kommandant der Landwehrhaubitzen. In der Mitte des Platzes wurde an einem Gerüst gearbeitet, dem Altar für die Abschiedsfeier der 9. Landwehr.
Nach dem Souper ging ich noch ins Kaffeehaus, wo von Schrammeln patriotische Lieder gesungen wurden, natürlich die Volkshymnen, damals auch noch die italienische. Der rege Patriotismus hinderte einen daran, seinen Kaffee warm zu trinken, da man die ganze Zeit stehen mußte. Zum Schluß hatte ich noch zwei große Packtaschen von Oberleutnant Jerje gekauft, die mir im Feld große Dienste leisten sollten; sie sind das einzige, das ich vom Feldzug mitgebracht habe. Mit vieler Mühe trieb ich in der Nacht eine Droschke auf, um ins Quartier zu fahren. Als ich in Prosnik durch das Tor meines Quartiers eintrat, stolperte ich über eine hohe Schwelle und fiel der Länge nach hin. Das erschreckte meinen Quartierherrn, einen biederen Bauern, mehr als notwendig, da ich ganz unversehrt blieb.

Sonntag, 2. August. Um 7 Uhr war die Eskadron in Prosnik gestellt. Schwer trennte ich mich von meinem Nachthemd! Obwohl ich ahnte, daß ich es nie anziehen würde, packte ich es doch zutiefst in meinen Koffer ein, um es – wie einer meiner Kameraden sagte – in der ersten Nacht in Warschau anzuziehen; leider kam's nicht so weit. Ich hing meine Geldkatze um, die ich Tag und Nacht unter dem Hemd trug; das schöne kaiserliche Manifest, meine Wiener Adresse und 300 Kronen hatte ich hineingelegt. Mein Kriegsrock hatte sich schon bei vielen Manövern bewährt. Ich habe ihn, ebenso wie die rote Hose, 1908 im sogenannten Serbenrummel[7)] machen lassen. Dann behängte ich mich noch mit Pistole, Gucker und Kartentasche, darüber kam der umgehängte Pelz. Der Helm und der neue, brünierte und geschliffene Kriegspallasch vervollständigten die Ausrüstung des »leichten Kavalleristen«.
Auch die Pferde waren nicht weniger »leicht« bepackt. Vorn die Packtaschen, angefüllt mit Wäsche, Konserven und Waschzeug, rückwärts sieben Kilo Hafer, der dicke Mantel und als Bekrönung die Eßschale, in welcher ich Tee, Zucker und das Tee-Ei aufbewahrte. Da wir eigentlich nur mit dem Karabiner in der Hand kämpften, hat sich unser hoher Pack, im Gegensatz zum leichten, niedrigen der russischen Kosaken, recht schlecht bewährt. Als unnötiges Impedi-

ment muß ich noch die Cartouche erwähnen, die ich vorübergehend als Bonbonniere benützte. Kurz bevor wir die russische Grenze überschritten, wurde die Cartouche samt der Feldbinde der Infanterie für die Armee im Feld abgeschafft.
Am Marsch auf den Bauschowitzer Bahnhof machte ich einen Abstecher nach Theresienstadt, um die Post der Eskadron zu holen. Am Paradeplatz traf ich Grafen Kari Buquoy und Grafen Hans Hartig, die eben zum Kader der 11er Ulanen eingerückt waren.
Die Einwaggonierung ist glatt verlaufen bis auf wenige Pferde, die mit Gurten in die Waggons geschafft werden mußten. Plötzlich wurde bekannt, daß wir statt um 12 Uhr schon um 10 Uhr abreisen sollten. Frau Herma Wiese mit ihren beiden Söhnen Friedl und Ernst und Baronin Neuenstein, geb. Zatov hatten sich eingefunden, uns das Geleit zu geben. Unter donnernden Slava- und Hoch-Rufen der Dragoner und der tücherschwenkenden Bevölkerung verließen wir unsere liebe Garnison.
Die Damen hatten uns köstlichen Proviant mitgegeben, auch hatten wir selbst Schinkensemmeln gekauft und unsere Thermosflaschen mit Suppe gefüllt. Hungers wären wir aber auch ohne diese Vorräte nicht gestorben, da der Labedienst schon in Doxan seine segensreiche Tätigkeit begann. In dieser Beziehung zeichnete sich die Bevölkerung von Raudnitz besonders aus. In hellen Haufen stürzten sich die jungen Damen auf unseren Zug, überschütteten uns alle mit Blumen, aber auch mit allerlei Getränken und Eßwaren. Ganz zum Schluß kam noch eine prachtvolle große Torte, die wir aber leider dankbar ablehnen mußten. Wenn wir dann später im fernen Osten recht von Hunger geplagt wurden, dachten wir sehnsüchtig an die gute Raudnitzer Torte zurück!
Wir richteten uns in unseren Waggons ganz häuslich ein. Im Halbcoupé I. Klasse wohnte Comploier, das war zugleich auch die Eskadronskanzlei. Lempruch und Kubin bewohnten das erste Coupé, Zapp und ich hatten die II. Klasse bezogen. Im Halbcoupé II. Klasse waren Jelinek, Reservewachtmeister Endel und der Rechnungsunteroffizier. Der 3. Wachtmeister Liwald, zugleich mein Zugführer, war mit den zurückbleibenden Remonten und dem Magazin nach Brüx abgegangen und stieß erst in Nienadówka wieder zu uns.
Um 12 Uhr waren wir in Beřkovic; leider hatte ich Zdenka erst für 2

Uhr auf den Bahnhof bestellt, und so sah ich sie nicht mehr. Ich konnte ihr nur durch die Vermittlung des Stationschefs meine kleinen Packtaschen mit vielen Grüßen senden. Man sah das liebe Beřkovic durch die Bäume schimmern – wie waren wir noch vor wenigen Tagen fröhlich und sorglos dort vereint gewesen! Ungefähr um 5 Uhr langten wir in Prag-Holeschowic-Bubna an, einer mir eher unbekannten Gegend. Nach langem Fragen gelangte ich endlich zu einem Telefon, doch konnte leider nur Onkel Fede in der Hybernergasse erreicht werden; Wenzel und die übrigen waren nicht zu Hause.

So ging ich denn mit den Herren der Eskadron in ein nahegelegenes Kaffeehaus – für lange Wochen das letzte Gefrorene! Wir trauten uns nicht weiter in die Stadt hinein, da die Abfahrtszeit des Transports unbestimmt war.

Stürmische »Nazdar!«-Rufe begleiteten unseren Transport bei der Weiterfahrt durch die Stadt. Bei der offensichtlichen Kriegsbegeisterung in der böhmischen Bevölkerung hörte ich so manche Abbitte bei meinen meist deutsch gesinnten Kameraden, die meine Conationalen so oft geschmäht hatten.[8)] Die Abendstation war Kolin. Hier trug sich einige Stunden nach unserer Abfahrt eine merkwürdige Begebenheit zu, die mir von Augenzeugen erzählt wurde. Das Pferd von Oberleutnant Ritter von Haymerle (Zugeteilter der 1. Kavalleriebrigade) war einige Stunden vor Kolin, mitten in der Nacht, trotz der quergestellten Eisenstangen bei voller Fahrt aus dem Zug gesprungen. Der Zug wurde gleich durch Alarmschüsse zum Stehen gebracht, um das Pferd einzufangen, doch vergeblich; die Reise mußte fortgesetzt werden. Als der Stab einige Stunden darauf in Kolin beim Souper saß, kam ein Bauer herangeritten, um ein Pferd, welches ihm zugelaufen war, beim Bahnhofskommando abzugeben. Man kann sich die Freude Haymerles denken, als er in diesem Pferd sein Eigentum erkannte.

Auch das Abendfutter war in Kolin anberaumt. Die kurzen oder längeren Aufenthalte sowie das rechts oder links Aussteigen wurden der Mannschaft durch Trompetensignale bekannt gegeben. Jeder Zugkommandant hatte sich hierauf zu seinem Zug zu begeben, um das Menagieren oder das Füttern zu beaufsichtigen. Der ganze Transport der Eskadron bestand aus circa 30 Waggons. Jeder Zug

hatte 6 Wagen: In der Mitte befand sich der Waggon für die Offiziere, den Rest nahmen die Fahrküche und der Proviant für Mann und Pferd ein. Jede Eskadron sollte einige Zentner Hafer zu Hause ankaufen und mitführen, um sie an der Endstation an die Reservemagazine abzuliefern. Aus mir unbekannten Gründen hatte unsere 2. Eskadron das unterlassen. Als Comploier das erfuhr, war er dem Selbstmord nahe; er glaubte mit Bestimmtheit, vor ein Kriegsgericht gestellt zu werden. In Ržežow entdeckten wir aber, wie so oft später während des Feldzuges, daß solche Anordnungen nicht so ernst gemeint waren. Einige Eskadronen hatten viel zu viel, andere – so wie wir – nichts mitgebracht; so glich sich die Sache aus.
Die Stimmung der Dragoner war ausgezeichnet. Die meisten hatten sich allerdings zuviel als Kriegshelden feiern lassen und wackelten tüchtig vor den Waggons herum. Doch wir ließen sie gewähren – allzubald sollten sie den Ernst des Krieges kennen lernen! In Mähren und weiterhin in Galizien war der Labedienst wegen der raschen Mobilisierung lange nicht so intensiv und wir haben auch, unseren Befürchtungen zum Trotz, eine ganz nüchterne Eskadron nach Ržežow gebracht. Nach dem kurzen Souper in Kolin bestiegen wir wieder unsere Behausung und legten uns gleich schlafen, um erst in Böhmisch-Trübau zum Frühstück wieder aufzuwachen.

3. August. Mittagsstation Olmütz. Da ich Dienst hatte, mußte ich am Bahnhof essen, was mir nach langem Warten, Bitten und Schimpfen endlich gelang; die Kameraden gingen in die Stadt. Es herrschte ein reges Treiben und Durcheinander, jeder trachtete, mit dem letzten Zug nach Hause zu gelangen oder seinen Truppenkörper zu erreichen. Wie ich glaube, wurde der Personenverkehr am nächsten Tag ganz eingestellt. Am Perron begegnete mir Kanonikus P. Sigmund Ledochowski, der nach Wien reiste.
Abends Oderberg. Wir fuhren an der deutschen Seite des Bahnhofs ein, wo uns der Eintritt in den Wartesaal von einem deutschen Portier verweigert wurde. Erst als wir ihm sehr deutlich sagten, daß jetzt wohl nicht die Zeit für solche Formalismen sei, ließ er uns durch. Hier war alles viel ruhiger, doch sehr ernste Gesichter. Es sollten bei der nahen Grenze die ersten Kämpfe stattgefunden haben, auch hatte man Kanonendonner gehört, erzählte uns ein

Landwehrmajor – der Abschnittskommandant, der mit seinen Subalternen hier nachtmahlte. Unser Wunsch, mit deutschem Militär zusammenzukommen, erfüllte sich nicht.
Da wir in der folgenden Nacht ganz nahe an der russischen Grenze vorbeifahren sollten und es nicht zu erfahren war, ob wir die nördliche oder die südliche Strecke passieren würden, ordnete Comploier eine strenge Bereitschaft an. In jedem Waggon saßen zwei Mann bei offener Türe mit dem Karabiner in der Hand, um bei etwaigem Überfall bereit zu sein; die übrige Mannschaft konnte schlafen. Wir legten unsere Pistolen in erreichbare Nähe. Die Nacht verlief aber ohne Zwischenfall und Feuertaufe, die wir eigentlich erhofft hatten, und wir wachten erst in Podgorce bei Krakau auf.

4. August. Hier fing bereits der Schmutz und die polnische Wirtschaft an. Am Bahnhof war nur hellgrüner Kaffee, etwas schimmliges Brot und stinkendes Selchfleisch zu haben, ein gutes Training für den Feldzug. Es wimmelte von Kaftanjuden und deren keifenden Weibern, in der Mitte als Hüter der Ordnung ein großer uniformierter Landsturmmann mit Triefaugen, langem knallroten Bart und Beizes[9], – wirklich ein groteskes Bild.
Zu Mittag kamen wir nach Tarnow. In der Restauration traf ich Graf Zeno Goës, Reservekadett bei den 2er Ulanen, dem ich viele Grüße für Max und Kari Lobkowicz (gefallen) auftrug. Es waren noch nicht alle Eskadronen seines Regiments abmarschiert, so daß ich etliche Bekannte traf: Ali Fürst Rohan, Toschu Graf Dobrženský (gefallen), Josef Graf Stubenberg, Fritz Graf Kolowrat, Tonjo Graf Lanckorónski mit seinem Vater, dem Oberstkämmerer. Zum Schluß kam Vetter Kari doch noch hinzu, Max war leider zu weit, um ihn zu erreichen.
Die Eisenbahnbrücken, die wir passierten, waren bereits alle in Verteidigungszustand versetzt, die allen Galizianern bekannten Wachhäuser mit Stacheldraht umgeben und mit Landsturm besetzt. Kurz vor Ržežow hatten wir einen längeren Aufenthalt auf offener Strecke. Ein Foxl, der sich um unseren Zug herumtrieb, wurde als Rittmeister Richter gehörig erkannt und seinem freudig überraschten Besitzer mitgebracht; tags vorher war er seinem Transport entlaufen.

Gegen 7 Uhr abends langte unser Transport endlich in Ržežow an und wurde gleich an die für diese Zwecke sehr lange Ausladerampe geschoben. Es ging wie das Einwaggonieren ganz glatt, nach 20 Minuten war alles draußen. Nur einem Mann fehlte sein Rock; trotz strengen Verbots hatte er ihn an die Waggontür gehängt und unterwegs verloren. Tagelang mußte er im Pelz herumlaufen, bis ihm der gefundene Rock von einem nachfolgenden Transport gebracht wurde. Unbegreiflicherweise sind bei einer Eskadron für einen Feldzug nur Reservehosen, aber keine Reserveröcke vorgesehen!
Meine Pferde haben Gott sei Dank die Reise sehr gut überstanden, was für so mächtige Tiere, wie ich sie für meine Größe brauche, besonders bemerkenswert ist. Ich hatte einen sehr schönen, großen Halbblutfuchs als eigenes Pferd und einen Braunen (»Kritikus«) als Chargepferd. Den Fuchs kaufte ich ein Jahr vorher im Reitlehrerinstitut von Leutnant Johann Kossak, 1. Ulanen. Er war mähnenlos und infolgedessen das Aufsitzen, trotz seiner großen Ruhe, immer ein Ereignis. Schonungshalber ließ ich ihn viel beim Train gehen. Leider erwiesen sich meine beiden auf einander folgenden Burschen als sehr mangelhafte Reitkünstler; sie haben das arme Tier viel früher zu Schanden geritten, als es von Nöten gewesen wäre.
Mein Leibroß war, wenigstens für den Anfang, besagter Kritikus, ein achtjähriges, sehr geschicktes Institutsdienstpferd, das ich bei meinem Eintritt in diese Anstalt als dortiges Chargepferd zugewiesen bekommen hatte. Ich habe meinen guten Kritikus viel geritten und geschunden, aber es gab kein Stolpern und Versagen. Besonders das Rutschen in steilen Racheln, wie sie oft im Feldzugsterrain vorkamen, war seine Force; wir hatten es zusammen am sogenannten Tarabosch im Prater in der Kriau gelernt. Überhaupt kann ich mit Dankbarkeit anerkennen, daß ich in diesem einen Institutsjahr besonders im Überwinden von verschiedenen Terrainhindernissen unendlich viel gelernt habe. Was aus meinem armen Braunen geworden ist – ich habe keine Ahnung. Als er ganz zu Schanden geritten war, kam er in ein Pferdespital, ich glaube nach Zamozc, und fiel dort wahrscheinlich in Russenhände.
Später übernahm ich mein ehemaliges Chargepferd, den fünfzehnjährigen Rotschimmel Flamingo, von meinen Dragonern meist »Plamínko« genannt. Er war seinerzeit ein sehr guter Springer ge-

wesen und ich gewann auf ihm unter anderem ein Preisspringen des Regiments. Leider mußte er nach wenigen Wochen wegen Altersschwäche erschossen werden.
Sehr viel ritt ich auch das Pferd des dienstführenden Wachtmeisters Jelínek, Elektrum, von uns Zugkommandanten immer »Gott Apis« genannt, wegen seiner blauschwarzen Haare und dem weißen Stern auf der Stirne. Er war ein fettes Scheusal mit Krötenmaul und Fischaugen und stand in der Kaserne immer im besten Stand, von seinem Herrn heiß geliebt, von jedermann geehrt und gefürchtet. Bei all seiner Scheußlichkeit war er aber ein vorzüglicher Galoppierer und Springer, und im Feld büßte er bald seine Gottähnlichkeit ein.
Doch zurück nach Rżeżow. Oberleutnant Kugler empfing uns als Quartierregulierender, gleich darauf kam auch Oberleutnant von Stankiewicz in einem Bauernwagen einher gerasselt. Beide waren äußerst kriegerisch, mit herabgelassenem Schuppenband am Helm, umgehängtem Pelz und dem übrigen Kriegs-Tand. Eine kurze Frage: Bis wo müssen wir heute noch? Nach Trzebovnisko, 10 Kilometer! No, das geht! Ich ritt als Kommandant des 1. Zuges mit der Vorpatrouille. In unserer ersten Aufregung vermuteten wir hinter jedem Baum und Strauch einen Russen – wir sollten noch lange keinen sehen! Alle paar Kilometer war die Straße abgegraben und mit einem Verhau versehen, alles wegen der angemeldeten französischen Autos, die große Geldsummen nach Rußland schaffen sollten. Wie es hieß, habe man hier in der Nähe eines mit fabelhaften Schätzen abgefangen. Später wurde bekannt, daß in diesen Tagen nahezu in der ganzen Monarchie die gleichen Gerüchte aufkamen; ob man faktisch irgendwo einen Geldtransport abfing, weiß ich nicht.
Es dunkelte bereits, als wir in Trzebovnisko ankamen. Auf diese Art verlief der Empfang der Eskadron durch unseren Obersten Wraubek Gott sei Dank recht glimpflich. Freilich verdüsterte sich sein Antlitz merklich, als er am nächsten Tag meine üppig sprossenden Stoppeln im Gesicht und die unförmigen Kommißstiefel an meinen Füßen bemerkte. Doch mußte er nach einigen spitzen Bemerkungen gute Miene zum bösen Spiel machen, als unser Brigadier, Generalmajor Ritter von Micewski, meine bequeme Beschuhung als sehr zweckdienlich bezeichnete. Wir waren rasch in einigen Bauernhöfen un-

tergebracht, die meisten Pferde natürlich im Freien. Unseren Dragonern eröffnete sich da eine neue Welt voll Schmutz, viel Fliegen und primitivster Armut, von der man im zivilisierten Böhmen keine Ahnung hatte. Ich kannte solche Dörfer schon von unserem Aufenthalt in Stanislau her, nur als Quartier hatte ich sie noch nicht genossen.

Das ganze Treiben im Ort war recht kriegerisch, uns erinnerte es damals noch an Kaisermanöver. Die Offiziere des Regiments (bis auf die 4. Eskadron, die erst in der Nacht ankam) soupierten mit dem Brigadier samt seinem Stab vor der ausgeräumten Dorfschule auf den Bänken. Die Mannschaftsküchen waren nicht auf Offiziersmenage eingerichtet, so brachte jeder von uns eine Gulaschkonserve mit. Die Zubereitung und das Brot besorgte der Koch der 3. Eskadron.

Ich quartierte mich mit Oberleutnant von Elmayer in einer recht sauberen Bauernstube ein. Für diese Nacht zog ich zum ersten und zum letzten Male mein Nachthemd an – ich hab' es bitter bereut! Denn kaum lag ich im Stroh und hatte das Licht ausgelöscht, war ich von Flöhen und Wanzen bedeckt. In Zukunft habe ich meist meinen köstlichen Schlafsack benützt und mich nie von meiner Hose und nur selten von meinem Rock getrennt.

Da mich die beißenden Quälgeister nicht schlafen ließen, unternahm ich, so wie ich war, einen Spaziergang in der köstlichen, lauen Sommernacht. Eben kam die 4. Eskadron an. Rittmeister Baron Salis († 15.5.15 in Wien), den ich noch nicht kannte, konnte sich später nicht genug darüber unterhalten, wie ihm mitten auf der Straße ein großes, weißes Gespenst erschienen sei, sich ihm gehorsamst vorstellte und ihm kräftig die Hand schüttelte. Weil ich ein Jahr im Reitlehrer-Institut kommandiert gewesen war, feierte ich hier im fernen Osten ein fröhliches Wiedersehen mit den meisten meiner Kameraden, u. a. auch mit Leutnant Baron Victor Brandt und Leutnant Finze, meinen beiden ehemaligen Mitfreiwilligen, die zum Regiment als Reserveoffiziere eingerückt waren.

5. August. Zuerst die Pferde angeschaut. Sie waren zwar noch etwas steif, doch alle wohlauf. Ich ging dann zu unserem Regimentsarzt, um meinen Finger überbinden zu lassen. Ich hatte ihn mir im Mai

bei einem Sturz gebrochen und mich erst am Tage der Mobilisierung gesund gemeldet. Im Laufe des Feldzuges heilte er ganz, doch hinderte er mich etwas am Schreiben. Bei der ärztlichen Visite in einer Scheuer traf ich etliche Kameraden, die sich bereits ihre Schuhdrücke behandeln ließen. Es rächten sich die schon im Frieden zu engen Stiefel, die zwar einige Stunden tragbar sind, aber bei tagelangem Tragen zur Qual werden.

Zum Frühstück, das gleichzeitig auch Mittagessen und Jause war, ließ ich mir von den letzten noch aufzutreibenden Eiern eine Eierspeise machen. Der findige Koch der 3. Eskadron hatte sich schon zuhause mit verschiedenen Delikatessen, wie Salz, Kümmel und anderen Gewürzen versehen. Infolgedessen wurde er in den ersten Tagen unser Leibkoch. Hier begann bereits die Misere mit den Getränken. Das Wasser war so trüb, daß man es bei hellem Tage nicht trinken konnte; in der Nacht störten einen höchstens der modrige Geruch und Geschmack, doch trank man drauf los. Gott sei Dank hat es mir bis auf vorübergehende Darmindispositionen nichts geschadet. Gleich zu Beginn des Feldzuges beschloß ich, mich nicht allzu streng an die üblichen Manövervorsichtsmaßregeln zu halten, nämlich, nie ein Wasser zu trinken. Erstens hätte man das bei den fehlenden Getränken nicht ausgehalten, und zweitens war man von so viel positiven Gefahren umgeben, daß eine eventuelle Krankheit gar nicht ins Gewicht fiel. Das Regiment hat nur im Anfang etwas unter Dysenterie gelitten, hauptsächlich durch allzu reichlichen Genuß von unreifem Obst, was übrigens streng verboten war.

Der Abmarsch war für 12 Uhr angesagt, hat sich aber wegen eines furchtbaren Wetters, welches stundenlang auf uns niederging, etwas verzögert. Es war der letzte Regen für beinahe einen Monat. So lange ich bei der Front war, bis Mitte September, waren wir fast immer von herrlichem Wetter begünstigt. Endlich, um 3 Uhr, legten wir los und langten circa um 5 Uhr in Nienadówka an, dem Versammlungsort der Brigade. Dort blieben wir bis zum 11., um die Versammlung der 9. Kavallerie-Truppen-Division (KTD) abzuwarten, zu der wir gehörten.

Nienadówka ist ein langer Ort von circa 10 Kilometern, der quer über der Straße Rżeżow – Nisko liegt. Die sogenannte Dorfstraße war ein langer und breiter Sandstreifen, unterbrochen durch grundlose

10 *Prinzessin Zdenka v. Lobkowicz, geb. Prinzessin v. Lobkowicz (»Großmama Zdenka«)*

'1 *Prinz Ferdinand v. Lobkowicz (»Onkel Fede«) mit seiner Frau Ida, geb. Gräfin 'odstatzky, 1908*

12 FM Erzherzog Friedrich in Feldbluse und Generalsmantel

13 Konteradmiral Erzherzog Karl Stephan (1860–1933) mit dem Band des Maria-Theresien-Ordens

14 FM Freiherr Eduard v. Böhm-Ermolli als General der Kavallerie, mit schwarzer (!) Kappe

15 GFM v. Hindenburg als österr. Oberst in Laxenburg

16 Erzherzog Wilhelm, der „Ruthenenheld Wassil Wyschywanyi" (wegen Bekämpfung ruthenischer Aufständischer in der Ukraine 1918/19 ?)

17 König Ferdinand von Bulgarien

18 FM General der Infanterie Hermann Freiherr Kövess von Kövessháza (Foto von 1914)

19 General der Kavallerie Albert Graf Lonyay von Nagy-Lonya und Vasaros-Nameny

20 Wien, Heldenplatz, 30.11.1916, Begräbnis von Kaiser Franz Joseph: Major Graf Josef v. Erbach-Fürstenau führt die Abteilung der Leibgarde Reitereskadron, ganz links der Autor

21 Die Leibgarde Reitereskadron beim Leichenbegängnis von Kaiser Franz Joseph am 30.11.1916; rechter Flügelmann (Kreuz) ist der Autor, ganz rechts Graf Erbach-Fürstenau

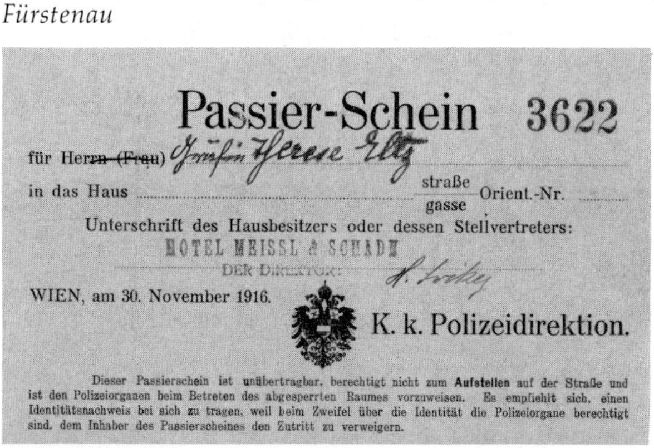

Passier-Schein 3622

für Her~~rn (Frau)~~ Gräfin Therese Eltz

in das Haus .... straße / gasse Orient.-Nr. ....

Unterschrift des Hausbesitzers oder dessen Stellvertreters:

HOTEL MEISSL & SCHADN

~~DER DIREKTOR:~~ [illegible]

WIEN, am 30. November 1916.

K. k. Polizeidirektion.

Dieser Passierschein ist unübertragbar, berechtigt nicht zum **Aufstellen** auf der Straße und ist den Polizeiorganen beim Betreten des abgesperrten Raumes vorzuweisen. Es empfiehlt sich, einen Identitätsnachweis bei sich zu tragen, weil beim Zweifel über die Identität die Polizeiorgane berechtigt sind, dem Inhaber des Passierscheines den Zutritt zu verweigern.

22 Passierschein für Zuschauer

Sumpflöcher und tiefe Racheln, über die ganz schauerhafte Brücken führten. Die 2. Eskadron war sehr weit von der Dorfschule einquartiert, unserem sogenannten Kasino an der Ržežower Straße. Hier kochte die freundliche Lehrerin »Frau Professor« für die Herren des Regiments. Ihr Mann war hoher Funktionär der polnischen Legion[10], jedoch noch nicht eingerückt. Um ins Kasino zu gelangen, mieteten wir uns einen Bauernwagen; zu Fuß dauerte es über eine Stunde. Die Geschicklichkeit dieser Bauern im Kutschieren ist fabelhaft! Nur mit einem Strick als Zügel fuhren sie uns, oft in dunkelster Nacht, mit Horridoh und Hussassa über und durch alle Racheln und Sumpflöcher, ohne daß je etwas geschehen wäre. Auch die »Konikel« zeichneten sich durch große Geschicklichkeit und Ausdauer aus; oft fuhren wir bis zu 5 und 6 im selben Wagen, ohne daß das Tempo nachgelassen hätte.
Zu Mittag haben wir uns eskadronsweise verköstigt, natürlich von der Marschküche. Zuerst probierten wir es mit der Mannschaftskost, was aber auf die Dauer nicht ging. Zapp wurde nach Ržežow geschickt, um Gewürze und Chocolade und Konserven einzukaufen, leider wurde uns viel davon gestohlen. Das Kochen besorgte zuerst Wachtmeister Jelínek mit einem Stab von Chargen als Küchenjungen. Er war zwar eine Perle und zu allem zu verwenden, nur das Kochen hatte er gerade nicht erlernt. Zum Glück kam dann bald mit dem Ergänzungstransport ein gelernter Koch an, da hatte die Not ein Ende. Es darf nicht Wunder nehmen, daß ich so lange über das Kochen und Essen rede, da man doch allenthalben sehr viel von großen Hungerperioden im Felde hört. Erstens ist das oft übertrieben, zweitens ist es anfangs bei der Kavallerie nur selten vorgekommen und drittens haben wir ja auch tagelang nichts von unseren Marschküchen gesehen. Umso froher war man aber, wenn man dann ein passables Essen bekam.
In Nienadóvka wohnte ich mit Zapp in einer ganz gemütlichen kleinen Scheuer. Wir hatten sie mit Heu ausgelegt, der Besitzer stellte zwei Bänke mit Holztrögen hinein, unsere Koffer und Packtaschen hatten wir auch da – so ließ sich's ganz gut leben. Der Tag war mit Pferdevisiten, Ritten ins Freie und anderen dienstlichen Verrichtungen ausgefüllt, einmal war auch ein applikatorischer Ritt[11] von Oberstleutnant Serda geführt. Nachmittags übten wir Vorpostendienst,

auch war immer viel zu viel zu verlautbaren. Nebstbei war immer fast die halbe Eskadron auf verschiedene Wachposten aufgeteilt. Die dicht gesäten Kantonierungsposten machten sich recht lächerlich, da wir um uns herum nur eigene Truppen als Nachbarn hatten, überdies die Grenze vom Landsturm besetzt war. Es ermüdete unsere Dragoner nur vorzeitig und stumpfte gegen den Ernst eines späteren Wachdienstes ab. Hauptsächlich die Straße war wegen obengenannter Autogefahr mit einer Offizierswache abgesperrt, niemand durfte ohne Passierschein zirkulieren. Da in der nächsten Ortschaft vor uns die 6er Ulanen und nördlich von uns die 4er Dragoner denselben Scherz ausübten, war das eine geisttötende Beschäftigung.
Abends ging es im Kasino immer lustig zu. Man teilte sich die neuesten »Kriegsnachrichten« mit, allerdings aus etwas übertragenen Zeitungen. Aus solcher erfuhr ich auch von Wenzels patriotischer Rede in Prag am Radetzkyplatz, welche hier großes Aufsehen machte und mich sehr freute. Leider bekam ich auch hier wochenlang keine Briefe von zuhaus. Diesen Mangel an Nachrichten habe ich von allen Entbehrungen am meisten empfunden. Es ist zwar schmerzlich, aber sehr begreiflich, daß die Heeresleitung allen anderen Nachschubartikeln mehr Aufmerksamkeit widmet als der Feldpost; es durfte ja kein Stück Brot, geschweige denn eine Patrone der Post zulieb zu spät zur Truppe kommen. Nebstbei klappte es bei uns viel besser als bei den Deutschen.
Einmal war unsere 2. Eskadron bei der 6. zum Souper eingeladen. Kurschmied Kubetz war ein vorzüglicher Koch, er setzte uns Schnitzel mit Erdäpfel vor. Das abscheuliche Weidenrutenbier hatte zwar wie gewöhnlich einen lauen, bitterlichen Geschmack, auch fand man bisweilen Weidenblätter darin, doch störte das weiter nicht die Gemütlichkeit. Wir saßen bis tief in die Nacht zusammen. Einer von uns stimmte unser Leiblied an: »Steh' ich in tiefer Mitternacht«, und freudig wurde der Gesang aufgenommen. Dann kam ich mit: »Kde domov muj« – es ging wie ein Zittern durchs ganze Dorf, von allen Seiten hörte man die Dragoner mitsingen.
Als ich sechs Wochen später selbst krank das Regiment verließ, war außer Zapp niemand mehr von dieser Tafelrunde in derselben Dienststellung, sie waren gefallen, vermißt, gefangen oder krank; nur Kubin war Eskadronskommandant geworden.

Sonntag, 9. August. Angesagter Kirchgang. Alle Offiziere, per Eskadron leider nur 20 Mann. Einige hatten ihre neuartigen grauen Helme aufgesetzt, das wirkte auf unseren vorschriftslüsternen Obersten wie ein rotes Tuch. Sofort große Offiziersversammlung auf offener Straße, Schimpferei über diese Kopfbedeckung und über die allgemein getragenen Halstücher. Micewski, der ganz in der Nähe stand und tat, als wenn er nichts hörte, trat dann auf den Oberst zu und sagte in seiner trockenen Art, im tiefsten Baß auf polnisch-deutsch: »Du, Wraubek, morgen sind alle Helme grau!«
Darob verbissene Wut bei letzterem, Freude bei uns. Gleich wurde der 2. Proviantoffizier, Leutnant Hlaváček, nach Ržežow um einige Hektoliter graue Ölfarbe geschickt. Gleichzeitig nahm er die große goldene Medaille unserer Ehrentrompete in die dortige Sparkasse mit. Diese für's Regiment unersetzliche kaiserliche Auszeichnung, die nebstbei auf 10.000 Kronen geschätzt war, war durch eine unbegreifliche Konfusion mitgenommen worden. Die Ržežower Sparkasse nahm sie aus Mangel an einem Safe nicht an, so mußte sie nach Brüx zurückgeschickt werden. Die Trompete trug dann, wie auch bei allen Manövern, die getreue Nachbildung aus Bronze.
An einem dieser Tage wurde unser armer Tierarzt Donatin von einem herabstürzenden Balken schwer verletzt und mußte mit einem Bruch der Schädelbasis abtransportiert werden. Einmal ritt ich nach Trzebuska zu den 6er Ulanen, um Oberstleutnant Baron Mayer-Mally, einen ehemaligen Regimentskameraden, zu besuchen. Ich traf ihn nicht mehr, er war am selben Tage abgegangen, um D.11[12)] zu übernehmen, deren Kommandant er geworden war. Dafür begegnete ich Major Martin (gefallen), einem alten Bekannten aus Pardubitz. In Sokolow, wo das Kommando der Kavallerietruppendivision und der 1. Kavalleriebrigade bequartiert war, sah ich bei einer Fahrt auf die Post meinen alten Regimentskommandanten, GM Baron Schnehen, mit seinem Ordonnanzoffizier Louis Prinz Auersperg (gefallen) und Kari Graf Almeida, über die ich mich sehr freute. Die letzteren beiden sah ich im Felde sehr viel, sie waren für lange meine einzigen nahen Bekannten.

10. August. Der letzte Tag vor dem Abmarsch in Feindesland war ausgefüllt mit Anstreichen der Helme, die zum Glück schnell trock-

neten. Am Wege zum Souper begegnete ich Oberst Wraubek, der mir das Erscheinen des Mobilisierungs-Avancement[13)] mitteilte; ich sei Oberleutnant geworden und er Oberst. Einige der jüngeren Kameraden hatten ihre neuen Sterne bereits vor einigen Tagen aufgenäht, mußten sie aber, vom Obersten beschimpft, mit dem grauen Halstuch bedecken und konnten erst jetzt ihre Enthüllung feiern. Ich ließ mir gleich auf offener Straße meine aus Theresienstadt in der Brusttasche mitgenommenen Sterne von einem Schwadronschneider aufnähen.
Kubin war Rittmeister geworden, und da er gerade die Kantonierungswache an der Sokolower Straße hatte, ließ ich mir in der Schule zwei Schnapsgläser füllen und lief zu ihm hinaus. So feierten wir zusammen im Straßengraben unsere Beförderung. Abends kamen einige 13er Dragoner herüber, unter ihnen auch ein schüchterner Freiwilliger, der älteste Sohn von Baron Ferdinand Hildbrandt.

11. August. Endlich schlug die von uns allen so heiß ersehnte Stunde, wo es hieß, wir sollten heute noch an den Feind kommen! Es »hieß« übrigens immerfort, die ärgsten Gerüchte waren verbreitet. Die Offiziere der halben Truppendivision waren schon totgesagt; über das Massaker des Oberleutnants Jančekovich (inzwischen gefallen?) wußte ich die genauesten Details und als ich ihm am selben Tage begegnete, war er überhaupt noch nicht am Feinde gewesen!
Die Vorhut hatten die 6. Ulanen, dann kamen D.4 und D.13, die Queue bildeten die 1er Dragoner, zum ersten Mal in grauen Helmen, die ganz nett aussahen. Allerdings nur die Einser; für die Vierer hatte die Farbe nicht gelangt, sie erschienen in hellgrün und hellblau. D.13 hatte die grauen Überzüge mitgebracht, sie sahen aus wie Kürassiere aus den Befreiungskriegen. Die Verschiedenartigkeit der Kopfbedeckungen war für die Orientierung in unserer Truppendivision sehr günstig.
Der Marsch dauerte schon einige Stunden, es war ein langweiliges Genockel. Plötzlich kommt Leben in die lange Kolonne, wir biegen von der Straße ab, dann: Halt! Major Hohlfeldt kommt von der Tête und erzählt, die Artillerie sei bereits aufgefahren, wahrscheinlich

werde vorn schon gekämpft. Schnell die letzten Vorbereitungen! In die Zügel wird ein Knoten gemacht, um sie besser in der Hand zu halten. Die Pistolentasche wird geöffnet, der Säbel ergriffen und ich lege die Schlinge an meinem ledernen Handriemen samt dem Portepee um meine Hand. Ich ermahne meine Mannschaft, recht zu schreien und fest dreinzuhauen. Schnell mach' ich mir ein Kreuzl, jetzt kann's losgehen!
Es kommt aber nur ein kleiner Trab, dann Galopp, sehr viel Staub und einige unverständliche Kommandos. Als der Staub sich legt, steht die Kavallerie-Truppen-Division aufmarschiert da, ihr gegenüber aber – nichts! Feldmarschall Baron Hauer, ein eleganter ungarischer General, hatte nur eine kleine Übung angesetzt, um sich seine Division »in die Hand zu richten«, wie er sagt. Große Enttäuschung, wir Rückwärtigen waren gründlich aufgesessen.
»Alles zur Besprechung!« Ich wechsle mein Pferd und mache auf meinem schönen Fuchs einen herrlichen Galopp zum Standort des Kommandos. Hauer imponierte uns sehr durch seine Ruhe, doch las er uns nur einige Kapitel aus dem Reglement vor. Die 2. Eskadron wurde von da nach Tarna Gora an den San zur Grenzüberwachung geschickt; wir sollten zwei Eskadronen der 6. Ulanen ablösen und zu unserer Verstärkung eine Eskadron der 5. Husaren vorfinden.
Der Marsch durch den sumpfigen Wald gestaltete sich besonders für die arme Fahrküche sehr schwierig. An Ort und Stelle waren die beiden Eskadronen unter dem Kommando von Obstlt. Kostetzki schon zum Abmarsch bereit. Große Freude über Graf Benni Merveldt und meinen Institutsgenossen Jančekovich – gerade an diesem 11. August hätten wir uns wieder im zweiten Jahrgang des Instituts treffen sollen! Sehr angestaunt wurden ein paar von den Ulanen erbeutete russische Kappen und Lanzen. Letztere über 3 m lang, an der Spitze 4 haarscharfe Hohlschienen. Der ganze Schaft ist mit graugrünem Spagat umwickelt und mit einer Lederschlaufe zum Tragen versehen. Die Trophäen stammten von der Grodnoer Gardekavalleriedivision, was aus dem Stempel in den Kappen ersichtlich war. Im Einzelkampf sollen die Russen sehr geschickt mit dieser Waffe umgehen; in der – übrigens sehr seltenen – geschlossenen Attacke werfen sie die Lanzen massenhaft weg.
Comploier besprach eben mit Kostetzki die zu besetzenden Punkte,

als von einem Konfidenten die Nachricht kam, die Russen versuchten bei Kopy über den San zu setzen. Mit dem Ruf: »Der Feind ist da!« schwang sich der Oberstleutnant aufs Pferd und galoppierte mit seinen beiden Eskadronen los; natürlich mußten wir mit! Die Eskadron war eben beim Tränken und hatte die Sattelgurte nachgelassen, es entstand ein unbeschreibliches, heilloses Durcheinander. Die Leute mußten die Tränkeimer wegwerfen, rasch satteln und heidi! ging's den Ulanen nach. Nach einem Galopp von einigen Kilometern kam Kostetzki endlich darauf, daß er wie schon so oft von einem angeblichen Freunde düpiert worden war. Also alles Pferdeschinden umsonst! Die Eskadronen kehrten nach Tarna Gora zurück.

Ich wurde mit 12 Mann nach Konstantinov an den San geschickt, um als Grenzwache eine der 6er Ulanen-Patrouillen abzulösen. Der Ort liegt dem russischen Krzeszow gegenüber und war mit ihm durch eine Überfuhr verbunden. Als vor einigen Tagen die Ulanen die Plette an unser Ufer ziehen wollten, wurden sie vom anderen her mit einem Geschoßhagel überschüttet, ohne daß eine Kugel getroffen hätte; leider gelang das Unternehmen nicht. Die Bevölkerung von Konstantinov war in den nahen Wald geflohen. Ich übernahm das Kommando von ca. 40 Landsturmleuten, die ich dort vorfand; meine Dragoner wollte ich als Meldereiter, für kleinere Patrouillen und als eventuelle Verstärkung verwenden.

Es war etwa 8 Uhr abends, als wir ankamen. Die Dragoner hatten seit 4 Uhr früh nichts gegessen, ich hatte überhaupt aufs Frühstück vergessen und zu einem anderen Essen war dann keine Zeit; von Kochen war hier keine Rede. Das Wirtshaus von Konstantinov war seinerzeit ein beliebter Vergnügungsort für die Krzeszower gewesen. Eine verwüstete Ruine und ein paar leere Flaschen waren der ganze Rest der Herrlichkeit. Die letzte Flasche Bier vermachte mir mein Vorgänger, ein Kadett der 6. Ulanen.

Die rührenden Landsturmleute schenkten ihre Menage, die sie von einem nahen Gendarmerieposten erhalten hatten, meinen Dragonern; mir brachte einer zwei harte Eier. Die armen alten Leute, alle über 40 Jahre, waren recht mißmutig; seit beinahe drei Wochen lagen sie hier auf der Lauer. Am nächsten Tag wurden sie von der Infanterie abgelöst. Um 9 Uhr abends stieß noch eine Unteroffiziers-

Patrouille der 5. Husaren zu uns, die aus Konfusion hergeschickt worden war. Meine Schar war also auf 60 Mann angewachsen.
In der Dämmerung patrouillierte ich das ganze Ufer ab. Es erinnerte mich mit seinen hohen Weiden und Pappeln an die alte Überfuhr in Beřkovic. Alle 20 Schritt lag ein Landsturmmann in einem Dekkungsloch. Drüben regte sich nichts, hier und da blitzte ein Licht auf, auch schallte manchmal lautes Stimmengewirr herüber. Vor mir lag die unbeleuchtete Stadt mit ihren typisch russischen Zwiebeltürmen im fahlen Mondschein; es sah sehr malerisch aus.
Gegen Mitternacht sah ich am tiefschwarzen Himmel gerade über mir helleuchtende Raketenbüschl herabfliegen. Das Phänomen war leicht erklärlich: Es war ein Zeppelin, der von einem Erkundungsflug zurückkehrte und unseren Truppen den Übergang über die Grenze signalisierte. Er muß sehr hoch geflogen sein, da ich kaum ein Surren hörte. Sein Flug war uns am Tage vorher angekündigt worden. Ich blieb bis 1 Uhr auf, dann weckte ich den Husarenwachtmeister mit dem strengen Befehl, mich beim geringsten verdächtigen Anzeichen zu wecken; außerdem hatte ich noch eine Bereitschaft aufgestellt.

12. August. Mein sehnlichster Wunsch war, den Feind wenigstens zu erblicken! Jetzt gelang es mir auch wirklich: Nachdem ich das andere Ufer recht lang scharf mit dem Gucker beobachtet hatte, entdeckte ich zwei Reiter an einem Abhange zwischen Bäumen. Ehe noch ein Schuß abgegeben werden konnte, waren sie wieder verschwunden.
Bei meinem morgendlichen Rundgang brachte mir ein Landsturmmann mit der Versicherung, ich sei jung und müsse für mich sorgen, einen gelben Schnaps. Ich wollte einen Schluck aus der Flasche tun, da zog er ein schmutziges Schnapsglas aus seiner Rocktasche heraus und zwang mich, daraus zu trinken. Als ich mit vielem Lob und Dank das Glas zurückgab, zog er aus der anderen Tasche den gleichen Fusel in Rot heraus, nebst einem Glas, und die Sache wiederholte sich. Es war sehr komisch, aber auch rührend.
Meine Ablösung kam und ich rückte nach Tarna Gora zur Eskadron ein, um bereits am Nachmittag mit dieser nach Przędzel abzugehen. Wir waren von der Infanterie abgelöst worden. Vor dem Wegreiten

besuchte mich noch Vetter Graf Fritz Sylva, 5. Husaren, der in der Nähe einquartiert war.
In Przędzel war alles besetzt und es dauerte sehr lang, bis wir unsere Leute untergebracht hatten. Nach vielem Suchen, es war schon ganz finster geworden, fand ich endlich ein leeres Gehöft für meinen Zug. Als ich das Oberstlt. Serda meldete, sagte er, ich müsse da gleich wieder heraus, weil die Leute vor der Verteidigungslinie, einem kleinen Bach, einquartiert seien. Die Vorposten standen allerdings noch vor uns. Gott sei Dank vergaß man am nächsten Tag auf diese »Gefahr« und meine abgehetzten Pferde konnten den Rasttag ohne Übersiedlung in sehr guten Scheuern zubringen. Ich wohnte mit Leutnant Werner und einem Freiwilligen auch in einer solchen.

13. August. Der letzte Tag, an dem das Regiment beisammen war und man sich gemütlich besuchen konnte. Die Mannschaft war sehr guten Mutes und zog singend durch die Straßen. Gegen Abend wurde das verboten, auch durften die Eskadronsrayons nicht überschritten werden. Es waren nämlich von verschiedenen Feldwachen Meldungen gekommen, daß sich Patrouillen dem Ort genähert hätten, die auf Anrufen im Abendnebel verschwunden waren.
An diesem Abend bekamen Hohlfeldt und Lempruch als überzählige Majore den Befehl, zur Verfügung des Kriegsministeriums nach Brüx zurückzugehen. Letzterer wurde aber gleich Brückenkopfkommandant in Rudnik und konnte dableiben. Hohlfeldt nahm einen riesigen Stoß Briefe des ganzen Regimentes mit, um sie im Hinterlande aufzugeben. Von mir war auch einer dabei, der erste, den die Meinen erhielten. Beide Majore konnten sich nur schwer von uns trennen, besonders Lempruch hatte sich immer vor so einer Landsturm-Anstellung gefürchtet. Ich glaube aber, daß er sehr bald einsah, daß seine Stellung nicht ganz so landsturmmäßig sei. Hohlfeldt blieb wenigstens im Verband des Regiments.[14]
Große Aufregung verursachte der erste Aeroplan! Man erkannte aber gleich, daß es ein eigener war, die Maschine sah aus wie ein fliegendes Schilderhaus, rot-weiß gestreift mit langem, wehendem Wimpel. Wir gewöhnten uns bald an diesen Anblick, jeden Tag zogen sie ihre Kreise über uns. Die russischen, grünen Apparate

wurden anfangs stark beschossen, leider aber erfolglos. Ein Rittmeister eines Ulanenregiments ließ prinzipiell auch die eigenen Flieger beschießen, weil es ihn agassierte, daß seine Pferde beunruhigt würden. Nachdem von einigen Trainkolonnen doch 3 von unseren Fliegern heruntergeschossen worden waren, wurde diese wilde Schießerei verboten.[15] Unter Fliegerbomben oder -pfeilen hatten wir nie zu leiden.

14. August. Gegen Mittag marschierten wir ab und überschritten bei Ulanóv auf einer Notbrücke den San; genau einen Monat später sollten wir ihn am Rückweg wieder passieren. Es dauerte einige Stunden, bis die ganze Truppen-Division drüben war, denn die Pferde mußten an der Hand geführt werden. Unsere Artillerie fuhr seitwärts durch den Fluß. In der Dunkelheit erreichten wir Dabrovka. Die Feldküchen waren weit zurückgeblieben und wir soupierten etwas Speck und harte Eier. Die arme Mannschaft mußte bis Mitternacht auf ihren Kaffee warten.

15. August. Ein großer Tag, denn heute betraten wir zum ersten Mal russischen Boden! Vor dem Abmarsch schmückten wir uns alle mit Feldzeichen aus heimatlichem Walde. Ich habe meines 14 Tage am Helm getragen, dann in der Geldkatze versorgt wohlbehalten nach Hause gebracht, wo es mit einem Edelweiß des 14. Korps in einem Rahmen vereint meinen Schreibtisch schmückt.
D.1 hatte die Vorhut; da die 2. Division vorn war, führte die 4. Eskadron. Wir waren die vorletzte Eskadron, also wieder langweiliges Genockele. Vor einem kleinen Ort wurden die Säbel ergriffen und mit Hurra galoppierten wir eskadronsweise über die Grenze. Ein erhebender Augenblick! Ich hatte ein paar Worte zu meinen Dragonern gesagt, doch wurde die Stimmung durch eine echte Mahnung des Zugführers gestört: »Ať žádný z Vás neztrati šavli při gallopírování!« (Daß mir keiner von Euch beim Galoppieren den Säbel verliert!); es war wie auf der Reitschule.
Von nun an hörten die recht passablen Wege auf. Wir waren auf eine breite Sandbahn geraten, wie sie auch in Ungarn üblich sind. Sehr praktisch sind die Werstzeichen, etwa 3 m hohe, oft schwarz-weißgelb gestrichene Stangen.[16] Ohne sie würde man bei dem absoluten

Mangel an straßeneinsäumenden Bäumen oder Gräben sofort die Orientierung verlieren. Im Winter sind sie ganz unentbehrlich.
Hart an der Grenze stand das ganz demolierte russische Wachhaus; zerfetzte grüne Wächtermützen lagen umher. Bald begann die dicht bewaldete, versumpfte Tanew-Niederung. Sie hatte, wie mir ein Generalstäbler sagte, in der Kriegsschule für Truppen als vollkommen unpassierbar gegolten. Zwar war der Sommer 1914 besonders trokken, doch konnte man trotzdem nicht zwei Schritt vom Wege abweichen, ohne in den bodenlosen Sumpf zu versinken. Alle paar hundert Schritt bezeichnete ein Strohwisch unseren Weg, der von Konfidenten und vorgeschickten Pionieren markiert worden war. Wir konnten nur zu Zweien reiten und oft schwankte der Boden unter den Tritten unserer Pferde. Rechts und links erstreckte sich ein recht dichter Urwald; alle Arten von Laub- und Nadelhölzern wuchsen wild durcheinander und hohe Farnkräuter und saftige Sumpfgräser bedeckten den tiefschwarzen Boden.
Es war Mariae Himmelfahrt und wir begegneten Scharen von Bauern und Bäuerinnen im Sonntagsstaat, unterwegs in die Kirche. Besonders malerisch nahmen sich die grellroten Kopftücher der Frauen aus, die da und dort durch das grüne Laub leuchteten. Gegen Mittag war lange Rast. Die ersten Nachrichtendetachements wurden abgeschickt, von jedem Regiment eine Eskadron. Von uns ging die 1. unter Rittmeister Färber ab, unter Hochrufen, Glück- und Segenswünschen ritten sie los.
Bald hinter Rogoszno passierten wir das uns zugeteilte Bataillon eines Infanterieregimentes, welches bisher unseren Marsch durch den Wald gedeckt hatte. Jetzt waren wir die nächsten am Feind. Auf der Höhe 209 vor Biygorai marschierte die KTD auf und die Geschütze protzten ab. Comploier bekam zu unserer größten Freude den Auftrag, mit der 2. Eskadron die Stadt offiziell in Besitz zu nehmen; nach Meldungen von Patrouillen war sie vom Feinde bereits geräumt.
Wir waren alle in gehobener Stimmung, da es ja die erste russische Stadt war, die »eingenommen« wurde. Der Rittmeister setzte sich an die Spitze der Vorpatrouille, hinter ihm ein Intendant und Leutnant Kašpar von U.11, Ordonnanzoffizier der Truppendivision; diese beiden hatten die Atzung für Mann und Pferd zu besorgen. Dann

kamen die vier Züge in kurzem Intervall, alles mit ergriffenem Säbel. Auf der Straße lag ein totes Pferd, nicht weit davon die Leiche eines Kosaken, die erste, die wir sahen. Einer Abteilung von D.13 war es gelungen, eine Kosakenpatrouille zu zersprengen; freudig zeigten sie uns ein erbeutetes, blutiges Säbelkoppel. Bei derselben Gelegenheit schwang sich ein Kosak, dem sein Pferd erschossen worden war, auf ein Dragonerpferd, warf den verdutzten Reiter herunter und galoppierte davon.

Beim Betreten der Stadt trennten sich die Züge, jeder hatte einen anderen Stadtteil zu durchreiten. Wir sollten uns am Hauptplatz wieder treffen, wohin Comploier mit seinen Leuten gleich geritten war. Ich bog mit meinem Zug rechts ab und ritt zur russischen Kirche. Alles stand voll Juden, die schüchtern grüßten und Komplimente machten. Manchmal hörte man: »Gott soll schützen Herrn Leutnant!«, oder: »Gott bewahre die Söldner!« und Ähnliches. Die russischen Juden tragen keine Beizes und haben als Kopfbedeckung schwarze Kappeln mit Schildern, wie die Studentenzerevisen.

Bei der Crkva standen einige echte Russen mit mürrischen Gesichtern und ich erwartete jeden Augenblick, eine Bombe an den Kopf zu bekommen; doch alles ging glatt ab. Comploier verlangte den Bürgermeister, dem er durch einen Dolmetsch (einen Beamten des ungarischen Jockeyclubs, der TD als solcher zugeteilt) die Besitznahme der Stadt bekanntgab. Dieser, ein großer Russe in schäbigem Gehrock, dem sich alle Untergebenen nur mit unterwürfigen Bücklingen näherten, war zuerst ganz freundlich, mußte aber später wegen passiver Resistenz verhaftet werden.

Nach langem Warten kam endlich die TD mit klingendem Spiel anmarschiert. Gleich ging das Denunzieren los; wer je einen persönlichen Feind gehabt hatte, benützte die Gelegenheit, ihn als russenfreundlich und daher für uns verdächtig verhaften zu lassen. Die Bevölkerung hier war überwiegend polnisch und wir gaben uns der Erwartung hin, daß sie Österreich freundlich sei. Oberstlt. Serda als Pole übernahm die Führung der »Geheimpolizei« und verhaftete à tor et à travers. Der katholische Pfarrer, den er auch ausfragen wollte, wies dieses Ansinnen zurück und verwendete sich sogar für die Freilassung des Popen, die ihm auch gewährt wurde.

Die 2. Eskadron mußte Vorposten beziehen. Gott sei Dank hatten

wir uns einige Blättchen Schinken gekauft, das war außer einem Stückchen Schokolade das einzige Essen an diesem Tag. Die Mannschaft sollte sich mit Brot begnügen; die meisten aßen natürlich von ihrem Konservenvorrat, was streng verboten war, doch konnte ich ihnen das nie verargen. Wie leicht hätten wir uns und die Mannschaft bei der endlosen Warterei in der Stadt verköstigen können! Doch dafür hatten »die oben« keinen Sinn.
So wie immer, wenn sich ein Kavalleriekörper sichern sollte, war das Ganze eine Fülle von Konfusionen. Ich hatte mit meinem Zug die Feldwache vor der Mühle bei Wola zu beziehen. Als ich hinkam, waren bereits 4er Dragoner dort. Nach langem Hin- und Herschikken und -fragen konnten diese endlich einrücken. Gegen 9 Uhr abends, nachdem ich auf Befehl die Brücke bei der Mühle gründlich verrammelt hatte, kam plötzlich von der anderen Seite Leutnant Baron Bianchi, D.13 (gefallen), herangefahren, der eine Feldwache bei einem Meierhof Teodorowka aufgestellt hatte. Die Barrikaden mußten natürlich weggeräumt werden. Mir hatte man gesagt, ich sei auf dieser Seite allein; jetzt hatte ich 2 km vor mir eine Feldwache und hatte mir auch die einzige Verbindung mit der Stadt abgeschnitten! Die Regimenter hatten Vorposten so wie immer aufgestellt, ohne sich zu verständigen.
Ich verschaffte mir vom jüdischen Mühlenbesitzer Tee und sehr gutes, schwarzes Brot. Die Mannschaft behauptete, beides nicht vertragen zu können. Bald sollten sie diese Faxen verlernen! Die ganze Nacht verlief ohne eine Spur vom Feind. Nach Aussagen von Bauern waren Kosaken noch am Nachmittag im Ort gewesen. Die Beamten hatten Biygorai in der letzten Nacht mit den Staatsgeldern verlassen.

16. August. Aus Konfusion wurde die Eskadron um drei Stunden zu früh eingezogen und mußte wieder auf Vorposten zurück. Um 12 Uhr endlich marschierten wir ab. Solche Konfusionen kosteten immer etliche Kilometer, an diesem Tag auch die Menage. Der Marsch ging scharf nach Norden. Vor Frampoll war lange Rast, die Regimenter in Doppelkolonne nebeneinander. Man hatte Zeit und Gelegenheit, sich bei den Nachbarregimentern nach Bekannten umzusehen. Große Freude über Vetter Clemens Kerssenbrock, D.13,

den ich bisher nur von weitem gesehen hatte, und bei D.4 Graf Josef Morsey und die Brüder Baron Weber, alte Bekannte aus Brandeis.
Plötzlich näherte sich uns eine sonderbare Kavalkade. Es war eine Patrouille von U.6, die meisten hatten verbundene Köpfe und trugen erbeutete Lanzen. Ein Mann saß auf einem Beutepferd. In ihrer Mitte führten sie einen gefangenen russischen Gardehusaren mit, der von oben bis unten mit einem Fouragestrick eingefatscht und ans Pferd angebunden war. Er wurde scharf verhört, gab sehr prompte und, wie es Graf Nikolaus Üxküll (unserem Generalstabschef) schien, richtige Antworten, die sich Hauer übersetzen ließ.
Wir hatten zwei reguläre KTD gegen uns. Ich hörte, wie Hauer sagte: »Das ist gescheit – die eine kriegt die Watschen von rechts, die andere von links!« Leider kam's nicht zum Watschenausteilen. Wir sahen immer nur höchstens ein Regiment, und das ganz aus der Ferne, welches wahrscheinlich nur ausgeschickt war, um uns in einen Hinterhalt zu locken. Das kostete vor allem die Detachements viele Opfer.
Das TD-Kommando quartierte sich mit U.6 in Frampoll ein, D.1 kam nach Sokolówka. Da die 2. Eskadron die vorige Nacht auf Vorposten gestanden war, bekamen wir die besten Quartiere und zwar einen Meierhof, so daß beinah alles unter Dach stand. Das übrige Regiment mußte lagern. Ich bewohnte mit Comploier und Oblt. Russell eine schmale Haferkammer, so daß wir nur knapp nebeneinander liegen konnten. Die anderen Herren waren auch ähnlich untergebracht.
Eben war die Ernte eingebracht worden, alle Scheuern waren voll von meist unausgedroschenem Haferstroh, was unseren Pferden sehr gut tat. Doch blutete mir das Herz bei dem Anblick, der sich mir in den nächsten Tagen bot: Sämtliche Scheuern leergefressen, händeringend standen die Besitzer auf den mageren Resten ihrer Ernte.

17. August. 4 Uhr früh Aufbruch. Die TD marschiert nun zum erstenmal nicht auf der Straße, sondern in breiter Form im Terrain, um beweglicher zu sein; D.4 führte. Als wir durch Gorai kamen, fing plötzlich eine Glocke zu läuten an. Es war erst ½ 12 Uhr und

wir dachten, die Leute hätten sich um eine halbe Stunde geirrt. Viel später erst kamen wir drauf, daß es jedenfalls ein Signal war, um den Russen unseren Durchmarsch anzuzeigen.
Auf der Höhe 333 bei Gródki trafen wir mit der 1. Eskadron zusammen, die von ihrem Detachement zurückkehrte. Sie war stark zusammengehauen worden, es fehlten viele Leute, u. a. unser jüngster Leutnant Beck (kam 1918 aus russischer Gefangenschaft zurück). Das Detachement hatte recht viel gesehen und gemeldet und brachte etliche Lanzen zurück. Erst am Rückweg war die Eskadron in einen Hinterhalt geraten. Wir empfingen sie mit einem Hoch auf den Thronfolger, dessen Geburtstag heute war.
Mittlerweile war die Artillerie aufgefahren, alles schaute gespannt nach Norden. Plötzlich ein scharfer Knall, ein Pfeifen und Surren, weit vorn noch ein Knall – unser erster Kanonenschuß war gefallen! Wir eilten alle nach vorn auf die Höhe, um die Wirkung beobachten zu können. In weiter Ferne, nördlich Turobin, sahen wir die Russen klein wie Ameisen aus dem Wald herausströmen und in langen Linien gegen Turobin vorgehen. Es krachte Schuß auf Schuß und innerhalb weniger Minuten waren alle Russen wieder in den Wald zurückverschwunden.
Turobin war vom Feind besetzt und D.4 und D.13 bekamen den Befehl, den Ort zu nehmen. Wir blieben als Reserve bei der Artillerie. Als die Brigade Schnehen hinkam, war der Ort bereits geräumt und nur die Nachhut des Feindes gab noch ein paar Schüsse ab. Darauf beschloß Hauer, mit der TD in Turobin zu nächtigen.
Eben wollten wir im nahen Zaravce unsere Quartiere beziehen (einem Ort etwas südlich von Turobin), als ein Artillerieoffizier herangeritten kam und rief: »Die russische KTD ist da!« Es folgte ein furchtbares Durcheinander, denn es war schon recht finster und das Regiment konnte sich nur schwer zusammenfinden. Endlich stand unsere Brigade zur Attacke bereit – doch es blieb alles ruhig, und nach einigem Warten konnten wir wieder einrücken. Die gleich ausgeschickten Gefechtspatrouillen fanden uns erst am nächsten Tage wieder. Es konnte nie ermittelt werden, ob damals wirklich Russen so nahe vor uns waren. Oberst Baron Sessler von D.4 behauptete, das Feld nördlich Turobin schwarz von feindlicher Kavallerie gesehen zu haben. Ich glaube aber, es war mehr Nervosität, weil sich be-

stimmt nicht mehr als einige Patrouillen in unserer Nähe aufhielten.

In einer der nächsten Abfertigungen stand, daß in Serbien entscheidende Siege erfochten worden seien und der König von Serbien knapp vor seiner Gefangennahme stehe; man solle alle Energie aufwenden, um den Krieg in wenigen Tagen zu entscheiden! Leider erwies sich diese Nachricht, wie man später merkte, als vollkommen unbegründet, obwohl sie uns ganz offiziell gegeben worden war.

In meinem Quartier waren die Bewohner in hellster Aufregung über das heutige Bombardement. Die Bauernstube war gefüllt von Leuten, die ganz verschreckt am Boden herumsaßen. Ein alter Mann erinnerte sich noch an den Kanonendonner im polnischen Aufstand 1863 und erzählte sehr breit davon.

18. August. Besetzung der Höhen nördlich Turobin. Obstlt. Baron Skrebensky bekommt den Befehl, mit der 2. und 4. Eskadron auf Detachement abzugehen; ich hatte die Vorpatrouille. Herrlich war es, nur mit Kompaß und Karte in der Hand in die Welt reiten zu können, ohne auf Wege achten zu müssen!

In der Nähe eines Sumpfes sah ich einen Dragoner auf uns zuwaten, sein Pferd war bereits ertrunken; er war ganz mit Schlamm bedeckt. Von weitem zeigte er mir über dem Sumpf drüben seinen armen Kameraden, der einen traurigen Anblick bot. Die Russen hatten ihn furchtbar zusammengehauen. Er hatte weder Ohren noch Nase und hatte sieben Stiche abbekommen. Ich schickte einen meiner Leute zurück, um einen Wagen für die beiden zu holen. Wir wurden in beträchtlicher Ferne von Kosakenpatrouillen umschwärmt, die uns auch teilweise beschossen, ohne daß wir aber Kugeln auch nur pfeifen gehört hätten. Auf die Art gestaltete sich die Sicherung recht schwierig und interessant.

Vor Chanjówek machten wir Halt. Der Weg führte über einen breiten Sumpfstreifen durch den Ort Chlanjów auf die gegenüberliegende, bewaldete Höhe, also ein sehr unangenehmes Défilé. Durch Kundschafternachrichten erfuhren wir, daß alle umliegenden Ortschaften besetzt waren. Die Leute, die auf den umliegenden Feldern arbeiteten, wurden zusammengetrieben und scharf verhört; bis zu unserem Weitermarsch wurden sie nicht mehr ausgelassen. Sie

waren in ihrer Unterwürfigkeit recht komisch, immer wollten sie uns die Hände und den Saum unserer Röcke küssen. Einer von ihnen machte ganz wichtige Mitteilungen über große Truppendurchzüge in Krasnostav und erzählte auch, daß Žorkjev bereits von Infanterie und Artillerie besetzt sei. Alles wurde zurückgemeldet, doch mußte Skrebensky trachten, sich Gewißheit zu verschaffen.
Weil ich vier bis fünf Sotnjer[17] auf dem Wege zwischen Bzowiec und Chlanjów bemerkt hatte (sie marschierten in Doppelkolonne, ebenso mit Vorpatrouille gesichert wie wir), schickte ich noch einige kleinere Patrouillen über den Sumpf nach Chranóv, um dort gründlich aufzuklären. Wir konnten sie ganz gut mit dem Gucker verfolgen.
Plötzlich, nachdem sie den ganzen Ort umritten hatten, machten sie kehrt und gingen in Marsch Marsch! zurück, und schon begann die wilde Jagd. Aus jedem Gehöft stürzten Kosaken heraus, es wimmelte förmlich von ihnen. Mit großem Gebrüll jagten sie den Unseren nach, doch hatten die Dragoner die schnelleren Pferde und konnten sich bis auf einen retten. Einige Russen, die ihnen zu nahe gekommen waren, wurden durch Säbelhiebe abgewiesen.
Nur ein armer, ungeschickter Dragoner (Streit, Ordonnanz von Rittmeister Comploier) wollte abkürzen und geriet in den Sumpf. Es war ein schrecklicher Anblick, wie der arme Mann von den Kosaken vom Pferde gestochen wurde! An Schießen war wegen der Entfernung nicht zu denken.
Skrebensky entschloß sich trotzdem, das Défilé von Chranóv zu forcieren, da es der einzige Weg nach Žorkjev war. Die ganze Vorpatrouille wurde in Reiterpaare aufgelöst, die durch den Ort zu galoppieren hatten, auf einige hundert Schritt folgte die Eskadron. Ein Zug wurde zurückgelassen und besetzte den Friedhof, um unseren Rückzug zu sichern.
Ich ritt mit Skrebensky. Wir besprachen, ob wir den Säbel oder die Pistole ergreifen sollten und entschlossen uns für beides – den Säbel am Handgelenk, die Pistole in der Hand. Mit den Worten »In Gottes Namen geh'n wir's an!« setzten wir uns in Galopp. Es war ein hübscher Ritt in dem guten, etwas tiefen Sandboden. Inzwischen kamen die Patrouillen zurück und meldeten, daß rechts wie links von uns abgesessene Kosakenabteilungen im Walde seien; aus dem Ort waren sie auf unsere Annäherung hin geflohen. Wir gestanden

uns später, daß keiner gedacht hatte, aus dieser Falle je heil wieder heraus zu kommen.
Ohne weiteren Zwischenfall erreichten wir den Wald. Hier ordnete sich wieder das Detachement, Gefechtspatrouillen wurden ausgeschickt und Oberleutnant Baron Fiedler ging mit einer Nachrichtenpatrouille gegen Žorkjev vor. An der Spitze seiner zehn Mann sprengte er vergnügt davon; ich rief ihm noch nach: »Gib nur auf Deine Sicherung acht!«
Keine zwei Minuten darauf krachte eine Salve, und schon kam die aufgelöste Patrouille im Karrieregalopp zurück; leider auch zwei lose Pferde. Mit Schreck erkannte ich das von Fiedler, welches stark blutete. Die Leute meldeten: »Pan Oberleutnant tam sedí a nemůuže vstát!« (Der Herr Oberleutnant sitzt dort und kann nicht aufstehen!) Der Freiwillige Trautzl war bei ihm geblieben. Ich schickte schnell einige Mann mit einem Handpferd hin, um ihn zu holen; wir mußten ständig auf einen Flankenangriff gefaßt sein. Da kam aber auch schon Trautzl zurück und meldete erschüttert, daß nichts mehr zu machen sei. Er sei bei Fiedler geblieben, der blutüberströmt bewußtlos da lag, bis die Russen ganz nahe herangekommen waren. Es war Infanterie und unsere Lage daher unhaltbar.
Oberleutnant Baron Fiedler kam im Jahre 1918 aus Rußland zurück; er hatte einen Schädelbruch überstanden und ein Auge verloren. Freiwilliger Trautzl bekam später die große Silberne Tapferkeitsmedaille.
Schweren Herzens entschloß sich Skrebensky, zurück zu gehen. Wir hofften, jetzt wenigstens auf die früher gemeldeten Kosaken zu stoßen, um unsere Wut an ihnen auszulassen, doch nichts rührte sich. Ungefährdet kamen wir über den Sumpf zurück. Diese hinterhältige, vorsichtige Kampfweise der Kosaken war uns eben damals noch etwas Neues – hätten wir nur früher etwas davon angenommen!
Der Verlust von Fiedler, den wir alle für tot hielten, ging uns allen sehr nahe; Oberstleutnant Serda, Fiedlers Onkel, weinte, als wir es ihm abends mitteilten. Erst Monate später erfuhr ich von Fiedlers Gefangennahme. Es war ein trauriger 18. August für's Regiment. Am gleichen Tag verloren wir auch Oblt. Weisser und Reserveleut-

nant Siegfried mit etlichen 20 Mann. Sie hatten vermeintlich abgesessene Kavallerie attackiert, waren aber an eine Maschinengewehrabteilung geraten. Siegfried ist, glaube ich, auch aus russischer Gefangenschaft zurückgekehrt.
Abends lud uns unsere Maschinengewehrabteilung zum »Kaiserdiner« ein.[18] Die große pièce war ein Faßl Bier, welches sie in Turobin requiriert hatten. Wir hielten die Höhen besetzt und erwarteten einen Nachtangriff, und so mußten wir denn mit abgeblendeten Lichtern um einige Fässer gedrängt den Kaiser Hoch leben lassen. Im Laufe der Nacht wurden wir durch starkes MG-Feuer geweckt, das sich dann aber als falscher Alarm erwies.

19. August. Da bereits starke eigene Kräfte im Anzug waren, entschloß sich Hauer, zurück zu gehen. Unsere weitgehende Aufklärung soll ganz zufriedenstellend ausgefallen sein. Jetzt ging's denselben Weg nach Frampoll zurück. Wir waren circa 10 km von Turobin entfernt, da hieß es, die 2. Eskadron kehrt gleich zurück und haut die stark bedrängte Brückenwache unseres Regiments heraus. Es ging im Stechtrab bergauf bergab, bis wir den Ort wieder vor uns hatten. Dort begegneten wir dem Zug, im Schritt ruhig trottend; die Meldung scheint übertrieben gewesen zu sein.
Als die KTD Turobin verlassen hatte, läuteten alle Glocken und eine halbe Stunde darauf war der Ort wieder mit Kosaken besetzt; die ausgeschickten Patrouillen waren abgeschnitten. Zu Beginn des Feldzuges war uns gesagt worden, die polnische Bevölkerung werde uns als Befreier empfangen, sie sei zu schonen und freundlich zu behandeln. Jetzt sah man, wie sich die Bevölkerung benahm.
Nachdem die KTD sich gründlich verritten hatte – so wie meistens, wenn vorn ein Generalstäbler mit der Karte führt – langten wir endlich in Frampoll an. Die Höhen rings um den Ort waren bereits von unserer Infanterie in Verteidigungszustand gesetzt worden; man hatte einen dünnen Stacheldraht gezogen und war dabei, einen Graben auszuheben. Jeder kam wieder in sein altes Quartier, wir infolgedessen ins bequeme Sokolóvka; man fühlte sich wieder ganz zu Haus!

20. August. Zu unser Aller größten Freude endlich ein Rasttag! Seit einer Woche zum ersten Mal konnte man sich gründlich waschen

und Wäsche wechseln. Die schmutzige Wäsche wurde vom Burschen gleich gewaschen, so daß ich mit zwei Garnituren in den 2 Monaten gut auskam. Leider hatte ich wie die meisten Offiziere zu viel Wäsche mit, die den wertvollen Platz für Reserve-Eßwaren im Koffer einnahm.
Unsere armen Pferde sahen damals schon recht traurig aus. Die meisten hatten handgroße Druckstellen beiderseits am Widerrist. Meiner Ansicht nach hat sich der ungarische (Sattel-)Bock schon in den ersten Monaten des Feldzuges als unbrauchbar erwiesen. Was nützt das genaueste Anpassen des Sattels, wenn die Pferde in wenigen Tagen zu Skeletten abmagern und die hölzernen Seitenblätter tiefe Wunden in ihre Rücken scheuern? Die russische Kavallerie hatte viel bessere Sättel, sie waren unserer Artilleriefahrpritsche sehr ähnlich. Natürlich ist ihr Anschaffungspreis viel höher, da nahezu der ganze Sattel aus Leder gearbeitet ist.
Unser neuer Koch erwies sich wirklich als Perle. Er war anerkannt der beste im Regiment und unsere Einladungen waren daher sehr gesucht. Der Regimentsstab aß meistens bei uns und zahlte auch in die Menage.
Ich hatte leider mein Kofferl nicht bei der Hand, um Uniform zu wechseln und mit meinen Sachen – wie wir es nannten – zu »spielen«. Laut Befehl hatte ich es beim Baggagetrain zurückgelassen. Dieser erreichte uns erst nach einigen Tagen und auch da nur ganz vorübergehend. Die meisten Herren hatten ihre Koffer doch auf den Gefechtstrain mitgenommen, was eine Mehrbelastung von nur ungefähr 10 kg per Fuhrwerk bedeutete; später machte ich es auch so. Der Tag verlief in beschaulicher Ruhe ohne Zwischenfall.

21. August. Ich beschloß, nach Frampoll zu fahren, um dort meine Andacht zu verrichten, da auch dieser Tag Rasttag sein sollte; auch war ich mit vielen Aufträgen für die Küche betreut worden. In der Kirche traf ich auch gleich einen Geistlichen, den ich zuerst stokkend polnisch ansprach. Er entpuppte sich aber zum Glück als unser Divisionspfarrer und so verlief alles gut.
Ein Schuster, wie nahezu alle Bewohner von Frampoll ein Jude, flickte mir meine Stiefel am Fuß. Dann führte mich ein sogenann-

ter »jüdischer Faktor« zu den verschiedenen Händlern. Die Läden waren alle aus Angst vor Plünderungen geschlossen, man mußte von rückwärts in die Wohnung dringen. Das gewährte einen ganz interessanten Einblick in das jüdische Familienleben. Beim Eintreten schrie einem die ganze Familie entgegen, jeder preist etwas anderes an. Der alte Jud kommt mit Kerzen herangeschlurft, die Mutter hantiert mit Stoffballen. Eines der vielen kreischenden Kinder bringt in einem schmutzigen Schachteldeckel sogar Kümmel, eine große Delikatesse, die ich sofort kaufe. Der Kümmel fungierte später häufig an unserer Tafel. Auch ein Tischtuch habe ich dort erstanden. Auf den ersten Blick sieht das nach Luxus aus, aber es erhöht wesentlich die Behaglichkeit bei den Mahlzeiten, besonders wenn der Tisch, wie meist, schmutzig ist.
Comploier hatte mir eine Tausend-Kronen-Note zum Wechseln mitgegeben, die er schon seit Tagen nicht anbringen konnte. Ich ging damit zu unserem Intendanten. Der Gute war natürlich sofort bereit, Seiner Durchlaucht einen Kassengang zu improvisieren. Ich deprezierte nicht lang, lud die drei Kassa-Mitsperrer auf meinen Wagen und fort ging's in den nächsten Wald, wo der Truppendivisionstrain samt Kassawagen aufgestellt war, »parkierte«, wie man das nannte. Da eben der Postwagen abging, schrieb ich schnell eine Karte nach Hause. Mit vielem Dank und der gewechselten 1000-Kr.-Note fuhr ich ab. Bei meiner Rückkehr fand ich das ganze Lager alarmiert. Es war eben Mittag und ich sehr hungrig – so fand ich den Alarm sehr deplaciert!
Die KTD sammelte sich langsam auf ihrem Alarmplatz. Wie ich später hörte, hat es sich um die Verteidigung Frampolls gehandelt, weil die Russen Miene machten, es von Norden anzugreifen. U.6 wurde mit einem Geschützzug auf die Straße nach Goraj abdetachiert, der Rest marschierte in der Direktion auf »Rote 300«, D.1 als Vorhut. Ich war Kommandant der Maschinengewehrbedeckung, einer halben Eskadron.
Wie wir so einherritten, fiel uns allen eine gewisse Gewitterstimmung auf, obwohl kein Wölkchen zu sehen war und die Sonne hoch am Himmel stand. Es war ganz unheimlich, wie wenn die Natur den Atem anhielte. Endlich erinnerte sich einer von uns, noch im »tiefen Frieden« eine Sonnenfinsternis angekündigt gelesen zu haben.

Es war ein höchst merkwürdiges Naturschauspiel, die Sonne zuletzt ganz verfinstert.
Das Regiment marschierte in Doppelkolonne und wollte eben eine Terrainwelle überschreiten, als ein Herr des Stabes Wraubek zurief: »Nicht weiter reiten! Wir werden vom Feinde eingesehen!« Ich erinnere mich deutlich, in weiter Ferne vor uns eine Staubwolke gesehen zu haben. Wir besprachen das gerade, als ein Surren und Pfeifen über unseren Köpfen begann, gleich darauf schrille Detonationen, daß ich glaubte, taub zu werden. Es wurde Galopp kommandiert und alles stürzte nach vorwärts.
Die Russen hatten uns eine Ladung Schrapnell geschickt. Es entstand eine allgemeine Nervosität, die sich auch auf die Pferde fortpflanzte; das Durcheinander war nicht gering. In einer Rachel machte das Regiment Halt. Es war unbeschreiblich lächerlich, die ängstlichen Gesichter der Leute zu sehen und die Hast, mit der jeder trachtete, hinein zu kommen. Als sich der Staub gelegt hatte, bemerkte man in unseren Reihen eine recht arge Unordnung, aber Gott sei Dank haben wir damals keinen Mann verloren.
Nach einem langen Appellgeschrei hatte jeder seine Leute beieinander. Einige waren gestürzt oder hatten ihre Helme verloren, beide Pionierpackpferde hatten sich losgerissen und galoppierten in einem Zug bis nach Frampoll, wo man sie dann abends fand.
Inzwischen war die Artillerie aufgefahren und eröffnete ein sehr wirkungsvolles Feuer auf die gegnerische Artillerie, mit 2 Volltreffern, wie später behauptet wurde. Das war umso bemerkenswerter, als die Division, die vor dem Krieg erst aufgestellt worden war, noch nie scharf geschossen hatte. Ihre Verluste jetzt betrugen nur ein totes Pferd und wenige Leichtverwundete.
Nachdem sich die KTD gesammelt hatte, wurde zum Feuergefecht abgesessen und wir besetzten einen Höhenzug westlich der Artillerieaufstellung. Nach zwei bis drei Stunden Geschützkampf verstummte dieser; auch von der Straße nach Goraj war nichts mehr zu hören. Weil Hauer erfahren wollte, ob dieser Ort noch besetzt sei, schickte er unsere 2. Eskadron vor; über die Durchführung dieser Aktion war sich der »Hohe Rat« nicht ganz klar. Endlich wurde beschlossen, im Schwarm zu Pferde vorzugehen, die Züge in etwa

200 m Distanz zu einander. Es war ein wilder Galopp von einer Rachel zur anderen; in diesen sammelte sich die Eskadron immer wieder. Als ich mit meinem Zug aus der letzten Rachel herausgekrochen war, empfing uns ein mörderisches Feuer.
Es war das erste Mal, daß meine Leute und ich so dem Kugelregen ausgesetzt waren. Man kam sich wie in einem Bienenschwarm vor. Ich wollte die Hände immer vor's Gesicht halten, um nicht getroffen zu werden, kann mich aber nicht entsinnen, ein Gefühl von Todesgefahr empfunden zu haben. Ich war nur neugierig, was jetzt geschehen werde; auch kam es einem ganz komisch vor, die Kugeln rings um einen aufstauben zu sehen. Mein Zug geriet in den ersten hinein, der stehengeblieben war; hinter uns kamen gleich der dritte und vierte Zug auch heran – wir boten so unseren Feinden ein herrliches Ziel und wohl auch ein komisches Bild, wie eine herrenlose Hammelherde!
Die Russen hatten die Ostlizière, besonders den Friedhof, stark besetzt. Nach einigem Hin- und Herschreien der Zugskommandanten entschloß sich Comploier, zurück zu gehen, da hier ja doch nichts zu machen war. In der gleichen Ordnung wie vorher galoppierten wir von Rachel zu Rachel wieder zurück. Unbegreiflicherweise hatten wir bis auf einige Streifschüsse bei einigen Mann und Pferden gar keine Verluste; Gott sei Dank waren die Russen damals noch ganz miserable Schützen. Hauer hatte auf diese originelle Art erfahren, was er wollte. Goraj war besetzt und blieb es, bis das 10. Korps Przemysl es einige Tage später eroberte.
Abends beim Rückmarsch sangen unsere ungarischen Artilleristen sehr schöne, melancholische Kriegslieder. Es war der Tag unserer eigentlichen Feuertaufe – und endlich erhielten wir auch die ersten Nachrichten von zuhause. Ein rares Freudenfest, und jeder zog sich mit seinen Briefen in einen Winkel zurück, um sie besser genießen zu können. So mancher, der immer den rauhen Krieger hervorkehrte, wurde weich beim Lesen der Grüße seiner Lieben aus der fernen Heimat.

22. und 23. August. Diese zwei Tage verliefen so ähnlich, daß ich sie in der Erinnerung nicht auseinander halten kann. Auch kann ich für die Daten der Ereignisse in Sokolóvka nicht einstehen, da sie mit

meinen Briefen nicht ganz übereinstimmen; sie differieren aber höchstens um einen Tag.
An beiden Tagen waren wir um circa 6 Uhr früh auf dem Alarmplatz am Südausgang von Frampoll gestellt. Nach stundenlangem Warten marschierten wir dann längs der Straße von Janow und nordwärts bis zur Waldecke südlich Meierhof-Chojni. Hier wurde der Tag verschlafen und vertrödelt, und bei einbrechender Dunkelheit wurde wieder eingerückt. Auch unser ganzer Train samt den Handpferden mußte den Tag über marschbereit bei Frampoll stehen, so daß sich unsere vielen maroden Pferde nicht ausrasten konnten – alles unserem heillosen Prinzip zu Liebe, daß »alles« draußen sein müsse. Es war zum Auswachsen langweilig.
Ein Zeppelin wurde avisiert – und schon erschien er aus weiter Ferne, von Janow kommend, mit lautem Gesurre. Prachtvoll weiß leuchtend hob sich das Luftschiff mit dem Eisernen Kreuz am Bug vom dunkelblauen Himmel ab. Von tausendstimmigen Hurras begrüßt, flog es majestätisch über unseren Köpfen hinweg und entschwand im Norden unseren Blicken. Bald hörten wir aus derselben Richtung eine kolossale Kanonade, die den Zeppelin zwang, eiligst zurück zu fliegen. Gleich darauf wurden wir in beträchtlicher Höhe von russischen Aeroplanen umkreist, ohne daß sie uns weiter belästigten.
Einige Male des Tages wurden wir bei der oben erwähnten Waldecke aus dem Schlafe aufgeschreckt mit der Nachricht, die russische Garde-KTD greife uns an. Die ersten Male war natürlich allgemeine Freude, viel Geschrei und Aufregung, und es wurden einige Evolutionen wie am Exerzierplatz ausgeführt. Dann wurde wieder abgesessen und der Schlaf fortgesetzt.
Oblt. Willy von Elmayer kam in Marsch Marsch! von der Vorhutbrigade herangesaust: »Schnell, schnell der bedrohten Artillerie zu Hilfe! Wenn wir uns nicht beeilen, ist es zu spät!« Diese Meldung hörte ich mit eigenen Ohren. Leider war Hauer immer sehr nervös und hetzte schrecklich, was sich auch den Untergebenen mitteilte und das Durcheinander vergrößerte. Oberstlt. Serda wurde durch eine Kolonne zufällig vom Regiment abgetrennt. Tatenlustig wie immer, setzte er sich an die Spitze einer Abteilung von D. 4 und hielt ihr sogar in der Eile eine kleine Ansprache, von der Ehre, sie in den

Kampf führen zu dürfen und so weiter. Doch es war, wie schon oft, wieder nichts – Elmayer mußte Halluzinationen gehabt haben. Es hört sich ganz komisch an und wurde auch schon damals sehr belacht; die Kosten dieser Scherze trugen aber nur die armen Pferde. Als wir am 23. abends einrückten, begegneten wir Teilen der Infanterie-Regimenter 10, 77 und 9, es war die Spitze des K.-Korps. Die Höhen nördlich Frampoll waren von uns für damalige Begriffe stark befestigt, jetzt mußte es bald losgehen.

24. August. Obstlt. Serda bekam den Auftrag, mit der 2. und 4. Eskadron gegen den Gorajecbach bis zum Orte Gorajec vorzugehen, um dort den Feind zu konstatieren. Um ½ 5 Uhr früh rückten wir ab. In Frampoll kamen wir am Quartier von Hauer vorüber; dieser saß schon vor seiner Tür und ließ Serda zu sich kommen, um ihm Instruktionen zu geben. Später erfuhren wir, daß es Vorsichtsmaßregeln gewesen waren, weil bisher alle Detachements mit sehr argen Verlusten zurückgekommen waren. Von D.13 hatte, ich glaube, die Eskadron Heinrich Prinz Liechtenstein (gefallen 16.8.1915) dreißig Pferde und etliche Mann verloren. Von D.4 war der arme Rittmeister Leo Baron Eisenstein verwundet im Steigbügel hängend in die russischen Reihen geschleift worden; abends kam das herrenlose Pferd zurück. Bei derselben Affäre wurde auch Baron Fritz Spiegelfeld vermißt.
Ein Zug der 4. Eskadron hatte die Vorpatrouille; ich war mit meinem Zug Maschinengewehrbedeckung, Oblt. Konrad kommandierte die beiden uns zugeteilten Gewehre. Im stark coupierten Terrain kamen wir nur langsam vorwärts. Der Eskadronskommandant, Rittmeister Wawra, befand sich bei der Vorpatrouille. Nachdem wir Radziecha passiert hatten, ein recht unheimlich aussehendes, ganz ausgestorbenes Dorf in einer tiefen Rachel, pfiffen einige Kugeln über uns. Obstlt. Serda, Konrad und ich ritten an der Spitze der Abteilung.
Plötzlich kam uns Rittmeister Wawra entgegen. Auf circa 100 Schritt saß er ab und gab sein Pferd dem Trompeter zu halten. Da merkte ich, daß er wankte. Er war aschfahl und mit einer ganz veränderten Stimme meldete er Serda, daß er verwundet sei. Er mußte von einigen Leuten gestützt werden. Stöhnend übergab er uns seine

bluttriefende Geldkatze mit den Eskadronsgeldern und seine Karte. Zwischendurch sprach er immer vom Sterben – es machte einen recht argen Eindruck, da wir jeden Augenblick erwarteten, ihn tot umfallen zu sehen. Er hatte mitten in der Brust ein kreisrundes Loch und am Rücken den Ausschuß. Er wurde gleich dem Sanitätsunteroffizier übergeben, der ihn in einem schnell requirierten Wagerl nach Frampoll brachte. Wie durch ein Wunder kam er mit dem Leben davon; die Kugel war knapp unterm Herzen eingedrungen, um eine Rippe herumgefahren und rückwärts wieder ausgetreten. Die Verwundung stellte sich später als gar nicht ernst heraus.
Mittlerweile hatte sich die Vorpatrouille bei uns gesammelt, nachdem sie einige Leute verloren hatte. Nun beschloß Serda, zu Fuß vorzugehen. Während seiner Disposition zuckte sein Pferd zusammen – er hatte nur knapp Zeit abzuspringen, schon fiel es tot um. Er nahm gleich das von Rittmeister Wawra. Die halbe Eskadron wurde bis zum Waldrand vorgeschickt, um den Gegner unter Feuer zu nehmen, der, wie ich glaube, Teodorowka besetzt hielt. Die Maschinengewehrabteilung wurde weiter nach links geschickt, um sich einen freien Ausschuß zu suchen.
Ich stand mit der Bedeckung etwa 200 Schritt seitlich und rückwärts der Abteilung in einer Mulde gedeckt, die Russen überschossen uns. Doch plötzlich waren wir mitten in der Kugelgarbe! Einige Pferde wurden getroffen und etliche Helme zerlöchert. Ich war gezwungen, meinen Zug weiter zurück zu schicken; selbst kroch ich auf allen Vieren zu Konrad vor, der eine ganz gute Stellung hatte.
Zuerst bekamen wir Schüsse von ganz nah, hinter Strohmandln her; es waren wohl dieselben Leute, die auf Wawra geschossen hatten. Als die Maschinengewehre zweimal diese Gegend abgestrichen hatten, verstummte dieses Schießen und wir richteten das Feuer auf den gegenüberliegenden Ort, wohl Teodorowka. Ich lag neben Konrad in einem Erdäpfelfeld und beobachtete den Feind. Unangenehm waren die Kugeln, die knapp vor uns einschlugen, weil uns die Erde auf die Köpfe spritzte. Konrad zuckte zusammen – es war ihm ein Stückl Manschette weggeschossen worden! Die ganze Zeit wurde die 2. Eskadron stark beschossen und ich glaubte schon, daß nicht ein Mann heil herauskommen würde. Zapp, der dort gelegen war, erzählte später, es sei im wahrsten Sinne des Wortes ein Kugelregen

gewesen. Doch dank dem elenden Schießen des Feindes wurde dort zum Glück wieder niemand getroffen.
Die Intensität des Feuers belehrte uns, daß die Russen uns sehr stark gegenüber lägen. Serda, der das einsah, wollte uns aus dem Gefecht ziehen, doch war das in diesem Feuer keine Kleinigkeit. Plötzlich mischten sich ins Gewehrgeknatter einige Kanonenschüsse, und einige bange Augenblicke folgten. War es Freund oder Feind? Doch schon verstummte das Feuer und eine große Unruhe machte sich dort bemerkbar. Es war also eigene Artillerie gewesen!
Kubin war vorhin schon mit einer halben Eskadron weit nach links abgebogen, um eventuell den Feind zu flankieren, während Leutnant von Hahnenkampf (gefallen 1915) sich mit seinem Zug rechts gelegt hatte. Er fuchtelte seiner Reserve etwas zu, schon saß ein Schuß in seiner Hand! Der dritte Offizier der 4. Eskadron war außer Gefecht gesetzt worden – am 18. war Fiedler verwundet in Gefangenschaft geraten und heute kamen Wawra und Hahnenkampf dran. Rittmeister Baron Salis (gefallen Januar 1915) hatte an einem dieser Tage die 1. Eskadron von Rittmeister Färber übernommen, der sich bei einem Sturz den Fuß bös gebrochen hatte. Und so blieb Reserveleutnant Baron Victor Brandt als Schwadronskommandant übrig.
Serda sammelte uns hinter einer Höhe und wollte seinen Weg gegen Osten fortsetzen, doch wir kamen nicht weit. Hinter der nächsten Straßenbiegung bot sich uns ein prächtiges Panorama. Ungefähr 50 bis 60 Geschütze waren aufgefahren und begannen soeben mit ihrem Gedonnere. Aus dem Wald hinter ihnen debouchierten bereits die Spitzen der Infanterie, es war die 45. Landwehr Infanterie-Truppen-Division Ljubičić.
Serda ging gleich zum Artilleriekommandanten, um sich zu orientieren. Das X. Korps setzte soeben zum Angriff auf Goraj an, das V. und I. waren westlich von Frampoll im Gefecht – also die ganze Armee Dankl im Angriff! Das Herannahen dieser Armee hatte Hauer nicht mit einer Silbe erwähnt, obwohl es auch für uns von großem Wert gewesen wäre, dies zu erfahren. Unser Detachement war zwischen die beiden Heere geraten und hatte, ohne es zu wissen, am rechten Flügel die Schlacht bei Krasnik eröffnet!
Wir standen einige hundert Meter hinter den Batterien und schon

begannen die Granaten und Schrapnells um uns einzuschlagen. Ein Verbandsplatz hatte sich in unserer Nähe ganz brav auf die richtige Kaisermanöverdistanz etabliert, doch bald wurde er durch die feindlichen Geschosse gezwungen, schleunigst zu retirieren. Unvergeßlich ist mir ein ruthenischer Feldpater[19], der mit Birett, breiter lila Stola und Kreuz in der Hand in wilden Sprüngen über einen Sturzacker einem nahen Walde zujagte! Sogar Trainfuhrwerke hatten sich so weit vorgewagt und flüchteten nun in wirrem Durcheinander zurück. Bald war die sprichwörtliche Leere des Schlachtfeldes hergestellt.
Da Serda den Auftrag bekommen hatte, erst am Abend einzurücken, beschloß er, weiter nach Südosten abzubiegen, um vielleicht den feindlichen linken Flügel zu konstatieren. Das Geschützfeuer war ohrenbetäubend, auch mischte sich bereits das MG- und Kleingewehrfeuer mit hinein. Wir begegneten dem Divisionär FML Ljubičić mit seinem Stab. Er machte einen ruhigen, aber überaus ernsten Eindruck, war es ja doch das erste Mal, daß sich seine Truppen im Feuer bewähren sollten.
Wir bekamen den Befehl, den Wald in seiner rechten Flanke zu durchstreifen, was sich aber als überflüssig erwies. Überall stießen wir auf eigene Truppen, die schon Sicherungstruppen nach Osten ausgeschickt hatten. Wo man sich zeigte, wurde gefragt, wie es vorne stehe. Gott sei Dank waren die Nachrichten immer gut. Da wir schon nahezu 14 Tage am Feind waren, fühlten wir uns diesen Truppen gegenüber als alte Veteranen. Stark belächelten wir einzelne kleine Patrouillen der Divisions-Kavallerie, die mit Säbelschwingen das Feindeszeichen gaben und planlos umher irrten. Wir ahnten nicht, wie weit wir damals selbst noch in den Kriegs-Kinderschuhen steckten! Hinter einer Kolonne sah ich einen armen Burschen einherwanken, aschfahl vor Müdigkeit und Angst. Ein Regimentsarzt trieb ihn buchstäblich mit seinem Reitstock mit Hü und Hott an. Sonst war überall große Begeisterung; singend zogen diese braven polnischen und ruthenischen Regimenter in den Kampf.
Es war Nachmittag geworden und wir machten eine lange Rast in einer geschützten Waldparzelle in der Nähe eines Jägerhauses, um die Pferde tränken zu können. Wir Offiziere krochen auf die nächste Anhöhe, um Ausschau zu halten. Der Anblick war schauerlich-

prächtig. Der ganze nördliche Horizont war dunkelviolett gesprenkelt, alle umliegenden Ortschaften brannten lichterloh. Die Artillerie hatte bereits nach vorwärts Stellung gewechselt. Auch das Gewehrfeuer entfernte sich immer mehr und mehr vorwärts nach Norden und man sah ganz deutlich die Infanterie in dichten Schwärmen vorgehen.

Wie bei einer Übung griffen unsere Truppen an. Doch sehr viele unbewegliche graue Punkte auf der dunklen Erde belehrten uns, daß die Verluste nicht gering waren. Der Kampf dauerte schon viele Stunden. Auch am Vortag schon hatten wir schweren Geschützdonner von Westen her gehört. Es war klar, daß sich da die erste große Schlacht entwickelte und wir überlegten, unter welchem Namen sie wohl in die Kriegsgeschichte eingehen werde. Ich plädierte für »die Schlacht am Por«, weil der Übergang über diesen Fluß an unserem rechten Flügel erstrebt und auch erreicht wurde. Andere waren für »Schlacht bei Frampoll«, »... Goraj« oder »... Turobin«. Nur einer, ich glaube, es war Serda, nannte sie die »Schlacht bei Krasnik«; daß er recht behielt, erfuhr ich erst nach Monaten in Wien.

Ziemlich mißvergnügt, nirgends helfen zu können, brachen wir wieder auf, um weiter nach Osten zu reiten. Alle Augenblicke surrte ein Schrapnell über unsere Köpfe oder schlug eine verirrte Kugel in unserer Nähe ein. Ein rührendes Bild bot die Mannschaft einer Munitionskolonne, die an einem Kreuz an der Straße kniete und laut den Rosenkranz betete. Endlich, nach langer Zeit, erreichte uns ein Ordonnanzoffizier von Hauer, der den Einrückungsbefehl brachte.

Am Heimweg entdeckte ich an einem Abhang eine hellgrün uniformierte Schar. Es war unser erster Gefangenentransport, lauter schöne, große Leute, auch etliche gut aussehende Offiziere, die mit finsterer Miene grüßten. Sie waren vom Moskauer Grenadierkorps, einer russischen Elitetruppe.

Wieder begegneten wir dem FML Ljubičić, dessen Truppen sich inzwischen ruhmvoll geschlagen hatten. Er war strahlend! Viele Tausende waren gefangen worden, es hieß sogar ein General und 29 Geschütze von dieser Truppendivision. Doch mit dem Erobern von Geschützen hatte es immer seine Bewandtnis. Alle Truppen, die an bereits eroberten oder verlassenen Geschützen vorüber kommen, zählen sich diese meist als ihre eigene Beute.

Der ganze Weg war von Granaten aufgewühlt. Die Sanitätsmannschaften mit ihren Hunden hatten viel zu tun, um die Verwundeten einzuholen. In beträchtlicher Entfernung sah ich einen Abhang dicht mit Toten besät, hier schien ein schwerer Kampf gewütet zu haben. Zuhause angelangt erfuhren wir, daß auch Sokolówka einige Granaten abbekommen hatte, kurz nachdem ein feindlicher Flieger unser Lager umkreist hatte. Es hieß, es sei von zwei Bauern verraten worden, die später gehängt wurden. Vier Pferde von D.4 waren getötet worden.
Bald rückte auch die KTD ein; sie war an derselben Stelle gewesen wie an den vorhergehenden Tagen und hatte ein stundenlanges Feuergefecht mit geringen Verlusten bestanden. Leutnant Werner, der die Handpferde kommandierte, sagte mir, es sei wohl hinter der Front am gefährlichsten gewesen, weil die Russen so gerne überschössen. Auch er hatte mehrere Pferde verloren. Die KTD wurde später im Armeekommandobefehl lobend erwähnt. Es war in der Kriegsgeschichte einzig dastehend, daß 3 Kavallerieregimenter zum Feuergefecht abgesessen waren und nur eines als Reserve blieb. Rittmeister Baron Kari Spiegelfeldt, der seit Kriegsbeginn Ordonnanzoffizier bei Hauer gewesen war, übernahm die 1. Eskadron, Salis die 4. Eskadron.

25. August. Wir hofften sehr auf einen Rasttag, leider vergeblich, doch wurde uns gleich früh gesagt, es werde wohl nichts mit uns los sein. Das Bild von Frampoll hatte sich wesentlich verändert. Das X. Korpskommando war seit einigen Tagen dort einquartiert, Autos fuhren auf und ab und die meisten Häuser waren mit Verwundeten überfüllt, welche dann in langen Wagenkolonnen nach Biygorai abtransportiert wurden. Südlich des Ortes befand sich ein riesiges Gefangenenlager, um welches unsere Truppen kampierten. In der ganzen Gegend waren alle Windmühlen und sonstigen Baulichkeiten zerschossen.
Als unsere KTD vorüber kam, wurden wir mit nicht enden wollenden Hoch!-, Salva!-, Eljen!- und Živio!-Rufen empfangen, was von uns säbelschwingend kräftig erwidert wurde. Wie ich glaube, war an diesem Tag das X. Korps nicht besonders engagiert. Der Geschützlärm war gering und nur weit vorn vernehmbar. Das Infanterieregiment 77 hatte am Vortag große Verluste erlitten, besonders am

Friedhof von Goraj. Ein Bataillonshornist war dort schreiend zurückgaloppiert: »Es ist alles verloren!« Üxküll, der das hörte, lief auf ihn zu und gab ihm zwei schallende Ohrfeigen, worauf der Mann zur Besinnung kam und mit Hurra die gesammelte Mannschaft wieder nach vorn führte.

Die KTD rastete in der Nähe des Meierhofes von Cielinki. Die Fahrküchen wurden herangezogen und man konnte sich's bequem machen, auch war genug Wasser für die Pferde vorhanden. Die ausgedroschenen Strohtristen wurden natürlich gestürmt. Nachdem ich einige Karten nach Haus geschrieben hatte, legte ich mich hin und verschlief den Tag. Gegen ½ 7 Uhr abends wurde wieder aufgebrochen, um gegen Norden zu ein Quartier zu suchen.

Wir kamen bis nördlich des Ziegelofens bei Chojni, wo wir erfuhren, daß Chrzanów vom Feinde besetzt sei. Weil es dunkelte, beschloß Hauer, gleich hier in der Nähe zu lagern und mit der Eroberung des Ortes bis auf den nächsten Tag zu warten. Doch war der Lagerplatz nicht günstig gewählt, es war das einzige Mal, daß wir wirklich großen Durst litten. Wie gesagt, griff man in der Not auch nach schmutzigem Wasser, aber nicht einmal solches war vorhanden. Der Train war weit zurückgeblieben und jeder mußte sich seine Konserven selbst kochen. Dadurch entstanden viele Feuer, die einen weithin sichtbaren Schein verbreiteten. Darob berechtigte Aufregung beim Generalstab und alles mußte schnell zusammengetreten werden. Halb verschmachtet krochen Comploier und ich im dunklen Lager herum, da trafen wir den Proviantoffizier von D. 4; er gab uns ein merkwürdiges Gemisch von Champagner, Curaçao und Cognac und dieses Getränk erwies sich, in kleinen Quantitäten, wirklich als durststillend. Zur Eskadron zurückgekommen blies ich meinen Luftpolster auf, legte mich zu meinen Pferden und schlief köstlich unter dem wolkenlosen Sternenhimmel.

26. August. Bei Morgengrauen großes Durcheinander, jedermann suchte verschlafen und fröstelnd seine Pferde. Viele hatten sich in der Nacht losgerissen und irrten im Lager umher. Meine waren auch darunter, wurden aber bald gefunden. Zwei Pferde der Eskadron waren und blieben für immer verloren, dafür hatten wir einige fremde bekommen.

Eine Patrouille meldete, daß Chrzanów vom Feinde frei sei, so konnten wir also friedlich einrücken. Wer beschreibt unser Erstaunen, als wir am Dorfplatz unsere Munitionskolonne ruhig campierend fanden? Sie war einen anderen Weg marschiert und um 1 Uhr nachts in Chrzanów eingelangt. Bauern erzählten uns, daß die Russen zu gleicher Zeit den Ort am anderen Ende mit Geschützen verlassen hätten; die Zahl der Geschütze variierte zwischen zwanzig und hundert, erstere dürfte wohl stimmen. Diese Geschütze waren irgendwo zurückgeblieben und dann von den Russen mit Konikeln weggeschafft worden. Wirklich schade um die entschlüpften Trophäen!
Unsere erste Aufgabe war natürlich das Tränken der Pferde, die nahezu 24 Stunden gedurstet hatten. Jedes Regiment bekam einen Uferabschnitt des großen Teiches, wo dann einige Eskadronen auf einmal tränken konnten. Von der wilden Gier der Pferde macht man sich kaum einen Begriff! Mit lang vorgestreckten Hälsen, einen komisch wiehernden Ton ausstoßend, stürzten sie sich nach vorn; nur mit Mühe konnte man verhindern, daß sie sich ganz ins Wasser warfen, was wegen des versumpften Grundes recht gefährlich gewesen wäre.
Ich schlich zum 1. Brigadekommando und bekam von Kari Almeida eine Schale köstlichen Tee, die mich ganz munter machte. Unsere Leute hatten wegen des Wassermangels von der Feldküche morgens nichts Trinkbares bekommen können. Schweren Herzens mußten wir ihnen verbieten, das massenhaft herumliegende unreife Obst zu essen, denn die Ruhr war in der ganzen Armee schon recht verbreitet.
Eine ganze Weile standen wir am Dorfplatz. Es wurde die Belobung des Armeekommandos publiziert, dann kam der Befehl »Einquartieren! Rasttag!«. Die ganze KTD blieb im Ort, nur die 2. Eskadron mußte nach Malinie, weil wir in Sokolówka bevorzugt worden waren. Als aber am Nachmittag unabsehbare Munitions- und Trainkolonnen in Chrzanów einzogen und sich alles zusammenpferchte, waren wir froh, Ruhe zu haben, besonders fern von allen Stäben! Es wurde für die Eskadron ein Schwein gekauft, auch verschafften wir uns aus dem merkwürdigerweise nicht zerstörten Bräuhaus ein Faßl ganz guten Bieres und es entwickelte sich gleich eine ganz heitere Stimmung.

Unweit meines Zugsquartieres fielen einige Schüsse in einem nahen Wäldchen, worauf ich eine Patrouille hinschickte. Bald kamen zwei Meldereiter, die behaupteten, Bauern hätten auf sie geschossen. Trotz eifrigen Suchens fand man nichts – bis auf einen im Sumpf steckengebliebenen Munitionswagen samt Protze. Korporal Pawelka war der glückliche Entdecker.
Als ich die Meldung von den Schüssen erhielt, hatte ich mich eben hinter meinem Quartier in einer weniger als mangelhaften Bekleidung beim langersehnten Großreinemachen befunden; mein Bursche hatte meine Sachen zum Putzen und Waschen mitgenommen. Ein feindlicher Überfall wäre mir – da mein Standort, ein Holztrog, dem Wäldchen am nächsten war – äußerst peinlich gewesen. Auf die Nachricht von der Entdeckung des Munitionswagens zog ich ein Reservehemd und Hosen aus meinem Köfferl an, bewaffnete mich mit einem leichten Taschenrevolver, den für gewöhnlich mein Bursch trug (ich hatte im Feld meist ein zusammenlegbares Mausergewehr[20)]) und eilte mit Kubin zum Fundort.
Der Wassertümpel war mit toten Pferden angefüllt und es lagen ungezählte Ausrüstungsgegenstände herum, ein Bild regelloser Flucht. Die Bauern erzählten uns, die Russen seien in größter Eile von der gegenüber liegenden Höhe herunter gekommen und mit dem ersten Wagen direkt in den Sumpf gefahren. Die Mannschaft ließ alles stehen und lief davon, die Pferde sind ertrunken. Die übrigen Geschütze und Fuhrwerke hatten sich etwas weiter durchgearbeitet.
Wir gingen gleich daran, die reiche Beute zu bergen. Nach den Achselklappen der herumliegenden Monturen konstatierten wir, daß es eine Grenadierbatterie gewesen war mit der Nummer 1; eine dieser Achselklappen habe ich aufbewahrt. Der Wagen war wie frisch aus dem Arsenal geholt, die ganze Munition befand sich noch in den Verschlägen. Auf dem Wagen lag in einer großen Plache die Reserveausrüstung der ganzen Mannschaft verpackt, sogar Konserven und elektrische Taschenlampen fanden wir. Gleich an Ort und Stelle wurde alles verteilt. Auch die Packtaschen der toten Pferde wurden geöffnet. Sie enthielten meist Dokumente der Mannschaft, unter anderem auch einen deutschen Brief einer Schwester aus Riga an ihren Bruder. Alle Schriften mußte man beim Divisionskommando abgeben.

Ich behielt einen Lacklöffel, ein gesticktes Handtuch und ein Muttergottesbild, welch letzteres ich mir später in Wien mit einer Inschrift einrahmen ließ. Auch eine elektrische Batterie behielt ich; sie leuchtete noch, als ich meinen Koffer im November in Wien erhielt, nachdem er zweimal eine Zeit lang unter Wasser gelegen hatte. Kubin bekam eine hübsch verzierte Nagaika, Wachtmeister Jelínek war hocherfreut über die vielen Geschirre und einen Sack Hafer. Im Triumph fuhren wir die Sachen in einem requirierten Handwagen nach Hause und jetzt erst wurde die Artillerie verständigt, es sei ein feindlicher Munitionswagen zu bergen. Am selben Tag fand eine Eskadron von D.4 einen Wagen voller Offiziersgegenstände, vor allem viel Parfum. Man soll die Eskadron von weitem schon an ihrem Geruch erkannt haben.
Gegen Abend ging ich mit besagten Papieren zur Division, auch hatte ich beim Regiment Post abzuholen. Der große Platz von Chrzanów war dicht mit Trainfuhrwerken besetzt; es war gar nicht ungefährlich, sich in dieses lärmende Chaos hineinzuwagen, das kaum beleuchtet war! Auf dem Heimweg, bei finsterer Nacht, fand ich mich nur mit einer Bussole zurecht.
Den Abend verbrachten wir in gemütlichem Beisammensein mit den Kameraden der 3. Eskadron. Durch einen Brief von zuhause erfuhr ich hier die Verlobung von Gräfin Sissi Almeida mit Graf Rudi van der Straaten.

27. August. Wir rücken gegen Norden vor. Wieder hieß es, wir sollten in die Schlacht eingreifen. Hauer erhielt den Befehl, sich an den rechten Flügel der Armee zu verschieben, um dort ein Loch zu stopfen. Dieses war entstanden, weil die 45. Landsturm Infanterie-Truppen-Division dem II. Korps bei Zamozc zu Hilfe geeilt war. Alle diese Angaben erfuhren wir während des Marsches. In Grotki passierten wir den Standort des X. Korpskommandos. Der Kampf war in vollem Gange, es handelte sich um die Eroberung von Turobin. Die Geschütze donnerten ununterbrochen, es wimmelte von Automobilen und anderen Fuhrwerken. Ich passierte eine Kavallerie-Fernsignalpatrouille und erfuhr, daß Graf Hansi Wilczek von D.6 sie kommandierte. Einige hundert Schritt weiter begegnete ich ihm auch, leider konnten wir uns nur kurz aufhalten.

Um an unseren Standort zu gelangen, mußte die ganze Front passiert werden. Die Artillerieaufstellung war imposant. Nur wenige hundert Schritt hinter ihr kamen wir vorüber und waren infolgedessen fortwährend im Feuer, ohne daß uns etwas Nennenswertes passiert wäre. Alle Dörfer längs des Por-Baches standen in Flammen und dichte Rauchwolken bedeckten den Horizont. In großer Höhe über uns kreiste eine Schar aufgeschreckter Störche, Krähen, Tauben und massenhaft Singvögel. Die arme Bevölkerung hatte die Hölle auf Erden, doch der Anblick war schauerlich-schön!
Am Teich von Podlesie machten wir längere Rast. Von hier wurde in breiter Formation marschiert, jedes Regiment für sich. Die Befehle jagten einander, mal hieß es: Doppelkolonne!, dann wieder: Kolonnenlinie! Breite Masse! Die Eskadron schachbrettförmig! – je nachdem Serda Artillerie-, Infanterie- oder Fliegerfeuer befürchtete. Wraubek, ein ausgezeichneter Reiter, doch kein Stratege, ritt sehr interessiert, sein Pferd dressierend, daneben her und kümmerte sich um nichts. Das wurde schon allgemein bespöttelt.
Auf der Höhe westlich Radecznica blieben wir wieder eine gute Weile stehen. Drüben in Mokrelipi erhob sich eine große Staubwolke. Einige Leute wollten Kavalleriemassen gesehen haben, doch ich hielt es von Anfang an für eigenen Train. Wir setzten uns in Trab und Galopp, mit Getöse ging es über die schmale Por-Brücke; wir waren eine der letzten Abteilungen. Die Straßengräben waren voller Verwundeter, auch stauten sich an der Brücke viele Trainfuhrwerke. Von diesem plötzlichen Gedränge und Staub macht man sich keinen Begriff! Ich erinnerte mich an die sich jährlich wiederholenden Défilé-Übungen zwischen dem Bauschowitzer und dem Leitmeritzer Kessel, längs des Theresienstädter Wassertores. Was war das für eine Spielerei gewesen!
Inzwischen hatte sich herausgestellt, daß es wirklich nur eigene Kolonnen waren, doch kam unsere Artillerie gerade noch zurecht, um in den Kampf gegen Norden sehr wirksam einzugreifen; unsere Infanterie fing an zu erlahmen. Endlich waren wir in der Lücke angekommen. Rechts hinter uns war eine recht arge Kanonade, wo das II. Korps um Zamozc raufte. Die KTD hatte an dem Tag nichts mehr zu tun und fungierte nur als Bedeckung für ihre eigene Artillerie. Da die Russen hier keine Artillerie hatten, konnten wir aus nächster

Nähe ein interessantes Wirkungsschießen beobachten. Den Nachmittag beschloß ein prachtvoller Sonnenuntergang, wie er nur in großen, industrielosen Ebenen gesehen werden kann. Es war unbegreiflich, daß die Menschen in dieser so friedlichen Natur einander mit so viel raffinierten Mitteln hinschlachteten! Bei Einbruch der Dunkelheit ging's nach Zaporce ins Quartier.

28. August. In aller Frühe kam der Befehl, ich solle mich mit einigen Reitern beim Regimentskommando einfinden. Oberleutnant von Appel, der Regimentsadjutant, fertigte mich ab. Ich muß vorausschicken, daß Leutnant Linke am Tag vorher abgeschickt worden war, um die Verbindung mit der 45. L.I.T.D. herzustellen. Gegen Abend war er nach Hause gekommen, ohne Ljubičić gefunden zu haben.
Hauer war wütend! Er ließ ihn nur Pferde und Mannschaft wechseln und gleich wieder losreiten. Der arme Kerl – so gegen Morgen kam er endlich mit einer ganz vaguen Meldung zurück. Die KTD legte jedoch großen Wert darauf, etwas Bestimmtes über ihre Nachbar-Divisionen zu erfahren; zu diesem Zweck wurden ein Leutnant von D.4 und ich ausgesandt. Der Auftrag lautete sehr lakonisch, nach Osten zu reiten und zu suchen.
Wir trennten uns bald. Nicht weit hinter Sasiadka hatte ich das Glück, den Trümmern einer der Landwehrbrigaden zu begegnen. Der Kommandant der Abteilung sagte mir, die ganze Landwehr Truppen-Division sei zersprengt; ich solle nicht weiterreiten, er werde mir die Meldung diktieren.
Bekanntlich war die T.D. gestern zur Unterstützung des II. Korps abgerückt, siegesgewiß hatten sie den Feind angegriffen. Im Wald verloren die einzelnen Regimenter die Richtung und beschossen sich stundenlang gegenseitig, die ganze Nacht hindurch. Später erfuhr ich von FML von Stöger-Steiner, dem Kommandanten der IV. Infanterie-Truppen-Division, dem ich am 30. und 31. August zugeteilt war, daß GM Sauerwein (einer der beiden Landwehr-Brigadiere) allein mit seinem zugeteilten Offizier über zwanzig Kilometer zurückgeritten sei, um zu melden, die ganze L.T.D. sei aufgerieben! Anstatt also, daß die Landwehr dem II. Korps geholfen hätte, mußte dieses ihr noch beistehen.

Was ich jetzt noch vor mir sah, waren nur noch etwa 600 Mann, ein Bild des Jammers! Das sollte der Rest der L. T. D. sein? Gott sei Dank bewahrheitete es sich später nicht. Die Leute waren am Ende ihrer Kräfte und hörten mit Freuden, daß wir so nahe seien. Rasch ritt ich mit meinem Bericht zurück, doch war es gar nicht so einfach, unsere T.D. zu finden, denn die war mittlerweile ausgerückt. Das Terrain war sumpfig und die meisten Brücken waren schadhaft; auf meine Meldung hin wurden dann diese wichtigen Übergänge von den Pionieren repariert. Üxküll empfing mich mit freudigem Hallo und dankte mir besonders für die rasche Erledigung dieses Auftrages. Mein armer Kamerad von D.4 irrte stundenlang herum, ohne auch nur einem Landwehrmann zu begegnen.

Die Situation stellte sich nun recht bedrohlich dar. Bis auf dieses Landwehrdebakel wußten wir nichts von unserer rechten Flanke und russische Abteilungen konnten eventuell schon in unserem Rücken operieren. Die T.D. stieß nun gegen Nordosten vor zum Meierhof Sulovjec, auch wurde die Verbindung zum II. Korps gesucht. Unterwegs fanden wir viele russische Maschinengewehrpatronen-Verschläge, sie wurden alle in einem Teich versenkt.

Hier wurde ich zum ersten Mal Zeuge eines Soldatenbegräbnisses. An der Mauer des Meierhofes wurde ein tiefes Loch gegraben und es kamen vier Leichen übereinander hinein, worauf das Loch wieder zugeschüttet wurde. Ein einfaches Kreuz bezeichnete die Stelle. Kein Mensch kannte diese Toten, da ihnen die Legitimationskapseln bereits am Tage vorher von ihren Kameraden abgenommen worden waren. So ein einsames Soldatengrab hat immer etwas so Melancholisches an sich.

Bald darauf wurde ich wieder zu Hauer gerufen und mußte die Verbindung zum X. Korps herstellen. Üxküll sagte mir als einzigen Anhaltspunkt, daß das Korps gestern in Gorky gewesen sei (was ich übrigens schon wußte) und heute etwas nach Norden vorrücke. Ich sollte meinen Bericht von der Landwehr gleich mitnehmen. Nachdem ich bei der Eskadron mein Pferd gewechselt, nämlich meinen Sattel auf ein frisches Kommißpferd geschnallt hatte (ich glaube, es war »Gott Apis«), ritt ich mit meinen Leuten gegen Westen ab.

An diesem Tag hörte man fast nichts von einem Kampf, nur die unvermeidlichen Gewehrschüsse knallten immer wieder. Da ich von den günstigen Erfolgen der Unseren und von der Einnahme von Turobin noch nichts wußte, beschloß ich, geradeaus nach Gorky loszureiten, um von dort den Spuren des Korpskommandos zu folgen. Ich stieß auf eine Telegraphenleitung, der ich folgte; auf den Draht und meinen Kompaß gestützt, gelang es mir, hin zu kommen. Langweilig und zeitraubend waren die zahlreichen Racheln, die man meist nur mit den Pferden an der Hand passieren konnte. Die Abhänge waren bedeckt mit Trains, die ihre Wagen in Vierecken um die Zugtiere und Zelte aufgestellt hatten; sie machten den Eindruck von Hussitenlagern.

Die meisten Truppen waren schon vormarschiert und so, wie immer, konnten die Trainkommandanten nichts über die Situation sagen. Sie trugen überhaupt in bezug auf die kämpfenden Truppen eine beispiellose Naivität zur Schau; es wurde einfach nachgekoffert. Die einzige Nachricht, die ich von einem bekam, war, daß das Korpskommando weggeritten sei – was mir nichts Neues war.

Jetzt schlug ich den Weg gegen Turobin ein. Wie hatte sich die Gegend in den letzten Tagen verändert! Die meisten Bäume waren geknickt, sämtliche Gebüsche, Heu- und Strohtristen verbrannt, die Erde von Geschossen aufgewühlt. Überall lagen große Mengen russischer Gewehre und anderen Materials herum, die zu hohen Haufen geschlichtet wurden. In einigen Racheln sah ich noch vergessene Leichen liegen. Alles war voller Kreuze, man wähnte sich auf einem Friedhof.

Vor Turobin kamen wir an einer schweren Mörserbatterie vorüber, die in Stellung stand. Der Kommandant, ein Oberst, wies mich nach rechts, weil seit der Früh' kein Kommando an ihm vorbeigeritten sei. In Rokitov, wo eben die verängstigte Bevölkerung aus ihren Verstecken herauskam, war weit und breit kein Soldat zu sehen und ich wandte mich wieder nach links, um bei Turobin über den Por zu gelangen. Hier war alles voller Truppen. Ich begegnete einigen Verwundeten- und Gefangenentransporten, aber niemand konnte mir sagen, wo ich das Korpskommando finden könne. Also weiter, auf Žabno zu!

Die drei Windmühlen nördlich gegen Turobin waren total zerschossen. Es kam mir ganz komisch vor, den weiten Raum zwischen Turobin und dem Wald ganz sicher durchreiten zu können, der mir von

unserer ersten Begegnung mit dem Feinde als Inbegriff alles Verdächtigen vorgekommen war. Leider erfuhr ich erst hinter Žabno, daß ich das II. I.T.D.-Kommando vor mir hatte, der weite Weg war also umsonst gewesen; ich war der Verzweiflung nahe. Damals kam mir zu Bewußtsein, daß ein Kommando (das aus nur wenigen Reitern besteht), welches sich von seiner Truppe löst, noch schwerer im Terrain zu finden ist als jede beliebige Eskadron.
Mittag war längst vorüber und der Hunger meldete sich stark. Auch die Pferde sollten schon getränkt werden. Ich mußte also auf jeden Fall trachten, zum Ziele zu gelangen. Ich wußte, daß die 24. I.T.D. unser linker Nachbar war. Jetzt war mir der Standort der II. I.T.D. bekannt, also konnte ich annehmen, daß sich das Korpskommando etwa in der Mitte zwischen beiden befinde, vielleicht im Orte Czernicin. Ich ritt gerade auf das Dorf zu, und zu meiner größten Freude und Genugtuung fand ich auch das langgesuchte Kommando.
Der Kommandant, von seinen Herren umgeben, saß in einem Straßengraben vor einem Feldtisch mit einigen telephonischen Apparaten. Der Platz war nur durch eine schwarz-gelbe Fahne gekennzeichnet. Es war 3 Uhr. Ich meldete mich gleich beim Generalstabschef, der mir zu warten befahl, um die Abfertigung für den nächsten Tag mitzunehmen. Mit nachgelassenen Gurten und ausgehängten Zäumen stürzten die Pferde zum Brunnen. Den Leuten konnte ich Milch und Brot verschaffen, ich bekam von den Herren des Stabes etwas Schokolade.
Ein Automobiloffizier in Generalslampas und -borte, breit gesticktes Fliegerrad am Kragen, tritt auf mich zu: Graf Felix Thun, Autoreferent beim X. Korps! Er hatte eine rührende Freude über mich und auch meine war nicht geringer, endlich frische Nachrichten von zuhause zu bekommen; er war noch am 16. in Wien gewesen. So erfuhr ich, daß mein Vater mit der Feldpostnummer 31 im Kriegs-Hofquartier sei. Er versprach auch, gleich Mama zu schreiben.
Nach circa einer Viertelstunde bekam ich die Abfertigung und noch einige Instruktionen und konnte abreiten, leider ohne das mir von Felix Thun versprochene Sattelfrühstück; es war im Auto geblieben und nicht gleich aufzutreiben. Sehnsüchtig blickte ich auf den Weg gen Grotky, doch ich mußte aufbrechen. Im letzten Augenblick beim Abreiten kam endlich das Auto und mit ihm ein köstliches fa-

schiertes Schnitzl. Selten hat mir eines so gut geschmeckt wie damals.
Während meiner Anwesenheit war ein Landwehrmann gehängt worden, der einen schwerverwundeten russischen Offizier beraubt hatte, doch besah ich mir das Schauspiel nicht.
Der Rückweg gestaltete sich im Anfang viel einfacher, da ich nicht weit zum Nächtigungsort der KTD hatte. Als ich aber nach Zaporce kam, erfuhr ich, daß die Division schon vormittags gegen Osten abgeritten war. Ich schloß mich zwei Eskadronen von D.23 an, die hier die Brücke bewacht hatten und ebenfalls einrückten. Labé war einer der Eskadronskommandanten, Zizi von Doubek und Oblt. Baron Czoernig sind mir auch noch erinnerlich. In Tworyczow erfuhren wir in einem netten Herrenhaus, das von zwei alten Jungfern bewohnt war, daß die Division vormittags über den Por gegen Žrebče gezogen sei. Am Haus war eine Rotkreuzfahne ausgesteckt, leider konnten wir die dort befindlichen Verwundeten nicht mitnehmen.
Von Žrebče folgten wir der Division nach Mihalow. Es war ein echter russischer Weg, ein breites, tiefes Sandband wie auf der Puszta. Meine Leute und ich waren schon recht mißmutig; seit 7 Uhr früh im Sattel, jetzt war es 8 Uhr abends und keine Aussicht, bald ins Quartier zu kommen. Ich hatte mit meinem Ritt in der Früh' schon beinahe 100 Kilometer im Leib! Wir begegneten einem langen Gefangenentransport. Die Polen riefen uns auf polnisch zu, die Juden auf jiddisch, sie seien Freunde und hätten nicht auf uns geschossen. Zum Schluß kam auch ein Wagen mit vier Offizieren, ein Oberst mit langem Bart und Brille sah eher wie ein Professor aus. Man grüßte sich gegenseitig.
In Mihalow trafen wir unseren Train und die Munitionskolonne, die in einem prachtvollen Meierhof untergebracht waren, einem Grafen Zamoyski gehörend. Der Hof machte ganz den Eindruck einer Musterwirtschaft mit Brennerei, elektrischer Anlage und Zuckerfabrik. Meine Hoffnung, im nahegelegenen Schlosse Klemensów übernachten zu können, erfüllte sich nicht. Wir mußten bei hereinbrechender Nacht, am anscheinend schönen Park vorbei, auf einer prachtvoll schnurgeraden Schneise nach Zlojec weiter. Unser Trainkommandant Oberleutnant Schirn hatte sich in Klemensów einquartiert. Der Hausherr empfing ihn mit der vorsichtigen Bemer-

kung, er handele nur auf Befehl des Herren Oberleutnant; doch bekam er ein sehr gutes Souper. Zamoyski hatte allen Grund, vorsichtig zu sein und es sich mit keiner Partei zu verderben, da ihm, wie ich hörte, das ganze Gouvernement Lublin gehörte. Die ersten großen Kämpfe haben sich alle auf seinen Besitzungen abgespielt, wohl nicht zu deren Vorteil!

Als wir Mihalow verließen, fielen in nicht allzu großer Entfernung von uns einige Kanonenschüsse. Später erfuhr ich, daß die Russen unsere KTD überraschend während der Einquartierung in Zlojec beschossen hatten. Gegen 11 Uhr nachts in stockdunkler Finsternis waren wir dort angekommen. Wo war das Kommando? Ich rief fortwährend in die Finsternis hinein: »Truppendivisionskommando!?«, doch nur selten fand sich einer, der mich einer Antwort würdigte. D.13 hatte ich mittlerweile in der Dunkelheit verloren und erst nach geraumer Zeit kam ich ans Ziel. Üxküll empfing mich überrascht, er hatte mich für diesen Tag nicht mehr erwartet. Die Abfertigung, die ich brachte, war überdies schon gegenstandslos geworden, weil wir mittlerweile dem II. Korpskommando (IV. Armee Auffenberg) unterstellt worden waren.

Als wir so mit einigen Kameraden plauschend im Hof standen, mischte sich eine Stimme mit einer durchaus nicht zutreffenden Bemerkung über die Ereignisse des heutigen Tages in unser Gespräch. Recht grantig fertigte ich den Sprecher mit einigen sarkastischen Worten ab, worauf aber die fremde Stimme ripostierte. Es knipste eine Taschenlampe auf, und ich erkenne Hauer! Natürlich folgte eine gehorsamste Entschuldigung meinerseits, doch lachend gab er sehr liebenswürdig klein bei, da ich durch meinen Ritt genauer informiert war. Gleich darauf wurde die morgige Abfertigung samt der Disposition von Rachowec diktiert. Es wird ein Angriff auf die Stellung östlich von Wieprz geplant.

Unterdessen unterhielt ich mich mit Üxküll, der mir den morgigen Angriff erklärte. Auf meine Frage, ob wir denn stark genug seien, sagte er wörtlich: »Es ist besser, mit dem Karabiner in der Hand zu sterben, als nichts zu tun!« Das war eine Phrase, die man immer wieder hörte und die nicht viel hieß. Das Vaterland hatte wenig von einem solchen Opfer, wenn es sich wirklich nur darum handelte, den oberen Kommanden zwecklos Tätigkeit vorzumachen. Beson-

ders der Generalstab führte solche Sprüche gern im Munde, obwohl nicht er es war, der mit dem Karabiner in der Hand zu sterben hatte! Abgesehen davon aber war Üxküll einer der besten Vertreter dieser Gilde, denn er hatte ein wirkliches Interesse für Mann und Roß.
Ich hatte meine Patrouille in einem leeren Bauernhof neben dem Divisionskommando einquartiert, weil man mir gesagt hatte, daß das Regiment am anderen Ende des ewig langen Ortes nächtigte. Heu und Stroh waren genügend vorhanden. Die Leute fingen sich gleich einige Hendln, doch ekelte mich ihre Kocherei so, daß ich mich lieber an eine Konserve hielt. Vorsorglich schickte ich einige Dragoner, um Wasser zu holen.
Die Nacht war so schwarz, daß man nicht seine Hand vor Augen sah. Ich stand vor meinem Quartier und rief einen Mann an, der bei mir vorüber kam. Es antwortete der Dragoner Rewald von meiner Schwadron – der aber nicht mit mir geritten war! Die Überraschung war groß, als sich herausstellte, daß das ganze Regiment hier herum einquartiert war und daß speziell die 2. Eskadron kaum zwanzig Schritt von hier über der Straße in einigen Häusern untergebracht ist. Üxküll muß sich im Regiment geirrt haben. Mit Wonne wird das morgige Aufstehen um eine Stunde von 4 auf 5 Uhr früh verschoben. Später kamen noch Oblt. Baier und Reservewachtmeister Graf Rzyszczewski von D.13 mit einigen Leuten in unsere Behausung und wir kochten uns einen gemeinsamen Tee.

29. August. Knapp vor dem Abmarsch bekomme ich einen langen guten Brief von Zdenka mit einem kurzen Kriegsgebet als Beilage. Das Regiment soll umfassend angreifen. In einer kolossalen Staubwolke wird im Trab ein großer Bogen beschrieben, dann sollte möglichst lautlos ein dichter Wald passiert werden. Die Lautlosigkeit blieb jedoch ein frommer Wunsch, weil sechs Eskadronen mehr Spektakel machen, als man glaubt. Es wird noch eine Holzbrücke passiert, dann stellen sich die Eskadronen in Divisionsmasse hinter zwei große Strohtristen.
Die letzte Eskadron war etwas zurückgeblieben und in Trab gefallen. Sofort entstand eine Staubwolke und schon begannen die Russen, diese mit Schrapnells zu belegen. Da es windig war, zog die Staubwolke langsam ab und mit ihr glücklicherweise das Schrapnellfeuer,

ohne Schaden angerichtet zu haben. Immerhin war unsere Aufstellung nicht sehr gemütlich und Wraubek zog es vor, in den Wald zurückzugehen; es hatte eh niemand begriffen, warum wir aus der guten Deckung des Waldes ohne Grund herausgekommen waren. Sehr komisch sah es aus, wie beim Pfeifen der Schrapnells über unseren Köpfen sich alles, vom Obersten bis zum letzten Mann, unwillkürlich nach vorn neigte. Nach einigen solchen Buckerln fingen wir an, darüber zu lachen und alles trachtete, beim nächsten Gesurre aufrecht im Sattel zu bleiben, was aber gar nicht so einfach ging.

Das Passieren der Brücke wurde von unseren zwei Maschinengewehren unter Kommando von Oblt. Richter gedeckt. Immer wieder ermahnte er die ihn passierenden Eskadronen, nur ja keinen Staub zu machen – um nicht wieder einen russischen Gruß zu erhalten, den er mit seinen Spritzen kaum hätte erwidern können. Nun mußten wir über einen breiten Sandfleck und sofort meldeten sich die Russen mit ihren Schrapnells; abermals ohne Wirkung, da auch diese jetzt dem uns gnädigen Winde nachzogen.

Im Wald wurde abgesessen und die Brücke wurde verrammelt und besetzt, zu welchem Zweck einige Eskadronen die von der Infanterie verlassenen Schützengräben bezogen. Wir übrigen trieben uns gelangweilt im Walde umher und in einer nahen Mühle, wo wir Tee kochten. Wraubeks Offensivgeist schien verraucht zu sein, doch er hatte ganz recht: Zwei Tage später erst gelang es der IV. I.T.D. (deren Kommando ich als Verbindungsoffizier zugeteilt war), nach hartem Kampf den dreifach überlegenen Gegner aus dieser Stellung zu werfen; freilich hatte er durch sein vorzeitiges Beschießen unseres Staubes aus verschiedenen Richtungen seine starke Position verraten.

Plötzlich jagte eine der ausgeschickten Sicherungspatrouillen zurück mit der Meldung, ein Feind marschiere gegen uns. Endlich eine Abwechslung! Alles stürzt auf seinen Platz, doch stellt sich bald heraus, daß es sich nur um eine russische Sanitätsabteilung handelt, die durch die Gegend zieht. Der Oberst gibt Leutnant Zapp von unserer Eskadron den Befehl, mit seinem Zug die Herrschaften gefangen zu nehmen. Eben wird die Barrikade von der Brücke geräumt, als Serda darauf kommt, daß es ganz gegen jegliche Genfer

Konvention wäre, diese Sanitäter in ihrer Tätigkeit zu behindern. Er hatte den Beweis für seine Ansicht gleich bei der Hand, im sogenannten Kleinen Schmidt, einem taktischen Handbuch, das er stets in der Packtasche mitführte und nun Wraubek vorlas. So kamen wir um eine Abwechslung, aber auch um eine Blamage!

Gegen Abend kam massenhaft Artillerie angefahren und begann, den Waldrand mit Geschützen zu bespicken. Ich wurde als »Parlamentär« zum Kommandanten geschickt, um zu erfahren, ob er etwa heute noch zu schießen beginnen würde – was unsere Handpferde recht übel genommen hätten. Wraubek trug mir sogar auf, dem Herrn zu sagen, er solle sich nicht unterstehen zu schießen! Ich richtete meinen Auftrag diplomatisch aus, doch war meine Mission erfolglos, da der Betreffende erklärte, telephonisch mit seinem Korps verbunden zu sein, und daß er auf dessen Kommando bald werde beginnen müssen.

Auf diese Nachricht hin entschloß sich Wraubek abzurücken, da überdies Infanterie gekommen war, um unsere Stellungen zu übernehmen. Abermals zum größten Mißvergnügen der Zurückbleibenden zogen wir uns unter unvermeidlicher Staubentwicklung zurück und marschierten in einem großen Bogen nach Zlojec. Zwischen Wolka-Zlojecka und Krzak kamen wir durch ein noch ganz ungeräumtes Schlachtfeld. Es war erschütternd. Kunterbunt lagen Freund und Feind durcheinander und ein entsetzlicher Geruch verpestete die Luft, daß sogar die Pferde unruhig wurden. Es wurde Trab kommandiert, um bald da heraus zu kommen. Der Ort war ganz niedergebrannt, einzig die in Ziegeln gebauten Schornsteine ragten noch gegen den Himmel und boten uns einen damals noch ungewohnten, grotesken Anblick. An einem Kreuz lagen zwei tote Landwehroffiziere; der eine hatte das Kreuz fast umfangen – ein Bild, das man nicht so bald vergessen konnte. Leider wurden wir auch den schauerlichen Geruch tagelang nicht los.

In Zlojec wurde uns ein ganz verlassener, noch unberührter Ortsteil angewiesen. Besonders die gefüllten Petroleumlampen erfreuten uns sehr, auch fanden die Leute mancherlei Vorräte, mit denen sich's gut leben ließ. Doch ich konnte nie die armen Bauern vergessen, die ihr ganzes Hab und Gut verlassen und wohl verloren hatten.

Czermo, 4. September.[21] Gegen 7 Uhr abends kam Appel zu uns gelaufen: Es hat sofort eine Offizierspatrouille abzugehen! Der Kommandant zum Brigadier! Ich war an der Reihe, also los. Ich gehe in unsere Behausung und behänge mich mit allem Nötigen. In der Dorfschule von Wicewski in einem von Heiligen- und Zarenbildern strotzenden Zimmer war schon ein recht arges Gedränge. Außer mir werden eine weitere Offizierspatrouille (Leutnant Kordik) und vier Unteroffizierspatrouillen abgefertigt.
»Beginnen wir mit dem Wichtigsten!« sagt der Brigadier. Also mit mir! Ein etwas banges, aber auch stolzes Gefühl beschleicht mich. Der Auftrag lautet: Über Mietkie, Witkow, Uhrynow auf die Höhe 233 zu gelangen und aufzuklären, ob die Russen über den Bug vorgehen und wo sich die Übergänge befinden. Ich machte den Vorschlag, in Anbetracht der anbrechenden Nacht und der grundlosen Wege erst am Morgen, etwa um 2 Uhr früh abreiten zu dürfen. Doch der Weg war zu lang und ich mußte gleich los.
Zuerst sollte die Patrouille aus 10 Mann bestehen, doch wurde sie auf meine Bitten auf 25 verstärkt; die Maßnahme hat sich auch sehr bewährt. Alle Patrouillen, die zugleich mit mir abritten und schwächer gehalten waren, wurden zersprengt und verloren auch einige Leute. Nur wir blieben unbehelligt, obwohl wir ununterbrochen von feindlichen Patrouillen umschwärmt wurden. Die Dauer der Expedition war auf 3 Tage festgelegt.
Ich eilte nach Hause, um meinen Zug zu versammeln, auch blieb mir noch Zeit, schnell zu soupieren, etwas »anrüchige« faschierte Karbonadl mit Erdäpfelpüree. Zum Speisesaal hatten wir uns eine Scheune ausersehen, die von unseren russischen Vorgängern, den Düften nach zu urteilen, zu etwas ganz anderem benützt worden war. Ich meldete mich ab, Comploier entließ mich mit vielen Segenswünschen und rief mir noch nach, mich ja nicht fangen zu lassen! Der Arme dachte wohl nicht, daß er selbst am nächsten Tag, auf der Fahrt ins Ruhrspital nach Zamozc, in russische Hände geraten würde. Erst am 4. September 1924, also auf den Tag zehn Jahre später, habe ich Comploier in Wien wiedergesehen; er war 1918 aus der Kriegsgefangenschaft zurückgekehrt.
Gegen ½ 8 Uhr abends ritten wir endlich los. Ich hatte eine recht breite Sumpflinie zu passieren, was in der Nacht gar nicht ungefähr-

lich war. Ordonnanzoffizier Leutnant Hernych vom Regiment, der von der Brigade zum II. Korps nach Sahryn reiten mußte und den Weg schon kannte, führte uns. Von dort gingen die Patrouillen strahlenförmig auseinander, ich mit meinen 25 Mann nach Süden. Meinen Kompaß hatte ich leider einige Tage vorher verloren, was sich gleich rächen sollte. Um den Immerfertig[22)] zu sparen, prägte ich mir den Weg nach der Karte gut ins Gedächtnis ein und wollte nach dem Gefühl reiten. So hatte ich es bisher immer gemacht, nur muß man dazu natürlich einen Kompaß haben, um sich von Zeit zu Zeit in der Richtung zu korrigieren.
In Adelinka sollten wir nach links abbiegen, um über Mietkie, Starolie nach Witkow zu kommen. In der Dunkelheit verpaßte ich aber den Weg, kam in den Wald und auf eine Gott sei Dank ganz gerade Schneise, und ritt drauflos. Es war eine bange Stunde, ich hatte keine Ahnung, wo wir herauskommen würden. Endlich wich der Wald auf beiden Seiten zurück, es zeigten sich Häuser, wir waren offenbar in einem Ort. Ich ließ meine Spitzenreiter weiter vorgehen, saß dann mit zwei Mann ab und drang mit der Pistole in der Hand ins erste Haus ein. Es war verlassen. Die nächsten leider auch. Also keine Möglichkeit zu erfahren, wo wir sind! Mittlerweile hatte ich total die Direktion verloren. So hatte ich mich, der ich so stolz mit dem wichtigen Auftrag abgeritten war, schon in der ersten Stunde vollkommen verirrt! Es war zum Verzweifeln.
Schweren Herzens entschloß ich mich, doch weiter zu reiten. Plötzlich kam ein Spitzenreiter zurück – wir hätten eine Patrouille gegen uns! Im selben Augenblick bricht der langersehnte Mond aus den Wolken und ich erkenne zu meiner größten Freude Einser Dragoner. Es war eine Streifpatrouille, die von Tischovce kam und über Sahryn sichern sollte. Ich war ihnen im richtigen Augenblick begegnet. Die Blamage wäre nicht auszudenken gewesen, wenn ich nach zweistündigem Ritt wieder in Tischovce angekommen wäre. Wir befanden uns in Lipoviec, und da ich so viel Zeit verloren hatte, beschloß ich, quer durch den Wald den Weg nach Staroje zu erreichen, was dann auch gelang.
Vor dem Ort bekam ich die Meldung, meine Spitze sei offenbar auf russische Vorposten gestoßen und angerufen worden; auch hörten sie im Ort russisch reden. Mir schien das äußerst unwahrschein-

lich. Vier Mann, die sich anschlichen, konstatierten eine kroatisch redende Honved-Munitionskolonne, die hier nächtigte. Wir waren ins VI. Korps geraten. Natürlich war eine Auskunft selbst vom Kommandant, einem Honved-Oberleutnant, ganz ausgeschlossen. »Nem tu dem, lieber Alter, ize Sachen!«[23] war seine ganze Weisheit.
Es fing an zu regnen. Der Weg war grundlos und vor mir lagen noch 30 Kilometer in stockdunkler Nacht, im Schritt! In Wisznjew endlich gelang es, einen berittenen Führer aufzutreiben, nachdem ich ihm gedroht hatte, sein Haus anzuzünden, wenn er nicht mitkäme. Um ein Haar hätte er zu meiner größten Verlegenheit das letztere vorgezogen!

5. September. Es dämmerte, als wir nach 3 Uhr früh in Witkow ankamen. Der Führer wurde entlassen und ich beschloß, hier etwas zu rasten, um uns für den kommenden Tag zu stärken. Wir waren von rückwärts an den Ort herangekommen. Als ich die erste Scheuer aufmachen wollte, empfing mich, ich traute meinen Ohren kaum, wüstes italienisches Geschimpfe. Wir waren bei einer Kaiserjägerkompanie, also beim XIV. Korps! Ich ließ meine Leute absitzen und Gurten nachlassen; wie tot fielen sie hin und schliefen schon. Selbst watete ich im knietiefen Kot bis zum Kommandanten dieser Abteilung, doch auch er konnte mir keine nähere Auskunft über den Feind geben. So wie ich war, legte ich mich auf die nackte Erde und schlief auch schon, sogar mit aufgesetztem Helm.
Ganz zerschlagen und verfroren wachte ich pünktlich nach einer Stunde auf; diese Eigenschaft, nach eigenem Wunsche aufzuwachen, hatte mir schon im Manöver sehr gute Dienste geleistet und mich auch jetzt nicht sitzen lassen. Wir zogen weiter. In Kadlubista oder Dolgodyczew war es, wo in einem schloßartigen Herrenhaus die ganze wertvolle Einrichtung total zerstört war, die Spiegel zerschlagen, das Klavier demoliert, ein Gobelin zu Nudeln zerschnitten – Beweise rohester Kosakensoldateska. Leider waren auch unsere Truppen, besonders die Honved, nicht immer unschuldig an derartigen Vandalismen.
Vor Uhrynow passierten wir unsere Grenze. Das Wachhaus und die beiderseitigen Grenzpfähle waren total demoliert und verunreinigt.

Meine Dragoner konnten es gar nicht fassen, wieder in Österreich zu sein! Wenn ich ihnen gesagt hätte, wir seien in Sibirien, hätten sie es eher geglaubt; ohne Karte ist es auch schwer zu begreifen. Wochenlang waren wir gegen Norden marschiert, dann gegen Osten, aber leider war's ein starkes Südosten geworden. Gleich von der Grenze an war die Straße wieder menschlich, man sah auch wieder Telegraphenstangen. Die Bewohner grüßten uns freundlich und brachten uns Milch und viel Obst; auch wiesen sie sehr willig den Weg. Sie hatten die Kosakenherrschaft schon einige Zeit verspürt.
Ich begegnete einem Husaren, der eine leider ungarische Meldung bei sich hatte. Sie war für die II. KTD bestimmt, die ganz in der Nähe sein sollte. Der Mann, ein Slovake, kam vom Bug, der stark von Russen besetzt schien. Seiner Patrouille waren vor circa einer Stunde zwei Mann weggeschossen worden. Jetzt löste ich meine Abteilung in Reiterpaare auf und schickte sie in Sehweite um mich herum, mit dem Auftrag, sowie sie etwas Wichtiges sehen, es mir zu melden, gleichzeitig auf meine Zeichen zu achten. Die allgemeine Direktion war querfeldein gegen Osten zum Bug.
Ich war eine Strecke weiter gekommen, da kam Korporal Griesbach in Marsch Marsch! auf mich zugeritten, sehr aufgeregt: »Auf 1 km von hier in Lemberg sind 100 000 Russen!« Schimpfend schickte ich ihn zurück mit der freundlichen Aufforderung, nicht so blöd zu melden. Mit den Russen in Lemberg hatte er ja recht, das erfuhren wir nach Wochen; aber die Distanz war um etwa 80 Kilometer unterschätzt. Der arme Kerl hat nicht mehr lang mitgetan, er starb bald an Gicht in einem Feldspital.
Bei der Spiritusfabrik südlich von Vojslavice meldete man mir, daß sowohl dieser Ort als auch Horobrov vom Feinde besetzt seien. Ich konnte mich durch Augenschein selbst davon überzeugen – Vojslavice wimmelte von grünen Mannln, anscheinend eine größere Infanterieabteilung. Leider waren wir zu spät gekommen, um den Übergang des Feindes über den Bug zu beobachten. Ungeachtet dessen setzte ich meinen Weg fort, um wenigstens noch etwas aufzuklären. Im Morgennebel sah ich in weiter Ferne die Türme von Sokal, zu meinen Füßen schlängelte sich der Bug; das bot ein ganz friedliches Bild.
Doch da erschienen uns gegenüber auf der Höhe 229 einzelne Kosa-

ken. Lanzenschwingend und karakolierend[24] ritten sie von einer Strohtriste zur anderen. Es war das typische Bild einer Kosakenpatrouille. Ich gab das Zeichen zum Absitzen und Decken und eröffnete selbst das Feuer. Bald schwirrten auch uns die Kugeln um die Ohren. Auch von Vojslavice wurden wir beschossen, beinahe in unserem Rücken! Ich wollte schnell eine Meldung schreiben, doch das Pfeifen und Einschlagen der Kugeln und die eigene Schießerei hinderten mich daran, trotz meiner verhältnismäßig guten Deckung hinter einer Strohtriste.
Plötzlich hörte ich starkes Pferdegetrappel auf der Straße gegen Uhrynow. Schon glaubten wir an einen Überfall – Gott Lob war's aber eine Patrouille von L.U.6, die von Kosaken verfolgt worden waren. Oberleutnant B ...? war hocherfreut, uns zu treffen. Er hatte sich schon seit dem vorigen Tag hier am Bug herumgeschlagen und konnte mir sehr wichtige Aufklärungen über den Feind geben. Von einem weiteren Vordringen hier war keine Rede, so ritt ich mit B. und unserer stattlichen Kriegsschar von 30 Mann nach Mjanowice, wo ich – gedeckt – lange zu rasten gedachte. Die Patrouille wurde in einem Hohlweg verstaut und Posten aufgestellt; B. und ich krochen in einen Heuhaufen, und endlich konnte die Meldung verfaßt werden. B. schrieb sie, weil mein gebrochener Finger mich noch etwas hinderte. Ich legte auch die Anzeige von zwei Juden bei, die zwei ihrer Glaubensgenossen des Hochverrats verdächtigten. Diese spekkigen Dokumente hatte ein Dragoner unterwegs bekommen. Korporal Pawelka wurde mit drei Mann mit dieser wichtigen Meldung zum II. Korps geschickt.

Anmerkungen

1. »Abgerichtet« = ausgebildet, wie man heute sagen würde; die Methoden dieser Ausbildung waren allerdings denen einer Abrichtung oder Dressur von Hunden nicht unähnlich, ebenso wie das angestrebte Ziel.
2. Nicht jedes Manöver, an dem der Kaiser teilnahm, war auch ein Kaisermanöver. An einem Kaisermanöver nahm, zumindest theoretisch, die ganze Armee teil, vergleichbar etwa mit einem heutigen Herbstmanöver der NATO.
3. Ein kavalleristischer Fachausdruck; alle Reiter bzw. Pferde stehen in einer Reihe nebeneinander.
4. Fast alle Offiziere gingen mit ihren eigenen, privaten Pferden in den Krieg und ritten zusätzlich von der Truppe gestellte Dienst- oder Chargepferde.
5. Der »Automobilist« war der für das Automobil der jeweiligen Einheit verantwortliche Offizier, doch waren längst nicht alle Truppeneinheiten zu Beginn des Ersten Weltkrieges im Besitz solcher Fahrzeuge.
6. Eine »Bluse« ist nicht nur ein weibliches Kleidungsstück, sondern ursprünglich eine Uniformjacke, weniger formell und aufwendig als der Uniformrock; z. B. war, was wir heute als »Anorak« oder »Parka« kennen, anfänglich eine »Windbluse«.
7. Als »Serbenrummel« bezeichnete man damals die Annexion Bosniens durch Österreich.
8. »deutsch gesinnte Kameraden«: Nicht vom Anschluß an Deutschland ist hier die Rede, obwohl dieser auch schon damals ein aktuelles Thema war. Vielmehr wird angespielt auf den innerösterreichischen politischen Zwiespalt zwischen den Befürwortern eines »deutschen«, d. h. deutschsprachigen Zentralismus und jenen eines föderalistischen Staates, der dem Nationalcharakter der in der Monarchie vereinten Völker stärker Rechnung tragen sollte und als dessen besondere Verfechter die Böhmen galten.
9. Beizes sind Schläfenlocken.
10. In der polnischen Legion kämpften reguläre Einheiten von polnischer Nationalität innerhalb der k.u.k. Armee, die von Marschall Pilsudski aufgestellt worden waren, um auf seiten der Mittelmächte die Unabhängigkeit Polens zu erstreiten.
11. Applikatorik: Die Art der militärischen Belehrung, die in Anknüpfung an wirkliche Vorgänge theoretische Fragen möglichst praxisnah darstellt (Meyers Konversations-Lexikon).

12. D.11, U.6 ...: Das »D« bedeutet Dragoner (bzw. das »U« Ulanen) und die Ziffer die Nummer des Regiments.
13. Bei der Mobilisierung wurden in der Regel alle Ranginhaber um eine Rangstufe befördert.
14. Die Armee bildete vor dem Ersten Weltkrieg die absolute Spitze der Gesellschaft, der Landsturm war nur »zweite Wahl«. Eine Versetzung zum Landsturm, aus welchen Gründen auch immer, zog automatisch eine soziale Abwertung nach sich.
15. Österreichische Militärflugzeuge operierten zu Beginn des Ersten Weltkrieges nur bei relativ gutem Wetter; im Winterfeldzug 1914/15 mußten deshalb an der österreichischen Ostfront deutsche, d. h. preußische Militärflieger eingesetzt werden, vor allem bei tieferen Temperaturen. Ein Onkel des Bearbeiters wurde bei einem solchen Flug von Infanterie abgeschossen und verbrachte fast vier Jahre in Sibirien, wobei bis heute offenblieb, wessen Infanterie diesen Treffer erzielte.
16. Schwarz-Weiß-Gelb waren die zaristischen Farben.
17. Sotnjer waren Einheiten der russischen Kavallerie.
18. Der 18. August war der Geburtstag von Kaiser Franz Josef.
19. Die Ruthenische Kirche ist ein Zweig des byzantinischen Ritus der Unierten Orientalischen Kirche, die Ruthenen sind ein Volk in der Karpato-Ukraine.
20. Es handelte sich wohl um die berühmte Mauser-Pistole Kal. 7,63 mit Ladestreifen und einem hölzernen Futteral, das an den Griff der Pistole angesteckt werden konnte und so aus der Pistole eine halbautomatische, neunschüssige Büchse machte. In der langläufigen Ausführung auf Entfernungen bis etwa 150 m eine handliche und höchst wirksame Waffe.
21. Die zeitliche Lücke zwischen dem 29. August und dem 4. September 1914 in den Aufzeichnungen von Prinz Lobkowicz erklärt sich aus der von ihm bereits erwähnten Abkommandierung in dieser Zeit als Verbindungsoffizier zur IV. Infanterie-Truppen-Division.
22. Soweit feststellbar, handelt es sich um ein Sturmfeuerzeug.
23. »Honved«-Truppen waren das königlich-ungarische Gegenstück zum kaiserlich-österreichischen Landsturm und wurden wie dieser von der Armee etwas von oben herab betrachtet. Da sie meist nur ihre heimatlichen Dialekte sprachen, gab es auch gewisse Verständigungsprobleme. Darüber hinaus ist bei Erwein Lobkowicz, dem nationalbewußten Böhmen, gelegentlich eine leichte Animosität gegenüber Ungarn nicht zu verkennen; Böhmen fühlte sich seit langer Zeit, und gewiß nicht zu Unrecht, gegenüber Ungarn zurückgesetzt.

24. »Karakolieren« nannte man eine erstmals von den sog. Deutschen Reitern im Schmalkaldischen Krieg angewandte Taktik, wobei die erste Reihe des Haufens auf den Feind feuerte, sich dann hinter den Haufen zurückzog und dieser dann mit dem Schwert angriff. Die russischen Kosaken wandten eine ähnliche Taktik an, ritten in aufgelöster Formation feuernd auf den Feind zu und schlossen sich erst unmittelbar vor der Säbelattacke zu einer geballten Gruppe zusammen. Eine solche geschlossene Attacke durch russische Kavallerie war höchst selten, meist wurde der Angriff kurz vorher abgebrochen oder, falls der Gegner flüchtete, in Lanzenangriffe einzelner Reiter umgewandelt.

7.
Bei der Leibgarde Reitereskadron

Im Herbst 1915 war mein jüngerer Bruder Wenzel, der bei den schweren Mörsern eingerückt war, an Typhus gestorben. Mein älterer Bruder Josef Zdenko hatte sich als staatlicher Kommissär in einem polnischen Flüchtlingslager in Chotzen in Böhmen ein tödliches Lungenleiden geholt (dem er im Frühjahr 1918 erliegen sollte), und ich selbst war im Winter 1915/16 im Felde an einem schweren Lungenspitzenkatarrh erkrankt, den ich monatelang nicht los wurde. Daher wurde ich mit dem 1. April 1916 zur Leibgarde Reitereskadron transferiert, zumal dort durch Abgang von Alfons Karl Grafen Mensdorff eine Stelle frei geworden war.

Eine große Sorge bereitete mir meine Equipierung. Vieles war wegen des Krieges nicht mehr erhältlich, oder zumindest nicht in der erwünschten Qualität. Ich brauchte mindestens einen Monat, um alle meine Uniformen zusammen zu bekommen, und kam deshalb schon vor dem 1. April von meiner Liegekur in Edlach bei Reichenau öfters nach Wien. Bei meinem Uniformschneider Sonda, den inzwischen die allgemeine Pleite wohl auch schon hinweggefegt hat, ließ ich mir folgendes anfertigen: 3 Waffenröcke, 1 Bluse, 1 sog. Felberrock, 3 Mäntel, davon einen wattiert. Eine schon vorhandene Lederhose ließ ich weiß färben. Ferdinand Prinz Auersperg, der bis 1914 bei der Garde gewesen war, überließ mir 2 Paar hohe Gardestulpstiefel (die man kaum mehr machen lassen konnte), eine weiße und eine graue Lederhose und die sog. Goldsorten, die vielen Schnüre, mit denen man sich bei festlichen Gelegenheiten behängen mußte. Sie waren samt dem Helm, eigentlich einer Pickelhaube, in einem nach oben spitz zulaufenden Koffer untergebracht; alles hatte darin seinen Platz. Da diese Goldsorten mit der Zeit etwas abgenützt waren, kaufte ich mir 1918 aus dem Nachlaß unseres verstorbenen Obersten Moritz Graf Rumerskirch seine

beinahe ungebrauchten; leider habe ich diese kaum mehr tragen können. Jetzt bewahre ich den Koffer als Andenken an die schöne Gardezeit (1945 dem Heeresmuseum in Wien geschenkt).
Gräfin Aglaya Kinsky, Witwe des Oberststallmeisters Ferdinand Graf Kinsky, der die Gardeuniform getragen hatte, gab mir aus dessen Nachlaß zwei Pelerinen. Das waren riesige Radmäntel aus einem kotzenartigen, weißen Stoff, der überhaupt nicht mehr zu haben war. Dann noch einen Waffenrock, einen Felberrock und zwei Mäntel, wovon ich einen aber später Alfons Karl Mensdorff abtrat, weil er mir nicht gut paßte. Alfons Karl schenkte mir dafür die große, silberne Zigarrentasche, mit A. M. graviert. Ich schenkte Ferdinand Auersperg für die vielen Sachen eine reizende, alte Wiener Vermeil-Dose, auf der ich ein L aus Diamantrauten anbringen ließ; sie kostete 200 Kronen.
Unsere Uniform war äußerst kleidsam, wenn auch nicht sehr praktisch. Rock, Bluse und Felberrock waren dunkelgrün mit scharlachroten, äußerst heiklen Aufschlägen. Rock und Felberrock hatten gelbe, glatte Metallknöpfe. Der Felberrock, unser eigentlicher Pelzrock, hatte statt Pelz einen breiten, ungeschorenen Plüschkragen (»Felber«) und ebensolche Aufschläge, die beinahe zum Ellenbogen reichten. Am Kragen befand sich eine Goldschnur, die einige Male um den Hals geschlungen wurde. Innen war der Felberrock scharlachrot wattiert. Wir trugen ihn viel im Winter, um die Mäntel zu schonen. Diese waren weiß, mit ganz rotem Kragen, rotem Passepoile und gelben Knöpfen.
Dieser Gardemantel! Er war zwar das hübscheste Uniformstück, das man sich denken konnte, nur etwas auffallend – doch dafür auch unser ständiges Sorgenkind. Und der Haß unserer Diener, die jahraus jahrein immer Mäntel putzen mußten. Das war ein ganz eigenes Verfahren: Der Mantel wurde auf einem besonders dafür konstruierten, großen Putztisch ausgebreitet und mit der englischen Patent-Putzkreide stark überstrichen. Dann wurde diese Kreide mit einem Leinenbausch stundenlang hineingerieben, förmlich eingeknetet, eine recht anstrengende und nicht sehr gesunde Arbeit, da schließlich der ganze Putzraum mit Kreidestaub erfüllt war. Danach allerdings sah so ein Mantel wie neu aus. Alle Jahre mußte er einmal chemisch gereinigt werden, von da ab war er etwas gelblich.

Regen schadete lange nicht so wie schmelzender Schnee, der von den Dächern tropfte. So ein Schmutztropfen schlug tief in den Mantel ein und konnte nur noch chemisch herausgebracht werden. Von unseren Dienern streng instruiert, trauten wir uns nie in die Nähe der Häuserfronten.

Im Jahre '18 ging uns schließlich die Kreide aus und wir mußten viele Witze über uns ergehen lassen, daß Österreich nur wegen dieser Kreide mit England Frieden schließen müsse.

Die roten Aufschläge waren beinahe ebenso empfindlich, nur ließen sich diese überhaupt nicht putzen. Vor dem Kriege zogen viele Gardisten einen Rock immer nur einmal an, dann kam er gleich wieder zum Schneider, zum »Egalisieren«, wie man das damals nannte. Zu meiner Zeit war das schon zu teuer, da so eine Egalisierung circa 60 Kronen kostete. Dennoch konnte man einen Rock nicht öfter als acht- bis zehnmal tragen. Wir beschlossen deshalb, zu Mittag (zum Frühstück in den Club) immer nur in der Bluse zu kommen, weil diese nur einen kleinen roten Aufschlag vorn am Kragen hatte. Erst zum Diner wurden die Röcke angezogen. Wenn ich zum Essen zu meinen Eltern nach Hetzendorf, später Schönbrunn ging, zog ich meist Zivil an.

Unsere Beinkleider, Salonhose genannt, waren so wie bei der übrigen Armee schwarz mit roten Passepoile. In Gala oder in unserer damals schon sehr veralteten Felduniform, »Marschadjustierung« genannt, mußten wir unsere hohen Stulpstiefel anziehen. Ihre nach rückwärts geschweiften Stulpen überragten weit beim Sitzen jeden Tischrand, daher zwangen sie mich, meiner langen Beine wegen, bei jeder Hoftafel beim Niedersetzen und Aufstehen zu unglaublichen Akrobatenstücken. Dazu trug man lange Anschnallsporen, die einen stets in Gefahr brachten, irgendwo hängen zu bleiben. Die weißen Parade- oder grauen feldmäßigen Lederhosen mußten so eng sein, daß man absolut nichts darunter tragen konnte. Sie wurden mit Federweiß[1)] stark eingestaubt, dann wurde man förmlich hineingeschüttelt. Seinerzeit hatte es ganz besonders schicke Gardeoffiziere gegeben, die ihre weiße Hose vor dem Anlegen innen mit Wasser befeuchteten. Beim Trockenwerden legt sich das Leder wie eine Haut ganz eng an die Beine an. Das Herauskommen war dann freilich sehr schmerzhaft!

Der Rock war in Gala wie auch bei allen anderen Gelegenheiten immer der gleiche, er wurde nur je nach Gelegenheit verschieden mit besagten Goldsorten behängt. Auf die Schultern kamen steife, recht breite goldene Epauletten, die mit einem schwarzen Doppeladler bestickt waren. Über die ganze Epaulette zog sich ein schwarzer Streifen, das Neidobjekt unserer Kollegen von der Leibgarde Infanteriekompanie, deren Epauletten keinen solchen Streifen aufwiesen. Für gewöhnlich trugen wir nur schmale Goldschlaufen, durch die dann (in Gala) die Epauletten gesteckt wurden. Auch diese Schlaufen hatten den genannten Strich; er war für gewöhnlich unser einziges Unterscheidungszeichen von der Gardeinfanterie, deshalb der Neid!

Von der linken Schulter, unter der Epaulette befestigt, hingen über die Brust die langen goldenen, reich verschlungenen Fangschnüre; sie wurden auf der rechten Brustseite unter dem dritten Knopfloch recht kompliziert befestigt. Unter diese Schnüre kam die Cartouche zu liegen, ein breiter, goldgestickter roter Riemen, an dem am Rükken der kleine, silberbeschlagene Patronenbehälter befestigt war. Der Riemen mußte aber über der linken Epaulette getragen werden.

Im Dienst mußte man noch die sogenannte Feldbinde um den Bauch schlingen, eine schwarz-gelbe seidene Schärpe mit zwei langen, schweren Quasten auf der linken Seite. Der Säbel, der schwarze, goldbeschlagene Helm mit schwarzem Roß- oder Büffelhaarbusch und lange, weiße Stulphandschuhe, die bis zum Ellenbogen reichten, vervollständigten das festliche Bild.

Wie man sieht, war das Anlegen der Gardeuniform recht kompliziert und dauerte auch entsprechend lange. In Parade trug man nur die einfache Salonhose. In Felduniform, die wir auf Wunsch des Kaisers Karl bei allen Gelegenheiten außerhalb Wiens anlegen mußten, weil der ganze Hof so adjustiert war, trugen wir die graue Lederhose, die etwas bequemer war als die weiße. Es entfielen die Fangschnüre, dafür mußte man aber leider bei allen Hofessen immer sowohl den Säbel umgeschnallt behalten als auch noch die eng um die Taille geschlungene Feldbinde als Dienstabzeichen ertragen. Diese beiden hinderten einen beträchtlich, sich ganz den kulinarischen Genüssen hinzugeben. Die Stulphandschuhe waren in der Felduni-

form grau, der Helm ohne Busch, statt seiner schloß eine kleine Kugel die Spitze der Pickelhaube ab.
Mein erstes offizielles Auftreten als Gardist am 1. April 1916 war meine Meldung beim Ersten Obersthofmeister Fürsten Montenuovo, bei den Hofämtern kurz als »Seine Durchlaucht« bezeichnet. Am Tage vorher wollte ich meine neue Uniform bei Vetter Leopold Lobkowicz produzieren, der damals krank im Sanatorium Löw lag. Wen treffe ich ausgerechnet dort an? Natürlich den alten Monte, wie er meist genannt wurde! Zum Glück war dieser aber, trotz seines klangvollen Titels als Oberst sämtlicher Garden, nicht so kommissig, um mir diese militärische Ungehörigkeit übel zu nehmen.
Zur ersten Paradekostümierung ließ ich mir, wie üblich, einen Gardereiter als Helfer nach Hetzendorf kommen; ich wohnte dort bei meinen Eltern, bis meine Dienstwohnung fertig gerichtet war. Dieser Unteroffizier diente mir auch als Führer in der Burg, wo ich mich, nach meiner Meldung beim Obersthofmeister, bei sämtlichen obersten Hofchargen und den sogenannten Hofdiensten aufzuschreiben hatte.
Dieser erste Meldegang dauerte Stunden. Treppauf, treppab – in den ungewohnten Siebenmeilenstiefeln keine Kleinigkeit. Zuerst kam, wie gesagt, Montenuovo dran. Seine Kanzlei lag im Mezzanin des sogenannten Reichskanzleitraktes. Sein Vorzimmer wimmelte von Türstehern in schwarzen Fräcken und ebensolchen Krawatten; das gleiche Bild wiederholte sich bei allen Hofämtern. Bei Galadiners und allen Hoffestlichkeiten rückten dann diese Leute in goldgestickten, roten oder braunen Röcken mit Degen aus und waren eine Art Kammerdiener, sogenannte Hausoffiziere. Montenuovo hatte zwei ganz in rotem Damast bezogene, nicht große Salons. Diesem Damast begegnete man überall bei Hof, sowohl in der Burg wie auch in Schönbrunn waren buchstäblich alle besseren Sitzgelegenheiten damit bezogen. Aber auch in der Prager Burg, im Belvedere in Wien, in Innsbruck und so weiter waren die meisten Räume in dieses Bordeauxrot getaucht.
Monte, unser Oberst (wiewohl er es in seiner Jugend kaum zum Oberleutnant gebracht hatte), nahm meine gehorsamste Meldung leutselig entgegen. Als er nach dem Tod des alten Kaisers abgegan-

gen war, wurde Generaloberst Dankl, später Graf Dankl, »mit der Führung der Agenden des Obersten sämtlicher Garden« betraut. Zu diesem Rang ernannt dagegen wurde FM Conrad, doch hat dieser das Amt nie angetreten.[2)] Unter Montenuovo war der alte Oberst Motusz Referent in Gardesachen. Nur ein Beispiel, wie unkommiß es bei der Garde herging: Ich hatte den Oberst bei meiner Meldung nicht angetroffen. Ein Jahr später saß ich eines Vormittags in Zivil (der Hof war nicht anwesend) im Schönbrunner Park auf einer Bank. Ein alter Herr, ebenfalls Zivilist, setzt sich zu mir. Wir kommen in ein Gespräch, nach einer Weile nennen wir uns. Verblüffung! Es ist Oberst Motusz, eigentlich mein Vorgesetzter; beide sind wir gleich erstaunt über einander. Der Oberst scheint eher ein Schimpfer gewesen zu sein. Ganz empört zeigte er sich über den Mangel an Sorgfalt, den der Leibarzt Kerzl beim verstorbenen Kaiser bewiesen habe; »Hat der arme alte Herr immer in dem ungesunden Loch von Schönbrunn sitzen müssen!« Meine bescheidene Einwendung, daß der Kaiser immerhin 88 Jahre alt geworden sei, ließ er nicht gelten. »Sie haben ihn hier endlich doch umgebracht!«

Eine Tür aus dem Vorzimmer des Fürsten Montenuovo führte zur Kanzlei des Oberzeremonienmeisters Graf Chotoniewski, eines charmanten Polen, der alle seine Funktionen mit tadelloser Eleganz vollführte. Er empfing mich sehr liebenswürdig, war mir übrigens schon aus dem Club und von verschiedenen Hoffesten gut bekannt.[3)]

Sonst habe ich von allen obersten Hofchargen und Hofdiensten, von denen der Oberzeremonienmeister der Rangjüngste war, niemanden angetroffen, mußte mich aber überall eintragen. Zuerst ging's zu Excellenz Wetschel, dem Kanzleidirektor des Obersthofmeisteramtes. Er war der bestgehaßte Mann bei Hof, ich glaube hauptsächlich wegen seiner rigorosen Sparsamkeit; sympathisch wirkte er freilich nicht. Weiter ging's ins Oberststallmeisteramt, zu ebener Erde im Amalientrakt, unter der großen Uhr im inneren Burghof. Oberststallmeister war Fürst Nikolaus Pálffy, der es auch bis zum Umsturz blieb. Er beherrschte sein Fach großartig, verstand es aber auch dank seiner eleganten Erscheinung sehr gut, zu Pferde und zu Fuß zu repräsentieren. Sein Kanzleichef Baron Heinrich Slatin, Bruder des berühmten Slatin Pascha[4)], empfing mich. Er war viel weniger dekorativ als Pálffy, da er einen kurzen Fuß hatte. Bei Gala-Auffahrten mußte er den Wagen des Kaisers begleiten und es war peinlich anzusehen, wie er daherhumpelte. Sonst war er aber sehr tüchtig.

Am historischen Kontrollor-Gang, im Mezzanin des Leopoldinischen Traktes – dort hatte Josef II. seine volkstümlichen Audienzen erteilt – waren beide Generaladjutanten untergebracht. Der erste von ihnen war Graf Eduard Paar, der andere, Baron Bolfrass, war gleichzeitig Chef der Militärkanzlei Seiner Majestät. Im Dezember dieses Jahres (1916) zog mein Vater als Erster Generaladjutant Kaiser Karls dort ein; zwar hatte Karl schon als Erzherzog meinem Vater diesen Posten versprochen, doch wer hätte damals an ein Sterben des alten Herrn gedacht?

Im zweiten Stock des Schweizer Traktes befand sich die Kabinettskanzlei des Kaisers. Ihren Chef, den alten Kabinettsdirektor Freiherrn von Schissl, sah ich nur selten. Oft sollte ich aber in den nächsten zwei Jahren eben diese Räume betreten, bei meinen zahlreichen Besuchen bei meinem Gönner und Freund von Polzer, dem späteren Grafen von Polzer-Hoditz, Kabinettsdirektor des jungen Kaisers. Er war einer der fähigsten Köpfe am Hofe Kaiser Karls.

Das Oberstkämmereramt, mit dem Grafen Karl Lanckoroński als Chef, hatte seinen Sitz in der Stallburg. Dort war ich schon bei gelegentlichen Meldungen als Kämmerer öfters gewesen. Als Kanzleidirektor fungierte Baron Weckbecker, der mich sehr freundlich empfing.

Im Michaelertor, links zu ebener Erde unweit der Schatzkammer, befand sich das Obersthofmarschallamt, das eigentliche Gericht des Hofes. Graf Gustl Zichy war damals Obersthofmarschall, ein freundlicher, alter Herr mit langem, weißen Bart. Dort schrieb ich mich aber nur ein.

Auch im Michaelertor, gegenüber im Mezzanin, lag das Hofzeremonielldepartement. Dessen Direktor, Hofrat v. Nepalleck, war mir schon von allen Hoffesten her gut bekannt. Er nahm sich und sein Amt furchtbar wichtig, eigentlich ohne Grund, da seine Arrangements meistens nicht klappten. Die ganze Garde lebte auf Kriegsfuß mit ihm, so daß ich mir den Besuch bei ihm ersparte.

Im gleichen Trakt der Burg, irgendwo im zweiten Stock, war das

Oberstjägermeisteramt, dessen Chef mein Vetter Graf Max Thun war. Dort lag auch das Buch des Oberstküchenmeisters auf und ich brauchte daher nicht ins Hofwirtschaftsamt zu gehen, dessen historische Räume im Schweizer Trakt ganz altertümlich »Hofzehrgaden« bezeichnet wurden.[5] Oberstküchenmeister war Graf Gustl Bellegarde, seine rechte Hand war der ganz ausgezeichnete Hofwirtschaftsdirektor Baron Prileszky, der sein Fach gründlich verstand. Baron, später Graf Karl Rumerskirch bekleidete als Oberststablmeister nur eine Ehrenstelle und hatte infolgedessen weder Amt noch Meldebuch. Ich bedauerte es nicht, da ich von dem stundenlangen Herumlaufen in der Burg gerade genug hatte.

In den nächsten Tagen mußte ich mich bei allen Gardekapitänen der verschiedenen Garden aufschreiben; ihre Amtsräume befanden sich in den einzelnen Gardekasernen. Damals bekleideten folgende Generäle diese Würde: Der alte, schon recht verkindschte Graf Beck bei den Arcièren am Rennweg; Graf Lónyay bei der Königlich Ungarischen Leibgarde im alten Palais Trautson, Hofstallgasse 7; Graf Karl Auersperg war Kapitän sowohl der Trabanten wie auch der Leibgarde Infanteriekompanie, Mariahilferstraße 20. Er war unser eigentlicher Hausherr, da unsere Dienstwohnungen sich bei den Trabanten befanden, wegen Platzmangels in unserer eigenen Kaserne Lerchenfelderstraße 1. General der Kavallerie Josef Baron Gaudernak von Kis-Demeter, Kapitän der ungarischen Trabanten, hatte seinen Sitz in Pest und fiel daher aus. Unsere eigene Kapitänsstelle war momentan unbesetzt, Graf Üxküll vor kurzem gestorben. Erst Kaiser Karl ernannte 1917 Generaloberst Karl Tersztyanszky de Nádas zum Kapitän der Leibgarde Reiterschwadron. Zum Glück mußte man sich aber zu dieser Meldefahrt nicht besonders anziehen, ich glaube, der Helm genügte.

Ebenfalls mußte man sich bei allen Erzherzögen und Erzherzoginnen aufschreiben und bei den betreffenden Hofstaaten Karten werfen. Das letztere besorgten eigens geschulte Kräfte, wohl Hoflakaien, denen man ganze Stöße von eigenen Visitenkarten geben mußte, da auch alle Ministerien und fremden Missionen beteilt wurden. In den nächsten Tagen wurde ich wiederum mit einer Unzahl Karten aller von mir Begnadeten überflutet. Viele ganz interessante davon habe ich aufgehoben.

In den ersten Tagen meines Dienstes in Schönbrunn im April 1916 fand ich auf dem Tisch meiner dortigen Dienstwohnung ein Dienststück von der Kabinettskanzlei. Darin hieß es, daß mich S. M. »an einem beliebigen, von S. D. selbst zu wählenden Tage, in der Zeit zwischen 8 und ½ 9 Uhr Früh« zu empfangen geruhe. Alle Arten von Audienzen, Meldungen und dergleichen gingen durch die Kabinettskanzlei. Ich wählte gleich den nächsten Tag. Es hieß sehr früh aufstehen, da die Meldung natürlich in Gala zu machen war und weder ich noch mein Diener Sobota im Anlegen meiner Festgewänder geübt waren.

Über letzteren möchte ich einfügen: Sobota war seinerzeit Diener bei Onkel August Lobkowicz gewesen und 1914 zur Infanterie eingerückt. Als ich 1915 in Wien im Meidlinger Reservespital Dienst tat, kam Sobota verwundet von der Front. Onkel August verschaffte ihm die Transferierung zur Kavallerie und er wurde mein Offiziersdiener. Nach dem Umsturz nahm ich ihn als Diener mit nach Prag, aber weil es meine Mittel mir nicht länger gestatteten, einen Diener zu halten, verschaffte ich ihm einen Posten bei Onkel Zdenko Lobkowicz in Bilin, den er 1935 noch versah. Sobota war ganz ausgezeichnet als Privatdiener, ungeheuer sauber und putzte Schuhe wie wenige seinesgleichen. Salonformen hat er freilich nie erlernt, trampelte immer gern im Zimmer herum, machte auch bei jeder Gelegenheit Konversation!

Lange vor 8 Uhr war ich fertig und ging ins Flügeladjutanten-Zimmer hinunter, wo gerade Graf Heinrich Hoyos Dienst tat. Für ihn war der Tag schon recht fortgeschritten, da der Dienst beim alten Kaiser um 5 Uhr Früh begann; der alte Herr stand täglich schon um 4 Uhr auf. Klopfenden Herzens betrat ich den gemütlichen kleinen Salon, wo sich der diensthabende Flügeladjutant über Tags aufzuhalten hatte; außerdem warteten dort die zum Vortrag befohlenen Herren. Der kleine Raum war mit Lederfauteuils und einem geschweiften Tisch der 70er Jahre ausgestattet, ein großer schwarzpolierter Schreibtisch im gleichen Stil stand an einem Fenster. An den Wänden hingen große Karten aller Kriegsschauplätze, mit kleinen Fähnchen besteckt, die die Fronten bezeichneten. An der Schmalseite, der Tür gegenüber, hing ein Teppich, daran lehnte ein Tonettfauteuil (Thonet ...), den immer Generaladjutant Graf Paar benützte. Dieser Raum diente auch der Marschallstafel als Versammlungsraum, nach dem Essen wurde dort geraucht. Auf einem Tisch zwischen beiden Fenstern lag ein alter grüner Federhut, der von jedem Flügeladjutanten benutzt wurde, um mit der vorgeschriebenen Kopfbedeckung in der Hand vor dem Kaiser erscheinen zu können. Der Hut hatte einst Graf Schaffgotsch gehört, der schon 1907 gestorben war. Der diensthabende Adjutant mußte stets mit umgeschnalltem Säbel und Feldbinde dasitzen.

An diesem Morgen waren neben Hoyos noch anwesend Eduard Paar, der schon auf seinen Vortrag wartete (er war immer der Erste) und Fürst Montenuovo, dieser in Gehrock und Zylinder. Als eine sehr laute Glocke ertönte – sie war seinerzeit wegen eines recht tauben Adjutanten (ich glaube, es war Marquis Cozani) so verstärkt worden – bat Montenuovo Hoyos, dem Kaiser zu sagen, daß er zwar da sei, doch nur im Gehrock, nicht im Frack wie vorgeschrieben; er habe nur mit Erzherzogin Valerie zu reden. Die Tochter des Kaisers wohnte mit ihrer Familie Franz Salvator im Hietzinger Stöckl, der späteren Dienstwohnung meines Vaters gegenüber. Hoyos kam rasch zurück mit der Meldung, Montenuovo brauche nicht einzutreten, der Kaiser erwarte mich. Recht beklommen durchschritt ich das »Billardzimmer«, in das mich der Türsteher des Kaisers eingelassen hatte. Dieser Türsteher war stets in einen braunen, an Kragen und Ärmeln mit Goldborten versehenen Frack, weiße kurze Hosen, Strümpfe und Schnallenschuhe gekleidet.

Jetzt machte ich selbst die Tür auf und stand nach einem tiefen Bückling in Hab-Acht-Stellung da, die linke Hand am Säbel, den Helm in der rechten Hand. Gerade gegenüber am Fenster, sein rechtes Profil mir zugekehrt, saß der alte Kaiser am Schreibtisch. Als er mich bemerkte, stand er langsam, aber doch recht stramm auf und kam schlürfend auf mich zu. Er war seit dem Juni 1914, wo ich ihn gelegentlich einer Fahnenweihe in Schönbrunn zuletzt gesehen hatte, sehr gealtert. Der Kaiser hatte seinen üblichen Hausrock an, eine Art kurzen Mantel, der seinen sehr alten Hals frei ließ; dazu Generalshosen und bequeme Hausschuhe. Diese etwas saloppe Kleidung erhöhte noch den Eindruck der Gebrechlichkeit; man war doch gewöhnt, ihn stets so gut adjustiert zu sehen!

Recht klein und etwas gebeugt stand er vor mir, doch seine so gütig blickenden Augen löschten alle Befangenheit aus. Freundlich nikkend nahm er meinen »alleruntertänigsten Dank« für meine Ernennung samt der gehorsamsten Meldung meines Dienstantrittes entgegen. Es war ein sehr langer Satz, bei dem man recht aufpassen mußte, sich nicht zu verhaspeln. Gleichzeitig durfte man die großen Anschnallsporen an den Füßen nicht vergessen, die sich bei einem strammen Zusammenknallen der Hacken mit ihren inneren Knöpfen gern in einander verfingen, was ein unbedingtes Hinschlagen zur Folge hatte. Ganz vorsichtig probierte ich, meine Knöchel wieder auseinander zu bringen – es gelang!

Der Kaiser sagte mit einer recht klein gewordenen Stimme: »Ich freue mich sehr, daß ich Sie habe ernennen können. Ich bin überzeugt, daß Sie Ihre Pflicht tun werden!« Sicher ein durch Jahrzehnte stereotyper Satz, denn der Kaiser hatte meinem Vorgänger, Grafen Alfons Karl Mensdorff, bei seiner Abmeldung dasselbe gesagt, mit der etwas geänderten Schlußform »getan haben«. Dann fragte er mich über meine Kriegserlebnisse aus und es war erstaunlich, wie gut er über die Lage verschiedener Truppenteile, sogar Regimenter von Kriegsbeginn an orientiert war. Ganz unbefangen konnte ich Rede und Antwort stehen. Es kam eine kurze Pause, ein fast unmerkliches Kopfnicken und eine beinahe stramme Kehrtwendung, ich war entlassen. Mit einer tiefen Verbeugung verließ ich das Zimmer, das ich erst wieder nach dem Tode des Kaisers im November dieses Jahres betreten habe.

Ich hatte, wie gesagt, gleich im ersten Monat meiner Kommandierung den Dienst in Schönbrunn übernommen und habe diesen, noch zu Lebzeiten des alten Kaisers, in den Monaten Juni, August und Oktober wiederholt. Der Dienst bestand, wenn man aufrichtig sein will, in nichts! Wir waren nur verpflichtet, dort zu wohnen. Jeden Tag ging mit dem Frührapport an den Ersten Obersthofmeister in Wien automatisch die Bitte um Absentierung für den Kommandanten der kleinen Schar von Gardereitern; es waren ihrer circa fünfzehn. Ein Gardewachtmeister brachte einem zu Beginn des Monats die Liste der kommandierten Gardisten, das war alles. Beim Dienstantritt hatte mir Erbach ganz ernst gesagt, mich nur ja in nichts zu mischen und damit etwa den exakten Dienst der altgedienten Gardisten (die alle Unteroffiziere waren) zu stören. Das bekam

jeder frischgebackene Gardeoffizier zu hören. Man blieb ja auch nur drei bis vier Jahre bei dem Geschäft, während die Gardereiter dort alt werden konnten. Die Erledigung der Urlaubsbitte habe ich auch nie gesehen; nur ein- bis zweimal kam es in diesen vier Kriegsmonaten vor, daß ich gelegentlich irgendwelcher Unruhen einen ganzen Tag in Schönbrunn verbringen mußte.[6)]
Der Dienst der Gardisten bestand hauptsächlich im Kurierdienst mit der Hofburg, der seinerzeit zu Pferde vor sich ging; in den letzten Jahren freilich kamen das Auto und die profane Elektrische in Mode. Einer der Leute mußte als sogenannter Paradeposten in voller Wichs stets im Vorzimmer des Kaisers stehen; er wurde gelegentlich vom Flügeladjutanten für kurze Gänge im Schloß verwendet. Da er aber, wie es in unserem Reglement stand, für die persönliche Sicherheit Seiner Majestät verantwortlich war (vermutlich nur, wenn der Herr Attentäter durch's Vorzimmer geschlichen kam), wurde in letzter Zeit noch ein Extracourier ins Vorzimmer beordert. Alles das ordnete unser Wachtmeister.
Ich wohnte sehr gerne in Schönbrunn, vor allem in den Sommermonaten, wo man ganz das Gefühl eines Landaufenthaltes hatte. Die Dienstwohnung befand sich im zweiten Stock des Schlosses, das fünfte und sechste Fenster von der Hietzinger Seite an gezählt; sie bestand aus zwei großen Zimmern. Die Einrichtung war altväterlich, riesige, dunkel polierte, mit dunkelblauem Rips bezogene Lehnstühle der 60er Jahre. Sehr witzig war ein großer Tisch, in dessen Schublade sich seit Mitte der 70er Jahre alle diensttuenden Gardisten einzutragen pflegten; viele hatten auch hineingezeichnet. Oft, wenn ihre Kommandierung mit einer Verlobung endete, kam ein verschlungenes Herz dazu, z. B.: Kari Fugger – Nora Hohenlohe, Heinrich Khuen – Johanna Eltz, Ferdinand Kinsky – Aglaya Auersperg, gegen Ende der Reihe: Luli Eszterházy – Hanna Kinsky, und manche andere.
Man hatte natürlich seinen Diener mit, der irgendwo bei der Garde in einem Hietzinger Nebentrakt wohnte. Auch hatte man ein Extraweib zur Verfügung, die der Gardisten hieß Frau Stubenvoll. Dieser Weiber Zahl war Legion! Eine ganz typische Hofeinrichtung, man begegnete ihnen auf allen Stiegen, bei jeder Gelegenheit. Kein Fest wäre gelungen gewesen, wenn man nicht ein Extraweib mit einem

Scheuerlappen im letzten Augenblick weghuschen gesehen hätte. Um einen recht bescheidenen Lohn verrichteten sie eigentlich die ganze Bedienung; die Hoflakaien wären viel zu vornehm dazu gewesen. Ob es Extraweiber gab, die im Schloß übernachteten, weiß ich nicht; nebenbei bemerkt, waren sie alle im reifen Matronenalter. Frau Stubenvoll ging täglich heim zu ihrem Mann, der Drechsler war. Als der junge Hof später nach Luxenburg und Baden zog, sind offenbar auch die Extraweiber mitgezogen, denn Frau Stubenvoll blieb uns geschenkt bis zum Umsturz. Was wohl aus all diesen Leuten geworden sein mag?

Man bekam in Schönbrunn ein Frühstück und war, wenn man sich ansagte, bei der Marschallstafel um 5 Uhr Gast des Kaisers. Um wenig Geld konnte man zu Mittag ein Essen aufs Zimmer bekommen; es war nichts Besonderes und ich habe es sehr selten eingenommen. Alles das besorgte das Extraweib. Außerdem räumte sie auf, verschaffte die Bettwäsche, Handtücher und dergleichen. Man kann sich denken, daß auch unsere Diener gern in Schönbrunn waren!

Das Diner (Marschallstafel) wurde ganz altmodisch um 5 Uhr serviert. Es wurde zu gleicher Zeit mit dem Kaiser eingenommen, nur wurde diesem im großen Schreibzimmer allein serviert. Regelmäßig anwesend waren der ledige Erste Generaladjutant Graf Paar, der diensthabende Flügeladjutant und unser Kollege von der Garde-Infanterie. Letzterer durfte, nicht so bequem wie wir, für die Dauer seiner Kommandierung nach Schönbrunn den Bereich des Schlosses nicht verlassen. Er befehligte circa 100 Mann, die den sogenannten äußeren Dienst versahen, das heißt sie standen an verschiedenen markanten Stellen im Schloß, um das Schloß herum und im Park auf Posten. Der Dienst in der Kompanie wurde viel kommissiger gehandhabt. Dafür hatte aber der Kommandant die schönere Dienstwohnung in Schönbrunn, die auf das große Parterre des Parks schaute und wirklich eine Prachtaussicht bot; getauscht hätte ich aber doch nicht gern.

Ich machte die Marschallstafel sehr gerne mit, da man doch immer etwas Interessantes erfuhr, wenn auch aktuelle Fragen wenig berührt wurden. Vor dem Essen versammelten sich die Teilnehmer im Flügeladjutantenzimmer; es lag zur rechten Hand knapp vor der

Tür ins Billardzimmer, in welchem sich die beiden berühmten Bilder der Maria-Theresien-Ordens-Centenarfeier vom Jahre 1858 befinden. Von der blauen Stiege, der eigentlichen Stiege des Kaisers, mußte man zwei Vorzimmer passieren, um hin zu gelangen.
Der Kaiser hatte zu meiner Zeit drei diensthabende Flügeladjutanten, und zwar Oberst Graf Heinrich Hoyos, Oberst Adalbert Spanyik de Dömeháza von der ungarischen Garde (er war nur auf Kriegsdauer kommandiert, da er den Dienst von früher her schon kannte) und Oberstleutnant Max Freiherr von Catinelli, der einzige, den Kaiser Karl später in gleicher Stellung übernommen hat. Hoyos kannte ich sehr gut von früher. Seine vielen guten und oft auch unpassenden Witze habe ich nicht immer goutiert. Er war schon viele Jahre beim Kaiser, der ihn, glaube ich, ganz gern hatte. Spanyik war ein gemütlicher alter Haudegen, der einen beinahe täglich mit dem gleichen Witz empfing: »Der Baron Peter ist gefallen!«, was Barometer bedeuten sollte. Jedenfalls war er ganz gemütlich. Catinelli entstammte der Fußtruppe, die ihm etwas in seinem Benehmen anhaftete, doch war er mit uns jungen Offizieren stets sehr freundlich und im kleinen Kreis vielleicht der Inoffensivste von den dreien.
Den alten Paar habe ich sehr verehrt, er war ein vornehmer Herr ganz alten Schlages, sozusagen mit dem Kaiser alt geworden. Schon das Jahr '66 hatte er als Flügeladjutant bei S. M. mitgemacht; oft erzählte er von den vielen Nächten, die er in diesem gleichen Flügeladjutantenzimmer damals durchwacht hatte. Mitte der 80er Jahre, ich glaube 1887, war er dann als Generaladjutant wieder zum Kaiser gekommen, um diesen Posten bis zum Tod des Kaisers zu bekleiden, also durch nahezu 30 Jahre! In all dieser langen Zeit hatte er nur einmal einen achttägigen Urlaub – wirklich ein treuer Diener seines Herrn.
Den Weltkrieg konnte Paar sich nur schwer vorstellen – er, der das Jahr 1858 in Italien mitgemacht hatte! Damals konnte man noch, wie er oft erzählte, eventuell einer am Boden daherhüpfenden Vollkugel ausweichen und die Umgebung durch Schreien vor ihr warnen! Wie viele schöne Geschichten habe ich da von Paar gehört: Von Paar's erstem Oberst, der immer mit einer Lorgnette bewaffnet war; von einem Ball, bei dem der junge Franz Joseph etliche Sessel

übersprang, um zu seiner Tänzerin zu gelangen; dann später von einer sehr heißen Bergtour mit der Kaiserin Elisabeth, wo diese alle paar hundert Schritt hinter einem Felsen verschwand, um sich eines ihrer Kleidungsstücke zu entledigen und immer schlanker wieder hervorkam! Im Jahr 1866 war Franz Lobkowicz (Křimiz), der Vetter meines Vaters, bei der Garde. Gelegentlich einer Kommandierung nach Schönbrunn saß er im Park des Schlosses mit einer jungen Dame etwas sehr dicht zusammen. Da kam plötzlich um die Ecke der Leibwagen geschossen, in dem S. M. und Paar saßen. Der alte Paar konnte noch herzlich lachen beim Gedanken an Onkel Franzens verdutztes Gesicht und wie er schnell von der Dame abrückte, um stramm Front zu machen.

Paar war dazu berufen, dem alten Kaiser alle traurigen Ereignisse der letzten Jahre schonend mitzuteilen, den Tod der Kaiserin, dann den des Erzherzogs Franz Ferdinand und der Herzogin von Hohenberg und der vielen anderen, die dem alten Herrn mehr oder weniger nahe gestanden hatten. Er sprach nur selten darüber und nur mit Schaudern als von den schwersten Augenblicken seines Lebens.

So wie der Kaiser war auch der Generaladjutant fabelhaft adjustiert. Seine Kappen, Portepees, Handschuhe waren immer von tadelloser Frische. In fabelhaft lackierten Schuhen kam der immer noch recht aufrechte Greis von 78 Jahren, schwer auf einen Stock gestützt einher gehumpelt, sein mühsames Vorwärtskommen mit einer Art nonchalantem Tänzeln verbergend. Ganz bekannt war sein ständiges Pfeifen. Sehr zerstreut, wie er war, passierte es ihm eventuell, daß er bei einem ganz offiziellen Kondolenzbesuch zu pfeifen anfing. Der Kaiser soll daran gewöhnt gewesen sein und nur ein nachsichtiges Lächeln für diese kleine Schwäche seines vertrauten Begleiters gehabt haben.

Wir erschienen zum Diner stets in Rock und Kappe, mit Säbel und Handschuhen. War eine Dame anwesend (meist eine der Hofdamen der Töchter des Kaisers, wenn diese mit ihrem Vater speisten), legte Paar nach ganz veralteter Sitte nie den Säbel ab und wir waren gezwungen, dasselbe zu tun; eine höchst unbequeme Sitte!

Die Marschallstafel wurde gewöhnlich in einem dem Flügeladjutantenzimmer gegenüber liegenden Vorsalon serviert. Täglich entwikkelte sich durch das große Vorzimmer ein recht feierlicher Zug. Voraus Paar, gefolgt von uns Jüngeren, schritten wir durch eine Schar sich tief verneigender Hofangestellter. Diese waren der oben besprochene Paradeposten, der alte Türhüter des Kaisers, zwei uns bedienende Hausoffiziere in braunen, goldbetreßten Fräcken, doch mit schwarzen Pantalons (der sogenannten Campagneuniform) und noch etliche, zu unserem Essen kommandierte Lakaien. Meist war auch noch ein Beamter des Wirtschaftsamtes anwesend, der die etwaigen Reste der Hoftafel und die Weine zu beaufsichtigen hatte. Das zwang die Dienerschaft, sich schon in unserem Speisezimmer der erwünschten Delikatessen zu bemächtigen, ehe sie wieder in den Bereich der Hofwirtschaft gelangten. Wir haben oft darüber gelacht, wenn wir bemerkten, daß einer der Tafeldecker das recht reichliche Dessert, bestehend aus Obst, Zuckerl, Mandeln und Datteln in seine Taschen verschwinden ließ.

Das Essen war gut und sehr reichlich, doch furchtbar schwer, eben ganz altmodisch, sehr gewürzt. Gerade in der Zeit meiner Dienstleistung wurde stark an der Speisenfolge, die als nicht kriegsmäßig bezeichnet wurde, herumreformiert und restringiert. In der ersten Zeit bekamen wir regelmäßig ein Diner von 7 Gängen und zwar: Suppe, Vorspeise, Fleischgericht, Gemüse, Süßspeise, Käse und Dessert. Geschenkt wurde Bier, roter und leichter weißer Wein, an Sonn- und Feiertagen und Donnerstags französischer Champagner. Kamen Gäste, so war das Diner noch üppiger; es kamen dann noch ein Braten, eine Käsespeise und Gefrorenes dazu. Dann wurde auch das Essen in einem der Rosa-Zimmer serviert, so genannt nach dem berühmten Landschafter Salvator Rosa, mit dessen großen Bildern die Wände geschmückt waren. Den schwarzen Kaffee samt Likör bekamen wir noch bei Tisch, was ich sehr ungern hatte, weil erst im Adjutantenzimmer geraucht werden durfte. Für gewöhnlich wurden nur Zigaretten mittlerer Güte angeboten; bei besseren Gelegenheiten, Kaisers Geburtstag und dergleichen, kamen auch österreichische Regiezigarren dazu. Nur zwei bis drei Importe befanden sich darunter, es gelang mir aber immer, eine zu ergattern, weil die wenigsten wußten, was der Unterschied war.

Aus den Menüs dieser Monate, deren ich noch viele besitze, ersehe ich, daß schon im August das Diner auf drei Gänge reduziert war; leider war auch der Champagner gestrichen worden. Gegen diese

Maßnahmen konnte man freilich nichts einwenden, nur wurde gerade der arme alte Paar damit sehr getroffen, da man unbegreiflicherweise auch die Suppe gestrichen hatte, die er besonders gerne hatte. Rührend war seine Bescheidenheit, daß er absolut nicht dazu zu bewegen war, Einfluß zu nehmen, auf daß seine geliebte Suppe wieder erscheine.

Bemerkenswert ist, daß die Menüs den ganzen Krieg hindurch französisch blieben, was ich sehr begrüßte, weil jedes anders geschriebene Menu, besonders aber die in deutscher Sprache jedem ein Greuel waren. Spezifisch österreichische Gerichte wurden allerdings immer deutsch und in Gänsefüßchen geschrieben, zum Beispiel Kaiserschmarrn, Marillenknödel, Strudl, Salzburger Nockerl, Palatschinken. Einmal sehe ich auch »Wildklopse mit Kohl«, öfters kommt »Steegschmarrn« aux cérises vor. Das war ein sehr feiner Kaiserschmarrn mit Kirschkompott; er wurde so benannt, wie Paar erzählte, weil ein solcher Schmarrn einer Mürzsteeger Wirtin dem Kaiser ganz besonders geschmeckt hatte.

Mit der Zeit wurde auch nur mehr ein Menü aufgelegt, dieses auch auf billigerem Papier geschrieben. Weil alles, was in den Gläsern blieb, der Bedienung gehörte, kam es nie vor, daß wir bei leeren Gläsern aufgestanden wären. Der Kaiser hatte unterdessen in seinem Schreibzimmer das gleiche Essen serviert bekommen.

Da die große Hofküche sich im gegenüber liegenden Meidlinger Trakt befand, mußten alle Speisen in großen, heizbaren Blechkästen über den Hof getragen werden. Ein Mundkoch improvisierte auf einem Absatz der großen Stiege des Hietzinger Traktes (ich glaube, sie hieß die Säulenstiege) eine Art Anrichte, wo die Speisen für S. M. erst richtig bereitet wurden. Oft habe ich ihn auf der breiten Steinbalustrade des Stiegenhauses mit allerhand Saucen herumhantieren sehen. Wer hätte jemals gedacht, daß für den Kaiser von Österreich das Essen auf einer Stiege gerichtet würde? Recht unpraktisch, aber auch anspruchslos, wie so vieles im Leben des alten Herrn.

Nach dem Essen kam bald der Flügeladjutant des neuen Dienstes und besprach mancherlei mit seinem Vorgänger. Da ertönt Punkt ½ 6 Uhr die schrille Glocke, der Flügeladjutant erwischt schnell den bekannten Hut und stürzt zu S. M. Dieser hatte geläutet, um ihn mit den Worten: »Ich danke, ich brauche Sie nicht mehr!« zu entlassen. Von da an begann der Dienst des neuen Adjutanten, der nicht mehr das Schloß verlassen durfte. Den Kaiser sah er freilich erst am nächsten Tag in der Früh. Ein recht mühsamer und langweiliger Dienst, der hauptsächlich darin bestand, die ganze Zeit zu telefonieren, Audienzen anzumelden und sich mit den Wartenden zu unterhalten. Seinerzeit war der Dienst noch durch tägliche Fahrten in die Burg oder sonst wo hin unterbrochen worden. In den letzten Jahren aber, besonders während des Krieges, unterblieb jede Ausfahrt; der Kaiser verließ Schönbrunn kaum mehr.

Jeden Sonntag war Familientafel mit der Familie seiner Tochter Valerie. Einmal sah ich nur eine kleine Erzherzogin zur Tafel kommen, wohl Erzherzogin Mathilde, damals 10 Jahre alt. Ob das gerade den Kaiser sehr zerstreut hat? Vor einer dieser Familientafeln sah ich den Kaiser zum letzten Mal im Leben, ich glaube an seinem Namenstag, dem 4. Oktober. Ich stellte mich hinter eine offene Tür und konnte von da den cercle gut beobachten. Der alte Herr ging von einem Verwandten zum anderen, jedem sagte er einige Worte. Der Betreffende verneigte sich dann tief, die Damen machten recht tiefe Knixe; es machte keinen sehr gemütlichen Eindruck. Der Kaiser sah in seinem Waffenrock viel besser aus als in seinem Hausrock.

Bei solchen Gelegenheiten erschien auch meistens die Enkelin des Kaisers, die Gräfin Seefried geb. Prinzessin Elisabeth von Bayern, samt Mann und Kindern. Einmal goß es in Strömen, da sah man nun die Familie Seefried, feierlich herausgeputzt in Lackschuhen im Schönbrunner Hof von einer Lacke zur anderen hüpfen. Ein merkwürdiges Bild, wenn man bedenkt, wie viele Hofwagen täglich auch für sehr untergeordnete Angestellte auszurücken hatten! Warum sich Graf Seefried aber, der in seiner Infanteriemajoruniform nicht sehr vorteilhaft aussah, keinen Wagen aus seiner nahen Villa gönnte, ist unklar.

Bei einem Besuch der bayerischen Hoheiten kamen diese alten Herrschaften, Prinz und Prinzessin Leopold von Bayern samt Söhnen Konrad und Georg, auch zu uns heraus ins Adjutantenzimmer, um den alten Paar zu sehen. Prinz Leopold als österreichischer Artillerieoberst wirkte nichts weniger als dekorativ; rührend aller-

dings waren sie in der betonten Liebenswürdigkeit, mit der sie Paar behandelten. Sie ließen ihn kaum aufstehen und es entwickelte sich bald ein ganz gemütlicher Plausch. Die beiden Söhne freilich stachen in ihrer Steifheit merklich ab. Den Prinzen Georg, den annullierten Gatten der Erzherzogin Isabella, sah ich bald darauf in seiner österreichischen Dragoneruniform beim Begräbnis des alten Kaisers wieder und 13 Jahre danach als wohlbestallten Canonicus in St. Peter in Rom. Ein anderes Mal kam Erzherzogin Auguste, Tochter des Prinzen Leopold und Frau von Erzherzog Josef, mit Sohn Josef Franz und Tochter Sophie, auch um Paar zu sehen. Die Erzherzogin war sehr natürlich, die beiden jungen Leute auffallend wohlerzogen und charmant.
Es kam auch vor, daß man den Töchtern oder Enkelinnen des Kaisers auf einer der zahlreichen Hintertreppen des Schlosses, die ich interessehalber manchmal benützte, begegnete. Erzherzogin Gisella blieb immer zu einem längeren Plausche stehen und behandelte uns wie zum engsten Hofstaat gehörig. Wenn ich in Zivil war, mußte ich freilich aufpassen, niemanden der Hoheiten zu begegnen, um nicht Ärgernis zu erwecken.[7)] Auf diesen Schleichwegen habe ich die meisten Geheimtreppen kennen gelernt.
Den Kaiser habe ich gerade in den Monaten meines Dienstes nie per nefas[8)] gesehen, außer bei dem besagten Familiencercle. Man konnte ihn zwar jeden Sonntag um 7 Uhr in seinem Oratorium belauschen, doch wäre es sicher nicht gut genommen worden, wenn ein Gardist die Schar der Gaffer, welche die Evangelienseite der Kapelle besetzten, vermehrt hätte. Seinerzeit habe ich einige Male aus Hetzendorf dieser hl. Messe beigewohnt. Es war auffallend, wie die linke Seite der Kapelle überfüllt war, die rechte buchstäblich leer! Das kaiserliche Oratorium befand sich rechts im ersten Stock.
Noch eine Möglichkeit hatten wir Gardisten, den Kaiser zu sehen: Bei seinen häufigen Spaziergängen im Kammergarten mit der Frau Schratt, die in der Umgebung des Kaisers nur die Gnädige Frau hieß. Die Frühstücke in ihrer Hietzinger Villa hatten, wie es hieß, im Kriege ganz aufgehört. Dafür kam Frau Schratt, wenn das Wetter es erlaubte, täglich gegen 1 Uhr ins Schloß und ging mit Franz Josef eine halbe Stunde spazieren. Besagter Kammergarten befand sich unter den Fenstern der kaiserlichen Appartements. Ob Frau

Schratt gerade bei diesen Gelegenheiten den Kaiser auch besuchte, weiß ich nicht. Tat sie es aber, so benützte sie immer, wie auch der Kaiser, eine kleine altmodische eiserne Wendeltreppe, die in das letzte Zimmer seiner Appartements führte. Man konnte aus einem der Zimmer des zweiten Stocks diese Spaziergänge unschwer beobachten, doch eine gewisse Scheu, indiskret zu erscheinen, hielt mich davon zurück, mir diese Zimmer aufsperren zu lassen.
Anfang Juni, in meinem zweiten Dienstmonat in Schönbrunn, machte ich die Taufe des Erzherzogs Felix mit, Sohn des jungen Erzherzogpaares Karl und Zita; er wurde am 31. Mai geboren. Da ich nur eingeladen und nicht kommandiert war (wann das eine und nicht das andere erfolgte, konnte ich nie ergründen), genügte als einziger Schmuck mein Helm mit Busch. Der Hofstaat versammelte sich im Maria-Theresien-Zimmer, das für diese Festlichkeit in eine Kapelle umgewandelt worden war. Der Altar unter einem rotsamtenen Baldachin stand vor dem Bild der großen Kaiserin. Die Taufhandlung nahm, glaube ich, der Hof- und Burgpfarrer vor, der spätere Bischof Seydl. Der Zelebrant stand im Ornat an den Stufen des Altares, von einem recht zahlreichen Klerus umgeben. Auf ein dreimaliges Klopfen eines der Zeremoniell-Beamten erschien der Hof. Voraus der Täufling, nach alter Sitte auf einem rot überzogenen Brett, getragen von der Obersthofmeisterin der Erzherzogin-Mutter; diesmal war's die arme Gräfin Gaby Max Thun-Lobkowicz, die den Täufling auf besagtem Brett balancierte. An dem Brett war ein breites rotes Band befestigt, das die kleine, korpulente Gaby sich um den Hals geschlungen hatte. Der Gelegenheit entsprechend mußte sie im Schleppkleid erscheinen und es bestand jedenfalls akute Gefahr, daß sie oder jemand anderer auf dieses wallende Gewand trete. Beim geringsten Ruck wäre das Kind unweigerlich vom Brett herabgekullert; Gott sei Dank lief alles gut ab.
Als Paten fungierten König Friedrich August III. von Sachsen und der alte Kaiser. Die laute, schnarrende Stimme des Königs durchschnitt scharf die höfische, vornehme Stille und fiel dem Hausherrn sichtlich auf die Nerven. Der Onkel König hatte seine österreichische Dragoneruniform angelegt und sah nicht besonders darin aus. Nach dem Taufakt nahm der Kaiser den kleinen Otto bei der Hand, den ältesten Bruder des Täuflings, und sagte zum König: »Jetzt

gehen wir zur Zita!« Zwischen beiden Monarchen schritt nun der kleine Otto, der ganz verschreckt an seinem schnarrenden Onkel heraufsah; so ging's dem Meidlinger Trakt zu, wo Erzherzogin Zita wohnte.

Seit dem Kriege war dieser Trakt dem jungen Thronfolger als Wohnung zugewiesen, wohin er aus Hetzendorf übersiedelte. Später als Kaiser blieb er in denselben Räumen, ordnete aber gleich an, daß die Wohnräume seines Vorgängers und der ganze Hietzinger Flügel für ihn und die Seinen als ständiger Aufenthaltsort herzurichten seien. Diese Aufgabe übertrug er dem Grafen Leopold Berchthold und Alexander Eszterházy, die sicher mit ihrem bekannten Kunstverständnis ein Wunder an Geschmack aus Schönbrunn gemacht hätten, wenn nicht der Umsturz im Herbst 1918 allem ein Ende bereitet hätte.

Sonst habe ich eigentlich nichts Bemerkenswertes in Schönbrunn erlebt. Ganz interessant zu beobachten waren die Auffahrten der Audienzen, die nahezu den ganzen Vormittag dauerten. Aus dem verschiedenen Grad des Grüßens der Posten an der Hauptwache konnte man schätzen, wer im Wagen saß. Sehr oft, hauptsächlich im August, legte ich Zivil an und schlich mich aus dem Schloß, zum Essen zu meinen Eltern nach Hetzendorf oder in ein Sommereßlokal. Viel war ich bei der Pohl in der Siebensterngasse, wo man trotz recht strenger Kriegsverordnungen noch sehr gut essen konnte. Oft ging ich auch ins Theater. Wenn man um 5 Uhr zum Diner im Schloß war, konnte man bequem eine Zigarre rauchen, um gerade für's Theater fertig zu sein. In die beiden Hoftheater mußte man in Uniform gehen, in den anderen erlaubte man sich das bequeme Zivil.

Recht feierlich wurde der 18. August 1916 begangen, letzter Geburtstag des alten Kaisers. Im Stefansdom war die große Festmesse. Das Marschalls-Diner im Rosa-Zimmer ließ nichts zu wünschen übrig – elf Gänge, nach altem Stil mit einer kalten Zwischenspeise »Champagnecoup« mitten im Essen. Paar hielt eine kleine Ansprache. Als Gäste hatten wir recht viele Höflinge, unter anderem aus Bayern Freiherrn von Perfall.

Auch das Diner des 21. Oktober ist mir gut in Erinnerung. Zu Mittag war der Ministerpräsident Graf Stürgkh von Fritz Adler ermordet worden. Die Aufregung war riesengroß. Den ganzen Nachmittag hindurch wimmelte das Schloß von Leuten, die vom Kaiser in Audienz empfangen wurden. Die Tafel sah nur sehr gedrückte Gesichter. Auch nach dem Essen – etwas seit Jahren Unerhörtes! – mußte der arme Kaiser noch etliche Unterschriften leisten. Es machte mir Eindruck, im Vorzimmer General Marguti zu sehen, als ganz bescheidenen Adjutanten des alten Paar. Er wartete mit einer Mappe, die dem Kaiser an diesem verstörten Tag noch gebracht werden mußte. Der arme alte Herr hatte auch nur mehr einen Monat zu leben, am 21. November schloß er für immer die Augen.

Am 1. Mai 1916 konnte ich meine Dienstwohnung in der Mariahilferstraße 20 beziehen; sie lag im ersten Stock der Trabantenkaserne, neben der Stiftskaserne. Es waren zwei geräumige Zimmer, deren Fenster auf die schmale Schweighoferstraße schauten; ein Bad und ein recht kleines Dienstzimmer, das sein Licht nur vom Gang erhielt, auf dem die früher beschriebenen Putztische standen. Sehr genossen habe ich das eigene Telefon, mittels dessen man über die Hofgeheimnummer mit der damals für uns allerdings recht beengten Welt verbunden war. Auch das Badezimmer war ein längst erträumter Wunsch.

Ende Juli '14 hatte ich meine Möbel und Sachen im Reitlehrerinstitut in der Fasanengasse verlassen, um in den Krieg zu ziehen. Sie wurden dann recht plötzlich, als das Institut für Kriegszwecke gebraucht wurde, von meiner Familie nach Hetzendorf gebracht. Mit Grausen erinnerten sich später meine Schwestern an den Zustand meiner Wohnung, als sie diese Ende August 1914 betraten. Nichts war abgestaubt, nichts, aber auch gar nichts ausgeleert![9] Natürlich war das nicht gar so merkwürdig, weil ja mein Diener mit mir nach Theresienstadt eingerückt war. Den Schlüssel der Wohnung hatte ich einfach nach Hetzendorf geschickt, wohin meine Familie aber erst lang nach der Mobilisierung zurückkehren konnte, da Bahnsperren[10] und andere Schwierigkeiten sie abgeriegelt hatten. Nun feierte ich freudiges Wiedersehen mit meinen Habseligkeiten.

Den ganzen April hindurch war die Wohnung nach Wunsch gestrichen, mit Licht und elektrischen Klingeln versehen worden. In dieser Hinsicht erwies sich das Hofaerar immer als sehr nobel. Ich

kann nicht sagen, wie ich es genossen habe, nach zwei Jahren endlich wieder bei mir selber zu Haus zu sein!
Meine Kollegen waren Major Graf Josef Erbach-Fürstenau, der Eskadronskommandant, und Rittmeister Graf Eduard Paar, Neffe des Generaladjutanten. Später kam mein Vorgänger, Graf Alfons Karl Mensdorff, wieder zur Garde zurück, nachdem er im Felde einen Finger seiner Säbelhand verloren hatte. Als Eskadronskommandant war kurze Zeit Oberst Graf Moritz Rumerskirch bei der Garde. Nach seinem Tod im Jahre '18 kam dann Erbach wieder zu uns zurück, der mittlerweile im Felde gewesen war. Hier wäre zu erwähnen, daß überhaupt fast der ganze Hofstaat des Kaisers entweder überhaupt nicht mehr kriegsdiensttauglich war, oder nur krankheitshalber und kriegsverletzt – höchstens aber für kürzere Zeit abkommandiert – diesen gefahrlosen Hinterlandsdienst versah.
Unser Zusammenleben war, begreiflicherweise, unserem sporadischen Dienste entsprechend ein sehr lockeres. Meistens waren die Herren, die nicht in Schönbrunn Dienst taten, auf Urlaub, wenigstens zu Zeiten des alten Kaisers. Nur der Eskadronskommandant war mehr oder weniger an Wien gefesselt, da ihm die wirkliche Führung der Eskadron oblag; dafür machte er aber auch keinen Dienst am Allerhöchsten Hoflager, wie der jeweilige Sitz des Kaisers genannt wurde. Der Gardekapitän dagegen hatte lediglich zu repräsentieren; bei uns war, wie erwähnt, dieser Posten momentan unbesetzt.
Der einzige Dienst, der uns treffen konnte, war der sogenannte Kassagang am ersten des Monats. Man fuhr im Hofwagen in die Burg ins Hofzahlamt, holte dort die uns zustehenden Gelder und brachte sie in unsere Kaserne in der Lerchenfelderstraße, wo alles ordnungsgemäß eingetragen werden mußte. Das Ganze dauerte vielleicht eine Stunde – für einen Monat jedenfalls nicht viel Dienst!
Die Kaserne war ein recht hübsches altes, einstöckiges Haus[11)], mit weitläufigem Hof samt offener Reitschule; dann hatten wir noch eine gedeckte Reitschule. Im Souterrain waren die Stallungen, wo circa 100 Schimmel standen. Die Eskadron war ganz richtig in 4 Züge eingeteilt, doch wußten wir Subalternoffiziere nicht, wer welchen Zug kommandierte. In der Kanzlei waltete der Offizial Konstantin Streoulia seines Rechnungsamtes. Was wohl aus dem mage-

ren Mannl mit dem komplizierten Namen geworden ist? Der Bau grenzte an die ungarische Leibgardekaserne im ehemaligen Palais Trautson in der Hofstallgasse 7 und hat sicher seinerzeit zum Palais gehört. Die hübschen Biedermeiermöbel und die guten Stiche sowie andere Bilder aus der Kanzlei, den Gängen und den wohnlichen Mannschaftsräumen wurden im Umsturz zu Gunsten der Gardisten versteigert, so hörte ich wenigstens. Es sollten damit die Pensionsgelder ersetzt werden, die das Hofaerar anderweitig verwendet hatte.

Viel freie Zeit verwandte ich zu Galerie- und Museumsbesuchen, jedoch hauptsächlich erst ab 1917 mit Dr. Ludwig Pollack, einem Archäologen aus Rom; er war auf Kriegsdauer zur Briefzensur nach Wien kommandiert. Pollack war ein kleiner, plattfüßiger Jude, aus dem Prager Ghetto stammend, sehr gelehrt, interessant und hochanständig; so habe ich ihn sehr schätzen gelernt. Unzählige schöne Stunden habe ich mit ihm verlebt, in Wien, Prag, Graz und in Thannhausen, wohin ich ihn einmal brachte; er ist wirklich mein Freund geworden. Später habe ich Dr. Pollack gelegentlich meiner Aufenthalte in Rom in den Jahren 1922 und 1929, dann von 1939 bis 1943 sehr viel gesehen und habe viel von ihm gelernt. Lange planten meine Schwester Christl und ich, bei ihm Kunstgeschichtsstunden zu nehmen. Die erste kam Ende Oktober '18 zustande und blieb, durch den Umsturz, leider auch die letzte.

Wenn ich mittags nicht zu meinen Eltern nach Hetzendorf ging, frühstückte ich meistens im Jockey-Club, wo wir einen Gardetisch hatten. Zu Lebzeiten des alten Kaisers freilich war ich wenig in Wien, dafür viel in Beřkowitz, Bilin, Winteritz und in Thannhausen bei Gudenus, wo ich überall seit Jahren nicht mehr gewesen war.

Anmerkungen

1. Federweiß: Talkumpuder, wie er heute noch von Gerätesportlern und Artisten benutzt wird.
2. Feldmarschall Franz Freiherr Conrad von Hötzendorf (1852–1925) wurde 1918 als Heeresgruppenkommandant an der italienischen Front abgelöst und zum Oberst aller Leibgarden ernannt, was in seinen Augen wohl eher einer Beleidigung als einer Beförderung gleichkam und sicher sein späteres, höchst illoyales Verhalten gegenüber dem Kaiserhaus mit beeinflußt hat. Wenn Erich Feigl (Kaiser Karl, Persönliche Aufzeichnungen ..., S. 104, Wien 1984) schreibt: »... das Versagen der Leibgarden im November 1918 ist sicher auch auf Conrad zurückzuführen«, so ist daran richtig, daß Conrad sich um sein neues Kommando überhaupt nicht gekümmert hat. Die Leibgarde hatte den besten Willen, das Kaiserhaus unter Einsatz des eigenen Lebens zu verteidigen, aber sie bekam dazu weder die entsprechenden Befehle noch die erforderlichen Waffen. Sie ist auch nicht, wie Kaiserin Zita anklagend meint, »einfach weggegangen« (Erich Feigl, Kaiserin Zita, S. 391, Wien 1982), sondern sie war befehlsgemäß in Zivil und für die Kaiserin, die von diesem Befehl nichts wußte, deshalb unsichtbar.
3. Der »Club« ist der Wiener Jockey-Club, mondäner Treffpunkt der guten und weniger guten Gesellschaft aus Adel, Militär, Politik und Wirtschaft.
4. Slatin Pascha: Rudolf Karl (seit 1906 Freiherr von) Slatin, 1857–1932, im Dienst des (britisch-)ägyptischen Vizekönigs zunächst Militärgouverneur einer sudanischen Provinz; war 1883–95 Gefangener und Lieblingssklave des Mahdi, vor dessen Zelt er schlafen mußte. Er konnte mit Hilfe eines Missionars fliehen, nahm unter H. H. Kitchener an der Wiedereroberung des Sudan teil und war 1900–1914 Generalinspekteur des Sudan. Bei Ausbruch des Ersten Weltkrieges kehrte Slatin nach Österreich zurück und wurde im Rahmen des Roten Kreuzes zuständig für Kriegsgefangenenlager. 1932 wurde er vom britischen Königspaar nach London eingeladen, um seine Tochter Anna Maria (spätere Mrs. Ponsonby) bei Hofe vorzustellen. Nach der Rückkehr vom »déjeuner à la camera«, dem Essen mit dem Königspaar und den Slatins als einzigen Gästen, reiste Slatin Pascha, der an Angina pectoris litt, allein zurück nach Österreich, wo er kurz darauf in Bad Hall starb.
5. Die »Hofzehrgaden«, die heute gelegentlich – und falsch – als Hofzehrgarden bezeichnet werden, leiten ihren Namen ab von der alten

Berufsbezeichnung »Zergadner«, d. i. der für die Bereitstellung von Gemüse Verantwortliche (so in der Teilnehmerliste des Augsburger Reichstages von 1566, herausgegeben von Nikolaus Mamertinus, wiederveröffentlicht 1985 mit einer Einleitung von Prof. Dr. H. Jäger-Sunstenau, Wien). Auch der Plural »Gaden« von Gadum = Lagerraum, -schuppen spielt mit herein.

6. Gemeint ist hier, daß die Gewährung der Urlaubsbitte schon so zur Routine geworden war, daß man sich in Wien gar nicht mehr die Mühe machte, eine schriftliche Urlaubsgenehmigung auszustellen.
7. Prinz Lobkowicz war immerhin noch Soldat, auch wenn das hier nicht so zum Ausdruck kommt; ein Soldat mußte damals und später grundsätzlich und jederzeit Uniform tragen, sogar im Urlaub. Zivilkleidung war nur mit Sondergenehmigung erlaubt.
8. per nefas: lat. zu Unrecht, unberechtigt, verbotenerweise.
9. Der Autor überläßt es diskret dem Leser, sich vorzustellen, welche Behältnisse gefüllt gewesen sein könnten.
10. Bahnsperren: In den ersten Wochen nach der Mobilisierung war der private Bahnverkehr weitgehend verboten, zumal alle Waggons für Truppentransporte gebraucht wurden. Die Familie von Prinz Lobkowicz wohnte damals in Beřkovitz und war somit von Wien und der dortigen Wohnung in der Fasanengasse abgeriegelt.
11. »Einstöckig« heißt hier Erdgeschoß plus erster Stock; rechnet man die Stallungen hinzu (»Souterrain« ist ein Halbkeller), so war die Kaserne dreigeschossig.

8.
Pompes funèbres

Nach einer kleinen Operation war ich im November 1916 gerade in Beřkowitz auf Rekonvaleszenz, als Gerüchte umgingen, daß der Kaiser wieder krank sei. Eigentlich nahm das niemand recht ernst, da man in den letzten Jahren so daran gewöhnt war, vom kaiserlichen Bronchialkatarrh zu hören; die Bulletins der letzten Tage klangen freilich etwas beunruhigend. Da kam in der Früh des 22. November die für uns alle doch so unglaubliche Nachricht – der Kaiser war tot! Tante Ida Lobkowicz hatte es am Bahnhof erfahren, durch den merkwürdigen Ausspruch des Stationsvorstehers: »Wissen schon Durchlaucht, daß Franz Joseph weg ist?«

Ich reiste gleich nach Wien und rief am selben Abend noch die Wohnung meines Vaters an, wo ich zu meiner größten Freude und Genugtuung erfuhr, daß der junge Kaiser Karl sein Wort eingelöst und meinen Vater zum Ersten Generaladjutanten ernannt hatte. Also doch! Die Vorgeschichte dieser Ernennung aber war für meinen Vater keineswegs angenehm gewesen:

Im Frühling 1916 sollte der Thronfolger ein Kommando im Feld übernehmen und gelegentlich einer Ausfahrt fragte ihn mein Vater, ob er mitgenommen werde oder was der Erzherzog sonst mit ihm vorhabe. Da sagte ihm der junge Herr etwas verlegen: »... nämlich, Berchthold wird mein Obersthofmeister!« Am nächsten Tag stand der Wechsel schon in allen Morgenblättern. Vater war begreiflicherweise doch etwas betroffen über diese Art der Mitteilung. Nach einer zehnjährigen Dienstzeit als Kammervorsteher des jungen Erzherzog hätte er wohl einen anderen Abgang verdient, den er ohne diese zufällige Frage wirklich nur aus der Zeitung erfahren hätte.

Es begannen jetzt sehr peinliche pour-parlers zwischen meinem Vater einer- und dem Erzherzog und Montenuovo andererseits. Mein Vater war 1908 von Erzherzog Ferdinand zum jungen Erzherzog Karl berufen worden und war wohl deshalb nie der Mann Montenuovos gewesen. Pecuniär war er nicht sehr gut gestellt, was diese ganzen Verhandlungen noch peinlicher machte. Es mußte sich für Vater darum handeln, entweder eine andere Anstellung oder wenigstens eine volle Pension zu erhalten, wozu ihm nur mehr drei Monate fehlten. Der Erzherzog sagte ihm, er solle sich an Montenuovo wenden, mit diesem habe er schon alles besprochen. Montenuovo wieder riet ihm, dem Erzherzog seine precäre Lage vorzutragen. Dieses Hin und Her wiederholte sich einige Male und die Zeit drängte, weil der Erzherzog sein Kommando in Südtirol übernehmen sollte; nach seinem Fortgang wären die Aussichten für meinen Vater noch ungünstiger geworden.

Im Kriegsministerium wurde mein Vater nach seiner Entlassung sofort sehr schlecht behandelt, da man das so plötzliche, scheinbare Abrücken des Thronfolgers von seinem langjährigen Kammervorsteher als absolute Ungnade ansah. Aber dem Thronfolger stand die Art des ermordeten Erzherzogs abschreckend vor Augen, mit der er, wenn auch ohne Absicht, dem bestehenden Regime manche Unannehmlichkeiten bereitet hatte. Den Thronfolger brachte dies so weit, daß er nicht einmal eine Ingerenz auf seinen eigenen Hofstaat nehmen wollte; das Ministerium andererseits gab vor, nichts machen zu können.[1)] Mein Vater solle sich um eine Kommandostelle im Hinterland bewerben, riet man ihm. Doch gerade das wollte er nicht, um nicht die zahllosen Generale des Hinterlandes – in Wien allein gab es deren über 80 – noch zu vermehren. Lieber war es ihm dann schon, ganz in Pension zu gehen, doch unbegreiflicherweise half ihm auch dazu der Erzherzog nicht. Von seinem hohen Herrn aufgefordert, hatte mein Vater als Abschiedsdekoration das Verdienstkreuz erbeten – ein mehr als bescheidener Wunsch, da eigentlich jeder Rittmeister diesen Orden bekommen konnte und er doch aktiver General gewesen war! Nun bekam er nur das »signum laudis« am rot-weißen Bande, was die Ungnade noch zu unterstreichen schien.[2)]

Ich habe damals die Geduld und Noblesse meines Vaters bewundert, mit der er diese Behandlung ertrug. Wir Kinder und auch meine Mutter, übrigens auch die meisten Verwandten, waren nicht zuletzt über die scheinbare Schwäche des Erzherzogs empört, der meinem

Vater immer nur versicherte, er bleibe ihm weiter gewogen und alles werde sich wohl regeln lassen. Endlich – der Thronfolger war mittlerweile abgereist – kam ein recht farbloser Brief von diesem, mein Vater solle sich als der Erzherzogin Zita zugeteilt betrachten. Es blieb ihm nichts anderes übrig, als sich mit diesem unoffiziellen Provisorium zu begnügen.

Vor Jahren hatte Erzherzog Karl meinem Vater zugesichert, ihn bei seiner Thronbesteigung zum Generaladjutanten zu nehmen. Bei Gelegenheit einer dieser Aussprachen wiederholte er nun diese Zusicherung, allerdings nur nebenher. Ob aber der zur Regierung gelangte Erzherzog einen vielleicht schon lange pensionierten General nun wirklich erwählen würde, schien uns allen mehr als fraglich; daß der alte Kaiser nur mehr ein halbes Jahr zu leben hatte, konnte niemand voraussehen. Faktisch litt mein Vater sichtlich unter dieser merkwürdigen Zwitterstellung – halb Höfling (ohne Agenden), halb Pensionist, so daß wir in diesem Sommer sehr um seine Gesundheit besorgt waren.

Nun war Franz Joseph tot. Die rasche Ernennung meines Vaters, tatsächlich die erste, die Kaiser Karl vornahm, löste in uns allen, die wir gezweifelt hatten, Gefühle der Dankbarkeit und Liebe für den jungen Herrscher aus. Kurz nach seiner Ernennung telefonierte mein Vater mit einem Referenten des Kriegsministeriums in einer ganz belanglosen Sache. Er bekam die Antwort: »Das ist ganz unmöglich zu machen! Wenn Durchlaucht es aber wünschen, wird es selbstverständlich geschehen!« Dies nur zur Illustrierung, was man ein halbes Jahr früher für meinen Vater hätte tun können.

Am Morgen des nächsten Tages, Donnerstag, den 23. November eilte ich nach Schönbrunn. Die Zimmer des Kaisers waren weit geöffnet, die kaiserliche Leiche lag bereits im Sarg, in Marschalls-Galauniform mit den kleinen Dekorationen, die der Kaiser stets getragen hatte. Der Sarg stand auf einem flachen Tisch, der im Fond des Schlafzimmers aufgestellt war, davor war der Betschemel, den der alte Herr täglich benützt hatte; auf dem Betschemel ein großes silbernes Kruzifix vom Jahre 1842, das er zu seiner ersten hl. Kommunion erhalten hatte. Den ganzen Vormittag wurden hl. Messen an einem dort befindlichen Altar gelesen.

Recht viele Leute knieten da, meist Hofangestellte, aber auch Be-

kannte aus der Gesellschaft. Die Töchter des Verstorbenen hielten sich viel im Sterbezimmer auf, auch Frau Schratt sah ich da beten. Wir Gardisten trieben uns in den Zimmern herum, die Gäste empfangend und viele Auskünfte erteilend. Rührend war das Wiedersehen des alten Paar mit der langjährigen Hofdame der Kaiserin Elisabeth, Gräfin Irma Staray; wehmütig schüttelten sich beide die Hände. Die Gräfin war bei der Ermordung der Kaiserin Elisabeth 1898 in Genf zugegen gewesen. Viele der gekommenen Damen waren in ihren langen Crèpeschleiern kaum zu erkennen.
Die jungen Majestäten waren immer wieder im Sterbezimmer zu sehen, sie beteten viel. So sah ich den jungen Herrn zum ersten Mal als Kaiser. Ich muß gestehen, der erste Eindruck auf mich war ein starker. Das Gottesgnadentum ist wohl kein leerer Wahn! Ich kannte den jungen Herrn seit Jahren sehr genau, sein Auftreten bei offiziellen Gelegenheiten war mir leider nie sympathisch gewesen. Viel zu sehr Sachse, ähnelte er in seinem recht linkischen Benehmen seinem Onkel, König Friedrich August III. Er hatte nichts von der unnachahmlichen Würde seines Großonkels, des alten Kaisers, geschweige denn die Eleganz seines Vaters. Freilich war letzteres nur zu begrüßen, da der junge Herr sonst vielleicht auch etwas von dem Charakter dieses armen, schwachen, früh verstorbenen Erzherzogs geerbt hätte. Den Anblick dieses jungen Monarchen werde ich aber dennoch nie vergessen. Diese tiefernsten Augen, die das Bewußtsein der schier unüberwindlichen Schwierigkeiten widerspiegelten, die seiner harrten! Dazu die jugendliche, frische Erscheinung – wer hätte ihm damals sein tragisches Schicksal prophezeit?
Die junge Kaiserin sah sehr bekümmert aus. Leider beeinträchtigte ihr ganz unmodernes Kleid mit dem recht originellen Hut, den sie von da ab in der ganzen Trauer zu tragen pflegte, sehr das Bild ihrer Erscheinung. Der Hut ähnelte den Karikaturen, wie sie der Simplizissimus den Jesuiten anhängte. Bemerkenswert war die Begegnung der Kaiserin mit der Tochter des verstorbenen Kaisers, Erzherzogin Valerie. Die Erzherzogin machte ihrer jungen Nichte einen tiefen Hofknicks und versuchte ihr die Hand zu küssen – ein Beispiel tief monarchischen Empfindens. Die Tante der Kaiserin, Erzherzogin Maria Annunziata, wollte dasselbe Manöver wiederholen, was die junge Monarchin so in Verlegenheit brachte, daß auch sie

ihrer Tante die Hand küssen wollte. Beide Damen wehrten sich gegen diesen Handkuß und machten gleichzeitig Plongeons-Versuche, bis sie schließlich beide am Boden endeten – im Sterbezimmer des Kaisers! Bei der mageren, sehr großen Gestalt der Erzherzogin ein höchst komischer Anblick.

An einem der nächsten Tage – die Leiche blieb bis zum Abend des 25. November in Schönbrunn aufgebahrt – kam das eben beeidete Ministerium herein, um dem Verstorbenen seine Verehrung zu erweisen; an seiner Spitze Ministerpräsident von Körber. Sie kamen eben zu einer hl. Messe und es war unterhaltend zu beobachten, mit welchen Turnübungen die Excellenzen versuchten, in der Luft zu knien, um ihre sicher recht engen Galahosen zu schonen. Der Akkerbauminister Graf Heinrich Clam war der einzige, der richtig kniete.

Täglich wurde gegen 6 Uhr abends im Sterbezimmer eine Andacht abgehalten, zu der alle Hofchargen und Würdenträger erschienen. Es war das letzte Mal, daß die Herren von Zivil bei Tag zu Hof im Frack erschienen; sie legten dazu ihre höchsten Orden an und hatten schwarze Krawatten. Der junge Kaiser schaffte diese unzeitgemäße Bekleidung gleich ab; von da an erschien alles nur mehr in Gehrock oder Jacket. Nach der Andacht war Marschallstafel, und zwar in diesen Trauertagen im Rosa-Zimmer. Wir waren recht zahlreich, da neben dem diensthabenden Flügeladjutanten (der, wie meist, täglich wechselte) auch die anderen Flügeladjutanten mitaßen, hie und da auch eine oberste Hofcharge; am 25. zum Beispiel, wie ich auf einem Menu dieses Tages verzeichnet habe, auch Montenuovo. Warum ich an diesen Tafeln teilnahm, obwohl ich eigentlich erst am 1. Dezember den Dienst aufnahm, ist mir entfallen; im November jedenfalls, und so am Sterbetag des Kaisers, hatte Edi Paar den Dienst. Als es mit dem alten Herrn zu Ende ging, wurde der Hofstaat ins Sterbezimmer eingelassen, um da zu beten. Edi Paar und sein Kollege von der Infanterie haben diese Erlaubnis nicht recht verstanden und blieben – leider für sie! – in einem der Vorräume. Nachdem wir am 25. uns alle aus dem Sterbezimmer entfernt hatten, nicht ohne noch einen letzten Blick auf die so verehrten Züge des Monarchen zu werfen, schloß Montenuovo eigenhändig die Doppelflügel der Tür des Sterbezimmers; es war ein ergrei-

fender Augenblick. Am 26. abends machte ich zum letzten Male die Andacht mit, doch schon bei geschlossenem Sarg.
Kaiser Franz Joseph hatte gewünscht, ohne die sonst übliche Einbalsamierung beerdigt zu werden. Früher kamen die Herzen aller Kaiser nach St. Augustin, die »edlen Teile«, wie man sich höfisch ausdrückte, nach St. Stephan und die einbalsamierte Leiche zu den Kapuzinern.
Nun mußte der Paradesarg geschlossen werden. Er war, wie immer für die Herrscher aus dem Hause Habsburg, mit schwarzem Samt überzogen, die Kanten mit breiten, goldenen Generalsborten versehen, auf dem Deckel ein breites Kreuz aus Goldbrokat. Dann hatte der Sarg noch goldene Griffe auf beiden Seiten, er sah sehr vornehm aus. Die Erzherzöge übrigens wurden in rotsamtenen Särgen mit silberner Borte begraben. Freilich waren dies nur die inneren Särge, die dann in Metallsarkophage gebettet wurden.
Wir standen noch eine Zeitlang im großen Schreibzimmer herum und man sah vielen Höflingen, die so viele Jahre hindurch ihrem Kaiser gedient hatten, die Ergriffenheit an. War doch ihr Lebenszweck mit dem Tode ihres Herrn dahingegangen! Wehmütig erzählte uns Montenuovo am Schreibtisch: »Wie oft habe ich hier Seiner Majestät referiert und die von ihm unterzeichneten Akten mit Streusand bestreut!« Unwillkürlich wollte er den Löffel ergreifen – er fehlte! »Der hat wohl schon einen Liebhaber gefunden!« sagte er lächelnd.
Bei der Marschallstafel war natürlich viel vom »neuen« Hof die Rede, zu dem mein Vater gehörte, wohingegen ich ja vom »alten« war. Wenige Tage später saß ich drüben im Meidlinger Flügel bei der »jungen« Tafel. Gewohnt, wie bisher in Rock und Säbel zu erscheinen, waren wir »alten« Höflinge (nämlich auch mein Kollege von der Infanterie) recht schockiert, als die Suite des jungen Kaisers nur in der Bluse erschien, wie sie es vom Felde her gewohnt waren. Jahrhunderte lagen zwischen diesen acht Tagen.
Die eigentlichen Leichenzeremonien (auf das Leichenbegängnis komme ich noch zu sprechen) begannen mit der Überführung des Sarges aus Schönbrunn in die Hofburgpfarrkirche, meist Burgkapelle genannt, am 27. November um 10 Uhr abends. Ich war Kommandant unserer kleinen Abteilung, die mit den übrigen Gardedeta-

chements den Leichenzug zu begleiten hatte. Weil die Ausrückung in Winterparade angesagt war, also im Felberrock, konnte ich bequem in der Bluse (die wir immer unter besagtem Rock trugen) im Club soupieren, allerdings in der weißen Lederhose und den hohen Stulpenstiefeln. Erst im Vorzimmer, kurz vor der Abfahrt nach Schönbrunn (ein Hofwagen brachte mich hin), mußte Sobota mich dann in meine goldene Pracht wickeln.

Es war gegen 9 Uhr. Die Straßen waren schon dicht mit Neugierigen besetzt und ich kam mir ungeheuer wichtig vor, so allein durch diese grüßende, ungeheure Menge und die stramm salutierenden Polizisten zu fahren. Das Schloß war hell erleuchtet. Ich ging gleich ins große Vorzimmer, wo mich der 2. Wachtmeister Slavíček mit acht Gardereitern erwartete; auch die anderen Gardeabteilungen sammelten sich dort. Die Geistlichkeit zog ein, Lakaien liefen auf und ab, es kamen Hoffunktionäre an. Nepalleck war mit seinem ganzen Stab ausgerückt und gab fortwährend Befehle, die sich widersprachen. Auch die bekannten Extraweiber waren mit ihren Kübeln und Scheuerlappen noch zu sehen – es herrschte eine heillose Konfusion!

Plötzlich befand sich mitten in diesem Trubel die junge Kaiserin, noch in einem einfachen Kleid, mit einem großen Blumenstrauß. Sie war gekommen, um noch ein wenig am Sarg zu beten und ihn zu schmücken. Schleunigst zog sie sich zurück. Das Gedränge im Vorzimmer war beängstigend. Endlich wurde nach langem Hin und Her bestimmt, daß sich die Garden in der Großen Galerie aufstellen sollten. Wir hatten dann den Sarg in unsere Mitte zu nehmen, um ihn über die große Freitreppe zum Gala-Leichenwagen und weiter in die Burg zu begleiten.

Nach geraumer Zeit sah ich am anderen Ende der riesigen Galerie einen kleinen Zug, der sich langsam näherte; es waren die Majestäten. Rasch gab ich das Habt Acht!-Zeichen der Garden, ein dreimaliges Aufklopfen mit der Säbelscheide am Boden. Gewöhnlich besorgte der jeweilige Kommandant das mit seinem Kommandostab. Als begleitendes Spalier hatten wir jetzt aber ergriffene Säbel und ich daher keinen solchen.[3)] Zum ersten Mal grüßten die Garden ihren jungen Kaiser!

Dieser schritt in Marschalls-Campagneuniform, mit dem grünen

Federhut in der Hand, an der Seite der Kaiserin an uns vorüber. Die Kaiserin war in einen großen Crèpeschleier gehüllt, den man cloche oder Sturz nannte; er schleppte lang nach. Hinter ihr kamen, ebenfalls in solchen cloches, die Hofdamen Erzy Kállay de Nagy-Kállo und Gräfin Nora Nostitz. Es folgte, mit Abstand, ein recht korpulenter, großer General, der schwer auf seinen Stock gestützt durch die Galerie schritt. Es war der König Ferdinand von Bulgarien, der an seinem Bart und seiner langen Bourbonen-Nase leicht zu erkennen war. Wie ich später hörte, war er trotz Abwinken des Kaisers zu dieser ganz intimen Trauerfeier gekommen, weil er ganz als Schwager der Kaiserin anerkannt sein wollte. Seine erste Frau, Fürstin Marie Luise von Bulgarien, war eine viel ältere Stiefschwester der Kaiserin Zita gewesen und schon 1899 gestorben – wie man sagte, eigentlich aus Gram, daß ihr ältester Sohn, der spätere Zar Boris III., in orthodoxer Religion erzogen wurde. Dies hatte einen jahrelangen Bruch mit der Familie Parma zur Folge und erst im Krieg mußte das junge Kaiserpaar mit dem Bundesgenossen Frieden machen.
Den Schluß des Zuges bildete mein Vater mit den Flügeladjutanten, dem Grafen Wladimir Ledochowski und Josef Grafen Hunyady, der als Rittmeister eigentlich erst Ordonnanzoffizier war. Beide hatten bereits ihre neuen, dunkelgrünen Röcke an; die kaiserlichen Flügeladjutanten unterschieden sich von den übrigen durch ihre silbernen Borten und Knöpfe auf Rock und Kragen, die anderen trugen sie in Gold. Mein Vater war noch in seiner gewöhnlichen Generalsuniform, doch hatte er zu seiner ersten Funktion die breite, goldene Generalsadjutanten-Feldbinde über die linke Schulter angelegt.
Nach kurzer Einsegnung wurde der Sarg durch die Galerie hinausgetragen, umgeben von Edelknaben mit Windlichtern, die ihn bis zum Leichenwagen zu begleiten hatten. Dann bildeten die Garden das ambulante Spalier. Außen rechts kamen wir, dann, gegen den Sarg zu, acht Trabanten und sechs Arcièren. Außen links die acht Burggendarmen (Leibgarde Infanteriekompanie), acht ungarische Trabanten und sechs ungarische Garden.[4)] Die Mitteltür der Galerie auf der Freitreppe öffnet sich, eben schlägt die Schloßuhr die zehnte Nachtstunde: Franz Josef verläßt für immer sein Heim, in dem er 86 Jahre gelebt, 68 Jahre regiert hat!
Dem Sarg folgte Montenuovo, dann die beiden alten Generaladju-

tanten. Auf ihre Stöcke gestützt und sich gegenseitig haltend versinnbildlichten sie recht augenscheinlich die alte Zeit, die hier zu Grabe getragen wurde. Nach ihnen kamen alle Flügeladjutanten. Im Hof erwartete uns der große, mit acht Rapphengsten bespannte schwarze Leichenwagen. Seit dem Jahre '98, dem Begräbnis der Kaiserin Elisabeth, war er nicht mehr gesehen worden; die Erzherzoge wurden nämlich in rot-goldenen, mit Schimmeln bespannten Leichenwagen zur Kapuzinergruft gefahren.
In dem Moment, als der Sarg von den Saalkammerdienern und Lakaien, die ihn getragen hatten, in den Leichenwagen gehoben wird, erscheint am dunklen Himmel gerade über dem Schloß eine große Sternschnuppe, um nach kurzem Aufleuchten wieder zu verschwinden; viele Leute bestätigten damals das Phänomen. Der Leichenzug setzt sich still in Bewegung und in diesem Augenblick verlöschen alle Lichter des Schönbrunner Schlosses. Ein unvergeßlich packender Augenblick!
Dem Leichenwagen fuhren vier sechsspännige Hofstaatswagen voraus, in denen außer der vorgenannten Begleitung auch zwei fürstliche Kämmerer fuhren, die über die Zeit der Trauerzeremonien Dienst hatten. Es waren Fürst Hugo Windisch-Graetz und Prinz Eduard Auersperg. Diese Kommandierung wurde verschiedentlich bekrittelt. Erstens waren beide Herren schon alte Geheime Räte und zweitens war Hugo Windisch-Graetz, der in seiner Husarenuniform wohl die Parität mit Ungarn ausdrücken sollte, doch ein Österreicher! Sicher hätte dieses Amt eher Ferdinand Lobkowicz als rangältestem Kämmerer und einem Ungarn im Nationalkleid zugestanden.[5] Montenuovo mit seinem großen Stab, den er nur bei großen Gelegenheiten zu tragen hatte, fuhr allein, knapp vor dem Leichenwagen. Dieser Stab war schwarz mit einem goldenen Knauf.
Alle Staatswägen waren reich vergoldet, die Kutscher und Lakaien gold-galoniert, auch die Beschirrung entsprach großer Gala, wie man es im Jahre 1912 beim Eucharistischen Kongreß gezeigt hatte. Erst am Tage des Leichenbegängnisses legten Karossen und Würdenträger die Trauer an. In Unkenntnis dieses Brauches war Eduard Auersperg schon an diesem Abend im Trauerfrack erschienen und ganz unglücklich, als ich ihn gesprächsweise auf diesen Toilettefehler aufmerksam machte. Eigentlich war es klar, daß in der allgemei-

nen Aufregung kaum jemand dies bemerken würde; nebenbei ließ sein Mantel kaum etwas von seinem Frack sehen. Noch Jahrzehnte später erinnerte mich der alte Herr an den Schrecken, den ich ihm, wenn auch unfreiwillig, mit meiner Bemerkung verursacht hatte.

Dem Leichenwagen folgten noch etliche zweispännige Hofwagen, in denen die Kammer des Kaisers saß. Den armen alten Kammerdienern und Leibjägern rannen buchstäblich die Tränen über das Gesicht. Sie hatten einen sehr gütigen, noblen Herrn verloren! Zwischen den Wägen ritten immer je zwei Hofreitknechte, die Laternen an hohen Stangen trugen. Sie gaben dem düsteren Zug eine recht pittoreske Note, es erinnerte an längst vergangene Zeiten. Vom Militär waren nur zwei Eskadronen ausgerückt, die den Zug eröffneten und beschlossen. Unmittelbar dem Leichenwagen folgten sechs Arcièren und sechs ungarische Garden zu Pferde, samt ihren Kommandanten.

Die acht Rapphengste des Leichenwagens wurden teilweise vom Bock kutschiert; das vorderste Paar wurde vom Sattel, die zwei mittleren von Reitknechten zu Fuß geführt. Graf Rudolf van der Straaten, der Erste Stallmeister, und noch ein bis zwei Herren des Oberststallmeisteramtes gingen auch mit. Sie mußten immer die Hengste streicheln, ihnen zureden und überhaupt schön tun. Bei solcher Unternehmung, gar wenn das Tempo zu langsam ist, besteht nämlich die Gefahr, daß ein sonst gutmütiger Hengst sich niederlegt oder eine andere Bosheit ausheckt, wohl um seine Langeweile zu zeigen, und damit den ganzen Zug gefährdet. So verursachten die acht Schimmelhengste, die im Dezember des gleichen Jahres in Ofen das Kaiserpaar zur Krönungskirche bringen sollten, der Stallabteilung einen argen Schrecken. Bei der Generalprobe am Vortage blieben sie nämlich wie auf Kommando stehen und verweigerten jeden weiteren Schritt; man mußte die Probe abbrechen. Am Tage selber ging dann alles gut, denn man hatte die sehr schweren Straußenwedel, welche die Hengste wohl irritiert hatten, aus ihren Kopfgestellen herausgeschraubt.

Diesmal zogen trotz mächtiger, schwarzer Kopfbuschen die Pferde tadellos. Freilich war das Tempo sehr schnell! In unseren Riesenstiefeln, die bekanntlich ganz hart waren, war dieser Eilmarsch eine Leistung. Bisher hielt den Rekord Karl Baron Ludwigstorff, als er anno

'14 die Leichen des Erzherzogspaares Franz Ferdinand an die Westbahn zu begleiten hatte. Jetzt schlug ich ihn um vieles! Leider hatte ich vergessen, meinen Helm mit Watte auszupolstern, so wie man's von Dragonerhelmen her gewohnt war, damit einen dieser Blechtopf nicht zu stark drückte. Jetzt marschierte ich mir die Pickelhaube, die auch noch durch den Busch beschwert war, buchstäblich über die Augen, bis an die Nase. Es war wirklich sehr peinlich, da an richten nicht zu denken war! Stramm mußte ich an der Spitze meines Spaliers daher stapfen. Eine ganze Weile konnte ich mich nur nach den Fußspitzen des Publikums und meiner Nachbartrabanten orientieren; erst im äußeren Burgtor – endlich! – fand ich einen Moment, um meine Augen zu befreien.

Etwa um ½ 12 Uhr waren wir im Schweizer Hof angelangt. Hier war der Dienst unserer Garde und der Infanterie zu Ende, weil der Sarg von den vier übrigen Garden in die Burgkapelle zu begleiten war. Vor der Kapelle wurde der Zug von Burgpfarrer Seydl mit Assistenz erwartet. Der Burgpfarrer hatte dem Kaiser auch die letzte Ölung gespendet und die Sterbegebete gesprochen.

Vor einigen Jahren war der Zustand des alten Herrn bei einer seiner vielen Verkühlungen recht besorgniserregend gewesen. Der Burgpfarrer wurde gebeten, sich in der Nähe der kaiserlichen Appartements aufzuhalten, um gegebenenfalls dem Kaiser die Sterbesakramente zu spenden. Die ganze Nacht wartete er geduldig in einem der angrenzenden Zimmer. Mittlerweile, wie es bei alten Leuten oft geht, hatte sich das Befinden des Kaisers sehr rasch gebessert, er stand am nächsten Morgen um 4 Uhr ganz frisch auf und begann seinen normalen Tag. Da erst erinnerte sich der Flügeladjutant des armen, wartenden Burgpfarrers. Dieser erzählte mir, daß er doch mehr als erstaunt gewesen sei zu hören, daß sein Sterbender bereits vergnügt beim Frühstück sitze! Der hohe Kranke hat dies alles natürlich nie erfahren.

Die jungen Majestäten waren mit den wenigen Hoheiten, die auch der Einsegnung beigewohnt hatten, sowie mit der Geistlichkeit auf einem kürzeren Wege in die Burg vorausgeeilt; hier empfingen sie nun die kaiserliche Leiche. Nach kurzer Zeremonie an der Botschafterstiege entschwand der Sarg unseren Blicken, er war nun in der Burgkapelle.

Die nächsten Tage vergingen in einem kolossalen Rummel. Ich machte ihn mehr als Sohn des Generaladjutanten denn als Gardist mit. Besonders erinnere ich mich an einen Nachmittag, an dem die Majestäten im Alexander-Appartement den großen Kondolenzempfang hielten. Ich sah mir die Sache aus einem Vorzimmer an. Die Aufregung aller Beteiligten war ungeheuer, zumal ja seit Jahren kein größerer Empfang am Wiener Hof stattgefunden hatte. Unter anderem war auch mein Vater im kaiserlichen Zeremoniell noch ganz unerfahren. Das Hin und Her der Hofbeamten, die mit großen Listen behaftet waren, der Lakaien und Würdenträger belustigte mich sehr. Eine Gasthoheit nach der anderen, dann noch etliche Abordnungen, wurden eingelassen, immer von meinem Vater angemeldet, der bereits seine neue, dunkelgrüne Uniform trug. Bis auf einige kleinere Verwechslungen soll alles recht gut geklappt haben. Einer der deutschen Bundesfürsten, ich glaube, es war Fürst Wilhelm von Hohenzollern (-Sigmaringen), wurde meinem Vater von einem ganz toll gewordenen Hofbeamten als – Nuntius bezeichnet.
Am 28. November kam Kaiser Wilhelm zum Kondolenzbesuch und fuhr am gleichen Abend wieder ab. Ich habe ihn dieses Mal nicht gesehen. Für meine Familie äußerte sich dieser Besuch in einer ganz internen Angelegenheit: Die neue Galahose meines Vaters wurde erst im allerletzten Moment geliefert! Die vorhergehende Panik war erheblich. Diese Hose war einer Leibjägerhose nicht unähnlich, dunkelgrün mit breiten Goldborten.
Allenthalben begegnete man fremden Fürstlichkeiten. An Königen waren da der von Bayern, der von Sachsen und der von Bulgarien. Dann der deutsche Kronprinz, der türkische Thronfolger Prinz Wahid Eddin (der bald darauf durch Selbstmord endete), der schwedische Kronprinz Gustav Adolf und Prinz Waldemar von Dänemark. Für Spanien kam Prinz Ferdinand von Bayern, der durch seine Heirat mit der Schwester des Königs Alfons Infant von Spanien war.
Werkmann (der spätere Feldherr von Hohensalzburg), der damals eine Hofpresseabteilung eingerichtet hatte, schickte mir recht viele Photos von den Kriegsschauplätzen mit der Bitte, diese dem Infanten auf irgend eine Weise zukommen zu lassen. Ich glaube, es sollte über Lobkowicz gehen, weil der Infant entweder bei Onkel Zdeni

wohnte oder dort ein Diner bekam. Der Prinz sollte die Bilder zu Propagandazwecken in spanischen Zeitungen bringen. Es wurde aber nichts daraus, weil der Infant nur unter der Bedingung durch Feindesland gelassen worden war, daß er nichts derartiges mitnahm. Einige der Photos, die für Werkmann wertlos waren, besitze ich noch.

Natürlich waren wir viel in der Burgkapelle. Stets hatten ein Kämmerer und eine Sternkreuzordensdame dort Betstunde. Die Aufbahrung war sehr imposant. Getreue Nachbildungen der österreichischen und ungarischen Kronen, der Erzherzogshut von Österreich, der Generalshut, die Collanen der inländischen Orden, gekreuzte Säbel und die Feldbinde lagen auf Tabouretts um den Sarg herum, alles umgeben von einem Kerzenmeer. Die Kirche war schwarz ausgeschlagen, an den Wänden hingen als einziger Schmuck Wappentafeln mit den Namen (= Titeln) des Verstorbenen. Hier erschien zum ersten Mal neben der österreichischen Krone auch die ungarische über dem Hauswappen. Das wurde in Wien allgemein als starke Konzession an die Ungarn gewertet und entschieden nicht gern gesehen. Der letzte, kurze Akt der Monarchie hatte begonnen!

Später, nachdem der Hof die Trauer abgelegt hatte, verursachte es große Kosten, sämtliche Wägen mit den Doppelkronen zu schmükken. Sogar in die Laternengläser wurde dieses neue Symbol eingeschliffen. Die böhmische Krone ward vergessen! Danach wurde noch das neue Wappen eingeführt, ein heraldisches Unding: Der alte Doppeladler neben dem ungarischen Wappen, in der Mitte, beide verbindend, das Habsburg-Lothringische Hauswappen. Dieses neue Wappen kam aber wegen des Krieges und aus Zeitmangel bis zum Herbst 1918 nur sehr wenig in Verwendung.

Am 30. November, 2 Uhr nachmittags, war das Leichenbegängnis des Kaisers angesetzt. Unsere Garde hatte gehofft, zu Pferde, wie es eigentlich vorgeschrieben war, ausrücken zu können. Bald erfuhren wir aber, daß wir unsere Schimmel der ungarischen Leibgarde abzutreten hatten. Auch die Arcièren hatten Schimmel, obwohl sie eigentlich auf Rappen zu reiten hatten; diese wurden sonst von der Artillerie beigestellt, was aber jetzt im Kriege nicht ging. Die beiden Offiziersgarden hatten schon seit Jahrzehnten keine eigenen Pferde

mehr, weil immer nur wenige von ihnen – und das höchstens zu Fronleichnam – beritten ausrückten; in den letzten Jahren war auch das ausgeblieben. Die letzte Ausrückung zu Pferde war 1912 beim Eucharistischen Kongreß gewesen.
In den Tagen vor dem Begräbnis machten die alten Majore und Rittmeister von der ungarischen Garde eifrig Reitübungen in unserer gedeckten Reitschule, und die roten, silberbeschlagenen Galazäume und Sättel wurden angepaßt. Recht komisch nahm sich die Schar dieser älteren, meist dicken Herren aus, in roten Galahosen, gelben Stiefeln und der gewöhnlichen Bluse. Überdies hatten sie die großen Kalpake zur Probe aufgesetzt und so, ihre sehr krummen, ungarischen Säbel schwingend, gondelten sie durch den Raum. Sie waren stolz auf ihre Reitkünste und wir jungen Zuschauer sparten nicht mit reichem Lob.
Die gesamte Garde versammelte sich im inneren Burghof. Wir boten ein sehr schönes, buntes Bild; es dominierten Rot und Gold, etwas gemildert durch die großen Krägen, die bei den berittenen Garden weiß, bei den Trabanten schwarz waren. Wie schon zur Überführung der Leiche rückten wir im Felberrock aus und wir müssen in unseren Goldschnüren, weiß-ledernen Hosen und hohen Stulpstiefeln sehr stattlich ausgesehen haben. Unser Gardemaß war 1,80 m und wurde von den meisten Gardisten noch überragt. Ich ging als Zugskommandant am rechten Flügel und war auch der größte. Für unser gutes Marschieren bekamen wir auch eine Extrabelobigung von Montenuovo.
Wieder rückten, wie bei der Überführung, etliche sechsspännige Hofstaatswagen aus, für die obersten Hofchargen, die Hofdienste und Generaladjutanten des alten Kaisers.[6)] Diesmal fuhren die zwei fürstlichen Kämmerer, die Flügeladjutanten und die Kammer zweispännig. Alles war jetzt in Trauer. Man sah keinen Messingbeschlag, keinen Knopf, keine Borte, alles war überlackiert, eingenäht und schwarz verhüllt. Ein Wagen nach dem anderen zog an uns vorüber und machte einen tadellosen Eindruck. Eine Leistung des Oberststallmeisteramtes! Wenn man bedenkt – diese Masse der ausgerückten Karossen, die vielen, neu zu machenden Livreen, in kaum acht Tagen, und das im Krieg! Zwischen den Wägen, die in großen Abständen von einander fuhren, kamen wieder die Reitknechte mit

den Laternen. Vorne ritt ein sogenannter Hofeinspanier, so hießen bei solchen Ausrückungen die anführenden Stallchargen.[7] Auch ein berittener Hofkommissär war an der Spitze des Zuges.
Nun setzte sich die Garde in Marsch. Voraus die Infanteriekompanie mit ihrer Fahne, die kaum je entrollt wurde. Dann folgten wir, in zwei Gliedern, kommandiert von Erbach. Als Trauerzeichen hatten wir Offiziere Flore am linken Arm und, wie die ganze Armee, schwarz überzogene Portepees und überdies schwarz bezogene Cartouche-Riemen. Es folgten kleine Abteilungen ungarischer und österreichischer Trabanten.
Endlich folgte der riesige Leichenwagen, auf dieselbe Art umgeben wie bei der Überführung. Vier Lakaien und vier Edelknaben mit Wachsfackeln verstärkten noch das Seitenspalier. Unsere Leute wurden diesmal von Edi Paar kommandiert. Am Bock des Leichenwagens saß der langjährige Leibkutscher des Kaisers, Walter. Zum letzten Mal fuhr er seinen Kaiser, aber es war auch das letzte Mal, daß er am Bock saß.
Auf einem schönen Schwarzbraunen aus dem Leibstall des Kaisers ritt rechts vom Wagen der Oberststallmeister, Fürst Pálffy. Als einziger Schmuck seines schwarzen Mantels leuchtete das Goldene Vlies. Wieder mußten die acht Rapphengste ihren traurigen Dienst tun. Man war sonst nur gewöhnt, sie vor den schweren Gardewägen traben zu sehen, wenn sie die Offiziersgarden zu ihrem Dienst fuhren. Viele dieser Kladruber Rappen, deren immer zwei Achterzüge im Hofstall waren, waren im Lauf der letzten 18 Jahre (seit dem Tod der Kaiserin) ausgetauscht worden, ohne ihrer eigentlichen Bestimmung nachgekommen zu sein: Einen Kaisersarg zu fahren!
Hinter dem Leichenwagen kamen in weißen Radmänteln hoch zu Roß die zwei sogenannten Brigaden der Arcièren und der ungarischen Leibgarde, die allerdings zusammen kaum 50 Mann stark waren. Spitze und Schluß des Zuges bildeten je eine Kompanie Infanterie und eine Eskadron Kavallerie. Wir marschierten ein flottes Tempo über den äußeren Burgplatz, Ringstraße, Rothenthurmstraße zur Stefanskirche. Die Menschenmenge war riesig, sie verhielt sich still und würdig. Nur vom anderen Ufer des Donaukanals hörte ich etliche schrille Pfiffe, angeblich aus Protest gegen die Polizei, die nicht allzu viele Menschen auf die Brücken ließ. Auf dem

Stefansplatz war großes Halt. Punkt 3 Uhr, wie es angesagt war, wurde der Sarg in die Kirche getragen.
Leider wurde hier auch die sprichwörtliche Pünktlichkeit des Wiener Hofes zu Grabe getragen. Bei den jungen Herrschaften riß bedauerlicherweise gleich eine unglaubliche Unpünktlichkeit ein. Merkwürdig genug – da es doch fast die gleichen Menschen waren, die nun den neuen Kaiser umgaben, aber wohl verursacht durch Mangel an Routine beim neuen Herrscher, die sich z. B. in der ungebührlichen Ausdehnung aller Audienzen und Empfänge fühlbar machte.
Nachdem Kardinal Piffl die Einsegnung vorgenommen hatte, setzte sich nach etwa einer halben Stunde der Zug wieder in Gang. Diesmal trat der Hofstaat des alten Kaisers dem Leichenwagen vor. Hinter dem Wagen schritten die Majestäten, zwischen ihnen der kleine, vierjährige Kronprinz im weißen Kleid mit einem Flor am Arm; er trug zum ersten Mal das Goldene Vlies, das er eben bekommen hatte. Ihnen folgte die unendliche Schar der Trauergäste, nach Rang geordnet, die sich in der Stefanskirche versammelt hatten. Wir zogen jetzt sehr langsam daher, mit Rücksicht auf die alten Herren des Hofstaates, die zur Verzweiflung von van der Straaten nicht vorwärts kamen. Beinahe hätte sich jetzt einer der Hengste niedergelegt; nur mit sehr viel guten Worten (Schlagen wäre in dieser Situation direkt gefährlich gewesen) konnte er davon abgehalten werden.
Am Ende des Leichenzuges scheint nicht alles geklappt zu haben. Meine Mutter, die als Palastdame ebenfalls in der Kirche gewesen war, erlebte beim Herauskommen mit ihren Kolleginnen eine Art Panik: Die Damen befanden sich plötzlich in der den Abschluß bildenden Eskadron! Meine Mutter sagte, sie wäre schon seit Jahrzehnten nicht mehr so gelaufen wie damals, um nicht unter die Hufe der aufgeregten Pferde zu geraten. Diese Flucht war durch die langen Crèpeschleier und Kleider sehr behindert; die galoppierenden Palastdamen mit den oft bis zum Knie geschürzten Röcken bildeten noch lange eine Quelle der Heiterkeit.
Es ging nun durch die Kärntnerstraße, Kupferschmiedgasse über den Neuen Markt zur Kapuzinerkirche. Hier fand die eigentliche Beisetzung statt, sie dauerte sehr kurz. Sehr eindrucksvoll der Gardetrommler, der die »Leiche austrommelte«. Gleich nachher fuhren

die Majestäten im Auto an uns vorüber, zur Burg zurück. Das Automobil war eine neue Erscheinung bei so höfischen Gelegenheiten. Bezeichnenderweise fanden sich schon damals Übelwollende, die es dem Kaiser als Feigheit anrechneten, daß er das schnellere Automobil dem traditionellen Hofwagen vorzog.
Freitag, den 1. Dezember um 5 Uhr Nachmittag wurden in der Hofburgkapelle die Vigilien für den verstorbenen Kaiser abgehalten, ebenfalls dort wurde am Samstag, den 2. Dezember, dem 66. Jahrestag seiner Thronbesteigung, das Seelenamt für ihn gelesen. Es war meine erste Ausrückung als Gardist bei einem Kirchengang in der Burg; als Kämmerer hatte ich freilich öfters solche Feiern mitgemacht, zum ersten Mal beim Eucharistischen Kongreß 1912. Meinem Bruder Josef und mir wurde damals die Ehre zuteil, als frisch ernannte Kämmerer das Allerheiligste am Baldachin begleiten und die Quasten des Baldachins tragen zu dürfen.
Wir Gardisten – Erbach, Edi Paar und ich – wurden zu den Vigilien im Hofwagen abgeholt. In der Trabantenstube erwartete uns unsere Mannschaft, etwa 50 Gardisten, die bereits das Spalier durch den ganzen Saal gezogen hatten. Erbach und ich stellten uns zu beiden Seiten der Eingangstüre zur sogenannten Ritterstube auf, Paar bezog seinen Platz vor der Tür zu den Hoforatorien. Hinter dem Spalier und auch in den anderen Sälen war bereits das »Volk« versammelt; es bestand hauptsächlich aus Angehörigen der Hofgesellschaft, auch aus den Verwandten und Bekannten der Hofangestellten. Begreiflicherweise konnten nur verhältnismäßig wenig Karten ausgegeben werden.
Wir waren früh gekommen und konnten daher die Ankunft der Trauergäste gut beobachten. Den meisten sah man an, daß ihre ungewohnten Gewänder sie irgendwie störten, auch behagte wenigen das Spießrutenlaufen durch die Garden und besagtes »Volk«. Einige der Herren stolperten geradezu durch die langen Säle, andere wieder kamen aus dem Kopfnicken nach rechts und links nicht heraus und nahmen auf dem sehr glatten Parkettboden einen komisch gleitenden Schritt an; nur wenige blieben natürlich.
Geschäftig eilten die Beamten des Hofzeremoniells auf und ab, an ihrer Spitze der oft genannte Hofrat von Nepalleck. Sie waren sichtlich auf ihre Trauerfräcke geschmeichelt, in denen sie sich aber kaum

von den Kämmerern und den übrigen Hofwürdenträgern unterschieden. Bei festlichen Anlässen trugen diese Herren nämlich nur die normale Hofbeamtenuniform, dunkelblauer Rock und Hose mit schwarz-samtenen, rot passepoilierten Aufschlägen und den Goldborten und Rosetten nach ihrem Rang.
Hier möchte ich etwas über den sogenannten Hofstaat berichten, der bei den verschiedensten Anlässen in der Wiener Burg den allerhöchsten Hof zu begleiten hatte; dazu eingeladen wurde er mittels einer Hofansage. Der Hofstaat bestand aus folgenden Würdenträgern, die in Klassen eingeteilt waren: den *oberen Hofchargen*, bestehend aus dem Ersten Obersthofmeister (der überhaupt den ersten Rang in der gesamten Monarchie hatte), dem Oberstkämmerer, dem Obersthofmarschall, dem Oberststallmeister und dem Zweiten Obersthofmeister (dessen Posten nicht ständig besetzt war), in dieser Reihenfolge; den *Geheimen Räten*, den *Kämmerern*, den *Truchsessen* und den *Edelknaben*. Die letzteren gehörten zwar nicht ganz zum eigentlichen Hofstaat, doch nahmen sie bei den meisten Kirchgängen und anderen Feierlichkeiten im sogenannten Cortège teil.
Ausgenommen die Edelknaben trugen sämtliche Würdenträger, wenn sie nicht Militärs waren oder dem ungarischen oder polnischen Adel angehörten, bei allen Hoffesten einen mit Goldknöpfen hochgeschlossenen, dunkelgrünen Staatsfrack mit gleichfarbiger Hose, die mit einer breiten Goldborte geziert war; die weiße Galahose war in den letzten zwanzig Jahren der Monarchie nicht mehr in Gebrauch. Es gab einen Galafrack, eine kleine Uniform und zwei verschiedene Trauerfräcke; letztere wurden in den Hofansagen nur als »Kleidung« bezeichnet. Man mußte für die tiefe Trauer einen Frack aus aufgeriebenem (rauhen) Tuch besitzen, für geringere Trauerfälle einen aus glattem Tuch.[8] Die Galafräcke waren sehr reich an Brust und Kragen, Ärmelaufschlägen, Taschen, Schößen in Gold gestickt; die Truchsesse trugen in Gala Silberstickerei. Die Fräcke der obersten Hofchargen wiesen auch auf den Nähten Stickereien auf.
Nur Kenner konnten die Fräcke der Geheimen Räte von jenen der Kämmerer unterscheiden; die Stickerei bei ersteren war um ein weniges breiter als bei letzteren. Die »kleine Uniform« hatte nur auf dem Kragen, den Ärmelaufschlägen und den Taschen die Stickerei,

nicht auf Brust und Schößen; die der obersten Hofchargen überdies vorne an den Knöpfen eine schmale Goldlitze. Alles trug den gleichen Zweispitz, in Gala mit weißen Straußenfederchen auf der oberen Kante, bei Audienzen und kleineren Festen meistens, bei Hoftrauer natürlich immer, mit schwarzen Federchen.
Der Degen war vergoldet und mit einem Perlmuttergriff versehen, dann gab es noch einen mit dunklem Stahlgriff, der »angelaufen« genannt wurde. Nur bei großer Landes- oder Hoftrauer (die, wie ich glaube, nur beim Tode des Kaisers oder der Kaiserin angesagt wurde) mußte der vergoldete Degen ganz in Crèpe eingenäht getragen werden. Da wurde auch die Goldmasche am Hut in Crèpe eingeschlagen und es wurden schwarze Handschuhe gefordert.
Die kleine Uniform und die beiden Arten der Trauerkleidung konnten mit den verschiedenen Degen, Hutfedern, weißen oder schwarzen Handschuhen in unglaublichen Variationen getragen werden. Die Hoftraueransage gab immer genau die Dauer der Trauer und die dazu vorgeschriebene Kleidung an. Bei Militär war das viel einfacher, da bestand jede Trauer nur im Flor am linken Arm. Nur bei Landestrauer kam noch das schwarze Portepee dazu, bei den Generälen auch die schwarz überzogene goldene Feldbinde. Wir Gardisten trugen überdies, wie erwähnt, schwarze Cartouche-Riemen.
Der Kämmererschlüssel wurde rechts rückwärts in Taillenhöhe in einem Täschchen getragen, dessen oberer Rand beim Militär durch zwei kleine Knöpfe markiert wurde, die mit einer dünnen Goldschnur verbunden waren. Außen hing am Schlüssel eine breite Goldquaste. Bei den Geheimen Räten kam, wenn sie auch Kämmerer waren, eine zweite Quaste hinzu. Diese Quasten wurden stets unverhüllt getragen; sie und die Ordenssterne waren auch das einzige, was bei dieser Trauerversammlung zu den Kaiservigilien belebend herausleuchtete. Besonders die recht seltenen Diamantdekorationen und die Goldenen Vliese nahmen sich auf den schwarzen Fräcken sehr gut aus.
Sowohl die Ungarn wie auch die Polen trugen meist ihre Nationaltracht, die dem persönlichen Geschmack recht viel Spielraum ließ; natürlich mußten aber die verschiedenen Trauergrade auch hier eingehalten werden. Die beiden Nationaltrachten unterschieden sich hauptsächlich im Schnitt der Hosen, die bei den Ungarn eng anlie-

Kaiser Franz Joseph in der Uniform eines großbritannischen Feldmarschalls, mit arschallstab; der rechte obere Orden ist das russische Georgskreuz

24 *Kaiser Franz Joseph mit FZM Graf Beck-Rzikowsky bei einem Kaisermanöver*

25 *Franz de Paula Kardinal Schönborn, nach einem Gemälde von Zenisek d. Ä.*

26 *Generaladjutant GdK Graf Eduard Paar*

?7 Erzherzog Karl Franz Josef und sein Generaladjutant Prinz Zdenko v. Lobkowicz im Landauer bei der Kaiserhuldigung in Prag am 7.5.1908

?8 Pirudschade anläßlich eines Besuches von Kaiser Wilhelm II. in Laxenburg. Im Vagen Kaiser Karl mit Pickelhaube und Kaiser Wilhelm in österreichischer Uniform

29 Erzherzog Karl Franz Josef mit FM Franz Frhr. (später Graf) Conrad v. Hötzendorf, bei einem Frontbesuch im Herbst 1914

30 Erzherzog Karl Franz Josef als Oberleutnant im Jahre 1908, vermutlich in Brandeis/Elbe

31 Rittmeister Prinz Erwein v. Lobkowicz im weißen Mantel der Einser Dragoner und schwarzer „Friedenskappe", Prag, Frühjahr 1919

gend, bei den Polen bauschiger waren. Auch hatte der ungarische Stiefel einen ganz charakteristischen, herzförmigen Schaftabschluß. Der bei den Polen beinahe immer nur umgehängte Pelz war viel länger als der ungarische. Die vielen Verschnürungen am ungarischen Kleid sind bekannt, während die Polen mehr durch die Pracht des Materials, besonders der Gürtel wirkten.
Sollte ein Hoffest besonders hervorgehoben werden, so wurden die Bänder der Ordensgroßkreuze angelegt. Das kam jedoch selten vor, weil der alte Kaiser, wie es hieß, diese Bänder nicht schätzte; wie ich meine wohl deshalb, weil sie leicht verrutschten und dann sein streng militärisches Auge verletzten. Die Ordenscollanen dagegen wurden eigentlich nur zum eigentlichen Ordensfest, zu Fronleichnam, umgehängt.
Die Edelknaben – die Pagen am österreichischen Kaiserhof, adelige Zöglinge der Theresianischen Akademie in Wien, die später im gleichen Rang Kämmerer werden konnten – erschienen in Gala in scharlachroten, goldbordierten Röcken, weißen Hosen und Strümpfen, Schnallenschuhen und mit Straußenfedern geschmücktem Dreispitz. In Trauer trugen sie scheußliche schwarze Wämser und ebensolche kurze Hosen und Strümpfe; als Kopfbedeckung dienten ihnen dann komische, schmalkrempige Hütchen.
Doch zurück zu den Trauervigilien. Der Hofstaat versammelte sich wie üblich in der Geheimen-Rats-Stube; nur die Truchsesse und Edelknaben mußten in der zweiten Antikammer ein recht kümmerliches Dasein fristen, weil nur wenige ihrer Gattung zu erscheinen pflegten. Die Geheime-Rats-Stube hingegen war wegen der riesigen Beteiligung diesmal stark überfüllt.
Der Oberzeremonienmeister klopft dreimal mit seinem großen, weißen, vom goldenen Doppeladler gekrönten Stock auf: Der allerhöchste Hof hat, vom Thronsaal kommend, die Geheime-Rats-Stube betreten. Gleichzeitig beginnt die endlose Prozession der Hofwürdenträger an uns vorüber zu ziehen. Um bis zu uns zu gelangen, mußte das Cortège die zweite und erste Antikammer, den Marmorsaal und die Ritterstube durchqueren. In diesen mit prächtigen Gobelins gezierten Sälen, die das Zeremoniell-Appartement genannt wurden, standen auch Garden Spalier, und zwar im Marmorsaal die Arcièren und die ungarische Leibgarde, in der Ritter-

stube die Trabantenleibgarde; die Leibgarde Infanteriekompanie hatte, wie immer, nur die äußeren Posten zu beziehen. Erbach gibt mit seinem Stab dreimal das Zeichen, daß der Hof nahe. Wir stülpen unsere Helme auf und ziehen die Säbel. Nur Erbach, der Kommandant, behält seinen Helm in der Linken; in der Rechten hat er den dünnen, schwarzen Kommandostab mit dem weißen Elfenbeinkopf, der zum Zeichen der Trauer mit einem grünen, statt wie gewöhnlich mit einem roten Band versehen war.

Es ziehen die Edelknaben, Truchsesse und Kämmerer paarweise an uns vorüber, möglichst nach ihrem Ernennungsrang geordnet, die jüngsten voraus. Es folgen die fürstlichen Kämmerer, voraus die Nachgeborenen und die Chefs der österreichischen Fürstenhäuser, dann die Nachgeborenen der ehemals reichsunmittelbaren Familien nach ihrem Familienrang, und zwar gingen nach dem spanischen Hofzeremoniell die Rangjüngeren voraus. Da ich nicht mehr genau weiß, wer von allen diesen Herren anwesend war, zähle ich einfach die Familien auf, und zwar, entsprechend der Cortègeordnung, in verkehrter Reihenfolge:

Die österreichischen Fürsten Weikersheim, Festetics, Thun, Radzivill, Beaufort, Montenuovo, Sapieha, Collalto, die zweite Linie Windisch-Graetz, Rohan, Pálffy, Paar, Clary, Batthyany, Kinsky, Odeschalchi, Lubomirski, Dietrichstein.

Die Prinzen der reichsunmittelbaren Häuser Trauttmannsdorff, Windisch-Graetz erste Linie, Metternich, Schönburg-Hartenstein, Rosenberg, Salm-Reifferscheid, Oettingen-Wallerstein, Starhemberg, Khevenhüller, Colloredo, Eszterhazy, Schwarzenberg, Fürstenberg, Auersperg und zum Schluß Lobkowicz.

Es folgen die Geheimen Räte in schier endloser Reihe, gleichfalls nach ihrer Ernennung geordnet. Die schwarze Farbe dominiert, weil auch alle Ungarn und Polen in tiefer Trauer erscheinen. Nur die weißen Generalsröcke, grünen Federhüte, roten ungarischen Generale und manche Felduniform bringen etwas Farbe in das düstere Bild. Die österreichischen Diplomaten und Beamten des Ministeriums des Äußeren trugen ebenfalls einen Staatsfrack, welcher der kleinen Kämmereruniform sehr ähnlich war; die Trauer wurde da nur durch einen Flor markiert. Prinz Nikola Hohenlohe zum Beispiel und mancher seiner Kollegen besaßen gar kein Kämmerer-

Trauerkleid und erschienen in diesen Fällen in der Diplomatenuniform. Mit den Geheimen Räten rangierten alle Minister, auch die Gemeinsamen Minister[9]; unter ihnen der Kriegsminister, der kleine, dickliche Generaloberst Freiherr von Krobatin, der später Feldmarschall wurde.
Auch die Hofdienste hatten weder einen besonderen Rang noch eine Uniform und erschienen als Geheime Räte. Es waren der Oberstküchenmeister Graf Gustl Bellegarde, der Oberstjägermeister Max Graf Thun, der zum Zeichen seiner Würde ein Hifthorn und eine Jagdtasche trug, die an goldgestickten Bandeliers hingen (in Gala erschien er in weißen Lederhosen und Stulpstiefeln); der Oberststablmeister Karl Freiherr von Rumerskirch; auch der Hofmarschall in Ungarn, Graf Nikolaus Széczen de Temerin, gehörte dazu. Der Oberzeremonienmeister Graf Eduard Chotoniewski, der ebenfalls mit den Geheimen Räten rangierte, hatte im Cortège den Kaiser zu begleiten. Den Schluß dieser Gruppe bildeten die Ministerpräsidenten beider Reichshälften, der halbblinde Graf Tisza und der schielende Herr von Körber.
Nun folgten die wenigen Chefs der mediatisierten Grafenhäuser, merkwürdigerweise in alphabetischer Reihenfolge; Wurmbrandt, Schönborn, Kuefstein und Harrach.
Dann die Nachgeborenen der vormals reichsunmittelbaren Fürstenhäuser, nach dem oben erwähnten Rang; natürlich mußten alle Herren Geheime Räte sein. In dieser Gruppe kam mein Vater als letzter an uns vorüber (sein älterer Bruder, Onkel Fede, war nicht anwesend), denn der Kaiser hatte den Grafen Paar aufgefordert, ihn heute zu begleiten, d. h. den Generaladjutanten des alten Kaisers und nicht seinen eigenen. Nun kam in seiner schwarzen Magnatentracht Stephan Freiherr von Barian einhergezogen, der Minister des Äußeren und des kaiserlichen Hauses, gefolgt von den Chefs der vormals reichsunmittelbaren Fürstenhäuser, mit Onkel Zdeni Lobkowicz zum Schluß.
Die obersten Hofchargen ziehen nun gemessenen Schrittes ein, zuerst der neu ernannte Obersthofmeister, Graf Leopold Berchthold, dahinter der dicke, kleine Graf Gustl Zichy als Obersthofmarschall, beide in ungarischer Magnatentracht. Neben dem letzteren der große, elegante Oberststallmeister Nikolaus Fürst Pálffy, nicht, wie

in der Gala, in weißledernen Reithosen und goldbespornten Stulpstiefeln, sondern in langen, schwarzen Reitbreeches. Die eben erhaltenen Brillanten des Leopoldordens blinken auf den schwarzen Röcken beider Würdenträger.

Nach entsprechender Respektdistanz betritt ganz allein, als letzter der Sterblichen, der Erste Obersthofmeister den Saal. Sehr feierlich schreitet Alfred Fürst Montenuovo herein; auch er trägt die neu erhaltene Dekoration, die Diamanten zum Stefansorden.

Die Trabantenstube ist zum Bersten voll, weil der Cortège die Hoheiten nur bis zum Oratorium zu begleiten hatte. Teils vor, teils hinter unserem Spalier steht dicht gedrängt alles, was in Österreich-Ungarn Rang und Namen hat. Durch die schon sehr enge Gasse, quer durch den Saal, kommen jetzt, begleitet von ihren Herren, die Erzherzöge. Voraus der heute rangjüngste FM Eugen, Kommandant der Südfront, übergroß, elegant geschmückt mit den Insignien eines Hoch- und Deutschmeisters an Brust und Hals. Neben ihm ein unscheinbares Bürschchen, Erzherzog Wilhelm, der spätere Ruthenenheld Wassil Wyschywanyi. Das zweite Paar sind Erzherzog Leo und sein Bruder Karl Albrecht, hinter ihnen ihr Vater Stefan als Admiral, mit dem jungen Albrecht, nach dem Umsturz oft genannt als ungarischer Thronprätendent. Das vierte Paar sind der kleine, dickliche, sehr gutmütige bisherige Generalissimus FM Friedrich – auf viel zu kleinen Füßen trippelt er einher, begleitet von seinem Generaladjutanten Grafen Herbert Herberstein, der durch seine Eleganz die peinliche Unscheinbarkeit seines Herrn noch hervorhebt – und rechts von Friedrich der jüngste Toscana, Hubert. Hinter ihnen Huberts älterer Bruder Franz Karl, Pionierleutnant, der 1918 gestorben ist. Neben diesem sein und Huberts Vater Franz Salvator, kurz Francescho genannt, der Schwiegersohn des alten Kaisers; er trägt die Friedensgala, weil er nur Protektor-Stellvertreter des Roten Kreuzes ist. Das sechste Paar sind die unrühmlich bekannten Söhne des hinter ihnen kommenden Erzherzogs Leopold Salvator, beide Artillerieleutnants: Leopold, jetzt Filmschauspieler in USA, und Rainer, als Taxichauffeur in Wien Anfang der 30er Jahre gestorben. Das siebte Paar: Der alte (eben erwähnte) Leopold Salvator im braunen Rock und blauer Hose als Artillerieinspektor, zu seiner Rechten ein unscheinbarer Dragonerstabsoffizier, Erzherzog Hein-

rich Salvator (D.6), der nur selten bei Hofe erschien. Das achte und letzte Paar sind der Chef des Hauses Toscana, Josef Ferdinand – klein, unvornehm, mit rotblondem Vollbart – und, rechts von ihm, Erzherzog Max als Ulanenoberleutnant (U.1), Bruder des jungen Kaisers und mit Abstand der bestaussehende Habsburger dieser Zeit.
Wieder entsteht eine kleine Pause. Alle Blicke sind auf die Eingangstüre gerichtet, wo jetzt der junge Kaiser erscheint. Die Friedens-Marschalluniform steht ihm ausgezeichnet; leider scheint er nicht zu bedenken, daß er der Mittelpunkt des Interesses ist. Er schlenkert unschön mit den Armen und nickt ganz mechanisch nach rechts und links mit seinem Kopf. Wie schön und vornehm pflegte da Franz Joseph zu repräsentieren, etwas lässig, doch immer ganz gerade schritt er im Cortège, ohne mit der Wimper zu zucken!
Unmittelbar hinter dem jungen Herrn gehen Karl Graf Lanckorónski und der alte Paar, der bei dieser Trauerzeremonie seinen letzten Dienst tut. Der Oberstkämmerer (Lanckorónski) überragt seinen Herrn um mehr als Kopfeslänge und fällt sehr durch seinen rötlichen Vollbart auf. Seitwärts in der Gruppe geht der Oberzeremonienmeister; auch die Gardekapitäne gehören noch dazu, und zwar: Albert Graf Lónyay de Nagy-Lónya der kgl.-ungarischen Leibgarde, Karl Graf Auersperg der k.k. Trabanten und Josef Baron Gaudernak de Kis-Demeter der kgl.-ungarischen Trabanten-Leibgarde. Ihre leuchtend roten, gold- und silbergestickten Uniformen heben sich sehr wirkungsvoll von den nun folgenden schwarzen Gestalten ab. Es ist die Kaiserin mit ihrem zahlreichen Gefolge von Palastdamen; zum erstenmal seit Jahrzehnten nehmen Damen an einem Cortège teil.[10)] Die stellvertretende Obersthofmeisterin war, glaube ich, Fürstin Res Schwarzenberg-Trauttmannsdorff, als Obersthofmeister fungierte General Max Graf Thun; diese beiden Stellen waren noch nicht definitiv besetzt worden. Bei Kirchgängen hatten immer sechs Palastdamen die Kaiserin zu begleiten. Dieses Mal sind es die Fürstinnen Eleonore Auersperg-Breuner und Irma Eszterházy-Andrássy, die Geheimen-Rats-Frauen Nandine Gräfin Berchthold-Károlyi und Margit Gräfin Lanckorónski-Lichnewsky, als Kämmerer-Frauen Margit Gräfin Wenckheim-Pálffy und Marie Gräfin Kinsky-Wilczek. Zu erkennen waren alle diese Damen unter ihren cloches

freilich nicht, sie schauten eher wie wandelnde Zuckerhüte ohne weiße Spitze aus. Sehr würdevoll und feierlich nahm sich der lang nachschleppende Schleier aus, den alle Damen des Cortège tragen mußten; er fiel umso mehr auf, als damals schon recht kurze Röcke in Mode waren. Von den vorgeschriebenen zwei bis drei Meter langen Schleppen mußte aber wegen des schon herrschenden Stoffmangels Abstand genommen werden. Die Prozession der Damen war aber auch so schon sehr lang.

Die Erzherzoginnen gingen einzeln hinter einander, immer von einer Dame und einem Herrn begleitet. Die erste war die Mutter des Kaisers, Erzherzogin Josefa; sehr groß und stattlich, hatte sie leider den gleichen, unschönen Gang wie ihr Sohn, wohl ein Wettiner Gebrechen. Umso schöner war die Erscheinung der kaiserlichen Großmutter, Erzherzogin Maria Theresia, Prinzessin von Bragança; trotz ihres Schleiers sah man ihre prächtige Gestalt, dazu der wundervoll schwebende Gang. Kaiserin Zita erinnerte, obwohl viel kleiner, im Gang sehr an diese Tante. Mutter und Großmutter hatten eben erst ihren Rang erhalten, da es sonst verwitweten Erzherzoginnen unmöglich war, am Hofe offiziell zu erscheinen. Nun folgte die bisherig langjährige erste Dame am Kaiserhof, Erzherzogin Maria Annunziata, zwar unvermählt, aber als Äbtissin des Prager Theresianischen Damenstifts im Frauenrang. Nach ihr Marie Christine geb. Bourbon-Sizilien; Blanca, Tochter des Don Carlos von Spanien; Valerie, die Tochter des verstorbenen Kaisers, dem Rang ihres Mannes (Franz Salvator) entsprechend erst an dieser Stelle; Isabelle geb. Prinzessin Croy; Marie Therèse, kurz Blanchetta genannt, geb. Erzherzogin von Toscana; zum Schluß Augusta, geb. Prinzessin von Bayern.

Erzherzogin Blanca hatte unter ihrer Crèpe-cloche einen viel zu kurzen Rock an, ihre Füßchen in den hohen Knopfschuhen bewegten sich wie in einem Käfig. Erzherzogin Isabelle, die Frau von Erzherzog Friedrich, machte einen nahezu kugelrunden Eindruck, der nur durch die Schleppe etwas gemildert war. Meine Mutter, die als Obersthofmeisterin bei einer der Hoheiten Dienst tat, kam knapp an mir vorbei; obwohl ich es wußte, habe ich sie doch nicht erkannt!

Der Hof war nun in den Oratorien verschwunden. Die Geheimen Räte und Kämmerer verstauten sich nach Möglichkeit in den ihnen zugeteilten großen Estraden im Fond der Kirche; auch die Damen mußten untergebracht werden. Trotzdem war unser Saal noch sehr voll. Wir Offiziere versorgten unsere Säbel und nahmen wie gesittete Bürger unsere Helme ab, um uns unters »Volk« zu mischen; die Garden traten zur Wand zurück. Von Zeit zu Zeit kamen aufgeregte Emissäre von Montenuovo oder Chotoniewski aus der Kirche, die je nach Rang um Ruhe baten oder sie anordneten. Man höre alles in der Kirche! hieß es; das wirkte kurze Zeit, doch bald ging das Gepappel wieder an.

Für kurze Zeit ging auch ich ins überfüllte Männeroratorium. Die Kirche war ebenso schwarz drapiert wie bei der Aufbahrung, in der Mitte stand ein großer Katafalk mit dem gleichen Schmuck wie um den Sarg. Die Hofsängerknaben gaben ihr Bestes her. Die Vigilien wurden von Burgpfarrer Seydl abgehalten. Vor Schluß der Zeremonie eilte ich wieder hinaus, um meinen Platz, Erbach gegenüber, diesmal an der Oratorientür einzunehmen.

Der Zug aus der Burgkapelle formiert sich langsam und setzt sich in Bewegung. Nepalleck klopft dreimal, die Erzherzoge kommen recht feierlich hereingewackelt. Eben betritt der Kaiser den Saal, da entsteht eine Stockung. Gelangweilt nimmt der Kaiser eine bequeme Stellung ein und wendet sich an Lónyay, um ihn nach dem Befinden seines Sohnes zu fragen, der krank war. Lónyay ist sichtlich aus der Fassung gebracht, jetzt angesprochen zu werden. Nun bemerkt der Kaiser mich und ich erhalte einen sehr gnädigen Zwinkerer zugesandt. Wenn das Auftreten des jungen Herrn nur etwas gemessener und harmonischer wäre, könnte man nichts gegen all das haben. Es ist interessant zu beobachten, wie die Höflinge der alten Zeit über das Gehaben des jungen Herrschers sichtlich entsetzt sind.[11)]

Der Zug kommt wieder in Fluß und es schwebt die junge Monarchin herein – wirklich jeder Zoll eine Kaiserin! Bald ist der Cortège unseren Blicken entschwunden. Abermals klopft es dreimal, Nepalleck führt in elegantem Tänzlschritt die Schar der minderjährigen Habsburger durchs Gedränge. Gleich hinter ihnen kommt sehr gewichtig Ferdinand von Bulgarien aus dem Dunkel des Hoforatoriums hervor. Es folgen ihm seine beiden Söhne Boris und Kyrill, die ihm ein großes Meßbuch und seine Handschuhe nachtragen.

Nochmaliges Klopfen: Ein alter, höchst undekorativer österreichischer Artillerieoberst mit viel zu langen Harmonikahosen erscheint, an seiner Seite eine tief verschleierte Dame. Es ist Prinz Leopold von Bayern mit seiner Frau, Erzherzogin Gisella, der ältesten Tochter des verstorbenen Kaisers. Sie gehörte wohl zu den häßlichsten Frauen, die man sich vorstellen konnte, mit einer Wespentaille, die damals längst nicht mehr Mode war. Nur ihre Füße, die sie gerne vorzeigte, waren von untadeliger Schönheit. Das Ende dieser Vigilien war, wie regelmäßig, ein wüstes Gedränge von Generalen und Hofwürdenträgern aller Art vor der kleinen Garderobe am Fuß der Botschafterstiege.

Samstag, den 2. Dezember um 11 Uhr war, wie gesagt, das Seelenamt, wieder in der Burgkapelle. Man sah ungefähr die gleiche Gesellschaft wie am Nachmittag vorher, diesmal bei Tagesbeleuchtung. Das Amt wurde von Kardinal Czernoch zelebriert, dem Primas von Ungarn, die Einsegnung hielt Kardinal Skrebensky von Olmütz ab. Diesmal versammelten sich folgende sechs Palastdamen im sogenannten Reichen Schlafzimmer des Zeremoniell-Appartements: Tante Berta Lobkowicz-Neipperg, Fürstin Fanny Montenuovo-Kinsky, Gräfin Fanny Czernin-Schönburg, Gräfin Janka Széczen-Mikes, Gräfin Elisabeth Wilczek-Kinsky und Gräfin Eleonore van der Straaten-Sternberg (verwitwete Salm), um die Kaiserin im Cortège zu begleiten.

Das oben erwähnte Zeremoniell-Appartement lag im ersten Stock des Leopoldinischen Traktes oberhalb der Hauptwache, der die Amalienburg, gegenüber dem Ballhaus, mit dem Schweizer Trakt verband. Dieses Appartement war der Schauplatz aller zeremoniellen Feste des Kaiserhofes. Auf der Ballhaus-Seite befand sich die Schwarze-Adler-Stiege, nicht so benannt nach dem gleichnamigen preußischen Orden, sondern nach einem sagenhaften Adler, der sich einmal dort niedergelassen haben soll. Hier war der Aufgang der Hoheiten und ihrer Suiten. Auf der anderen Seite, im Schweizer Hof, war die oft genannte Botschafterstiege für alle anderen Sterblichen.

Die Zimmer und Säle hatten folgende Bezeichnungen, von der Schwarzen-Adler-Stiege an gerechnet: Das Blumenzimmer; das Pietradura-Zimmer, so benannt nach den vielen Bildern und Kabinetten in dieser florentinischen (und Prager) Technik, die sich dort

befanden. Es machte einen leuchtend-bunten, festlichen Eindruck. Das Spiegelzimmer, prachtvoll bei abendlicher Beleuchtung; hier versammelte sich meist der Hof, so auch bei dieser Gelegenheit. Das Schreibzimmer der Kaiserin Maria Theresia, kein großer Raum, die Wände mit Miniaturen dicht behängt. Die Möbel waren sehr prächtig in alter Boulle-Technik. Es folgte das Reiche Schlafzimmer; ich glaube, es war das offizielle Schlafzimmer der Kaiserin Maria Theresia, ganz in rotem, goldgestickten Samt gehalten, das riesige Prunkbett mit reichem Baldachin in gleicher Farbe und Stickerei. Das Audienzzimmer, auch Thronsaal, im roten, typischen Damast, geziert mit zwei lebensgroßen Bildern des Kaisers Franz Joseph und der Kaiserin Elisabeth in jüngeren Jahren. Hier empfing der Monarch die Botschafter bei der Überreichung ihrer Beglaubigungsschreiben; auch die feierlichen Renunziationen der Erzherzoginnen[12)] spielten sich in diesem Saale ab. Die Tür dieses Raumes öffnete sich in die oft genannte Geheime-Rats-Stube, der die schon früher beschriebenen Säle folgten. Im Double dieser Räume[13)] befand sich das Fremdenappartement, mit der Aussicht gegen den äußeren Burghof; es beherbergte meist fremde Herrscher, wenn diese beim Kaiser zu Gast waren. Mit dem Zeremonien-Appartement war auch der Zeremoniensaal mit den großen Säulen in direkter Verbindung.
Über zwei weitere Begräbnisfeierlichkeiten möchte ich, anschließend an das Vorige, hier berichten, nämlich über die Beisetzung meines älteren Bruders Josef Zdenko und über die Zeremonien beim Begräbnis unseres Gardekommandanten Oberst Grafen Moritz Rumerskirch.
Wie schon erwähnt, hatte mein Bruder Josef sich gleich zu Beginn des Krieges in einem polnischen Flüchtlingslager in Chotzen in Böhmen ein schweres Lungenleiden zugezogen; als Beamter der Prager Statthalterei hatte er dieses Lager zu leiten. Wegen seines Leidens wurde er beurlaubt und hielt sich hauptsächlich in Aflenz in der Steiermark auf, zum Schluß in einem Sanatorium in Zakopane bei Krakau. Im Frühjahr 1918 sollte Josef für einige Wochen an die Adria und kam über Ostern, Ende März, auf dem Wege dorthin zu uns nach Schönbrunn.
Um Josef den Besuch einer hl. Messe zu ermöglichen, ließ mein

Vater – der als Toisonritter das Vorrecht genoß, in seiner Anwesenheit überall eine hl. Messe lesen lassen zu können – im Speisezimmer unserer schönen Wohnung im Meidlinger Trakt einen Altar aufstellen. Hier konnte nun ein Pater an den beiden Osterfeiertagen das hl. Opfer darbringen und Josef mit uns zur hl. Kommunion gehen.
Ich hatte im April Dienst in Baden und rückte deshalb am Osterdienstag dorthin ein, doch schon am Abend des nächsten Tages wurde ich telefonisch aus Schönbrunn verständigt, daß es Josef schlecht gehe und mit dem Schlimmsten zu rechnen sei. Die Kaiserin, die voller Anteilnahme war, erlaubte gütig, daß ich gleich mit einem Hofauto nach Schönbrunn gebracht wurde. Auch mein Vater, der mit dem Kaiser auf einer Frontreise war, wurde eilig zurückberufen.
Am 6. April, in der Nacht zum Weißen Sonntag, wurde Josef von seinem jahrelangen Leiden ganz sanft erlöst. Ich verlor mit ihm meinen besten Jugendgefährten und Freund; wie viele Jugenderinnerungen gingen mit ihm dahin! Am Nachmittag vor Josefs Tod hatte Ferdinand Lobkowicz (Bilin) ihn besuchen wollen, konnte ihn aber nicht sehen, da Josef schon zu schwach war. Verlegen lächelnd übergab Ferdinand mir ein Kistchen – mit einem uns beiden Brüdern wohlbekannten, in Becherform geschnitzten Elefantenzahn. Eine gute indische Arbeit, mit der es folgende Bewandtnis gehabt hatte: Im Jahre 1911 oder 1912 hatte Ferdinand mit dem Beřkovitzer Vetter Josef Ferdinand und dem Grafen Reinhold Boos eine längere Reise unternommen. Weil sie über Indien, Japan und zurück mit der sibirischen Eisenbahn über Rußland heimführte, also um die halbe Welt ging, hieß sie bei uns nur »die Halbweltreise«.
Ferdinand hatte in Indien und besonders in Japan ganze Wagenladungen verschiedener Reisegeschenke für Verwandte und Freunde erstanden, konnte sich aber nie dazu entschließen, diese Sachen zu verteilen; sie füllten einige Garderobenschränke und Kommoden. Da hingen Dutzende bunter Kimonos, standen Regimenter geschnitzter Elefanten und anderer Tiere aller Größen und Farben, lagen ganze Pakete von Fächern, Stapel verschiedenster Bronzegegenstände und so fort. Immer wieder wurden Listen der Geschenkempfänger verfaßt und wieder verworfen.

Der reich geschnitzte Elefantenzahn war eigentlich von Anfang an Josef zugedacht gewesen, aber immer, wenn dieser Ferdinand an das längst versprochene Geschenk erinnerte, meinte dieser, er könne doch nicht, ohne die anderen zu kränken, Josef allein mit einem sogenannten Mitbringsel beteilen. Zum Schluß wurde es zum stereotypen Ausspruch von Josef, er werde sicher eher sterben als den Zahn bekommen, was Ferdinand lachend emport leugnete. Nun – da war der Zahn! Ich sagte meinem Bruder nur: »Ferdinand hat den Zahn gebracht!«, worauf Josef nur lächelnd verständnisvoll mit dem Kopf nickte.

Bald nach dem Tode mußte die amtliche Leichenbeschau vorgenommen werden, leider aber auch eine große Einbalsamierung. Diese war für unsere Familiengruft in Raudnitz unumgänglich, weil der Raum zu nahe an bewohnten Häusern liegt. Eine heidnische und auch kostspielige Prozedur, die von einem Doktor der Prosektur mit einigen Gehilfen ausgeführt wurde. Natürlich sahen wir nichts von alledem, doch waren wir froh, als diese Herren wieder draußen waren. Der Leichenwäscher fragte dann, wie Josef anzuziehen sei, worauf ich sagte, wir wünschten uns den Toten möglichst einfach, wie im Bett liegend aufgebahrt, da jeder Anzug puppenhaft wirke. Das schien den Leichenwäscher zu schockieren. Ganz ärgerlich und verächtlich meinte er: »Aber Strümpfe werden wir ihm doch anziehen dürfen?«, was natürlich gleich bewilligt wurde. Erst später kam ich darauf, daß die Leute sicher glaubten, wir hätten an dem Toten einen Anzug sparen wollen.

Kompliziert war die Frage, wo die Einsegnung stattfinden solle, mit anschließendem Transport der Leiche an die Bahn. Es war jahrhundertealter Brauch oder gar Vorschrift, daß keine Leiche außer einer des Kaiserhauses über den Schönbrunner Hof getragen werden durfte. Auf andere Art war es aber unmöglich, in die Schloßkapelle zu gelangen. Nun wurde der verhältnismäßig große, gewölbte Raum im Meidlinger Kavalierstrakt, gleich links am Eingangstor zum Schloßhof[14)], der sicher früher als Durchfahrt gedient hatte, mit viel Blattpflanzen, Blumen und schwarzem Tuch in eine würdige Trauerkapelle umgewandelt. Im Fond kam der Sarg zu stehen, etwas erhöht und von Kerzen umgeben. Zu seiner Linken wurde eine Kniebank für die engste Familie aufgestellt, gegenüber die des

Kaisers, der sich sehr gnädig zur Einsegnung angesagt hatte. Hinter seiner Kniebank wurden die Vertreter anderer Hoheiten placiert. Graf Nandi Attems kam für die Kaiserin, Onkel August Lobkowicz für Erzherzog Leopold Salvator; die übrigen Trauergäste mußten mit dem länglich schmalen Vorraum vorlieb nehmen, viele standen aber im Hof. Die Beteiligung war wohl wegen der Stellung meines Vaters ganz enorm. Es kamen nahezu alle Minister, die hohe Generalität aus Baden und Wien, die Chefs aller Hofämter und viele liebe Verwandte und Bekannte. Doch das war nichts im Vergleich zu der Sintflut an schriftlichen Kondolenzen, die sich über meinen Vater ergoß, Berge an Briefen und Telegrammen, die täglich ankamen. Es fehlte kaum ein Kommando der Feldarmee und des Hinterlandes, bis hinunter zu den Regimentern, das sich nicht dem Ersten Generaladjutanten in Erinnerung gebracht hätte. Zwei Schreiber der Generaladjutantur hatten wochenlang an den Beantwortungen dieser Zuschriften zu arbeiten, es waren Tausende.
Wie erwähnt, hatte Kaiser Karl sein Erscheinen bei der Einsegnung angesagt. Mein Vater in Felduniform und ich im weißen Mantel mit bebuschtem Helm mußten in der Nähe des großen Gittertores S. M. erwarten, um ihn zu seinem Platz in der improvisierten Trauerkapelle zu geleiten. Der Kaiser kam in Begleitung Brougiers im Auto direkt von Baden angefahren, ging gleich auf uns zu und sagte uns besonders teilnehmende, liebe Worte. Nach der recht kurzen Trauerfeier hatten wir ihn auch wieder zum Auto zurückzubringen. Dann erst wurde der Sarg gehoben und über den langen Gang unter unserer Wohnung, längs des großen Hofes, dann links über den Meidlinger Hof bis zum gleichnamigen Tor gebracht. Hier nahm ihn ein Leichenfurgon auf und brachte ihn zur Bahn. Unmittelbar hinter dem Sarg trug Strajchl, der berühmte Kammerdiener meines Vaters, auf schwarzem Samtpolster Josefs Kämmererschlüssel, umgeben von seinen wenigen Dekorationen. Am Sarg war der Beamtenhut samt dem Degen des Verstorbenen befestigt.
Im gleichen Monat wie Josef starb auch der damalige Kommandant unserer Garde, Oberst Graf Moritz Rumerskirch. Erbach hatte sich 1917, weil er noch nicht im Felde gewesen war, hinaus gemeldet und kam zu seinem Stammregiment, den 13er Dragonern. Wir Gardisten bekamen nun als Kommandanten den Grafen Moritz Rumers-

kirch, der sich als Oberst von U.11 im Kriege ein schweres Herzleiden geholt hatte. Ich erinnere mich, unter ihm nur eine Ausrükkung mitgemacht zu haben, und zwar die Seelenmesse für Kaiser Franz Joseph am ersten Jahrstag seines Todes, am 21. November 1917. Zu dieser erschien der Hofstaat zwar im schwarzen Trauerfrack und mit schwarzen Federn am Hut, aber mit goldenem Degen und weißen Handschuhen; das Militär erschien ohne Flor. Die Damen aber hatten, wie bei der Trauerfeier, ihre Clochen.

Der arme Schnecki Rumerskirch (wie er oft genannt wurde) erlag seinem Leiden am 19. April 1918. Weil Edi Paar in Baden Dienst tat, war ich in Schönbrunn interimistischer Eskadronskommandant und mußte für ein würdiges Leichenbegängnis unseres Kommandanten sorgen. Die beiden Schwestern des Verstorbenen, Prinzessin Stephanie Hohenlohe-Waldenburg-Kaunitz und Rosa von Czaykowska, waren ganz hilflos, so daß ich auch die Traueranzeige aufsetzen mußte.

Rumerskirch war Profeßkomtur des Malteserritterordens gewesen.[15] Deshalb sollte die feierliche Einsegnung in der Malteserkirche in der Kärntnerstraße abgehalten werden und der Kondukt von dort aus gehen. Ich hatte einen recht bewegten Tag, ehe die zu treffenden Anordnungen mit allen kompetenten Behörden, dem Platzkommando, dem Obersthofmeisteramt und der Malteserordenskanzlei, nicht zu vergessen mit der Leichenbestattungsanstalt, durchberaten waren. Arges Kopfzerbrechen verursachte die Placierung all der zahlreichen Würdenträger in der recht kleinen Kirche. Zu berücksichtigen waren der Großprior des Malteserordens, Fra Rudolf von Hardegg, der Hausherr; dann unsere Garde mit dem Gardekapitän Tersztyánsky als den Militärhauptleidtragenden, die übrigen Gardekapitäne und hohen Militärs, und die allerdings nicht sehr zahlreiche Verwandtschaft. Schließlich wurden die Malteser samt der Deputation des Deutschherrenordens links, unsere Garde rechts im Presbyterium untergebracht, in der Kirche dagegen links die Verwandtschaft und rechts die Würdenträger.

Rumerskirch wurde als Profeßkomtur in einem faltenreichen Tuchmantel (Punta) mit dem großen Malteserkreuz auf der Schulter beigesetzt, dem Kirchengewand der Profeß-Malteser. Auf einem Polster vor dem Sarg lagen nur seine goldenen Sporen.

Auch sonst war die Aufbahrung nach Malteser-Vorschrift äußerst einfach.
Sehr gut machte sich der sonst nicht sehr dekorative Großprior in seinem langen, schwarzen Samtmantel auf dem Thron. Auch der Kontrast der recht zahlreich erschienenen Malteserritter in ihren schwarzen Ordensmänteln zu den Deutschen Herren in weißen Mänteln mit dem schwarzen Kreuz war recht malerisch. Nach der kurzen Einsegnung und der hl. Messe entwickelte sich in der Kärntnerstraße gegen den Karlsplatz zu ein sehr imposanter Zug. Vor dem Leichenwagen marschierte der militärische Kondukt; es war recht viel ausgerückt, weil Rumerskirch ja Oberst gewesen war. Hinter dem Leichenwagen kam der Großprior, gefolgt von seinen und den Deutschordens-Rittern, die paarweise gingen, danach die beiden Schwestern des Verstorbenen. Nachträglich war mit leid, die zwei Damen so eingeteilt zu haben. Sie schauten nämlich genau so aus wie Marketenderinnen unserer Gardeabteilung, die jetzt im Zuge folgte; passender wäre gewesen, sie aus der Kirche direkt zum Grab am Centralfriedhof zu bringen.
Es folgte, wie gesagt, die Garde-Eskadron, Tersztvánsky flankiert von Paar, Mensdorff und mir, hinter uns die dienstfreie Gardemannschaft. Alles in weißen Mänteln, mit Helmen und Büschen. Die Gardisten waren alle über 1,80 m groß und nahezu gleich adjustiert wie die Offiziere. In Achterreihen marschierten sie daher, ich muß schon sagen, daß wir sehr gut aussahen.[16] Dahinter kam die fernere Verwandtschaft und die Generalität. So zogen wir bis zum Karlsplatz, wo sich der Kondukt auflöste. Der Leichenwagen fuhr weiter zum Centralfriedhof, die Truppen defilierten vor dem höchsten teilnehmenden General, dem Generaloberst Freiherrn von Dankl. Von uns fuhren nur Tersztyánsky und ich ans Grab; er nahm mich in seinem Hofwagen mit.
Der Verkehr mit unserem Gardekapitän war mir immer sehr komisch vorgekommen; ich kannte ihn schon von Kindesbeinen an. Ende der 90er Jahre war Tersztyánsky Regimentskommandant der Einser Dragoner und wohl einer der unangenehmsten Vorgesetzten, die man sich denken kann, rücksichtslos, launisch und despotisch, bei seinen Vorgesetzten ebenso gefürchtet wie bei seinen Untergebenen. Mein Vater, der über 20 Jahre bei seinem alten Regi-

ment gedient hatte, hatte den Dienst dort satt bekommen und sich zu den 7er Dragonern transferieren lassen. Der Abschied von Tersztyánsky war damals äußerst kühl gewesen; er sagte zu meinem Vater: »Der Dienst hat uns getrennt, hoffentlich wird uns das Leben nicht trennen!«, was mein Vater schweigend hinnahm.
Jetzt war mein Vater Generaladjutant und der Wüterich eine abgetane Größe; mit List und Tücke war er aufs tote Gardegleis verschoben worden, weil es im Felde niemand mit ihm aushielt und seine Feldherrnkünste auch nicht überragend waren. Tersztyánsky war gescheit genug, seinen Hofposten auch als solchen zu verstehen und hat die Eskadron nicht weiter belästigt. Mit mir war er immer ganz besonders charmant.

Anmerkungen

1. »Ingerenz« bedeutet soviel wie Einfluß, Weisung. Die Bemerkung soll wohl andeuten, daß der Thronfolger nicht aus sachfremden Motiven in die Arbeit seiner Fachleute eingreifen bzw. deren Entscheidungen beeinflussen wollte.
2. Unter den österreichischen Orden und Ehrenzeichen des Ersten Weltkrieges steht das Militärische Verdienstkreuz im Rang an vierter Stelle (gestiftet 1849 von Kaiser Franz Josef, nur für Offiziere); auf dem ersten Rang steht der Maria-Theresien-Orden. Die Militärische Verdienstmedaille oder »signum laudis« (lat. Zeichen des Lobes; gestiftet 1890 von Kaiser Franz Josef, ebenfalls nur für Offiziere) steht auf Rang 7. Dabei ist aber zu berücksichtigen, daß auf Rang 6 das hier nicht in Betracht kommende Verdienstkreuz für Militärgeistliche steht und auf Rang 5 das eigentlich preußische Eiserne Kreuz, das außerdem nicht auf Offiziere beschränkt war. So besehen war das »signum laudis« also eigentlich nur um eine Rangstufe niedriger als das erbetene Verdienstkreuz.
3. »... hatten wir ergriffene Säbel ...« bezeichnet einen militärischen Zustand, vergleichbar mit der Präsentierhaltung einer Ehrenkompanie. Auf das entsprechende Kommando zieht der Gardist den Säbel und hält ihn, je nach Anlaß mit der Spitze (dem Ort) nach oben oder schräg nach unten, in der rechten Faust; die Linke ruht dabei meist auf der Öffnung (dem Mund) der Scheide. Deshalb hatte Prinz Lobkowicz für den sonst üblichen Kommandostab keine Hand frei und mußte mit der Scheide aufklopfen.
4. Die k.u.k. Leibgarden sind zwar aus den regulären Truppen hervorgegangen, zählten aber nicht zu dem, was man heute »kämpfende Einheiten« nennen würde. Sie waren eine repräsentative Hofgarde und bestanden aus dienst-, aber nicht kriegsdiensttauglichen Invaliden. Dennoch waren sie Soldaten und verstanden sich auch so. Der Geist des »Die Garde stirbt, doch sie ergibt sich nicht« war in der kaiserlichen Leibgarde noch sehr lebendig, wenngleich mangels moderner Waffen eher akademisch. Die k.u.k. Leibgarden setzten sich zusammen aus Erster Arcièrenleibgarde, Ungarischer Leibgarde, Trabantenleibgarde, Ungarischer Trabantenleibgarde (seit 1907), Leibgarde Reitereskadron und Leibgarde Infanteriekompanie. Die Arcièren (in Bayern: Hartschiere) waren ehemals Bogenschützen, die Trabanten Leibwächter zu Fuß. Der manchmal etwas spöttische Ton, mit dem Prinz Lobkowicz seine Zeit bei der Leibgarde beschreibt, sollte nicht darüber hinwegtäuschen, daß er seine Aufgabe, das

Leben der kaiserlichen Familie zu schützen, sehr ernst nahm. Das aber war eine Selbstverständlichkeit, über die ein Offizier kein Wort verlor.

5. Ferdinand Lobkowicz ist der bereits erwähnte »Onkel Fede«, Chef der Beřkovicer Linie. »Rangältester Kämmerer« bezieht sich auf den Familienrang, nicht auf das Dienstalter; jede der hoffähigen Familien des Kaiserreiches hatte einen bestimmten Rang, wie schon an anderer Stelle vom Autor beschrieben. Hätte man jedoch Onkel Fede in die Kutsche gesetzt, dann wäre Böhmen im gleichen Rang vertreten gewesen wie Ungarn, und das durfte nicht sein.
6. Der Hofstaat des alten Kaisers »starb« in gewisser Weise mit ihm, denn der junge Kaiser hatte längst seinen eigenen Hofstaat. Die Dienste und Loyalitäten eines Hofstaates waren so sehr auf die Person des Herren bezogen, daß eine Übertragung auf einen neuen Herrn schwierig gewesen wäre. Die ideale (leider nicht immer die reale) Beziehung zwischen Hofstaat und Herr war ein vollkommenes gegenseitiges Vertrauen, auch und besonders im persönlich-familiären Bereich. Es würde hier jedoch zu weit führen, Wesen und Entwicklung von Hofstaaten beschreiben zu wollen.
7. Die Bezeichnung »Hofeinspanier« ist wohl die verstümmelte Form von »Einspenniger«, dem einfachsten Rang unter den adeligen Begleitern eines Fürsten; er fährt oder reitet nur mit einem Pferd, also einspännig (zitiert nach Prof. Dr. H. Jäger-Sunstenau, siehe auch Kap. 7, Anm. 5).
8. Die Kleidungsvorschriften für die Hoftrauer waren tatsächlich noch viel detaillierter und galten auch für die »Unterkleidung«, d. h. für Weste, Strümpfe und Schuhe; sogar das Tragen von Schmuck und Uhrketten war geregelt. Ähnlich bürokratische Auswüchse gab es auch am deutschen Kaiserhof.
9. Der Name »Doppelmonarchie« besagt, daß in diesem Konglomerat von Königreichen, Herzog- und Fürstentümern, deren alleiniger Monarch der Kaiser von Österreich war, neben Österreich selbst nur das Königreich Ungarn seine Selbständigkeit behalten bzw. wiedererlangt hatte. Nur hier regierte der Kaiser nicht als Kaiser, sondern »nur« als König von Ungarn und war als solcher auch den ungarischen Gesetzen unterworfen. Deshalb gab es in der Doppelmonarchie auch zwei komplette Regierungen, die eine für (von Wien aus gesehen) Transleithanien, d. h. das Land jenseits des Grenzflusses Leitha, also Ungarn; die andere für den »Rest« in Cisleithanien, das Land diesseits bzw. westlich der Leitha. Einige der wichtigsten Ministerien waren jedoch nur einmal vorhanden und galten für beide

Staaten, so z. B. das Kriegsministerium, wobei aber die ungarische Empfindlichkeit geschont wurde, indem man sowohl hier als auch in Österreich jeweils ein »Landesverteidigungsministerium« einrichtete.

10. An einem Cortège des Hofes, dem feierlichen Zug der Teilnehmer an einem Staatsakt (Hochzeit, Begräbnis), nahmen Damen im allgemeinen nur dann teil, wenn auch die Kaiserin oder ihre offizielle Vertreterin daran teilnahm.

11. Diese scheinbare Kritik am Kaiser und an Angehörigen des Kaiserhauses ist für heutige Leser wohl erklärungsbedürftig. Kaiser und Mitglieder der kaiserlichen Familie wurden damals in erster Linie als Symbole und gleichzeitige Träger der religiösen Aura gesehen, welche den Kaiserthron seit alters her umgab. Der Thron und das Haus Habsburg waren in der Vorstellung so untrennbar verbunden, daß ein Mitglied dieser höchst ungewöhnlichen Familie an geradezu unmenschlichen Standards gemessen wurde. Das Numen des Hauses Habsburg war eine schwere Last, die Kaiser Karl vielleicht noch viel stärker empfunden hat als sein Vorgänger. Das äußere Erscheinungsbild eines Kaisers von Österreich war aber in mehr als zwei Generationen von Kaiser Franz Josef geprägt worden, und jede, auch nur die kleinste Abweichung davon sah man als Sakrileg an. Hinzu kommt, daß die Formulierungen des Autors dem Sprachgebrauch seiner eigenen Gesellschaftsschicht entsprechen, einer Gesellschaft, die sich ihrer Nähe zum Kaiserhaus und der Vertrautheit mit dem Hause Habsburg seit Jahrhunderten bewußt war und daraus das Recht ableitete, im internen Kreis auch drastische Kritik auszusprechen. Schließlich ist ein Phänomen zu bedenken, das in vielen Endzeitgesellschaften zu beobachten ist: die Vertauschung des Inhalts mit der Form und das unerbittlich starre Festhalten an letzterer, einschließlich des Versuchs, das sichtbar gewordene Ende durch noch feinere Differenzierung des Formenkanons (Beamtenuniform!) aufzuhalten.

12. Renunziationen: Seit der Pragmatischen Sanktion von 1713 war zwar die weibliche Erbfolge möglich, aber nach dem Tode von Kaiserin Maria Theresia nicht mehr erwünscht. Deshalb mußten alle Erzherzoginnen, die von ihrer Geburt her in der Thronfolge vor einem männlichen Erben gestanden hätten, bei Eintritt der Großjährigkeit feierlich auf den Thron verzichten.

13. Als »im Double« gelegen bezeichnet man eine Folge von Räumen, die – spiegelbildlich zur Raumfolge der einen Fensterfront – entlang der anderen Fensterfront liegt, hier also eine Folge auf der Front zum in-

neren Burghof (die Zeremoniellappartements), die andere Raumfolge gegenüber. Der »Zeremoniensaal« heißt übrigens heute Marmorsaal oder, phantasielos, Kongreßzentrum.

14. An dieser Stelle befindet sich heute ein Souvenirgeschäft.
15. Ein Profeßkomtur hat die gleichen Gelübde abgelegt wie ein Profeßritter (siehe Kap. 1, Anm. 23), ist ihm »als Mönch« also gleich; er hat aber einen höheren militärischen Rang als ein einfacher Ritter.
16. Abgesehen vom ausgeprägten Form- und Schönheitsgefühl des Autors, das hier zum Ausdruck kommt, war ein gutes Aussehen die einzige Möglichkeit der Gardisten, ihren Willen zur Pflichterfüllung zu demonstrieren.

9.
Des alten Kaisers Kleider

In den Tagen nach der Beisetzung Kaiser Franz Josephs zeigte mir der alte Ketterl die Zimmer seines verstorbenen Herrn in Schönbrunn. Das erste große Schreibzimmer, ein schöner Raum, ganz in Holz und Gold gehalten, hatte wirklich ganz mögliche Möbel; auch der große Rokokoschreibtisch war ein gutes Stück. Das meiste soll von Frau Schratt gestammt haben, wie mir der Leibkammerdiener erzählte. Die Verwandtschaft schenkte dem Kaiser meistens nur scheußliche Sachen, Rahmen in Brandmalerei und dergleichen stand herum. Zum 80. Geburtstag, glaube ich, bekam der Kaiser eine pultartige Vitrine, darin Nymphenburger Teller; auf jedem derselben prangte das Bild eines Erzherzogs oder eines der bayerischen Prinzen. Es war wirklich kein schöner Anblick, diese Masse meist häßlicher Gesichter einem aus dem Kasten entgegengrinsen zu sehen.

Das zweite Schreibzimmer war wesentlich einfacher, hauptsächlich mit sogenannten hofaerarischen Möbeln ausgestattet. Besonders der Schreibtisch war mehr als geschmacklos, ein poliertes braunes Gebilde einer üblen Möbelkunst der 70er Jahre. Darauf stand eine große Uhr unter einer Glasglocke; auf das Pendel war ein schönes Frauenauge gemalt, so daß es das Pendel ganz bedeckte. Ketterl behauptete, es sei das Auge der Frau Schratt, der Gnädigen Frau, wie er sagte.

Die Wände dieses Zimmers und auch des Schlafzimmers sowie alle Möbel waren mit dunkelbrauner, schwerer Seide überzogen, die mit unregelmäßigen, grünen Efeublättern geschmückt war; es sah altväterlich, aber originell aus. Als die Wandverkleidung zu Anfang dieses Jahrhunderts aus Altersschwäche schadhaft wurde, konnte sich der Kaiser doch nicht entschließen, sie zu ändern; schließlich stammte sie aus dem Beginn seiner Regierungszeit. Das Obersthofmeisteramt mußte also den gleichen Stoff extra weben lassen und während eines Ischler Aufenthaltes des Kaisers wurden die Wände und Möbel solcherart erneuert. Bei der Rückkehr soll Franz Joseph einmal lächelnd Ketterl gedroht haben, auf die neu gerichtete tenture[1)] deutend.

Sehr gute Bilder meist militärischen Inhalts hingen an den Wänden, natürlich auch Familienbilder, unter ihnen eines von Kronprinz Rudolf in jungen Jahren, als Artillerieoberst zu Pferd, und einige Portraits der Kaiserin Elisabeth.

Im Schlafzimmer waren, wie gesagt, die gleichen Möbel wie im zweiten Schreibzimmer. Das Bett, ganz einfach, aus braun gestrichenem Blech, war auf beiden Seiten mit Stoff-Wandschirmen geschützt. Darüber hing unter Glas ein vergilbtes Rosenbouquet – die Blumen, die Kaiserin Elisabeth bei ihrer Ermordung in Genf getragen hatte. Der Ofenschirm bestand aus drei großen Rahmen, in denen unter Glas viele Heiligenbilder waren; sie stammten alle von Frau Schratt, aus verschiedenen Wallfahrtsorten. Der Waschtisch war recht modern aus Messing und Marmor, das Nachtkastl und die an den Wänden stehenden Kästen in gleicher Art wie der Schreibtisch im zweiten Schreibzimmer. Es waren Möbel, wie sie in keinem besseren Haushalt mehr zu sehen waren.

Im zweiten Schreibzimmer stand gleich rechts beim Eingang ein Stehpult, auf dem in einem weißen Lederrahmen auswechselbar die jeweiligen Geburts- und Namenstage von Verwandten und anderen Hoheiten verzeichnet waren, denen der Kaiser zu gratulieren pflegte. Darunter etliche gleiche Visitenkartenschachteln mit den deutschen und französischen Karten des Kaisers. Einmal hieß es nur »Franz Joseph«, ein anderes Mal »Kaiser Franz Joseph« oder »Der Kaiser von Österreich und apostolischer König von Ungarn« usw., je nachdem ob die Karte einem Monarchen, einer Hoheit oder einem Botschafter galt. Im Ausland wurden nur französische Karten gebraucht. Eine dieser Karten habe ich mir gestohlen und bewahre sie zum Andenken an den alten Kaiser auf.

Später hat mich Ketterl noch in allen angrenzenden Räumen herumgeführt. Ans Schlafzimmer schloß sich noch ein kleiner Salon an, aus dem die eiserne Wendeltreppe in den Kammergarten führte, die auch Frau Schratt zu benützen pflegte. Äußerst primitiv waren die Nebenräume dieser recht bescheidenen Wohnung. Die diensthabenden Kammerdiener und Leibjäger, deren es, glaube ich, je vier gegeben hat (sie wechselten auch täglich), hatten nur kleine Zimmer, die auf den finsteren Lichthof schauten. Es war noch nicht lange her, daß Kammerdiener und Leibjäger beide in einem Raum schlafen mußten, der als Schlafcoupé eingeteilt war; die Liegestatt des Leibjägers konnte nur mittels einer Leiter erreicht werden.

Wie man in dem kleinen Buch des Leibkammerdieners Ketterl nachlesen kann, befand sich das einzige Telefon der Kammer des Kaisers (so bezeichnete man die jeweiligen Privaträume Seiner Majestät samt zugehörigem Personal) im Privat-WC des Kaisers. Es führte immer zu peinlichen Momenten, wenn das Telefon läutete und der Ort eben besetzt war; es kam aber nie vor, daß der Kaiser telefoniert hätte. Außer Kammerdiener und Leibjäger bestand die Kammer noch aus etlichen Türstehern, Hausdienern und Extraweibern.

Einige Daten des nun Folgenden sind dem »Führer durch die Schatzkammer des allerhöchsten Kaiserhauses« entnommen, herausgegeben vom Oberstkämmereramt, Wien 1904.

Zur Krönung des jungen Kaiserpaares in Ofen 1916 mußte der kaiserliche Schmuck etwas hergerichtet werden. Der Kammerjuwelier Köchert wurde vom Oberstkämmereramt, dem die Schatzkammer unterstand, mit dieser Aufgabe betraut. Seit dem Tode der Kaiserin Elisabeth im Jahre 1898, seit also fast zwanzig Jahren, war der Schmuck kaum je getragen worden. Nur hie und da bei festlichen Gelegenheiten wurden für die Erzherzogin Maria Annunziata, die durch Jahre die Erste Dame des Hofes war, einige Chattonsreihen herausgenommen.

Die Perlen aber ruhten schon jahrzehntelang in der Vitrine XIII. Diese Vitrine, ein runder, von allen Seiten mit Glastafeln umgebener Kiosk, leuchtete einem beim Betreten des dritten Raumes der Schatzkammer immer gleich entgegen. Sie enthielt den Privatschmuck des Kaiserhauses, eigentlich den der jeweiligen Kaiserin; er stammte fast ganz von Maria Theresia und ihrem Gemahl Franz I. Natürlich war der Schmuck im Laufe der Zeit oft umgefaßt worden. In der Mitte des Kastens, etwas erhöht, ruhte die brillantene Krone, die für die Kaiserin Elisabeth gelegentlich der Krönung in Ofen 1867 aus alten Stücken frisch gefaßt worden war. Nun sollte sie wieder zur Krönung von Kaiserin Zita nach Ungarn mitgenommen werden.

Als ich Anfang Dezember 1916 wieder einmal an der Schatzkammer vorüber kam und dort eintreten wollte (sie befand sich damals im Schweizer Trakt, mit Eingang vom Michaelertor), fand ich sie verschlossen. Da ich in Gardeuniform und wohl auch dem Wachtposten gut bekannt war, wurde ich trotzdem hereingelassen. Köchert war da, mit einer Schar von Gehilfinnen, die gerade damit beschäftigt waren, die riesigen Perlen frisch zu fassen. Es waren ihrer circa 300, alle in Haselnußgröße und, was das Bemerkenswerteste war, eine wie die andere von tadelloser Rundung. Leider hatte ihnen die jahrelange Ruhe sehr geschadet, eine ganze Anzahl war wachsgelb und unrettbar verloren. Die Perlen wurden jetzt auf eine sehr starke Seidenschnur gefädelt und sollten der einzige Schmuck der Kaiserin bei der Krönung sein. Graf Alexander Eszterházy, der neue Obersthofmeister der Kaiserin, machte sich Sorgen, daß I. M. in die überlange Perlenschnur hineintreten könne – was sie bei der Unzerreißbarkeit der Kette sicher zu Fall gebracht hätte.

Natürlich unterhielt es mich sehr, mit dem sachkundigen Juwelier die ganze Vitrine XIII anzuschauen. Meiner Ansicht nach das Schönste war die Smaragdgarnitur, bestehend aus vielen Stücken, z. B. auch aus einer Uhr, deren Gehäuse ein großer Smaragd war. Das Hauptstück der Garnitur war ein corsage[2)], in dessen Mitte ein ganz kolossaler Smaragdtafelstein gefaßt war. Man hatte den Eindruck eines unergründlichen Bergsees, wenn man den Blick in diese tiefgrüne Fläche versenkte.

Die viel größere Rubingarnitur erwies sich bei näherer Betrachtung als eine arge Enttäuschung. Alle die riesigen Rubine waren eigentlich »Rubinmutter« (so oder ähnlich nannte Köchert diese farblosen Steine), die mit roter Farbe rückwärts dick angestrichen waren. Diese Folien waren so mangelhaft angebracht, daß der rote Lack auf der Vorderseite ausgelaufen war. Köchert meinte, da nichts machen zu können; schwerlich könne er den berühmten kaiserlichen Rubinschmuck durch Waschen einfach verschwinden lassen!

Reizend war ein Stephansorden, dessen Kreuzarme aus je einem großen Smaragd gebildet waren. Auch die Ordensmasche bestand aus Smaragd, Rubin und Diamanten; es war die Dekoration,

die Maria Theresia als Großmeisterin dieses Ordens getragen hatte.
Merkwürdigerweise war in der ganzen Vitrine nicht ein blauer Saphir. Ob die Habsburger solche nicht mochten? Es befanden sich hier nur zwei Schmuckstücke mit etlichen riesigen, gelben Saphiren – eine Masche, eine Hutspange – die zwar schön als Steine waren, aber doch mehr den Eindruck heller Topase machten.
An Brillantschmuck wies der Schaukasten etliche große Stücke auf: Ein prächtiges Diadem mit dem 44karätigem »Frankfurter« als Mittelstück; ein riesiger Halsschmuck, Rosencollier genannt, der aus 13 aus großen Brillanten geformten Rosen bestand; und, nicht zu vergessen, der sogenannte Florentiner. Mit 133 ½ Karat einer der größten Diamanten der Welt. Leider war er etwas gelblich und hat mir nie sehr gefallen. Er hatte die Form eines facettierten, kleinen Eies und war in einer recht unscheinbaren Hutagraffe gefaßt; ich glaube nicht, daß der Stein in den letzten 100 Jahren in Verwendung kam. Der »Florentiner« gehörte einst Karl dem Kühnen, der ihn in der Schlacht bei Granson am 2. März 1476 verloren hat. Ein Söldner, der den Stein fand und für ein Stück Glas hielt, verkaufte ihn für einen Gulden dem Pfarrer von Montaigny. Er wechselte oft den Besitzer, bis er sich schließlich in der Schatzkammer der Medici in Florenz befand. Die Frau des letzten Mediceers, Anna Maria Franziska von Sachsen-Lauenburg, trug den »Florentiner« in ihrem Diadem, mit dem sie auf etlichen Bildern in Düsseldorf erscheint; sie verbrachte dort die letzten Jahre ihres Lebens († 1711). Als ihr Gatte Giangastone di Medici am 9. Juli 1737 starb, bekam bekanntlich Franz von Lothringen das Herzogtum Toscana – und mit diesem den »Florentiner« – im Tausch für Lothringen. Durch diesen Franz, Gemahl Maria Theresias und späterer römisch-deutscher Kaiser, kam endlich der berühmte Stein in die Wiener Schatzkammer.
Prächtig war auch die Masche des Sternkreuzordens[3)]; der Orden war mit Diamanten besetzt und soll im Inneren einen Kreuzpartikel enthalten haben. Das Kreuz war für die höchste Schutzfrau des Ordens bestimmt.
Sehr praktisch waren die vielen (circa zwanzig) Reihen von recht ansehnlichen Diamanten, die nur lose an Häkchen zusammenhingen und in beliebiger Anzahl verwendet werden konnten. Ich erinnere

mich auch noch an alte Diamantknöpfe aus der Zeit Kaiser Rudolfs II.; weiter an einen schönen rosa Diamanttropfen, an eine Reihe grauer Perlen und etliche schöne Brillant- und Perlenarmbänder – was ist aus all dem geworden? Der Oberstkämmerer Graf Leopold Berchthold hat knapp vor dem Umsturz alles in die Schweiz gebracht. Der Schmuck diente lange als Zehrpfennig der verarmten kaiserlichen Familie. Wie man hörte, wurde von Mittelsleuten vieles verschleudert, wenn nicht gestohlen. Zurück blieb nur die leere Vitrine XIII und die Erinnerung an eine glänzende, nie wiederkehrende Zeit!
Wenn ich dienstlich in der Burg zu tun hatte, benutzte ich diese nicht häufigen Gelegenheiten, um in dem riesigen Gebäude (eigentlich war es ein Konglomerat alter Burgen und Häuser vieler Zeiten) auf Entdeckungsreisen zu gehen. So kam ich auch in das Gebäude der alten Reichskanzlei, den Trakt zwischen Michaeler und Ballhausplatz, in dem die Privatgemächer des alten Kaisers untergebracht waren. Nicht weit von diesen traf ich den alten Ketterl in einer Tür. Wir waren schon von Schönbrunn her alte Bekannte und bald hatte er mich eingeladen, die Garderobe des verstorbenen Kaisers zu besuchen, in der er eben mit einem der Leibjäger Verschiedenes zu ordnen hatte. Ich ließ mich nicht lange bitten und folgte mit Freuden dem Alten in sein Heiligtum.
Nach ein bis zwei Vorzimmern kam man in einen saalartigen Raum, an dessen Wänden vier hohe Kästen standen, auch querdurch lief noch eine Kastenreihe. Auf einem großen, langen Tisch lagen verschiedene Uniformstücke; gleich bei der Türe fiel mir eine große Wertheimer Kasse[4] auf. Die meisten Kästen waren weit geöffnet, so daß ich den Inhalt gut übersehen konnte. Welch eine Fundgrube für einen Uniformliebhaber!
Im ersten Kasten hingen in dichter Reihe die bekannten Commoderöcke des Kaisers, die sogenannten »bonjourl«. Es waren Generalsmäntel, die über dem Knie abgeschnitten waren; sie dienten dem Kaiser als Hausrock. Unter ihnen gab es schwarze (eigentlich tiefdunkelgraue, »mohrengrau« nach der alten Vorschrift), hellgraue und feldgrüne Mäntel. Die letzteren waren erst 1915 eingeführt worden und gleich hatte Ketterl etliche »bonjourl« in dieser Farbe anfertigen lassen; der Kaiser hat sie jedoch nicht mehr getragen (im Frühjahr 1916 empfing der Kaiser mich in einem schwarzen »bon-

jourl«). Neben diesen Röcken hingen etliche Blusen eines Obersten des 1. Husarenregiments; es war die einzige Bluse, die der Kaiser anlegte, und eigentlich auch nur in Ischl. Auch dieses Kleidungsstück war in dreifacher Ausführung vorhanden: dunkelblau, grau und feldgrün.

In der Öffentlichkeit trug der Kaiser für gewöhnlich den graublauen Campagnerock eines österreichischen Feldmarschalls. In Wien trug er die sogenannte deutsche Uniform, in Ungarn den verschnürten Rock (Attila) eines ungarischen Generals. War bei manchen, meist genau bestimmten Gelegenheiten Inhaberuniform angesagt, erschien der Kaiser regelmäßig als Einser Infanterist, z. B. alljährlich beim Ball der Stadt Wien. Eine Ausnahme war das Preisreiten im Prater: Hier zeigte sich der Kaiser stets als Oberst des Elften Dragonerregiments, dessen Inhaber er schon seit 1843 war. In Tirol trug er als Inhaber die Kaiserjägeruniform, in Prag oft die seines Ersten Dragonerregimentes[5], da dieses ein böhmisches Regiment war. In Galizien war der Kaiser manchmal als Vierer Ulan gekleidet. Zur Grablegung am Karfreitag pflegte er als Artillerieoberst zu erscheinen – ob wegen des dunklen Rockes, der diese Uniform ernst wirken ließ?

Außer den aufgezählten Stücken hingen in den Kästen, jeweils gleich mehrfach, noch die Uniformen des 6. Ulanenregimentes, des 8. Feldhaubitzen-Regimentes und des Festungsartillerie-Regimentes Nr. 1. Unzählig waren die Generalsröcke in deutscher und ungarischer Ausführung, dazu die weißen Gala-Röcke und roten Gala-Attilas, die zu letzteren gehörigen weißen und grauen, mit Edelmarder gefütterten und verbrämten Dolmans. In Fächern lagen ganze Stöße roter Galahosen mit goldenen, schwarzer Generalshosen mit roten Lampassen, sowie blaue, rote, schwarze und graue Hosen der verschiedenen Inhaber-Uniformen. Man hatte das Gefühl, in einem reich ausgestatteten Uniformierungsgeschäft zu sein.

Ketterl war eben dabei, System in diese Massen zu bringen. Für jedes Regiment des alten Kaisers sollte eine komplette Inhaberuniform zusammengestellt werden, samt den dazugehörigen Kopfbedeckungen: Kappen, Helm, Tschapka oder Tschako; dazu Stiefel, Handschuhe, Feldbinde, Cartouche, Säbel mit Koppel, Portepee usw. »Auf die Art bringen wir die Sachen wenigstens an!« sagte Ket-

terl sehr sachlich. Etliche dieser Garnituren waren bereits zusammengestellt. Auffallend war die altmodische Form der sehr gut gemachten Stiefel und Halbstiefel, mit ganz eckigen Fußspitzen. Die Halbstiefel, Wellingtonboots genannt, hatte der Kaiser stets an Stelle der viel später aufgekommenen Stiefeletten mit Gummizug getragen. Das Heeresmuseum sollte alle fremden und etliche Generalsuniformen bekommen.
In jedem Kasten standen die Schuhe im untersten Fach, darüber befand sich eine Abteilung für die Hosen, über diesen hingen die Röcke und Mäntel, zuoberst kam wieder ein Fach für die Kopfbedekkungen und die in schwarzes Seidenpapier fein säuberlich eingewikkelten Goldsorten: Portepees, Säbelkoppel, goldene oder seidene Feldbinden, ungarische Leibgürtel, Pelzschnüre, Cartouchen usw.; bei den fremden Uniformen kamen noch Fangschnüre, Epauletten und dergleichen hinzu.
Besonders bei diesen fremden Uniformen hielt ich mich recht lange auf, obwohl diese Besichtigung wegen der großen Fülle der anzuschauenden Gegenstände immer noch recht flüchtig ausfiel. Der Kaiser war bekanntlich sowohl General wie auch Chef (Inhaber) zahlreicher Regimenter in fremden Armeen. Soviel ich ermitteln konnte, war er Feldmarschall der preußischen und der englischen Armee, königlich schwedischer General, kaiserlich russischer General, Ehrengeneral der königlich dänischen Armee und Ehrengeneralkapitän des spanischen Heeres. Er war Chef bzw. Inhaber des preußischen Kaiser Franz Garde-Grenadierregimentes (der sog. Franzer), des schleswig-holsteinischen Husarenregimentes 16, des königlich bayerischen 13. Infanterieregimentes, des 4. königlich-württembergischen Füsilierregiments 122, des königlich-sächsischen 1. Ulanenregimentes, ferner des russischen 35. Dragonerregimentes Bielgorod und des Kexholm Grenadierregimentes (Warschau), des großbritannischen Ersten Dragonerregimentes[6)], des königlich rumänischen 6. Artillerieregimentes und endlich Ehrenoberst des königlich spanischen Infanterieregimentes Leon 38; hoffentlich habe ich nichts vergessen!
Natürlich kann ich mich nicht all dieser Uniformen genau erinnern, obwohl ich damals alle gesehen habe. Da hingen der rote englische Marschallsrock, die dunkelgrünen und grauen russischen, die hell-

blauen bayerischen Röcke. Da standen der schwedische Generalshut mit knallgelben Geierfedern, der rote Tschako der russischen Generale, unzählige Pickelhauben der verschiedenen deutschen Kontingente mit Feder- und Roßhaarbüschen aller Farben; nicht zu vergessen der österreichische Generalshut mit den grünen Federn, der ungarische Edelmarder-Kalpak mit dem hohen, weißen Reiherbusch und noch viele, viele Kopfbedeckungen aller Formen.

Die preußische Marschallsuniform war auch schon im neuesten Schnitt und Farbe vorhanden; es war die letzte ausländische Uniform, die der Kaiser angehabt hatte, als er in seinem Todesjahr (wie in der letzten Zeit alljährlich) Kaiser Wilhelm in Schönbrunn empfing. Die deutschen Bundesgenossen waren damals sehr geschmeichelt, daß der alte Herr die neue Uniformierungsvorschrift so respektierte. Die grünlichgraue Uniform mit dem roten Aufschlag soll ihm laut Ketterl auch wirklich gut gestanden haben.

Natürlich ist es auch manchmal vorgekommen, daß trotz aller Sorgfalt und Umsicht des Garderobiers dieses oder jenes Uniformstück nicht vorhanden war. So war z. B. der Schrecken groß, als der Kaiser im Jahre 1908, am Tage bevor er sein 1. Husarenregiment empfangen wollte (ich glaube, gelegentlich der Übersetzung dieses Regimentes nach Wien), den Wunsch äußerte, dem Regiment entgegen zu reiten. Es war selbstverständlich, daß der Kaiser in der gleichen Uniform gekleidet sein wollte wie sein Regiment, also in Marschadjustierung. Nun hatte Ketterl zwar alles mögliche in der Garderobe vorrätig, nur nicht den sog. Commode-Tschako der Einser Husaren aus dunkelblauer Wachsleinwand. Schnell mußte in allen Uniformierungsgeschäften nach dieser Kopfbedeckung gesucht werden. Endlich, nach Stunden, gelang es dem aufatmenden Kammerdiener, das Stück in richtiger Größe und Farbe in die Hand zu bekommen. Etwas schwieriger war die Beschaffung eines neu eingeführten schwedischen Generalsmantels, als es recht unvermutet zu einer Zusammenkunft zwischen König Oskar von Schweden und Franz Joseph kommen sollte.[7] Es wollte Ketterl aber nicht gelingen, in ganz Wien den richtigen Mantelstoff zu bekommen und für eine Bestellung aus Schweden war es zu spät. So mußte denn der Kaiser seinen Gast in einem Mantel aus einem sehr merkwürdigen Futterstoff empfangen. Ob's der Kaiser wohl gemerkt hat? Das Stück blieb

dann in der Garderobe und wurde nie ersetzt, so daß ich es bewundern konnte.
Zum Schluß wurde mir auch die besagte Wertheimer Kasse gezeigt. Sie barg alle Orden des Monarchen und auch etliche, sehr kostbare Marschallstäbe. Die Orden waren sämtlich in ihren Originaletuis aufgehoben und diese waren auf ihren vorderen Schmalseiten mit Nummern versehen. Diese fortlaufenden Nummern – die Zahl 100 war recht weit überschritten – korrespondierten mit einem Index in Buchform, dessen jede Nummer einen Orden oder eine Dekoration bezeichnete, alles nach Ländern gruppiert. In jedem Etui war im Deckel die Zeichnung eines Waffenrockes untergebracht, auf der genau der Platz eingezeichnet war, an dem der dazugehörende Orden zu tragen war. Meist handelte es sich darum, ob ein Großkreuz (auch grand cordon genannt) über die rechte oder die linke Schulter anzulegen war.
Die österreichischen Bänder trug man von der rechten Schulter zur linken Hüfte, in Preußen war's umgekehrt. Weil aber auch in Preußen, wie bei uns, die kleinen Dekorationen auf der linken Brustseite getragen wurden, mußte man dort eine Ordensspange haben, um sie (quer) über das Großkreuzband befestigen zu können. Ketterl zeigte mir diese seine Einführung der Waffenrock-Zeichnungen voll Stolz; bei seinen Vorgängern soll es vorgekommen sein, daß der Kaiser die ausländischen Orden öfters falsch anlegte. Übrigens habe ich selbst oft beobachtet, daß fremde Herrschaften, die offenbar nicht einen so sorgsamen Garderobier zur Verfügung hatten, ihre österreichischen Orden falsch trugen – wie ich das bei Feldmarschall Hindenburg beschreiben werde.
In einem der letzten Jahre war aber auch Ketterl, wie er mir gestand, etwas Peinliches passiert. König Ferdinand von Bulgarien hatte einen neuen Orden gestiftet, den von Kyrill und Method, und diesen gleich dem Kaiser verliehen. Beim nächsten Besuch des Bulgaren aber erschien der Kaiser wieder mit seinem gewohnten Alexanderorden. Darob große Verstimmung beim recht eitlen König Ferdinand! Ketterl und sein Herr hatten den neuen Orden trotz Index vergessen.
Von Marschallstäben habe ich mir nur einige gemerkt. Der preußische war recht geschmacklos, eine dicke, kurze, mit blauem Samt

bezogene Rolle, um die sich ein Lorbeerkranz aus vergoldeter Bronze schlang; an einem Ende befand sich als Abschluß die Königskrone. Das Ganze war mit Edelsteinen geschmückt. Ein vergoldeter, dünner Reitstab stellte den englischen Interim-Marschallstab dar, doch war noch einer aus rotem Samt vorhanden, der einen vergoldeten hl. Georg als Bekrönung hatte. Auch der Stab eines spanischen Generalkapitäns war zu sehen. Einen österreichischen Marschallstab hat es eigentlich nie gegeben und deshalb hat Kaiser Franz Joseph auch nie einen solchen besessen.

Von österreichischen Orden waren, abgesehen von etlichen einfachen Vlies-Dekorationen, nur Sterne zu sehen; auch einige Theresien-Großbänder waren vorhanden, weiß mit rotem Rand. Dieses war das einzige Band, das der Kaiser je getragen hat, und das auch nur bei großen Festlichkeiten. Vielleicht hat er allerdings in Ungarn hie und da auch noch das Stephansordensband angelegt, dunkelrot mit grünem Rand. Der Kaiser hatte, wie ich schon sagte, wohl aus uniformtechnischen Gründen eine Aversion gegen grands cordons und es war wirklich eine Freude zu sehen, wie der Kaiser bis zu seinem Tode, also im 88. Lebensjahr, seine Uniformen trug. Er hatte die Gestalt eines gut gewachsenen Leutnants, alles paßte wie angegossen. Die Röcke werden in den letzten Jahren wohl ausgepolstert gewesen sein, auch die Pantalons waren aus recht harten, steifen Stoffen.

Die Collanen der inländischen Orden, und zwar die des Goldenen Vlieses, des Stephansordens, des Leopoldordens und des Ordens der Eisernen Krone wurden für gewöhnlich in der kaiserlichen Schatzkammer aufbewahrt. Sie waren speziell in sehr leichter Ausführung, um den Träger dieser vielen Ketten nicht unnötig zu belasten. In den letzten Jahrzehnten der Monarchie wurden die Collanen eigentlich nur mehr zu Fronleichnam angelegt, da dieser Tag als allgemeines Ordensfest bestimmt war.

In der Schatzkammer befand sich außer diesen Collanen und einigen prächtigen, mit bunten Steinen besetzten Toisons (die der alte Kaiser aber nie anlegte) noch eine Ordens-Plaque. Es waren dies die vier Ordenssterne der oben angeführten Orden, alle reich in Edelsteinen ausgeführt und so zu einem Stück zusammengefaßt. Kaiser Karl hat diese Plaque bei seiner Krönung in Pest und bei seinem Be-

such in Konstantinopel getragen, sie mußte an den Rock angenäht werden. Auch der alte Kaiser wird sie wohl in seinen jüngeren Jahren bei festlichen Gelegenheiten angelegt haben.
Der Franz Josephs-Orden, den der damals junge Kaiser 1849 gestiftet hatte, ist von ihm nie regelmäßig getragen worden. Ich besitze allerdings zwei Bilder von ihm mit dem Stern dieses Ordens, jedoch aus der Gründungszeit. In der Garderobe habe ich diesen Orden nicht gesehen. Ganz interessant bei den inländischen Orden war auch das große Jubiläumskreuz, das die Armee 1908 ihrem Obersten Kriegsherrn geschenkt hatte. Es war wie ein Ordensstern an der Brust anzustecken, viel größer als das gewöhnliche Jubiläumskreuz und sehr reich in Diamanten und Rubinen gefaßt. Tatsächlich hat der Kaiser es nur einmal getragen, nämlich beim Empfang der großen Armeedeputation im Jubiläumsjahr. Das Kreuz war in einer prächtigen Kassette verwahrt, die mit Lapislazuliplatten und Goldverzierungen ausgelegt war.
Von kleinen Dekorationen auf der linken Brustseite trug Franz Joseph bis Ende der 60er Jahre nur das russische Georgskreuz, ein kleines weißes Emailkreuz auf schwarz-orange-gelbem Band; er bekam diesen Orden vom Kaiser Nikolaus I. nach der Schlacht bei Komorn im ungarischen Feldzug im Jahre 1848. Es scheint ihm eine große Freude gemacht zu haben, denn bis wenige Monate vor seinem Tod trug er diesen Orden ständig. Doch eines Tages im Jahre 1915, so erzählte mir Ketterl, als wieder einmal Meldungen vom Kriegsschauplatz über Greueltaten russischer Soldaten an österreichischen Gefangenen eintrafen, befahl ihm der Kaiser, den Orden vom Rock zu nehmen. Wo war die Zeit der ritterlichen Kriege, wie sie der Kaiser noch zu Beginn seiner Regierung erlebt hatte?
Ende der 60er Jahre kam dann zum Georgskreuz noch das Militärdienstzeichen der Offiziere für 25 Dienstjahre und ab 1873 die eben gestiftete Kriegsmedaille, die der Kaiser stets an erster Stelle trug. Das Dienstzeichen III. Klasse, in der Armee meist Schnapskreuz genannt, trug er bis zum Jahre 1890, in welchem er eine II. Klasse für 40 Dienstjahre errichtete; in der Mitte des Kreuzes aller drei Klassen war ein Doppeladler. Im Jahre 1893, dem 50. Dienstjahr des Kaisers (er hatte an seinem 13. Geburtstag das Dragonerregiment Nr. 3, später Nr. 11, als Inhaber bekommen), legte der Kaiser die I.

Klasse (frühere II. Klasse) an, die jetzt mit einer Kaiserkrone bekrönt war. Vom Jahre 1898 an trug der alte Herr noch die Jubiläumsmedaille, und zwar die goldene, an der oben ein Doppeladler angebracht war. Zum Schluß kam 1908 noch das Jubiläumskreuz am weiß-roten Band hinzu, so daß der Kaiser in den letzten Jahren fünf (kleine) Dekorationen trug. Wenn man diese verschiedenen Veränderungen am Rock des Kaisers berücksichtigt, kann man die zahllosen Bilder, die in den letzten Jahrzehnten seiner Regierung entstanden sind, ungefähr datieren. Zu bemerken wäre noch, daß der Kaiser die Dekorationen stets mit der Revers-Seite nach vorn trug, also mit seinem Bild nach innen.

Ganz besonders interessierten mich die Orden des mexikanischen Adlers, des neapolitanischen Januariusordens, des Welfenordens von Hannover, die brasilianischen und portugiesischen Orden. Hier lagen sie alle vor mir, in ihren alten, etwas verstaubten Etuis, Zeugen längst vergangenen Glanzes. Unermüdlich breitete Ketterl Kassette um Kassette auf den Tisch vor mir aus. Da erschien die Ehrenlegion, die Franz Josef noch aus den Händen von Napoleon III. erhalten hatte. Der preußische Rote-Adler-Orden, den jeder Ritter des Schwarzen Adlers um den Hals trägt, war noch in alter Form; der Kaiser hatte den Orden von seinem Onkel Friedrich Wilhelm IV. bekommen. Es war ein gleichschenkliges, weiß emailliertes Kreuz, ohne den roten Adler zwischen den Balken. Der alte Herr wird wohl der letzte Träger dieser Dekoration gewesen sein. Es kam der Hosenbandorden zum Vorschein, sowohl die Dekoration am breiten, blauen Band samt Stern als auch das schmale blausamtene, goldgestickte Hosenband, das unter das linke Knie zu schnallen war. Zu diesem Behufe mußte eine kurze Hose angelegt werden, so daß der Kaiser diesen Orden wohl nie getragen hat.

In sehr schönen Lackschatullen waren die japanischen Orden verwahrt, überdies in kostbare Seidentücher eingeschlagen. Sehr bunt nahm sich der siamesische Elefantenorden aus, nicht so vornehm wie sein gleichnamiger Kollege aus Dänemark, dessen Dekoration ein massiver weißer kleiner Emaille-Elefant war. Der Stern eines persischen Ordens, wohl die brillantene Portraitdekoration des Schahs, hatte auf der oberen Spitze die persische Krone recht locker befestigt. Ketterl machte mir vor, wie der Kaiser bei den seltenen

Gelegenheiten, da er den Orden trug, diese Krone belustigt zum Wackeln brachte.
Nur selten hat der Kaiser am gleichen Tag die Großkreuzordensbänder gewechselt; es kam eigentlich nur vor, wenn er hinter einander verschiedene Botschafter zu empfangen hatte. Da waren dann in einem Nebenraum die Orden vorbereitet und Ketterl mußte rasch zwischen den Empfängen dem Kaiser die betreffenden Orden umhängen.
Wenige Stunden vor seinem Tod soll der Kaiser noch eine der im Krieg so üppig sprießenden Kriegsdekorationen eines kleinen deutschen Bundesgenossen erhalten haben. Was wohl aus all dem Tand geworden ist? Damals war geplant, die ausländischen Orden und Ehrenzeichen im Heeresmuseum auszustellen. Verschiedene alte Uniformstücke sollten zu Gunsten des Kammerpersonals versteigert werden.[8)] Ein längst außer Vorschrift gekommener russischer Tschako stand so verführerisch auf einem Kasten, und derlei Dinge gab's noch mehr, daß ich Ketterl sagte, ich würde sehr gerne mitsteigern. Sehr gerne hätte ich z. B. eines der vielen Georgskreuze ersteigert.[9)] Dann habe ich von all dem nichts mehr gehört. Im Weltkrieg jagte ein Ereignis das andere, so daß man leicht auf so etwas vergaß. Erst beinahe dreißig Jahre später bin ich doch noch zu einem russischen Georgskreuz des alten Kaisers gekommen.
In den Jahren 1942–43 in Rom hatte ich nämlich einige Male Gelegenheit, dem Prinzen Georg von Bayern, Sohn der Erzherzogin Gisella, wieder zu sehen; er war inzwischen Domherr von St. Peter geworden. Einmal erzählte ich ihm von meinem Besuch in der Garderobe seines Großvaters, meinem Gespräch mit Ketterl und dem nicht erfüllten Wunsch, ein Georgskreuz zu besitzen. Als der Prinz dann zu uns in die Via Brenta zum Tee kam, überreichte er mir etwas steif und verlegen ein Päckchen mit den Worten: »Ich habe Ihnen da ein Kreuz mitgebracht!«
Auf meine Frage, ob es denn geweiht sei, lächelte der Prinz und forderte mich auf, es erst einmal anzusehen. Meine Überraschung, Freude und Dankbarkeit waren groß, als ich dann, in Seidenpapier verpackt, ein russisches Georgskreuz entdeckte. Der Prinz hatte zwei Exemplare und sagte mir sehr liebenswürdig, er wisse das zweite jetzt in guten Händen. Seither ziert es, in einem hübschen

Rahmen gefaßt, mein Zimmer, als Pendant zu einer ebenfalls gerahmten Toison; dieses Vlies hat Kaiser Karl am 21. Februar 1918 auf einer Reise nach Hamburg meinem Vater an die Brust geheftet, nachdem er sich den Orden von der Bluse abgeknöpft hatte.

Anmerkungen

1. »Tenture« bedeutet soviel wie Wandbespannung, abgeleitet von dem französischen Wort für Zelt.
2. »Corsage« ist eigentlich ein Leibchen; hier ist ein Schmuckstück zum Anstecken an die Brust gemeint, größer und aufwendiger als eine Brosche.
3. Der Sternkreuzorden war der höchste Damenorden der k.u.k. Monarchie und wurde ausschließlich an adelige Damen mit untadeligem Stammbaum verliehen, vergleichbar mit der Kämmererwürde für die Herren. Gestiftet 1668 von Kaiserinmutter Eleonore zur Erinnerung an die Wiederauffindung eines Kruzifixes mit Kreuzpartikel nach dem Brand der Wiener Hofburg.
4. Eine Wertheimer Kasse ist ein Panzerschrank, benannt nach dem gleichnamigen Bankhaus.
5. Ob die Einser Dragoner das bevorzugte Regiment des böhmischen Adels, insbesondere des Hochadels, waren, weil der Kaiser sein Inhaber war, oder ob es sich umgekehrt verhielt (eine politische Geste des Kaisers gegenüber den Böhmen), sei einmal dahingestellt. Die Familie Lobkowicz stellte viele Offiziere dieses Regiments, unter ihnen den Autor und seinen Vater.
6. Eingeladen von Queen Victoria, wurde Kaiser Franz Josef 1896 Oberst und Inhaber der Queen's Dragoon Guards, d. h. dem britischen Gegenstück zur (kleineren) Leibgarde Reitereskadron, und verlieh dem Regiment das Recht, den österreichischen Doppeladler an der Kappe zu tragen. Im Ersten Weltkrieg, als England gegen Österreich stand, wurde das Tragen des Doppeladlers untersagt. Erst mit dem »Anschluß« von 1938, als der Staat Österreich zeitweilig untergegangen war, wurde bei den Queen's Dragoon Guards dieses Symbol ostentativ wieder eingeführt, um zu dokumentieren, daß in britischer Sicht der »Anschluß« null und nichtig war und Österreich weiterlebte; mehr als eine solche Geste war politisch wohl nicht möglich. Das Regiment trägt dieses Emblem noch heute.
7. König Oskar II. von Schweden (bis 1905 auch von Norwegen) starb am 8.12.1907; da er hier nur als schwedischer König genannt ist, muß der Besuch zwischen 1905 und 1907 stattgefunden haben. Sein Vater Oskar I. starb bereits 1859, da war Ketterl noch nicht im Dienst.
8. Viele der hier erwähnten Orden und Marschallstäbe befinden sich heute in der Obhut des Heeresgeschichtlichen Museums in Wien; die Schatzkammer verwahrt verschiedene Collanen und edelsteinbesetzte Ordenssterne bzw. -kreuze und Toisons.

9. Das russische Georgskreuz stand gewissermaßen in indirekter Beziehung zur jüngeren Familiengeschichte des Autors. Sein Großvater hatte, wie Erwein Lobkowicz berichtet, im Auftrag des Kaisers den russischen Kaiser um Truppen bitten müssen, mit denen dann eben dieser ungarische Feldzug geführt wurde.

10.

Gardist des letzten Kaisers

Die Zeit, die nun für den Hof kam, stand in völligem Gegensatz zur vergangenen. Beim alten Hof war buchstäblich alles seit Jahrzehnten geregelt und in dieser langen Zeit zur Unverrückbarkeit erstarrt. Der junge Hof mußte sich erst an dieses neue, so ungewohnte Leben gewöhnen.

Die Majestäten, zumal der Kaiser, waren ganz besonders mobil, was die Umgebung in eine ständige Unruhe versetzte; jeder Tag brachte neue Überraschungen. Fortwährend wurde irgend etwas geändert, natürlich in bester Absicht, aber weil alle Anordnungen überhastet gegeben und ebenso ausgeführt wurden, konnte nichts in Ruhe bedacht werden; das hatte viele Konfusionen und Unzukömmlichkeiten zur Folge.

Für die erste Zeit kampierten die Majestäten im Meidlinger Trakt von Schönbrunn; anders konnte man dieses Wohnen nicht nennen. Als provisorische Wohnung für die Erzherzogin Zita war's ja zur Not noch gegangen, aber für eine kaiserliche Hofhaltung waren diese Räume absolut ungeeignet. Von der Stiege mit dem prachtvollen Eisengeländer gelangte man im ersten Stock direkt in ein kleines Vorzimmer, nicht größer als in jeder besseren Bürgerswohnung; es war der einzige Vorraum für das »allerhöchste Hoflager«. Hier stand nun unser Paradeposten, saßen auf höchst einfachen Sesseln Minister, Generäle und wer sonst noch alles mit dem Kaiser von Österreich bei dessen Regierungsantritt zu reden hatte und auf Audienz wartete. Hier warteten aber auch alle Schneider, Schuster und sonstige Personen, die in die inneren Gemächer vorgelassen werden sollten, hier drängten sich die Lakaien und Jäger, aber auch die Kindermädchen der jungen Herrschaften, weil hier ja der einzige Zugang in die kaiserliche Wohnung war.

Hier befand sich das Telefon, das einzige andere stand am Schreibtisch des Kaisers. Jemand bestellte per Telefon in der Küche eine Portion Schinken für einen Prinzen von Parma, gleichzeitig unterhielt sich Konrad Hohenlohe, der künftige Obersthofmeister, mit einer Hofdame der Kaiserin, ein Erzherzog kommt hinzu, dann ein Bischof, und so in unendlicher Reihe. Kein Wunder, daß den armen Flügeladjutanten bald die Köpfe surrten. Daneben regierte der Kaiser in seinem bescheidenen Salon. Einer seiner Herren traf ihn einmal, mitten im Zimmer am Boden sitzend, umgeben von Akten, die er alle um sich ausgebreitet hatte, um sie mit Unterschriften zu versehen!

Viel wurde herumprobiert, um das Leben für alle Beteiligten etwas erträglicher zu machen. Die armen kaiserlichen Kinder waren in den großen Salons mit Gobelins untergebracht, deren unheimliche Gestalten ihnen Angst machten. Der diensthabende Flügeladjutant mußte oft sein Zimmer wechseln; dasselbe geschah mit unserer Marschallstafel. In den ersten Tagen wurde sie im Rössl-Zimmer abgehalten, einem großen Salon, der an die kleine Galerie grenzte. Die Hauptwand schmückte ein großes Gemälde: Kaiserin Amalie, Gattin Josefs I., begleitet in einem Wagen die Reitjagd; am Wagenschlag reitet ihr Obersthofmeister, ein Ahne von mir: Ferdinand August Lobkowicz. Die übrigen Wände sind mit reizenden Pferdebildern aller Größen (daher der Name) vom berühmten Hamilton[1)] bedeckt.

Bald darauf wird dieser Salon Dienstzimmer des Flügeladjutanten und wir bekommen unser Essen (das jetzt, gut bürgerlich, zu Mittag serviert wird und nicht erst um 5 Uhr!) im Karussellzimmer, einem Vorzimmer der großen Galerie gegen die Hofseite zu. Auch hier blieben wir nur kurz und kamen dann in den zweiten Stock des Meidlinger Traktes, ins Braunschweiger Appartement. Damals begegnete ich am Weg zur Tafel dem gänzlich ratlosen Zug der Speisenträger mit den großen Blechkochkisten, die man nicht verständigt hatte, wo für uns gedeckt sei. Nach langem Suchen fanden wir endlich die Tafeldecker, noch bei der Arbeit, in einem der Salons besagten Appartements. Es dauerte lange, ehe an diesem Tag alle ihr Futter fanden.

Das Essen verzögerte sich überhaupt oft um Stunden, weil der Kaiser so lange in der Burg festgehalten wurde. Da hieß es dann öfters,

es werde heute in Schönbrunn nicht serviert, der Kaiser esse in der Burg. Man mußte dann sehen, wie man zu einem späten Wirtshausessen kam.
Allgemeine Freude löste die Ernennung des Grafen Alexander Eszterházy zum Obersthofmeister der Kaiserin aus. Leider aber konnte sich die hohe Frau nicht zu einer Obersthofmeisterin entschließen, was nicht immer praktisch war. Fallweise wurde für einzelne Gelegenheiten eine Fürstin für diese Funktion ausgewählt, so z. B. Fürstin Res Schwarzenberg für die Reise nach Konstantinopel im Frühjahr 1918, Fürstin Starhemberg-Larisch für den Besuch der bayerischen Majestäten in Laxenburg oder Fürstin Auersperg-Breuner für den der deutschen Herrschaften ebendort. Gräfin Resi Clary-Kinsky wurde zum Besuch nach Dresden mitgenommen, weil ihr Mann Siegfried Clary seinerzeit dort Gesandter gewesen war.
Kaiser Karl hatte die Führung seiner Truppen übernommen. Das Armeeoberkommando (A.O.K.) wurde nach Baden verlegt, um der Hauptstadt näher zu sein, da der Kaiser auch dort gebraucht wurde; auch lag es der jetzt sehr wichtigen Südfront etwas näher. Hals über Kopf wurde Laxenburg für die kaiserliche Familie hergerichtet. Seit Jahren unbewohnt, muß es recht delabriert gewesen sein, vor allem die Nebentrakte waren arg verwahrlost. Aus dem Herd der großen Küche soll ein Gebüsch gewachsen sein!
Auch in dem für unsere Garde bestimmten Stall war noch vieles zu richten, da es hier noch recht wüst aussah. Seit dem Beginn des Krieges mit Italien im Frühjahr 1915 war das ganze Lippizanergestüt nach Laxenburg verlegt worden. Die armen Schimmel führten hier auf den weiten Parkwiesen zwar ein sehr malerisches Leben, doch war es für sie umso ungesünder, hatten sie doch ihre felsige Karstheimat mit der klimatisch weichen Niederung vertauschen müssen. Das Gestüt trat uns nun einen seiner Ställe ab. Nie habe ich so viele Ratten gesehen wie dort! Wenn man sich ruhig verhielt, kamen sie zu Hunderten aus ihren Löchern gekrochen, verschwanden aber auf ein lautes Wort hin schlagartig. Es kostete viel Mühe, sie los zu werden.
Am 1. Dezember 1916 hatte ich den Dienst wieder von Paar übernommen; da es der erste Dienstantritt beim jungen Kaiser war, mußten wir – nämlich mein Kollege von der Infanterie und ich – uns

beim Kaiser in Gala melden. Wir wurden vor 8 Uhr früh bestellt. Eine Weile hatten wir bei Ledochowski zu warten, der gerade Dienst hatte. Wie unpraktisch in diesen Tagen das Dienstzimmer des Flügeladjutanten in Schönbrunn gelegen war, kann man daraus ersehen, daß Jüpptner, der Leibkammerdiener des Kaisers, diesen Raum immer wieder mit Kleidungsstücken am Arm durchqueren mußte. Das Zimmer war schmal, ganz finster und sah auf den Lichthof des Schlosses.

Nach einer Weile wurden wir in das Schreibzimmer vorgelassen; es war dasselbe, das der Kaiser noch als Erzherzog zu Beginn des Krieges benutzt hatte. In diesem Salon hat er mir auch am 16. Februar 1915 das »signum laudis« an die Brust geheftet; einige Tage später bekam ich von ihm die gleiche Dekoration in einem schönen Etui mit seiner faksimilierten Unterschrift samt Datum auf der Rückseite der Krone.

Der Kaiser war sehr gnädig mit uns. Er sprach mich, wie er es immer gemacht hatte, mit: »Sie, Erwein!« an und zum Schluß reichte er uns beiden die Hand. Das muß eigens erwähnt werden, weil der alte Kaiser mit diesem Gunstbeweis äußerst sparsam gewesen war. In der Regel waren nur Minister und Korpskommandanten mit einem Händedruck bedacht worden; besuchte Franz Joseph einen Erzherzog, so wurde auch dessen Hofchef die Hand gereicht. Immer aber war es der Ausdruck der höchsten Huld, wenn ein Händedruck außer der Regel erfolgte. Als der alte Herr bei den Streknaer Manövern 1906 meinem Vater, dem er zufällig am Manöverfeld begegnete, die Hand gab, war das Ereignis in aller Leute Munde.

Als wir an jenem Morgen den kaiserlichen Salon verließen, war mein Kollege, Oberleutnant Tiemon, über diese damals noch unerhörte kaiserliche Huld zu Tränen gerührt. Er sagte, er werde den Handschuh eingerahmt seinem Vater schenken, zum Andenken an diesen großen Augenblick. Bald darauf sank aber der kaiserliche Händedruck leider recht stark im Kurs, da er ausnahmslos jedem Offizier zuteil wurde. Bedauerlicherweise hatte der junge Herr überhaupt wenig Verständnis für eine gewisse Differenzierung seiner Gnadenbeweise. Das galt auch für die Verleihung aller Orden und Adelstitel, mit denen er gewiß zu freigebig war; naturgemäß hatte das eine gewisse Entwertung zur Folge. Zum Beispiel erhielt der Ministerpräsident Ritter von Seidler innerhalb eines Jahres die Diamanten des Leopold- und des Stephansordens verliehen, obwohl der gute Mann nichts Außerordentliches geleistet hatte. Wieviel Zeit und Erfolg waren früher notwendig gewesen, um auch nur eine dieser hohen Auszeichnungen zu erhalten – da reichte ein Lebensalter kaum aus! Es war, als ob der junge Herr gefühlt hätte, daß all der Glanz nicht lange mehr dauern würde.

Wenn ich mich recht erinnere, dann war in den ersten Monaten des Jahres '17 das allerhöchste Hoflager noch in Schönbrunn, der Kaiser allerdings meist auf Frontbereisungen, die Kaiserin mit ihrer ganzen Familie in der Reichenauer Villa, dem Lieblingsaufenthalt der Majestäten. Montenuovo ging in Pension. Sein Nachfolger wurde Konrad Prinz zu Hohenlohe-Schillingsfürst, Sohn von Konstantin, der seinerzeit ebenfalls Obersthofmeister bei Kaiser Franz Josef gewesen war. Die Wahl erwies sich nicht als glücklich, weil Konrad mehr Politiker als Höfling war; er blieb nur ein Jahr. Zum Chef der Militärkanzlei und Generaladjutant wurde FML Ferdinand Ritter von Marterer ernannt, der lange Sous-Chef unter Bolfrass gewesen war. Unsere Marschallstafel wurde zeitweilig aufgehoben, um erst in Laxenburg wieder ins Leben gerufen zu werden.

Viele Jahre später, im März 1926, bekam ich aus Pest die Nachricht, daß der Schimmel, der Karl, den letzten Apostolischen König, bei seiner Krönung am 30. Dezember 1916 getragen hatte, wegen Altersschwäche vertilgt werden mußte. »Krösus«, so hieß der Schimmel, entstammte der Leibgarde Reitereskadron, bei der er durch Jahre das beste Theaterpferd gewesen war. Die Eskadron hatte nämlich immer die nötigen Pferde für das Burgtheater und die Hofoper zu stellen, in letzterer meist bei Balletts. Beinahe täglich mußte eine Abteilung altbewährter Theaterschimmel zu Aufführung oder Probe in beide Theater abgegeben werden.

Gleich nach dem Tode des alten Kaisers Ende November 1916 suchte der Oberststallmeister ein für die Krönung in Ofen geeignetes Pferd. Es erging ein Befehl an unseren Kommandanten Graf Josef Erbach-Fürstenau, probeweise ein solches Pferd in den Hofstall abzugeben. Erbach schickte zwei zur Auswahl, darunter besagten Krösus.

Krösus war ein sehr gut gemachtes Pferd. Es hatte nur den Nachteil, einen courtierten Schweif zu haben, und trotz seines Alters hatte Krösus ganz schwarze Füße. Als er dann als das geeignete Pferd ausgewählt worden war, erhielt er einen langen, prächtigen, in einer Metallhülse gefaßten falschen Schweif, welcher der courtierten Schweifrübe übergestülpt wurde; das ganze wurde mittels eines Schweifriemens am Sattel fixiert. Diese Zierde bildete dann eine der vielen Sorgen der kaiserlichen Stall Leute am Krönungstag. Die Füße wurden einfach weiß angestrichen.

Im ganzen waren vier Pferde in die engere Auswahl gekommen. Diese mußten in den Wochen bis zur Krönung täglich einige Male das vorgeschriebene Pensum absolvieren; zu diesem Zweck wurde eine genaue Nachbildung des Pester Krönungshügels im Hof des Hofstallgebäudes aufgeführt. Auch der Ofener Hügel war keine natürliche Erderhebung, sondern wurde eigens für die Krönung aufgeschüttet, mit Erde aus allen Komitaten Ungarns. Auf diesen etwa zwei bis drei Meter hohen Hügel mußte der gekrönte König, angetan mit Krönungsmantel und Krone, hinaufsprengen und mit dem Reichsschwert je einen Hieb in die vier Himmelsrichtungen ausführen.

So oft man nun den Hof betrat, übte einer der Stallfunktionäre mit den Krönungsschimmeln diese Kunst. Es wurde recht flott hinaufgaloppiert, oben scharf pariert, dann kamen die vier Hiebe mit dem Reitstock, wobei das Pferd auf der Hinterhand möglichst kurz wenden sollte. Zum Schluß mußte wieder glatt und flüssig auf der anderen Seite hinuntergaloppiert werden. Alles probierte – Hofreitknecht, Hofbereiter, Hofleibbereiter, Hofoberbereiter, Lechartier, Erster Stallmeister Graf van der Straaten, Oberststallmeister Fürst Pálffy. Zweck dieser Übung war, das zu wählende Pferd so auszubilden, daß es schließlich dieses tägliche Exercitium ganz von selber ausführte.

Kaiser Karl war bekanntlich kein guter Reiter; er hatte nicht nur einen schlechten, sondern auch störenden Sitz, war auch leider im Sattel aktiv und beunruhigte durch unruhige Schenkel und Sporen seine Pferde. Der alte Kaiser war das gerade Gegenteil als Reiter gewesen, ganz passiv und mit untadeligem Sitz. Er verlangte einfach, daß die Pferde unter ihm alles machten, was er nur andeutete, allerdings mit den richtigen Hilfen. Die Krönungsschimmel mußten

nun so manchen Riß und Puffer in Kauf nehmen, ohne mit dem Ohr zu zucken. Es bestand auch die Gefahr, daß der Kaiser nach vollführten vier Schwerthieben mit ganz langem Zügel vom Hügel heruntergaloppieren werde, was beim kleinsten Rumpler des auseinander gefallenen Pferdes für den Reiter recht peinlich hätte werden können. Es wäre doch nicht auszudenken gewesen, wenn der König bei dieser Gelegenheit gestürzt oder gar heruntergefallen wäre!
Alle diese Möglichkeiten waren zu bedenken und möglichst zu bannen. Unser Krösus entsprach offenbar allen Anforderungen, denn auch als Theatergaul war er sehr sicher auf seinen Füßen. Noch ein Pferd wurde als Reserve behalten und für alle Fälle mit zur Krönung genommen.
Bei der Krönung hat Krösus seine Sache sehr gut gemacht, und am Abend des 30. Dezember konnte die ganze Stallabteilung erleichtert aufatmen. Das Heraufgaloppieren auf den Hügel soll sehr gut ausgesehen haben. Allerdings kam dabei die Krone, die trotz Auspolsterung dem Kaiser viel zu groß war, stark ins Rutschen und nur ein rascher Griff Karls, von kaum jemandem bemerkt, rettete die peinliche Situation. Nach der Krönung kam der Schimmel wieder nach Wien und von da nach Laxenburg, nachdem das Hoftheater ihn der Eskadron ganz gut abgekauft hatte; er sollte das Reitpferd der Kaiserin werden. Ihre Majestät hat ihn aber nur einmal bestiegen, weil er sich beim ersten Spazierritt bei einem Wassergraben stützig meldete; der schnöde Alltag war wohl nichts mehr für ihn. Aus seiner Zurückgezogenheit trat er nicht mehr hervor; wir von der Garde besuchten ihn oft in seiner Box, wo er ein beschauliches Dasein führte. Nach dem Umsturz ist er wohl nach Pest überstellt worden. Krösus ist nun tot und wird wohl samt seinem schönen Krönungsschweif ausgestopft werden, um in einem Museum zu paradieren. Und niemand wird ahnen, daß dieses stolze Krönungsroß durch Jahre ein simpler Theatergaul war.
Die Krönung habe ich leider, Gott sei's geklagt, nicht mitgemacht. Paar und ich hatten darum gelost, wer das Gardedetachement kommandieren sollte – er gewann. Aus Angst, in Budapest keinen Platz zu finden, ging ich auch nicht privatim als Kämmerer hin; leider zu spät stellte sich heraus, daß es sehr leicht zu machen gewesen wäre. Meine Schwester Zdenka machte diesen schönen Tag als stellvertre-

tende Hofdame der Töchter des Erzherzogs Leopold Salvator mit. Mein Vater ritt im Krönungszug an der Spitze aller Flügeladjutanten unmittelbar hinter dem Kaiser, der die ungarische Krone trug. Trotz eifrigen Suchens ist es mir nicht gelungen, eine Photographie dieser Gruppe zu erhalten. Der ungarische Haß gegen den österreichischen Generalshut war damals schon so groß, daß ein Träger dieses Hutes gar nicht photographiert und eine zufällige Aufnahme noch vernichtet wurde.[2)]

Bei der feierlichen Begrüßung des jungen Königs durch das Parlament widerfuhr meinem Vater eine peinliche Sache. Im Trubel der Geschäfte hatte er das Manifest vergessen, das der Kaiser als Antwort auf die Ansprache des Kardinal-Primas zu verlesen hatte. Wie ein böser Traum sei es ihm vorgekommen, so erzählte er uns später, als der Kaiser das Zeichen gab, ihm das Manuskript zu geben! Halb von Sinnen vor Schreck stürzte er davon; gewiß ist er nie wieder so schnell über all die Treppen und Gänge der Ofener Burg gelaufen wie damals.

Nepalleck, bedeutend jünger und schlanker, war ihm vorausgeeilt, brachte ihm aber ein falsches Papier, so daß er doch den ganzen Weg selbst machen mußte. Als er dann schweißtriefend im Saal erschien, war es auch schon höchste Zeit. Ministerpräsident Graf Stephan Tisza, am Krönungstag Palatin-Stellvertreter, hatte den Vorgang bemerkt und Kardinal Czernoch geistesgegenwärtig zugeraunt, langsam zu reden. Anschließend füllte er die unvermeidliche Pause durch wiederholtes Eljen!-Rufen aus, das von der Versammlung immer wieder begeistert aufgenommen wurde. Nur die wenigsten Teilnehmer des Festes haben etwas bemerkt. Das sofortige Demissionsgesuch meines Vaters hat der Kaiser sehr gnädig abgelehnt und sogar verboten, daß irgend etwas darüber in der Zeitung erscheine.

In der ersten Hälfte des Jahres 1917 wurde, wie schon erwähnt, das allerhöchste Hoflager nach Laxenburg verlegt. Bis auf das alte Schloß war dies eine entzückende Niederlassung, ganz im Stile Maria Theresias gebaut, wie geschaffen für eine größere Hofhaltung. Viele Häuser der kleinen Ortschaft hießen nach ihren ehemaligen Besitzern, meist Mitgliedern des Theresianischen Hofes; im Lauf der Zeit hat dann das Hofarear die meisten dieser Häuser an sich gebracht. Das Quartier der Garde z. B. war im Lacyhaus, dann gab's ein Laudonhaus, ein Uhlefeldhaus und so weiter. Die Majestäten bewohnten den Blauen Hof. Ich hörte damals, daß er fälschlich so genannt werde, denn er stamme von den Herren von Plauen; nun aber habe ich irgendwo gelesen, daß auch diese Version irrig war. Maria Theresia kaufte den Hof vom Grafen Daun und gab ihm dafür das sogenannte grüne Haus.[3] Dieses grüne Haus wurde jetzt im Auftrag Kaiser Karls für Monarchenbesuche hergerichtet, aber nur mehr einmal benützt, zum Besuch der bayerischen Majestäten im Jahre 1918.

Der Blaue Hof war eigentlich ein ansehnliches Schloß, das im Laufe der Zeit durch zahlreiche Anbauten eine bedeutende Ausdehnung erhalten hatte. Zu Beginn unseres Aufenthaltes in Laxenburg wurden die recht seltenen Hofdéjeuners (dazu später mehr) im ersten Stock abgehalten. Die Zimmer waren klein, aber reizend. Besonders das rote und das blaue Pastellzimmer wurden allgemein bewundert; sie waren die einzigen Räume aus der Theresianischen Zeit. Alle übrigen Zimmer des ersten Stockes waren mit sehr guten Empiremöbeln eingerichtet; vor allem der Ecksalon der Kaiserin war äußerst geschmackvoll, was man von höfischen Salons sonst selten sagen konnte. Der Kaiser bewohnte einige große Zimmer zu ebener Erde, gegen den Garten zu. Vor den Fenstern dieser Zimmer hat sich in den 30er Jahren des 19. Jahrhunderts die in unzähligen Bildern dargestellte Episode zugetragen: Kaiser Franz hebt seinen Enkel Franz Joseph in die Höhe, damit er dem Posten ein Goldstück in den Tornister legen kann.

Ein späterer Anbau war das Gartensaalgebäude, das organisch gar nicht zum Blauen Hof gehörte. Nachdem die Räume dieses Pavillons hergerichtet waren, fanden in seinen drei Sälen die Hofessen statt. Der ovale mittlere, in Grisaillen gemalte Salon war besonders schön. Wenn im Sommer die großen Türen zum Park offen standen, glaubte man sich ins 18. Jahrhundert zurückversetzt. In den zwei Nebensälen hingen ganz gute Bilder, unter anderem von David die Kaiserin Maria Luise und von Füger ein schöner Kaiser Franz. Ein kleiner Salon, in dem die Suiten warteten, war ganz mit chinesischen Papiertapeten bespannt.

Das Lacyhaus mit unserer Dienstwohnung lag einige hundert

Schritt vom Blauen Hof gegen den Bahnhof zu, gegenüber der Kirche. Unser Häuschen war zwar in der Gassenfront, hatte aber ganz das Aussehen eines kleinen Rokoko-Landhauses, gelb-weiß mit grünen Jalousien und Doppeldach. Sehr bemerkenswert war das schöne, schmiedeeiserne Geländer der Stiege, die in einen sehr niedrigen ersten Stock führte. Wir Diensthabende verfügten über je ein Schlafzimmer und einen gemeinsamen Salon; auch die Diener wohnten im Haus. Die Einrichtung war zwar sehr primitiv, doch war jedes Stück gediegen, meist Empire oder Biedermeier. Sehr schön war eine gut vergoldete Louis-XVI.-Uhr, die in meinem Zimmer hing.

Jenseits der Straße lag das Laudonhaus, in dem unter anderem der Leibarzt Dr. Eisenmenger wohnte. Die Mannschaft war in der alten Jägermeisterei, eigentlich der Falknerei, untergebracht. Nicht weit davon lag das alte Schwarzenberg-Haus, eines der größten Landhäuser dort, das aber in letzter Zeit nicht kaiserlich war.[4)]

Im alten Schloß, das am Eingang zum riesigen Park liegt, befanden sich die Wohnungen der Hofdamen, der General- und Flügeladjutanten, des Burgpfarrers und mancher anderer. Außerdem war der Marschallstafel ein großer Vorraum des Fremdenappartements zum Speisen und ein kleinerer zum Versammeln zugedacht. Anfänglich waren beide Räume ganz kahl, bis der neue Kabinettsdirektor Herr von Polzer (später Graf Polzer-Hoditz), auch Genosse der Marschallstafel, mit mir beschloß, diesem ungemütlichen Aufenthalt ein Ende zu bereiten. Unterstützt von Erzy Kállay führten wir nun in allen unbewohnten Räumen des Schlosses Raubzüge nach guten Möbeln und Bildern durch und hatten bald ein repräsentatives Speisezimmer sowie einen ganz passablen Salon zusammengestellt. Die Hauptzier des Salons wurde eine große, wirklich bemerkenswerte Louis-XVI.-Wanduhr in dreifarbiger Vergoldung. Ins Speisezimmer hängten wir viele große Aquarellansichten des Laxenburger Parkes. Zwischen den Fenstern standen Tische, auf deren Platten die Pläne des Laxenburger Parkes gemalt waren, umgeben von teils in Messing, teils in Elfenbein eingelegten Zeichenutensilien; reizende Erzeugnisse der Maria-Theresianischen Zeit! Die Schloßhauptmannschaft, die uns alle Räume hatte aufschließen müssen, war über die Möbel-Usurpation nicht sehr entzückt, mußte aber gute

Miene zum bösen Spiel machen, da doch die Missetäter so »einflußreiche Persönlichkeiten« waren.
Wie es hieß, bewohnten die alten Majestäten, die bis 1870 alljährlich nach Laxenburg kamen, eine Zeitlang auch das alte Schloß. Der unglückliche Kronprinz Rudolf ist hier geboren, übrigens auch seine einzige Tochter Erzy, geschiedene Fürstin Windisch-Graetz; diese zwar in Laxenburg, jedoch im Blauen Hof.[5)] Ich glaube, es war in den 60er Jahren, daß Onkel August Windisch-Graetz, zweiter Sohn des Feldmarschalls, hier Dienst tat. Die Majestäten scheinen sehr beengt gewohnt zu haben, denn Onkel August mußte immer schon eine ganze Weile vor dem Diner umgezogen sein, damit die Kaiserin, die nur durch sein Zimmer ins Speisezimmer gelangen konnte, ihn nicht im Negligé überraschte. Die Kriegserklärung 1866 hat Kaiser Franz Joseph hier erlebt. Seit den 70er Jahren kam die kaiserliche Familie nicht mehr her, weil der Kaiserin Elisabeth das Klima nicht zusagte.
Unsere Marschallstafel hatte seit Dezember vorigen Jahres manche Änderung erfahren. Meine Cousine Gräfin Agnes Schönborn (Tochter von O. Adalbert und T. Adelheid geb. Prinzessin zu Löwenstein) war zur Hofdame der Kaiserin ernannt worden. Sie war mit der Kaiserin recht nahe verwandt, war doch deren Mutter, die Herzogin Maria Antonia von Parma, Geschwisterkind von Tante Adelheid. Sie hatten sich vorher recht gut gekannt und die Kaiserin duzte Agnes, was freilich von ihr nicht erwidert werden konnte.
Sehr unterhalten hat es mich, meine Cousine, die gerade um diese Zeit ihren Dienst antrat, in alle »Hofgeheimnisse« einzuweihen. Sie war sicher nicht für den Hofdienst geboren und jedenfalls vor allem aus verwandtschaftlichen Gründen von der Kaiserin erwählt worden. Im Jahre 1921 heiratete sie in Hertenstein in der Schweiz den ungarischen Legationsrat Aladar von Borowiczenyi, der gleich ihr den Majestäten in die Verbannung gefolgt war. Ihre Vorgängerin, Gräfin Nora Nostitz, heiratete in dieser Laxenburger Zeit den Dienstkämmerer der Kaiserin, den Grafen Nandi Attems. Nach guter alter Sitte richteten die Majestäten der scheidenden Hofdame die Hochzeit aus, die am 24. April 1917 in der Burgkapelle stattfand. Als Stellvertreter für den jetzt auf Urlaub weilenden Nandi Attems

wurde Graf Peter Revertera kommandiert (er heiratete im gleichen Jahr Prinzessin Ida Schwarzenberg). Revertera war ein sehr angenehmer, lustiger Gesellschafter der Marschallstafel, aber – so wie Agnes Schönborn – kein Höfling. Eines Tages brachte eine Deputation der 7er Dragoner der Kaiserin ein Geschenk, ich glaube, Bilder aus Brandeis, der ersten Garnison des Kaisers. Graf Christian Thun, auf Kriegsdauer beim Regiment, führte sie an. Im Moment, wo die Kaiserin ihm dankend ihre Hand zum Kusse reicht, geht Christian Thuns kleiner Taschenwecker schrill los. Agnes und Peter platzten gleich los, die Kaiserin gestand später, sie habe ihre Contenance nur wahren können, indem sie sich rasch über die am Tisch liegenden Bilder beugte.

Peter und Agnes waren in diesem Sommer die enfants terribles des Hofstaates; immer wieder spielten sie neue Streiche, aber alles lachte darüber. Der Hof war jung und man war mitten im Weltkrieg froh, wenigstens manchmal lachen zu können. Ohne die ständige Sorge und den vielen Kummer über den Krieg wäre dieser ideale Landaufenthalt unter homogenen Leuten eine reine Freude gewesen.

Ein neues, wichtiges Mitglied unserer Tafelrunde war der schon erwähnte Kabinettsdirektor von Polzer. Er war Kanzleidirektor des Herrenhauses und, als guter Freund von Graf Georg Wallis, Lehrer bei Erzherzog Karl Franz Josef gewesen. Nun sein Schüler Kaiser war, erwählte ihn dieser zum Kanzleichef und politischen Berater. Er war mir vom ersten Tag an sympathisch, vielleicht deshalb, weil wir uns in einem zufälligen, politischen Gespräch gleich fanden; wir hatten über den Föderalismus Österreichs gesprochen, dessen glühender Anhänger er war. Polzer hatte noch nie Hofluft geatmet und ahnte nicht, wie vorsichtig man hier bei allen Aussprüchen und Gesprächen sein mußte. Auch unser Hofstaat hatte – Gott sei's geklagt! – das Gebrechen aller Höfe, die leidige Klatschsucht. Man wußte nie, wie und in welchem Sinne das Gehörte den Majestäten oder anderen maßgebenden Persönlichkeiten hinterbracht werden konnte.

Polzer hatte einen sehr scharfen und regsamen Geist; so war es kein Wunder, wenn er bei der Marschallstafel oft die Konversation beherrschte. Leider aber hielt er mit seinen politischen Ansichten nie

hinter'm Damm und machte sich dadurch viele Feinde – von denen aber nur die wenigsten gegen seine große politische Beschlagenheit mit Argumenten ankamen. Erzy Kállay und auch Jozi Hunyady als ganz zentralistisch eingestellte Ungarn haßten ihn förmlich. Auch Flügeladjutant Oberstleutnant Brougier hatte ihn nicht in sein Herz geschlossen, wegen so mancher Abfuhr, die er sich bei verschiedenen Gesprächen bei Polzer geholt hatte.
Ich hütete mich, je politische Ansichten beim Essen oder bei anderen Zusammenkünften zu äußern. Erstens wäre das für meine im Hofstaat doch ganz untergeordnete Stellung nicht passend gewesen, und zweitens konnte ich meinen politischen Gegnern hier ohnehin nicht so antworten, wie es oft notwendig gewesen wäre; das besorgte im übrigen auch Polzer schon gründlich. Natürlich darf man nun nicht glauben, bei unseren Mahlzeiten wären häufig politische Gespräche geführt worden. Bei meinem ganz unpolitischen Vater waren solche heikle Themen zu Recht verpönt; er hatte als Chef des allerhöchsten Hoflagers bei unseren Marschallstafeln den Vorsitz. Solche Gespräche wurden meist nur von Nachbar zu Nachbar und halblaut geführt.
Meine recht vereinzelte Anhängerschaft an Polzer wurde in unserem Kreise rasch bekannt. Als Frau von Kállay einst nach einer erregten Auseinandersetzung mit Polzer per Bahn mit mir nach Wien fuhr, ließ sie ihrem Temperament die Zügel schießen. Sie war ansonsten eine höchst kultivierte und sympathische Dame, hatte aber leider den Fehler ihrer Nation, einen ungehemmten Chauvinismus. Jetzt kam der arme Polzer schlecht weg, und natürlich verteidigte ich ihn. Immer wieder mußte ich hören, wie gefährlich dieser Herr in der Umgebung des Kaisers sei; es müsse etwas geschehen, um ihn zu entfernen. Als Erzy sich etwas beruhigt hatte, überkam sie doch ein leiser Schrecken, daß sie gerade mir ihre Pläne gegen Polzer enthüllt hatte und nahm mir beim Abschied das – übrigens gern gegebene – Ehrenwort ab, Polzer nichts von diesem Gespräch zu sagen. Bald darauf, in einem meiner zahlreichen und interessanten Gespräche mit dem geschmähten Kabinettsdirektor, beklagte sich dieser über seine Einsamkeit bei Hof, da außer meinem Vater und mir, den beiden bewußten Böhmen, ihn niemand verstehe. Ich tröstete ihn, daß doch gewiß Agnes Schönborn als Tochter von Onkel Adal-

bert eine Anhängerin seiner Politik sei, was ich im übrigen auch aus ihrem Munde vernommen hätte. Gleichzeitig warnte ich ihn, nicht zum ersten Male, er solle nicht so viel mit Unberufenen über Politik reden, er wisse ja, daß er von Feinden umgeben sei.
Dann war mein Dienst wieder einmal abgelaufen und ich hörte durch ein, zwei Monate nichts von meinen Hofkollegen in Laxenburg. Wieder eingerückt, merkte ich an Erzy Kállays Gehabe gleich, daß sie etwas gegen mich habe und von Agnes Schönborn hörte ich bald, was es war. Polzer hatte sich nach meinem Abgang Agnes genähert und ihr sein politisches Herz unbedenklich geöffnet; ich hätte ihm gesagt, sie sei seine Anhängerin, wir sollten doch zusammenhalten und so weiter. Nun hatte aber, ohne daß ich es bemerkt hätte, Jozi Hunyady seit einiger Zeit recht viel Einfluß – hauptsächlich in politicis – auf die junge, leicht zu überzeugende Agnes genommen, so daß aus ihr plötzlich eine glühende Magyarin geworden war. Was macht nun meine gute Cousine? Sie eilt zu Erzy Kállay und wiederholt ihr glühwarm ihr ganzes Gespräch mit Polzer, was der »gewagt habe, ihr zu sagen!« Natürlich auch, daß ich ihn vor dem Hofstaat gewarnt hätte.
Man kann sich vorstellen, was Agnes von mir zu hören bekam. Sie gestand mir, daß ihr Gewissen gleich sehr erschrocken war, als sie die Wirkung ihrer Worte auf Erzy sah. Bald darauf sprachen Jozi Hunyady und ich uns eingehend über all dieses aus; ich sagte ihm genau die Wahrheit und wie unschuldig ich mich gegenüber dem Verdacht von Erzy Kállay fühlen müsse. Er beruhigte mich denn auch über diesen Punkt, freilich merkte ich ihm doch einen gewissen Ärger über meine Warnung an Polzer an. Erzy Kállays Ungnade habe ich wohl für immer behalten, da sie den Hof im Frühjahr 1918 (glaube ich) verließ und ich sie nie wieder gesehen habe; ich bedauerte es, ihre Freundschaft durch diesen dummen politischen Tratsch verloren zu haben. Jozi hat sein sehr wohlwollendes Benehmen mir gegenüber nicht geändert, nur kam es mir manchmal vor, als ob er bei politischen Bemerkungen in meiner Gegenwart sehr vorsichtig würde. Ob er mich für einen tschechischen Spitzel hielt?
Auch Graf Alexander Eszterházy war ein ständiges Mitglied der Marschallstafel, ein durch und durch ehrenwerter und ganz charmanter Mann, der sich allgemeiner Beliebtheit erfreute. Obwohl

aufrichtiger Ungar, vergaß er nie den Europäer. Als Kaiser Karl sich von Hohenlohe getrennt hatte, wollte er Eszterházy an dessen Stelle haben, doch lehnte dieser leider wiederholt ab. So übertrug der Kaiser schließlich den sehr verantwortungsvollen und nicht leichten Posten des Obersthofmeisters an Graf Jozi Hunyady. Ich bin überzeugt, daß Alexander Esterhazy sich besser für diese Stellung geeignet hätte, obgleich gegen die kurze Amtsführung Hunyadys, die ja bis zum Umsturz nur wenige Monate dauerte, nichts einzuwenden war.

Hunyady war bis dahin Flügeladjutant des Kaisers und somit meinem Vater direkt unterstellt. Im April oder Mai 1918 war ich gerade bei meinem Vater in Baden, als Hunyady sich anmelden ließ. Er kam herein und meldete stramm, daß er von Seiner Majestät zum Ersten Obersthofmeister ernannt worden sei. Hierauf nahm wiederum mein Vater stramme Haltung an und meldete sich bei seinem neuen Vorgesetzten. Beide lachten zwar zu diesem Vorgang, doch mußte der Form Genüge geschehen.

Ein weiteres Mitglied unserer Tafelrunde war der Flügeladjutant von der Marine, Korvettenkapitän Emmerich von Schonta, ein sehr angenehmer und belesener Gesellschafter. Im Umsturz folgte er seinem Kaiser in die Verbannung und wurde erst nach dessen unglücklichem Flug nach Ungarn im Jahre 1921 von ihm getrennt. Schonta erwies sich dann als sehr geschickter Schriftsteller, der in Wort und Schrift sehr sympathisch die Sache seines Herrn verteidigte.

Weniger sympathisch war mir ein gewisser Graf August Demblin, der im Laufe des Sommers vom Minister des Äußeren, Graf Ottokar Czernin, nach Laxenburg kommandiert worden war. Czernin war ein ausgemachter Feind Polzers und hatte es durchgesetzt, daß seine eigenen Akten, die wie alle nicht-militärischen Akten dem Kaiser durch die Kabinettskanzlei vorgelegt werden mußten, Seiner Majestät durch einen Vertreter des Außenministeriums unterbreitet wurden. Warum Czernin gerade Demblin gewählt hatte, weiß ich nicht; jedenfalls paßte er wenig zu unserem gemütlichen Kreis. Mit der Zeit allerdings hat Demblin es verstanden, sich bei den Hofdamen recht beliebt zu machen, vielleicht wegen seiner geistvoll klingenden politischen Konversation. Diese verriet einen mehr als

demokratischen Sinn des obskuren Grafen, den man jetzt als Bolschewiken bezeichnen würde. Mir war der Mensch mehr als verdächtig und nach dem Umsturz hat er mein Mißtrauen durch seine unglaublichen Publikationen gegen Kaiser Karl vollauf bestätigt.
Von den Flügeladjutanten waren immer einige anwesend; unter ihnen war Ledóchowski, kurz Ledo genannt, der Ranghöchste. Er war zwar nicht sehr bedeutend, doch ein absoluter Ehrenmann, ganz unpolitisch, und man konnte ihn als das Ideal eines Adjutanten bezeichnen. Obwohl er als eher langweilig galt, hatten wir ihn alle sehr gern. Catinelli habe ich schon beim Hof Kaiser Franz Josephs erwähnt. Oberstleutnant Rudolf Brougier war dem Generalstab entsprungen, mit dessen guten und schlechten Eigenschaften. Der Kaiser hatte ihn bei einem seiner Kommandos im Feld kennen gelernt und sich nicht mehr von ihm getrennt; ich glaube, daß er ihm als militärischer Berater unentbehrlich geworden war. Brougier besaß ein gutes Quantum echt generalstäblerischer Überheblichkeit, die er meist, zumal in unserem Kreise, durch ein betont biederes Auftreten zu verbergen wußte. In puncto Politik gehörte er zu den leider sehr zahlreichen Offizieren hauptsächlich des höheren Generalstabes, die sich einbildeten, diese heikle Kunst zu beherrschen, obwohl sie gerade darin die reinsten Toren waren. Auch seine Aufrichtigkeit war mir etwas verdächtig; ich glaube, daß er kleinen Intrigen nie abhold war. In der Laxenburger Zeit hatte Brougier ein schönes Prager Mädchen aus der guten deutschen (der sogenannten zweiten) Gesellschaft geheiratet. Nach dem Umsturz trennte sie sich bald von ihm, wahrscheinlich weil die schöne Karriere dahin war.
Als jüngster Flügeladjutant ist Jozi Graf Hunyady de Kéthely anzusehen. Er hatte nie gedient und war nur für den Krieg eingerückt, wo er bald dem Thronfolger Erzherzog Karl Franz Josef zugeteilt worden war. Dieser hat ihn dann zuerst als Ordonnanzoffizier, nach seiner Beförderung zum Major als Flügeladjutant an seinen Hof genommen. Gelegentlich der Ofener Krönung war Jozy Hunyady als Ungar von Distinktion[6)] zum Geheimen Rat ernannt worden, was zu der merkwürdigen Anomalie führte, daß der jüngste Flügeladjutant mit dem Titel Excellenz angesprochen wurde. Unzweifelhaft stand er dem Kaiser sehr nahe, was auch schon durch seine Ernen-

nung zum Ersten Obersthofmeister erwiesen wurde. Durch sein weltmännisches Auftreten wirkte er immer sehr sympathisch, aber ob ihn seine manchmal sehr impulsive Art wirklich für diese hohe Stelle befugte, lasse ich dahingestellt. Wie gesagt, bekleidete er diesen höchsten Posten im Reich nur wenige Monate, in denen er vom Kaiser sehr viel in der ungarischen Politik verwendet wurde und darin sicher auch sein Berater war. Doch zum wirklichen Staatsmann fehlten ihm die Nerven und eine gewisse Ausgeglichenheit. Vor dem Kriege schon Witwer geworden, heiratete Jozi Hunyady nach dem Umsturz die Hofdame der Kaiserin, Gräfin Gustl Bellegarde; sie war als Nachfolgerin von Erzy Kállay 1918 zu uns gekommen. Ich kannte diese Dame schon von früher, sah sie aber bei Hof nur selten, weil zu jener Zeit die kaiserliche Familie nach Baden und Reichenau zog, wohin wir Gardisten nur selten kamen.
Kein ständiger, aber sehr häufiger Mitesser – welch schöner Ausdruck! – war der Kollege meines Vaters, Generaladjutant FML Ferdinand Ritter von Marterer, der Chef der Militärkanzlei Seiner Majestät. Er war jahrelang unter Bolfrass in dieser Kanzlei tätig gewesen und hatte seine Stellung sozusagen ersessen. Ein sehr stiller, bescheidener Mann, zu dieser Zeit bereits schwerer Paralytiker; er mußte im Frühjahr 1918 in Pension gehen. Ein Teil der Militärkanzlei war in Baden untergebracht, von wo aus Marterer uns öfters in Laxenburg besuchte. Es war peinlich, den armen Mann beim Essen zu beobachten, mit welcher Mühe er oft die Hand zum Munde führte; auch das Sehen fiel ihm schließlich schwer. Marterer war ein begeisterter Markensammler und in seiner Gegenwart drehte sich die Konversation um dieses Thema. Nach seinem Abgang hieß es, daß er seine Stellung zu verschiedenen gewagten philatelistischen Machinationen ausgenützt habe; was daran Wahres ist, weiß ich nicht, durch den Umsturz wurden solche Gerüchte uninteressant.
Von meinen Kollegen in der Infanterie sind mir noch erinnerlich Hauptmann Baron Werdt, der in der Laxenburger Zeit ins Feld zog; Oberleutnant Bernhard; Oberleutnant Baron Fleisser, der Ende 1917 ins Feld einrückte und bald gefallen ist; Oberleutnant Miecislaus-Skulski, ein schöner Pole, der sich vor dem Feind sehr ausgezeichnet hatte und, wie er behauptete, Anspruch auf das Theresienkreuz erheben durfte – ob er's wohl bekommen hat? Oberleutnant

Tiemon, der ein großer Kartenkünstler war, wurde später zu den ungarischen Trabanten transferiert; die Oberleutnants Ritter von Schullern und Stephan Lado, und Hauptmann Pekárek. Man sah diese Kollegen nur in Laxenburg, weil sie in Wien ganz andere Gesellschaftskreise frequentierten als wir. Meist waren es sehr nette, bescheidene junge Leute von der Fußtruppe.

Natürlich hatten wir oft Gäste bei der Marschallstafel, teils Mitglieder des übrigen Hofstaates, die in Laxenburg zu tun hatten, teils Herren und Damen, die zur Audienz befohlen waren und nicht zu Mittag nach Wien gelangen konnten; sie wurden dann von den Majestäten aufgefordert, zum Essen zu bleiben. Ich erinnere mich eines dicken Kapuzinerpaters, der über die Schweiz aus dem Vatikan kam und viel Interessantes von dort erzählte. Sehr komisch nahmen sich seine zahlreichen Dekorationen auf der braunen Kutte aus.

Einst war Fürstin Irma (Nicky) Eszterházy-Andrássy aus Pottendorf zum Essen da, eine sehr freundliche, doch eher feierliche, äußerst wohlerzogene Dame; sie war bei der ungarischen Krönung Obersthofmeisterin der Kaiserin Zita gewesen. Nun hatten wir in der Faschingszeit allerhand Juxgegenstände gekauft, wie falsche Bleistifte, Attrappen von Zündholzschachteln, durchlöcherte Trinkgläser und anderes; ein sehr beliebter Gegenstand war ein Polster, der beim Draufsetzen einen Quietschton von sich gab. Man kann sich den Schreck von Erzy Kállay vorstellen, als die Fürstin gerade auf den Sessel mit dem vergessenen ominösen Polster zustrebte. Im allerletzten Augenblick gelang es Erzy noch, den Polster wegzureißen, jedoch so, daß die Fürstin erstaunt aufblickte. Erzy stammelte etwas von zu hartem Polster, sie wolle einen anderen bringen etc.; wir konnten uns das Lachen kaum verbeißen.

Noch ein Genosse unserer Tafel fällt mir ein: Der sehr würdige, allseits beliebte Burgpfarrer Dr. Ernst Seydl, später Titularbischof von Eucarpia (achtzigjährig gestorben Wien 27.11.1952), der immer dem Hoflager als Seelsorger folgte. Seine schönen, kurzen Predigten an jedem Sonntag sind mir in guter Erinnerung. Zu bewundern war dabei seine unbefangene, würdevolle Ruhe, denn diese Ansprachen waren in einem kleinen, zur Kapelle hergerichteten Zimmer des Blauen Hofes zu halten und die Majestäten knieten unmittelbar am Altar, so daß der Prediger kaum die Arme rühren konnte.

Ein häufiger Gast war schließlich der Generaldirektor der kaiserlichen Güter, Excellenz Franz von Hawerda-Wehrland, der Typus des österreichischen Beamten, äußerst feierlich und höflich, mit Kaiserbart und Zwicker, immer im Bratenrock. Verschiedene Mitglieder der Marschallstafel erfreuten uns durch lustige, mehr oder weniger witzige Gedichte, in denen besonders mein Vater excellierte. Hawerda überraschte uns darauf mit einem wohlgesetzten, langen Poem in Hexametern, das uns offensichtlich belehren sollte, wie man dichte. Er erntete ein so schallendes Lob, daß er verlegen und mißtrauisch um sich schaute.

In den Herbst- und Wintermonaten war der Laxenburger Aufenthalt für uns Gardisten, die wir ja nichts zu tun hatten, recht langweilig. Dementsprechend hielt ich mich auch viel in Wien auf, und von meinem Vater bekamen wir leicht die Erlaubnis, über Nacht ausbleiben zu dürfen.

Laxenburg bot außer Spaziergängen im riesigen Park nicht viel Abwechslung; oft besuchte ich die auf einer Insel im großen Teich gelegene Franzensburg, eigentlich ein Museum mit krenellierten (mit Zinnen versehenen) Mauern in Form einer Burg, das Anfang des 19. Jahrhunderts von Kaiser Franz errichtet worden war. Im Inneren der Höfe, die man über eine Brücke oder mit einer Miniaturfähre erreichte, sah man erst das Gewirr etlicher gedeckter Räume, in denen ganz beachtliche Kunstschätze untergebracht waren. Vor allem ist da die romanische »capella speciosa« aus Klosterneuburg zu nennen, auch einige schöne Renaissance-Plafonds und Ledertapeten.

In einem der Räume standen zwei große Kästen in Egerer Arbeit. Prächtige gotische Schnitzereien von Klosterneuburger Kirchenstühlen waren an den Wänden angebracht, etlich Tabouretts waren mit wundervollem roten Samt von alten Toisongewändern bezogen – lauter Vandalismen der Francisceischen Zeit. Natürlich gab's auch einen Hungerturm, eine Folterkammer und eine Gerichtsstube – Fälschungen aus der Kongreß-Zeit.

Im ganzen Park waren verschiedene Bauten verstreut, die – bis auf einen Pavillon aus dem 18. Jahrhundert – von Kaiser Franz zum Wiener Kongreß errichtet worden waren. Der beste dieser Bauten war der Tempel der Eintracht, ein mit Säulen gezierter Rundbau mit grüner Kuppel, der sich von weitem sehr malerisch ausnahm. Dann

gab's noch ein Haus der Laune, eine Rittergruft, ein ägyptisches Lusthaus und einen riesigen Turnierplatz; diese Baulichkeiten waren aber schon recht verfallen. Im Alten Schloß konnte man in einem Hoffenster einen betenden Einsiedler sehen, eine sehr gute Wachsfigur, die vor einer Felsenkulisse kniete.
Im Sommer ging ich oft bis spät in die Nacht im Park spazieren und landete dann meist im Uhlefeldhaus, im Park gerade gegenüber dem Alten Schloß, wo sich die Kanzlei und, wie ich glaube, auch die Wohnung des Kabinettsdirektors befanden. Da Polzer meist sehr lange aufblieb, war ich sicher, ihn hier zu treffen, und wir haben hier viele Nächte durchpolitisiert. Hier sprach er sich seine großen Sorgen um den Bestand der Monarchie und seinen Kummer über die vielen Hindernisse und Feinde, die sich seinen großen Plänen widersetzten, von der Seele. Wie oft habe ich ihm zugeredet, doch die ihm vom Kaiser wiederholt angebotene Regierung zu übernehmen, sei es als Ministerpräsident, sei es als Minister des Äußeren! Er konnte sich nie dazu entschließen, zu sehr war er föderalistisch eingestellt. Er wäre in Ungarn nie damit durchgedrungen, und ein rein föderalistisches Regime für Cisleithanien wäre immer nur Stückwerk geblieben, wenn man nicht die Südslawen einbezogen hätte – was aber wegen Kroatien den Kaiser in Widerspruch zu seinem Krönungseid gebracht hätte.
Oft jammerte Polzer über Czernin, sein schwankendes und unausgeglichenes Benehmen gegenüber unseren Bundesgenossen, und daß er außerdem durch seine Nervosität den Kaiser unsicher mache. Auch Czernins persönliches Benehmen dem Monarchen gegenüber ließe zu wünschen übrig. Polzer meinte, der unstete Charakter des Ministers rechtfertige nicht das große Vertrauen, das der junge Herr in seiner aufgeschlossenen Art in Czernin setze.
Während solch einer langen Nacht (vom 2. auf den 3. Juni 1917) las Polzer mir das Konzept der nachher so verlästerten Amnestie vor. Ich war begeistert und vom wirklich prachtvollen Stil Polzers beinahe zu Tränen gerührt. Lange besprachen wir die Wirkung dieses kaiserlichen Aktes. Polzer fragte mich, was Onkel Adalbert Schönborn, den er sehr hoch schätzte, dazu sagen werde. Ich konnte ihm versichern, daß es diesem stellvertretenden Landmarschall von Böhmen sicher recht sein werde; mein eigenes, einziges Bedenken

wäre, ob die Amnestie nicht zu umfassend sei. Polzer meinte dagegen, es sei im Namen des Kaisers so viel Unrecht geschehen, daß er es sehr begrüße, wenn der Kaiser nun so großmütig sei.
Mein Freund versprach sich viel von dieser ersten Annäherung des Kaisers an die nicht-deutschen Völker der Monarchie, insbesondere bei den Tschechen. Jetzt sollte Schlag auf Schlag folgen, Besuch des Kaisers in Prag, Krönung, und so weiter. Hauptsache sei, das Eisen zu schmieden, so lange es warm sei; es gelte, das schwache monarchische und dynastische Gefühl in Böhmen zu stärken. Lange genug sei daran gesündigt worden, besonders während der Kriegsjahre durch die vielen himmelschreienden Urteile der Militärjustiz, die vor keinem Mord zurückgeschreckt sei! All das im Namen Seiner Majestät!
Wie man weiß, erwiesen sich die Hoffnungen, die der Kaiser und Polzer an die Amnestie knüpften, als recht trügerisch, nicht zuletzt wegen des unvernünftigen Widerstandes der deutschen Parteien, die sich immer mehr in einen absoluten Widerstand gegen die Amnestie hineinredeten – obwohl namhafte Politiker aus Raison diese Amnestie zunächst widerspruchslos angenommen hatten. Auch Standesgenossen deutscher Nationalität hetzten gegen diesen Gnadenakt, wenn auch gewiß in bester Absicht; sie wähnten ja immer, ein Patent auf den österreichischen Patriotismus zu besitzen und waren jetzt gegen jede Annäherung des Monarchen an die »hochverräterischen Tschechen«. Ob sie der Krone damit einen guten Dienst geleistet haben? Viele haben es später bereut.
Die letzte Gelegenheit, Böhmen zu erhalten, wurde hier vertan. Freilich haben die böhmischen Politiker ihrerseits nicht so auf die Amnestie reagiert, wie es die Regierung Seidler erhofft hatte. Zu lange war gezögert worden, die Untertanen der Wenzelskrone an Wien zu fesseln. Ich bin fest überzeugt, daß weitere Schritte des jungen Monarchen den Feinden den sehr starken Wind aus den Segeln genommen hätten.
Am Schluß dieser mir unvergeßlichen Stunden, bei dämmerndem Morgen, schenkte Polzer mir das Konzept dieses damals so wichtigen Dokumentes. Ich habe es zur zeitweiligen Aufbewahrung ins Raudnitzer Archiv gegeben; es ist mit der Maschine geschrieben und weist eigenhändige Korrekturen des Justizministers Ritter von

Schauer auf. Vor Erscheinen der Zeitungen am nächsten Morgen durfte ich das Konzept natürlich niemandem zeigen. Alle Gegner meines Freundes witterten dann natürlich seine Urheberschaft bei diesem Akt, aber Polzer sagte mir schon damals, bevor noch die Amnestie so schlecht gemacht wurde, daß sie nicht sein Werk sei. Er glaube, der Autor sei Minister Ottokar Freiherr von Trnka gewesen, denn knapp nach einer Audienz dieses Herrn beim Kaiser habe der Monarch ihm – Polzer – zum erstenmal diesen Plan einer Amnestie dargelegt; er habe freilich begeistert zugestimmt. Mit Recht war Polzer stolz auf die Stilgebung, besonders auf den Schlußpassus über den Kronprinzen; er sagte mir, die Konzipierung dieses Dokumentes sei eine der schwierigsten Arbeiten seines Lebens gewesen. Die einzige persönliche Direktive des Kaisers sei gewesen, daß ein »Zuckerl für die Deutschen« darin enthalten sein müsse; alles übrige blieb, wie üblich, dem Ministerrat vorbehalten.
Polzers Konzept war auf der Rückreise von Stuttgart nach Wien am Nachmittag des 1. Juli 1917 entstanden; die Majestäten hatten eben ihre Antrittsbesuche in Bayern und Württemberg mit großer Suite absolviert. Ein heißer Nachmittag, unmittelbar nach dem Essen, im fahrenden Zug, das war der wenig gelegene Augenblick, in dem Polzer dieses historische Dokument entwerfen mußte. Erst wenige Jahre sind vergangen (1922 habe ich dies geschrieben), doch wer weiß heute noch etwas über diesen edlen kaiserlichen Akt? Und über den unseligen Sturm, den er entfesselte?
Im Laufe des Sommers 1917 übersiedelten die Majestäten mit ganz kleinem Gefolge nach Reichenau, in ihre scheußliche, doch vielgeliebte Villa Wartholz. Der allerhöchste Séjour[7] in Laxenburg wurde aber nicht aufgehoben, so daß wir Gardisten dort blieben. Mein Vater sowie etliche Hofwürdenträger wurden ebenfalls nicht mitgenommen und mußten zum Vortrag entweder nach Reichenau fahren oder ins nähere Baden, wohin der Kaiser täglich kam.
Im August hatte ich wieder den Dienst, doch war ich begreiflicherweise mehr in Wien, da Laxenburg zwar ein ganz angenehmer Sommeraufenthalt, aber unter diesen Umständen doch sehr einsam war. Hie und da geschah es nun, daß wir Gardisten die einzigen Teilnehmer der Marschallstafel waren; dann wurde uns das Essen in unsere Wohnung gebracht und es wurde im Salon gedeckt. Einmal, laut

aufbewahrtem Menu war es am 21. August, war ich sogar ganz allein beim Souper. Trotzdem rückten zwei gold-galonierte Tafeldekker, ein Lakai und zwei Speisenträger auf, welch letztere die bewußten Blechkisten brachten. Umgeben von dieser Dienerschar kam man sich doch recht komisch und unnütz vor.
Zu Weihnachten 1917 war der allerhöchste Hof wieder in Laxenburg. Burgpfarrer Seydl las in der kleinen Kapelle des Blauen Hofes die Mitternachtsmesse und schloß – sehr praktisch für die Teilnehmer – seine zwei weiteren hl. Messen gleich an.
Abwechslung in das nicht sehr anregende tägliche Einerlei in Laxenburg brachten die Hofdéjeuners; ihre richtige »technische« Bezeichnung lautete »allerhöchstes déjeuner«. Mittels Dienstansage wurde man zu ihnen kommandiert. Falls die Majestäten an so einer Mahlzeit nicht teilnahmen, sondern nur die Suiten samt eventuellen Gästen abgefüttert wurden, hieß es »Marschallsdéjeuner« oder »-tafel«, zu der man nicht kommandiert, sondern eingeladen wurde. Die Adjustierung war für alle Militärs, wohl wegen des Krieges, stets Felduniform. Für uns von der Garde bedeutete das enge graue, steife gamslederne Reithosen, hohe Stulpstiefel, umgeschnallter Säbel und die fest angezogene Feldbinde; lauter Uniformstücke, die geeignet waren, meine Gefräßigkeit zu hemmen. Trotzdem habe ich diese déjeuners ganz gerne gehabt und sie haben mir auch immer sehr gut geschmeckt.
Hofrat Karl Prileszky de Prilesz stand als Hofwirtschaftsdirektor der Hofküche vor, zwar unter dem Oberstküchenmeister, der aber eigentlich mehr zu repräsentieren hatte. Als Nachfolger von Gustl Bellegarde war mittlerweile Karl Freiherr (seit März 1918 Graf) Rumerskirch zum Oberstküchenmeister ernannt worden; als ehemaliger Obersthofmeister des ermordeten Erzherzogs Franz Ferdinand war ihm sein neues Amt ganz vertraut. Prileszky war in seinem Fach höchst sachverständig und es war stets eine Freude, mit ihm über alle einschlägigen Fragen zu sprechen – unter die nicht zuletzt die Getränke gehörten. Der Hofrat war ein bekannter Weinkenner und hatte vor dem Kriege alljährlich Reisen an den Rhein und in andere Weingegenden gemacht, um die Vorräte der großen Hofkellerei zu ergänzen. Als Curiosum möchte ich erwähnen, daß der Johannisberg im Rheingau bis zum Umsturz des Jahres 1918 als Lehen des

Kaisers angesehen wurde. Dem trug die Familie Metternich stets Rechnung, indem jährlich ein »Halbstück vom Besten« dem Hofkeller überwiesen wurde.

War ein Hofdéjeuner angesagt, so stellte Prileszky einige Menus zusammen, um sie den Majestäten vorzulegen. Meist nahm nur die Kaiserin Einfluß darauf, da sie sehr auf eine leichte, gesunde Kost hielt. Die zwar gute, aber schwere Küche hatte mit dem Tod des alten Kaisers aufgehört, das merkten wir schon bei der täglichen Marschallstafel. Dem Kaiser war es stets höchst gleichgültig, was er vorgesetzt bekam. Auch gehört es, wie schon oft gesagt, in das Reich der Fabel, daß der Monarch gerne trank; gerade das Gegenteil ist wahr. Nie habe ich ihn anders als ganz nüchtern gesehen, auch nie von seiner Umgebung gehört, daß er besonders gerne, geschweige denn zu viel getrunken hätte.

Bis die unteren Säle fertig restauriert waren, wurden die Hofdéjeuners im ersten Stock des Blauen Hofes abgehalten. Man versammelte sich in den beiden Pastellzimmern; die Wände dieser reizenden Räume waren in Marmorimitation gehalten, in sie eingelassen waren von schmalen Goldleisten gerahmte Ideallandschaften. Der eine Salon hatte blau-weiße Pastellbilder, der andere, der mir noch besser gefiel, war mit schwarz-roten Bildern geschmückt. Das Speisezimmer wies, wenn ich mich richtig erinnere, große gestickte Bouquetten als Panneaux auf. Es war sehr eng und hatte nur an den Schmalseiten Fenster, nahm also die ganze Tiefe des Gebäudes ein; dreißig Personen waren das Äußerste, das an einem Tisch unterzubringen war.

Mein erstes derartiges Fest war am 26. April 1917 für die türkische Botschaft, mit Hussein Hilmi Pascha als deren Chef. Nachdem alle Gäste versammelt waren, traten die Majestäten ein, geführt von Prinz Konrad Hohenlohe; dieser saß als Höfling den Majestäten gegenüber, die stets nebeneinander saßen. War der Obersthofmeister nicht anwesend, so hatte mein Vater den ersten Rang; zum Hereinkommen trat dann aber der Oberstküchenmeister den Herrschaften vor. Nach kurzem cercle zog man ins Speisezimmer, voran die Kaiserin. Der Kaiser, der folgen sollte, winkte stets den anwesenden Hofdamen (diesmal nur Agnes Schönborn), daß sie vorausgingen, was von den Damen dann mit einem tiefen Knicks quittiert wurde.

Man folgte in losen Haufen, die beiden Gardisten als Rangjüngste immer zum Schluß. Dank diesem niederen Rang kam es höchst selten vor, daß wir beim Essen einen Gast zu unterhalten hatten.
Ich saß meist an einer Schmalseite der langen Tafel, umgeben von Flügeladjutanten; da man sich ohnehin täglich sah, konnte man jetzt ganz ungestört den kulinarischen Genüssen frönen. Zwar wurde sehr schnell serviert, doch blieb für besagten Genuß noch alle Zeit. Weil immer nur einmal serviert und, sobald man fertig gegessen hatte, der Teller gleich lautlos gewechselt wurde, dauerte so ein déjeuner von sieben Gängen unglaublich kurz. Auch hier kam uns der bescheidene Gardistenrang sehr zu statten, weil uns stets zuletzt serviert wurde und wir gründlich abräumen konnten.
Jede Schüssel wurde für etwa 10 Personen angerichtet und von einem Tafeldecker getragen. Dazu kam ein Lakai für das Gemüse, einer für eventuelle Saucen und einer für den Wein. Diese vier Mann hatten sich um ganz bestimmte 10 Personen zu kümmern. Wenn also 30 Gäste an so einer Hoftafel teilnahmen, waren wenigstens 12 Servierende anwesend, dazu die Hofwirtschaftsbeamten, welche die Aufsicht führten und der Leibjäger des Kaisers, der stets hinter dessen Sessel stand und das kaiserliche Seitengewehr hielt. Dann noch ein bis zwei Hofkammerdiener, denen man zuwinken konnte, um eventuell diesen oder jenen Wein nochmals eingeschenkt zu bekommen. Es wimmelte förmlich um die Tafel, im An- und Abräumen gab es nie eine Pause, doch vollzog sich alles vollkommen lautlos. Konversation wurde meist halblaut und nur mit dem Nachbarn geführt; kaum je hörte man ein lautes Wort, außer wenn der Kaiser über den Tisch einen der höheren Würdenträger ansprach oder mit den Hofdamen scherzte.
Das stets französisch geschriebene Menu hatte jeder Gast neben seinem Teller liegen. In der Regel wurden sieben Gänge serviert: Suppe, Vorspeise, kleine Fleischspeise, Braten, Süße Speise, Käsespeise, Dessert. Die Weine waren am Menu in rotem Druck links neben den Speisen geschrieben. Zur Suppe wurde ein Sherry oder Madeira geschenkt, dann kam ein Bordeaux, ein köstlicher Rhein- oder Moselwein und zum Braten stets echter französischer Champagner. Zum Dessert wurde manchmal alter Tokayer in kleinen Gläsern serviert.

Den schwarzen Kaffee bekam man erst im Versammlungsraum und immer stehend gereicht, dazu ausgezeichnete Schnäpse und alten Cognac. Auf einer großen Tazza lagen die Zigarren und Zigaretten, unter ihnen wie schon zu Zeiten des alten Kaisers zwei bis drei gute Importe, die ich auch hier zu erobern wußte. Ich erinnere mich, wie einmal Kriegsminister von Stöger-Steiner eine große österreichische Regiezigarre mit auffallendem Krawattl einsteckte, um sie seinem Flügeladjutanten (auf Kriegsdauer) Fürsten Ernst Starhemberg mitzubringen. »Der wird sich freuen!«, fügte er noch hinzu. Im Stillen erlaubte ich mir, das stark zu bezweifeln.

Das déjeuner für die Türken war zu Ehren des Tages der Thronbesteigung des Sultans gegeben. Während des Essens stand der Monarch auf, um mit kurzer, französischer Rede seinen Bundesgenossen zu feiern. Er las die Rede sehr gut akzentuiert in schönem Französisch ab, was ihm ein leises Lob der Kaiserin eintrug. Der alte Hussein Hilmi Pascha verneigte sich nur stumm mit unbeweglichem Gesicht. Mit seinem langen, weißen Bart und seinem Fez, den er wie jedes Mitglied der Botschaft natürlich aufbehalten hatte, war seine Hoheit das Bild eines echten Orientalen. Ich glaube aber sicher, daß die meisten der zehn Mitglieder der Botschaft dem im Koran streng verpönten Wein zugesprochen haben. Nur einmal allerdings, als der gefürchtete Generalissimus Enver Pascha an der Hoftafel teilnahm, traute sich keiner der Herren, wie man mir erzählte, einen Wein anzurühren.

Drei Tage später, am 29. April, galt es, den bayerischen Staatsminister Grafen Hertling zu feiern, den späteren Reichskanzler. Laut Sitzliste war für nur 21 Personen gedeckt, was für den Betrieb in diesem kleinen Speisezimmer immer günstig war. Hertling sah man den Professor auf hundert Meter an, ein sehr kleines, verhutzeltes Mannl mit kurzem weißen Bärtchen. Er unterhielt sich sehr angeregt mit dem Kaiser. Außer Hertling waren als fremde Gäste noch da der deutsche Botschafter Botho Graf von Wedel, der als solcher stets den ersten Rang hatte; dann der bayerische Gesandte Heinrich Freiherr von Tucher, der sächsische Gesandte Alfred von Nostitz-Wallwitz und der Begleiter Hertlings, Legationsrat Freiherr von Stengel.

Hertling war natürlich im Gehrock erschienen, ebenso Tucher. Aber

sowohl Wedel wie auch Nostitz-Wallwitz kamen in deutscher Felduniform, um dem Kaiser eine Freude zu machen. Der Kaiser hatte Zivil direkt ungern und haßte geradezu Beamtenuniformen, so daß er nicht ruhte, bis seine ganze Umgebung Offiziersuniformen anhatte. Das galt hauptsächlich für die Beamten der Kabinettskanzlei und für die Diplomaten, und auch alle Hofwürdenträger entpuppten sich als rauhe Krieger. Es paßte zwar für die vielen Reisen ins Feld, in Laxenburg aber, bei solchen déjeuners, wirkte es eher grotesk, wenn der Erste Obersthofmeister Prinz Konrad Hohenlohe als irgendein feldgrauer Major mit scheußlichen Ledergamaschen und umgeschnalltem Bajonett erschien. Polzer war Rittmeister geworden, ich weiß gar nicht von was, da im Feld bekanntlich alle »Katzen grau« waren. Sogar der arme Graf Esterhazy wurde nicht verschont und erschien, in eine enge Bluse mit steifem Stehkragen gezwängt, stöhnend bei solchen Festen.
Ganz besonders unmilitärisch und affektiert salopp gab sich Czernin, den der Kaiser vom Leutnant zum Major des 7. Dragonerregimentes ernannt hatte. Sein Bajonett hing ihm nur ganz lose um die Hüften, so daß seine Bluse immer oben herausrutschte. Auch seine Knöpfstiefel waren nichts weniger als militärisch. Mein Vater, der Anfang der 90er Jahre Czernins Freiwilligen-Schulkommandant gewesen war, sagte ihm immer im Scherz, daß er sich seiner schämen müsse; auch nannte er Czernin den Minister des vorschriftswidrigen Äußeren.
Der Hofreisedirektor Zdenko Mareš klagte mir sein Leid. Bisher hatte er dank seiner hohen Würde eine breite goldene Borte am Kragen seiner Feldbluse getragen, die ihn schon von weitem als höheren Hofbeamten kenntlich machte. Jetzt mußte er seine Oberleutnantsuniform tragen und hatte immer die größte Mühe, seinen Anordnungen bei den verschiedenen Bahnhofsfunktionären Geltung zu verschaffen.
Der junge Kaiser war trotz verschiedener Vorstellungen nicht davon abzubringen, daß des Kaisers Rock das einzig würdige Kleid sei; er vermischte vielleicht allzu sehr das Ideelle mit dem Praktischen. Bei den Hofdéjeuners glichen daher die Teilnehmer eher einer nicht sehr eleganten Tischrunde eines Offizierskasinos als der Hoftafel des Kaisers von Österreich. Da war aber nichts zu machen. Wir Gar-

disten waren eigentlich die einzigen, die mit ihren dunkelgrünen Röcken und scharlachroten Aufschlägen etwas Farbe hereinbrachten.

Am 1. Juni wurde auf die gleiche Art der sächsische Staatsminister Christoph Graf Vitzthum von Erkstädt bewirtet. Diesmal bekamen wir ein Freitagsessen, dessen Güte hoffentlich die teilnehmenden Protestanten für das Fehlen jeglicher Fleischspeise getröstet hat. Dieses déjeuner wurde bereits im Habsburger Saal abgehalten, dem linken der drei Säle im Gartentrakt, von der Hofseite her gerechnet. Die Gesellschaft versammelte sich im sogenannten Parterresalon und die Majestäten kamen aus dem rechts gelegenen Gartensaal. Diese Räume waren viel geeigneter für solche Feste, auch die Tafel selber konnte breiter sein und nahm sich im schönen Blumenschmuck sehr gut aus. Wie bei allen Hofdiners in der Burg und auch in Schönbrunn bestand die Tafel aus gehobelten Brettern, die auf primitiven Holzböcken befestigt waren. Die Bretter waren mit Flanelldecken bezogen; das Ganze wurde dann mit riesigen, prachtvollen weißen Damasttischtüchern bedeckt, die noch am Boden schleppten. Nachdem diese aufgelegt waren, erschien zum Schluß noch ein weibliches Wesen aus der Hofwirtschaftskammer und bügelte sorgsam alle Falten der Tischdecke aus.

Serviert wurde stets auf Silber, die Teller dagegen waren nur für einige Gänge (und das nicht regelmäßig) aus diesem Material; ansonsten waren sie aus weißem Porzellan, mit Goldrand und einem Kaiseradler dekoriert. Das Dessert wurde stets auf Altwiener Porzellan serviert, das sehr charakteristisch blau und rot ramagiert war. Die Gläser wirkten sehr vornehm und altmodisch, waren etwas schwer geschliffen und ebenfalls mit einem Doppeladler geschmückt.

Die nächste Dienstansage in meiner Sammlung erinnert mich an ein interessantes Essen mit dem berühmten bulgarischen Ministerpräsidenten Radoslavov am 20. Juni des gleichen Jahres. Wieder war im Habsburger Saal serviert worden. Radoslavov, ein kleiner, untersetzter Mann mit langem, weißem Bart, erschien mit sehr zahlreichem Gefolge. Es kamen 11 bis 12 Bulgaren, doch habe ich leider die Sitzliste verloren; nur das blieb mir noch in Erinnerung: Daß die meisten Herren recht balkanisch aussahen!

Mit dem Minister sprach mein Vater tschechisch, da dieser in Pilsen in die Schule gegangen war und tschechisch besser beherrschte als deutsch. Den einzigen Oberst, Tantiluv, kannten wir gut, weil er auf Kriegsdauer dem Oberkommando in Baden zugeteilt war; ein biederer Soldat, der gut französisch sprach und bei uns allen beliebt war. Ganz interessant, wenn auch komisch wirkte es, als einer der Gäste von einem seiner Kollegen, einem bärtigen, recht wild aussehenden Kerl, behauptete, dieser habe etliche politische Feinde eigenhändig umgebracht.

Anmerkungen

1. Es gab zwei Maler namens Hamilton, Johann Georg v. H. und Philipp F. v. H., beide waren berühmte Pferde- und Jagdmaler des 18. Jahrhunderts. Die hier erwähnten Bilder sind aus dem Jahre 1752.
2. Die Gefühle der Ungarn sind sicher richtig geschildert; die Behauptung des Autors hinsichtlich der Fotos ist nicht nachprüfbar.
3. Das Gebäude wird heute gelegentlich als »Grünne-Haus« bezeichnet, hat jedoch auch nach Ansicht von Frau Dr. E. Springer mit dieser Familie nichts zu tun; vermutlich war es einmal grün gestrichen.
4. Für Leser, die an Ort und Stelle nachprüfen möchten, was vom Laxenburg jener Jahre geblieben ist, seien hier in Kurzfassung die Informationen wiedergegeben, die Frau Dr. Elisabeth Springer, Wien/Laxenburg, dem dankbaren Bearbeiter freundlicherweise zur Verfügung gestellt hat; siehe auch Anm. 3.
   Lacyhaus, erbaut um 1700, mit Veränderungen gegen 1760; benannt nach Franz Moritz Graf Lacy, dem theresianischen Feldherrn.
   Adresse: Schloßplatz 16.
   Laudonhaus: Bezeichnung für das 19./20. Jh. nicht feststellbar, es könnte sich um das (heute) sog. Doktor-Haus, Schloßplatz 14, oder das sog. Stifftische Haus, Schloßplatz 12, handeln; beide Häuser gehörten der Hofverwaltung, sind im Kern aus dem 17. Jh. mit Veränderungen aus dem 18. und 19. Jh.
   Uhlefeldhaus, nach Graf Corfiz Anton Uhlefeld (Ulfeld), Hof- und Staatskanzler Maria Theresias; 18. Jh., 1945 und während der russischen Besatzung durch Brände zerstört, Ruine 1963 abgetragen.
   Blauer Hof: Vorbesitzer Sebastian v. Ploenstein oder Plawenstein, daher wohl der Name; dann Familie Schönborn, danach Graf Daun. NO-Fassade von Lucas v. Hildebrandt über älterem Bauteil, NW-Fassade (Schloßplatz) von Niccolo Pacassi. Innenräume teils aus dieser, teils aus späterer Zeit. Von der Einrichtung nur noch sehr wenig vorhanden.
   Adresse: Schloßplatz 1.
   Grünes Haus: Theresianischer Bau mit Gartensaal und schönem Dekkengemälde von Johann Bergl; Herzog-Albrecht-Str. 1.
   Gartensaal-Gebäude, nach Planung von N. Pacassi um 1760 gebaut; Schloßplatz 1.
   Bahnhof: Erbaut ca. 1850/60, ältester erhaltener Bahnhof Österreichs, Bahnstrecke 1935 eingestellt. Heute anderweitig genutzt.
   Adresse: Franz-Josefs-Platz 3 (»Alter Bahnhof«).
   Jägermeisterei: Vermutlich eines der Verwaltungsgebäude Johannes-

platz 3 oder 4 (18. Jh. über älterem Kern) oder das sog. Jägerstöckl (Mitte bis Ende 18. Jh.), Münchendorfer Str. 1.
Schwarzenberg-Haus: Als Palais Schwarzenberg im späten 17. Jh. erbaut, Innenausstattung 18. Jh.; seit 1913 Kloster der Barmherzigen Schwestern vom Hl. Kreuz; Schloßplatz 15.
Altes Schloß: Bau seit dem 13. Jh. nachweisbar, später laufend ergänzt und verändert; ursprünglich Wasserschloß mit Türmen und einem frei stehenden »Bad-Turm«. Unter Maria Theresia Türme abgetragen, Wassergraben eingeebnet. Teile des Inneren, z. B. Schloßkapelle, noch mit Ausstattung des 18. Jh.

5. Nach Frau Dr. Springer ist dies mit Sicherheit falsch (Prinz Lobkowicz hat vorsorglich geschrieben »wie es hieß«). Seit Maria Theresia war das Alte Schloß ausschließlich Wohngebäude für Gefolge und Dienerschaft, die Herrschaften wohnten im Blauen Hof, wo einer der Räume als Geburtszimmer von Kronprinz Rudolf genannt wird. Die Erinnerungen von Onkel August Windisch-Graetz müssen sich auf den Blauen Hof oder, wahrscheinlicher, auf ein anderes Haus beziehen, vielleicht bei einer kaiserlichen Reise oder einem Jagdaufenthalt.
6. Von einer »Fremden von Distinktion« war schon früher die Rede. Es handelt sich um Personen, die am österreichischen Hof keinen Familienrang besaßen (z. B. Ausländer), jedoch entsprechend ihrem heimatlichen Rang eingestuft wurden.
7. Der »allerhöchste Séjour« ist nicht nur der Aufenthalt des »allerhöchsten Hoflagers« an einem bestimmten Ort, sondern auch der dort deswegen herrschende Alarmzustand.

11.
Kaisertoasts und Ordenssegen

Während meiner Zeit als Gardist in Laxenburg machte ich, zum Teil auch in Wien, noch verschiedene andere Staatsbesuche mit; einer der interessantesten war der von Hindenburg und Ludendorff am, glaube ich, 2. Juli 1917. Vormittags wurde Kriegsrat in Baden gehalten und die Gäste kamen erst um 1 Uhr zum déjeuner; vorher wurden sie noch von Ihrer Majestät in Audienz empfangen.
Wieder versammelten wir uns im Parterresalon. Czernin war auch da, sein Schwarzer Adlerorden auf kleinem orangegelben Bande nahm sich als einzige Dekoration hinter dem Bändchen seiner Jubiläumsmedaille komisch aus. Das war eine neue, österreichische Einführung, die es ermöglichte, Großkreuze ganz feldmäßig tragen zu können; an einem ganz schmalen Ordensbändchen auf der linken Brustseite wurde ein verkleinerter Ordensstern angebracht und damit der Inhaber des Großkreuzes kenntlich gemacht. Es gab neben dieser und der eigentlichen noch eine dritte Art, Großkreuze zu tragen (eine Einführung der 10er Jahre), und zwar im Salon oder auch im Manöver. Bei dieser wurde der verkleinerte Ordensstern am Band des Ritterkreuzes auf der linken Brustseite getragen. Später regte mein Vater die Einführung beider Trageweisen auch für die Kommandeurkreuze an. Die Inhaber dieser Klasse konnten jetzt ihren Orden ebenfalls auf der linken Brustseite der Bluse tragen; statt des Sternes (der Großkreuze) war bei ihnen eine kleine Krone des betreffenden Ordens auf dem Bande angebracht. Die Deutschen, denen die ersterwähnte Einführung gefiel, machten sie uns nach.[1)]
Der geschäftige Nepalleck, der wohl aus Neugierde heute ebenfalls erschienen war, klopfte zweimal und der deutsche Botschafter betrat den Saal. Knapp hinter ihm Hindenburg, dann Ludendorff und der deutsche Militärattaché, Karl Graf Kageneck. Ob auch der unse-

rem Oberkommando zugeteilte General von Cramon anwesend war, weiß ich nicht mehr; auch glaube ich, daß der Feldmarschall keinen Begleiter mitgebracht hatte.
Mein Vater begrüßte die Gäste und bemühte sich, etwas Ordnung in den wirren Haufen zu bringen. Die Besucher standen uns gegenüber; Botschafter Graf von Wedel, auch heute der erste Gast, dem rechten Flügel jener Tür am nächsten, durch welche die Majestäten hereinkommen sollten. Neben ihm Hindenburg, daneben die anderen Gäste.
Das also war der große Mann! Der alle Zeitungen füllte, dessen Bilder in allen Schaufenstern prangten und jedwelchen Gegenstand zierten, vom Aschenbecher bis zum Stiefelzieher! Ich konnte mich einer kleinen Enttäuschung nicht erwehren, denn er machte in seiner österreichischen Infanterie-Inhabersuniform kein gutes Bild; eher sah er einem Kommißfeldwebel, höchstens einem pensionierten Major gleich. Seine Augen waren die eines in schwerster Arbeit verbrauchten Greises, sie spiegelten nicht seine zahlreichen, ihm nachgerühmten Eigenschaften wider wie Energie, Festigkeit und dergleichen. Neben ihm stand Ludendorff, sein Schutzengel oder, wie viele auch sagten, sein böser Geist. Selten habe ich ein so unsympathisches Gesicht gesehen wie das dieses berühmten Mannes, ein »Patentfatzke« in höchster Potenz, doch mit durchdringendem und sehr gescheitem Blick.
Hindenburg hatte damals wohl den Stefansorden bekommen. Er trug ihn recht originell und ausgiebig: Erstens den großen Stern an der Bluse, zweitens die Dekoration als Ritterkreuz mit dem kleinen Stern am Band (die eigentlich mit dem großen Stern nicht zusammen getragen werden konnte) und drittens, nach deutscher Art, als Großkreuz aus dem Halse. Auch Ludendorff hatte die eben erhaltene I. Klasse des Leopoldordens angelegt, doch war seine Laune sichtlich getrübt, weil er das Großkreuz erwartet hatte.
Nun klopft Nepalleck dreimal und es kommt Rumerskirch stramm hereinmarschiert, klopft – in Ermanglung eines Stockes oder Säbels – dreimal mit dem Absatz und geht bis in die Mitte des Saales, sich hier stramm umwendend. Die Majestäten folgen. Die Kaiserin geht auf Wedel zu, der Kaiser wendet sich, nach raschem Händedruck mit dem Botschafter, an Hindenburg. Gleich darauf macht Rumers-

kirch wieder kehrt, nach einer Verbeugung gegen den Kaiser, und geht uns in den Speisesaal voran.
Wedel sitzt diesmal neben der Kaiserin, der GFM neben dem Monarchen, Ludendorff gegenüber. Seine Miene ist merklich sauerer geworden, die Majestäten haben ihn noch keines Blickes gewürdigt. Sie wird noch sauerer werden, weil die Kaiserin ihn überhaupt nicht angesprochen hat und der Kaiser sich nur mit einem flüchtigen Händedruck von ihm verabschiedete. Wie es hieß, war Ludendorff in Baden in starken Widerspruch zur Ansicht des Kaisers geraten und auch sonst war der Kaiser mit Ludendorffs ganzer politischer Einstellung unzufrieden. Mit Hindenburg unterhielt sich der Kaiser in seiner typischen, herzlichen Art, die immer so sympathisch wirkte.
Meinem kritischen Auge konnte es nicht entgehen, daß der Feldmarschall recht lange in Handschuhen beim Essen saß und daß er die köstlichen Bouchées à la Strassbourgoise mit dem Messer tranchierte.[2)] Wie immer, wenn deutsche Brüder bewirtet wurden, hatte sich Prileszky mit den Getränken angestrengt, weil er in ihnen mit Recht würdige und kritische Kenner eines guten Tropfens vermutete. Der Chateau Lafitte 1875 und der Markobrunner 1905er Auslese waren jedenfalls ausgezeichnet. Nach dem Essen wurde der schwarze Kaffee teils im Gartensalon bei weit geöffneten Türen, teils im Freien serviert. Die Fremden hatten so Gelegenheit, sich unter uns zu mischen.
Mein Vater stellte mich sowohl dem Feldmarschall als auch Ludendorff vor. Das war etwas kompliziert, weil man sowohl den Säbel als auch den Helm, den schwarzen Kaffee, den Schnaps und eine Zigarre zu halten hatte. Ablagerungsorte waren im Saal und auf dem dicht mit Kastanien bestandenen Vorplatz eher rar und meist von Höheren besetzt, die man nicht stören durfte; man mußte sich mit einem Fenstersims behelfen oder auch den guten Cognac, Jahrgang 1875, auf einer Saalstufe abstellen.
Hindenburg hatte bei genauer Betrachtung Augen, die große Güte verrieten. Er sagte mir lächelnd, etwas barsch: »Kommen Sie doch zu uns zur Garde, solch große Leute können wir brauchen!« Er selbst war von imposanter Größe. Ludendorff gewann auch nicht bei näherer Besichtigung. Ich war jedoch erstaunt, wie gut er den Feldzug im Kopf hatte; er sagte mir genau, wo ich gewesen war,

nachdem ich mein Regiment genannt hatte. Nach etwa halbstündigem cercle zogen sich die Majestäten zurück und die Gäste fuhren im Auto wieder nach Wien.
Nur vier Tage später, am 6. Juli, kamen die deutschen Majestäten nach Laxenburg; da ich nicht Dienst hatte, ging ich nur als Zuschauer hin. So wie immer konnte ich konstatieren, daß unseren jungen Kaiser die deutsche Uniform viel besser kleidete als die eigene. Auch Kaiser Wilhelm machte in seiner österreichischen Felduniform eine etwas bessere Figur als in unserer Friedensuniform. Kaiserin Auguste Viktoria, die ich hier das einzige Mal sah, nahm sich neben unserer jugendlichen Kaiserin recht hausbacken aus, so wie eine biedere norddeutsche Bürgersfrau.
Kaiser Wilhelm war mit riesigem Gefolge gekommen, dem man überall begegnete. Als ich im Laufe des Vormittags aus dem Fenster unserer Wohnung schaute, sah ich im Fenster gegenüber Konrad Hohenlohe mit einem deutschen Kollegen. Ersterer trug den silbernen Stern des Schwarzen Adlerordens, statt des an ihm gewohnten goldenen des Roten Adlers! Mein erster Gedanke ist: Offenbar werden also doch, entgegen vorheriger Abmachung, Orden ausgetauscht. Was wird wohl mein Vater bekommen? Bei einem Besuch im deutschen A.O.K. hatte er den Roten Adlerorden aus dem Halse mit dem Stern erhalten, was schon damals nicht ganz seinem Rang entsprechend gewesen war.
Es sollte auch bei dieser wie bei den vielen folgenden Zusammenkünften bei dieser II. Klasse bleiben. Für mich und für viele andere war das ein offenbares Zeichen, daß die etwas böhmisch-, eigentlich mehr föderalistisch-freundliche Einstellung des jungen Kaisers von den deutschen Brüdern meinem Vater in die Schuhe geschoben wurde. Ein arger Irrtum, denn mein Vater hat sich niemals um etwas anderes gekümmert als um Fragen des Dienstes. Da aber außer Hohenlohe noch andere Herren Orden bekommen hatten, scheint irgend eine Aktion unternommen worden zu sein, denn abends beim Diner überreichte Kaiser Wilhelm meinem Vater mit verbindlichem Lächeln das Eiserne Kreuz. Durch die eigenhändige Überreichung wurde diese damals schon mehr als alltägliche Dekoration etwas aufgeputzt, was mein Vater in seiner übergroßen Bescheidenheit immer wieder hervorhob.

Einen schönen Anblick bot die Spazierfahrt, welche die Majestäten mit den beiderseitigen Suiten im Laxenburger Park unternahmen. Mehr als zwanzig Hofwagen waren im Hof vor dem Gartensaalgebäude aufgestellt, alles schwarze, zweisitzige Kaleschen, durchwegs mit Schimmeln bespannt, die Kutscher in der sogenannten deutschen Livree, das heißt mit silberbordiertem Zweispitz, drap Röcken, schwarzen kurzen Hosen und weißen Strümpfen. Damit das Einsteigen möglichst schnell gehe, waren die Wagen so angeordnet, daß sie zwar hintereinander, die Pferde des rückwärtigen Wagens aber in der Höhe des Bockes des vorderen zu stehen kamen; auf die Art waren alle Wageneingänge knapp hintereinander.

Die Pirudschade – so nannte man früher derartige Fahrten – eröffnet ein Kutschierwagen[3)], gelenkt vom Oberststallmeister Fürst Pálffy, neben ihm der Erste Stallmeister Graf Rudi van der Straaten. Dann folgt der Wagen der beiden Kaiser, mit einem Leibjäger am Bock, und der Wagen der Kaiserinnen mit Leiblakai; beide Wagen mit goldenen Rädern. Alle übrigen Wagen hatten grüne Räder und keine Diener am Bock. Die Insassen waren, streng nach dem Hofrang, paarweise getrennt; es fuhren die beiderseitigen Hofdamen, General- und Flügeladjutanten immer zusammen. Den Schluß bildeten meine Gardekollegen. Als unbeteiligter Zuschauer hatte ich das Vergnügen, die Wagenkolonne einige Male an mir vorbeifahren zu sehen. Sie bot einen schönen, unvergleichlichen Anblick, der zur damaligen Zeit wohl von keinem Hof mehr produziert werden konnte.

Zum Schluß der Rundfahrt, die in dem riesigen Park wohl über eine Stunde gedauert hatte, fuhren die Majestäten beim Alten Schloß vor, wo die deutschen Gäste wohnten. Hier konnte ich Kaiser Wilhelm sehr lang ganz nah sehen, er stand im Hof und sprach mit Konrad Hohenlohe. Seit dem Jahre 1914 war er merklich gealtert, nur seine gütigen Augen hatte er behalten.

Der Geburtstag Kaiser Karls, der 17. August, wurde in den Jahren 1917 und 1918 festlich begangen, und zwar in Reichenau; für mich war dieses Datum 1917 dadurch bemerkenswert, daß ich zum Rittmeister ernannt wurde. Außerdem waren von den Anwesenden die Kaiserin und ich die einzigen, die im vorigen Jahr am 18. August in

Schönbrunn den letzten Geburtstag des alten Kaisers gefeiert hatten; so schnell hatte sich der kaiserliche Hofstaat geändert!
Am frühen Vormittag wurden die obersten Hofchargen, General- und Flügeladjutanten und die zwei Gardisten vom Dienst im Schreibzimmer des Kaisers empfangen. Hohenlohe sagte einige Worte, dann reichte der junge Herr uns allen die Hand.
Danach erfolgte die Dekorierung der ersten Theresienritter in diesem Kriege. Weil es in Österreich keine Ordensritter mehr gab (denen es zustand, ihre neuen Ordensgenossen vorzuschlagen), mußte der Kaiser als Großmeister die Aspiranten selber bestimmen. Für die meisten von ihnen war es eine Überraschung. Wer und wie viele es waren, erfuhr ich erst, als ich bei meiner Ankunft die 24 Dekorationen dieses einzig schönen Ordens – das kleine, weiße Emailkreuz am rot-weißen Band – auf einem Tablett in der Kanzlei meines Vaters liegen sah.
Die Dekorierung nahm der Kaiser an den Stufen der Veranda vor. Mein Vater rief die einzelnen Ritter auf, die dann vor den Herrscher treten mußten. Die Zeremonie selbst war sehr schwierig, weil der zu Dekorierende, auf der obersten Stufe stehend, in strammer Haltung den Orden und einen Handschlag des Kaisers empfing und dann kehrt machen mußte, um über die steile Stiege wieder an seinen Platz zu gelangen. Feldmarschall Hermann Kövess von Kövessháza, Generaloberst Erzherzog Josef, Generaloberst Viktor Dankl und der General der Infanterie und Chef des Generalstabes Arthur Arz von Straussenburg wurden Kommandeure, die anderen zwanzig wurden Ritter.
Marterer hatte eine neue Trageweise für das Ritterkreuz erfunden, nämlich nicht wie bisher auf der linken Brustseite, sondern aus einem der Knopflöcher des Rockes hängend. Er fand das historischer und der Trageweise aus Theresianischer Zeit angepaßt. Niemand wußte so recht, warum man sich gerade in dieser Sache der Mitte des 18. Jahrhunderts anpassen sollte, da ja die jetzigen Uniformen nichts weniger als Rokoko waren. Der Einwand, daß man den Orden viel besser sehen würde, wenn er an erster Stelle auf der linken Brust getragen würde, verfing bei Marterer nicht. Dem Kaiser waren solche Fragen gleichgültig und so blieb es bei der neuen Art.[4)]
Nach Beendigung der Feier wurden die jungen Ritter von uns leb-

haft beglückwünscht. Nur dem jüngsten von ihnen, Linienschiffsleutnant Banfield, schien der neue Orden keine Freude zu machen; es hieß, er habe zuviel Furchtbares erlebt, seine Nerven seien zerrüttet – was ihm stark anzusehen war. Banfield war einer der vor dem Feind höchstdekorierten Offiziere der Armee, er hatte tatsächlich alle Dekorationen, vom »signum laudis« bis zum Leopoldsorden.

Hauptmann Gojkomir Glogovac vom 2. bosnischen Infanterieregiment war offenbar bosnischer Staatsbürger. Ich erlebte, wie die beiden Referenten der Kabinettskanzlei für Cis- und Transleithanien, die Excellenzen Baron Weber und Baron Nagy, von dem armen Mann wissen wollten, ob er österreichischer Freiherr oder ungarischer Baron werden wolle; als Ritter des Theresienordens stand ihm das zu. Der Held des Schlachtfeldes schaute ganz verschüchtert und ratlos vom einen zum anderen, ein Opfer der staatsrechtlichen Zwitterstellung seiner Heimat. Das Staatshandbuch für 1918 führt ihn als Baron, also wird er sich wohl für »Trans« entschieden haben.

Weil in Reichenau in den kaiserlichen Gemächern kein genügend großer Raum vorhanden war, um die Gäste zu vereinen (bestehend aus dem Hofstaat, den Theresienrittern und den Vertretern des A.O.K.), wurden in einem Garten der Dépendance der Villa einige Hofzelte aufgestellt; in jedem war für etwa 20 Personen gedeckt. In dem Zelt, in dem ich meinen Platz hatte, waren Erzy Kállay und mein Vater die Hausherren; ich saß wie immer zwischen zwei Flügeladjutanten, diesmal Ledochowski und Brougier. Neben ersterem war GM Freiherr von Waldstätten placiert, der Chef des operativen Bureaus des A.O.K., ein sehr gescheiter und netter Mann. Er stach etwas von seinen Kollegen ab, die sich meist als Übermenschen empfanden.

Die Majestäten hatten kleine Familientafel in der Villa, denn die Kaiserin war in der Hoffnung (das fünfte Kind, Erzherzog Karl Ludwig, geboren Baden 10. März 1918; nebenbei bemerkt war dieser Erzherzog der einzige sogenannte Porphyrogenet[5)], die nächsten Kinder, Erzherzog Rudolf und die zwei Erzherzoginnen, kamen schon in der Verbannung zur Welt). Die arme Kaiserin war in diesem Zustand besonders empfindlich gegen Rauch, was die diensthabenden Flügeladjutanten schmerzlich empfanden. Sogar der Kaiser

erlaubte sich nur selten eine Zigarette und das auch nur im Flügeladjutantenzimmer, beinahe in der Ofentür. Doch wehe, wenn der Geruch sich dennoch in der verhältnismäßig kleinen Villa verbreitete! Und natürlich war auch allen Teilnehmern des Festes das Rauchen im Umkreis von einigen hundert Metern um die Kaiservilla streng verboten.
Im selben Jahr kam am 3. Oktober das königliche Ehepaar Belgien nach Wien zu einem offiziellen Besuch. Tante Rosa Gudenus und ich verschafften uns Eintrittskarten auf den Westbahnhof, hier konnten wir dem feierlichen Empfang aus nächster Nähe beiwohnen. Ich war damals Oberleutnant bei den Einser Dragonern, hatte aber – auf Urlaub natürlich – keine Parade, vielleicht sogar keine Uniform mit; jedenfalls war ich am Westbahnhof in Zivil und mußte aufpassen, unter den wenigen Zuschauern nicht herauszuragen. Sehr leicht hätte ich dem Kaiser, der berühmt war für seinen raschen Blick, auffallen können. Eine Frage nach mir hätte meinem Urlaub sicher ein ebenso rasches wie unliebsames Ende bereitet.[6)]
Vom feierlichen Empfang ist nicht viel zu sagen. Auffallend war der sehr starke Größenunterschied der beiden belgischen Majestäten. König Albert, sehr groß, trug noch die alte belgische Generalsuniform, schwarz mit Goldborte, am Zweispitz weiße Straußenfedern, sehr an die alte französische Uniform erinnernd. Die Königin hatte einen großen flachen Hut, der ihre Kleinheit noch betonte. Der Kaiser küßte den König beim Empfang; der Königin, seiner Nichte (ihr Vater Karl Theodor war ein Bruder der Kaiserin), küßte er die Hand. An seinem Arm zog sie an uns vorüber. Resy Clary und ihr Mann Siegfried, unser Gesandter in Brüssel, waren auch beim Empfang und Resy, in einem sehr schönen blauen Kleid, überreichte der Königin einen großen Strauß.
Zu Beginn des Jahres 1918 hatte ich wieder den Dienst in Laxenburg; dort erlebte ich am 12. Jänner einen bemerkenswerten Besuch. Es war der polnische Regentschaftsrat geladen, der aus einem Triumvirat bestand, dem Erzbischof und späteren Kardinal Kakowski, dem Herrn von Ostrowski und dem Fürsten Szdislaw Lubomirski. Sie kamen mit großem Gefolge nach Wien und circa 11 Mann hoch zum déjeuner. Diesmal wurde das déjeuner wieder im Blauen Hof serviert, weil die Parksäle sich nicht heizen ließen.

Wir saßen im engen Speisezimmer wie die Pickelheringe, weil auch die den Gästen zugeteilten Herren geladen waren, unter anderem der Oberzeremonienmeister Graf Chotoniewski, Sektionschef Ludwig Freiherr von Flotow, Oberstkämmerer Graf Berchthold und die Gesandten Stephan von Ugron und Széchény; im ganzen 31 Personen.
Als wir zum Essen schritten, ging wie üblich die Kaiserin mit ihren Hofdamen – diesmal Kállay und Bellegarde, Agnes Schönborn war krankheitshalber beurlaubt – voraus. Nun sollte der Kaiser folgen. Doch dieser wollte die Souveränität des Regentschaftsrates offenbar auch damit betonen, daß er dessen Mitgliedern den Vortritt anbot. Darob Erstaunen und Schreck bei den Herren und es nahm sich sehr komisch aus, wie die drei Regenten mit dem Kaiser in der schmalen Tür sozusagen »Gedränge spielten«.
Die Sitzordnung war geändert, indem diesmal die Majestäten einander gegenüber Platz nahmen, um auf diese Weise für die drei Regentschaftsräte Ehrenplätze zu schaffen. Erzbischof Kakowski und der klapprige Ostrowski saßen rechts und links der Kaiserin; Lubomirski kam rechts vom Kaiser zu sitzen, mit dem er sich die ganze Zeit deutsch unterhalten konnte; er war seinerzeit österreichischer Offizier gewesen. Die Kaiserin sprach mit ihren Nachbarn französisch. Links vom Kaiser war der polnische Ministerpräsident Kucharzewski gesetzt. Ich hatte ausnahmsweise auch einen Gast neben mir, den Gesandten v. Ugron in einer Diplomatenuniform; sicher hat er dem Kaiser nicht gefallen! Ugron erzählte viel über die polnische Frage. An meiner anderen Seite saß Jozi Hunyady als Flügeladjutant; bald darauf machte er den kühnen Sprung zum ranghöchsten Mann des Reiches.[7)]
Am 6. Februar 1918 wurde das allerhöchste Hoflager nach Baden verlegt. Die letzte Marschallstafel im Alten Schloß in Laxenburg fand am 5. Februar statt und am nächsten Tag hatten wir zwei Gardisten (von der Infanterie Oberleutnant Skulski) uns in Gala am Fuß der Stiege im Blauen Hof beim Kaiser abzumelden, wie es das Zeremoniell bei jedem Ende des Séjours vorschrieb. Der Kaiser reichte uns wie immer die Hand und war sehr gnädig, die Kaiserin lächelte uns nur freundlich an. Nun hätten wir uns laut Vorschrift bei der Ankunft der Majestäten in Baden in der selben Art melden sollen,

da der Dienst von neuem begann. Diese Zeremonie mußte natürlich entfallen, weil die jungen Herrschaften im Auto direkt nach Baden fuhren und wir schwerlich vor ihnen hätten dort sein können.
Es waren hauptsächlich Sicherheitsgründe, welche diese Übersiedlung erforderlich machten. Der Hunger und das Elend der Bevölkerung waren im Laufe des Winters 1917/18 immer ärger geworden und täglich zogen Volkshaufen nach Laxenburg, um beim Kaiser Beschwerde zu führen. Eine Masse Gendarmen hatte alle Mühe, diese Trupps, die von allen Seiten heranzogen, zu beruhigen oder zu zerstreuen. Meistens wurde nur eine Deputation von Frauen nach Laxenburg vorgelassen und einige Säcke Mehl aus der Hofwirtschaftskammer stopften beinahe buchstäblich den Leuten den Mund.
Die Aufläufe wurden aber immer bedrohlicher, das Mehl immer rarer und die Unzufriedenheit dementsprechend größer, so daß die Behörden sich außer Stande erklärten, die Verantwortung für die Sicherheit der kaiserlichen Familie im ganz isolierten Laxenburg weiter tragen zu können. Hauptsächlich auf Drängen Czernins entschloß sich der Kaiser, mit seiner Familie und dem ganzen Hofstaat nun nach Baden zu übersiedeln. Zu seiner Wohnung war das sogenannte Kaiserhaus ausersehen, ein schmales, zweistöckiges Gebäude mit etwa 6 bis 7 Fenstern in der Front. Natürlich konnte dort nur die kaiserliche Familie selbst – sehr primitiv – unterkommen. Kaiser Franz hatte oft dort gewohnt, aber immer nur tageweise, weil das Haus für jegliche Hofhaltung absolut ungeeignet war.
Der Hofstaat wurde in verschiedene Häuser einquartiert. Die meisten Wohnungen, darunter auch die der Gardisten, befanden sich im sogenannten Metternich-Haus, einer Dépendance eines Hotels nahe dem Kurpark. Es war eher ein Hotel III. Klasse. Sehr altmodische Spitzengardinen an den Fenstern, überall lagen geklöppelte Spitzendecken herum, die Teppiche ganz durchgetreten. Als Kriegsbehausung war's freilich ganz gut und man hütete sich, eine Bemerkung über irgend etwas zu machen. Unser altbewährtes Extraweib, Frau Stubenvoll, folgte uns auch hierher.
Weil ich nicht erfahren konnte, warum unser Quartier Metternich-Haus hieß, besuchte ich in Wien die alte Gräfin Melanie (Josef) Zichy, geb. Prinzessin Metternich, das letztüberlebende Kind des Staatskanzlers aus seiner (dritten) Ehe mit Gräfin Melanie Zichy-

Ferraris; sie wohnte im Palais Wimpffen am Hohen Markt 8. Die alte Dame war 1832 geboren und erinnerte sich noch dunkel an den Aufenthalt ihrer Familie in Baden. »Nach dem Tod von Kaiser Franz sind wir nämlich nicht mehr hingekommen!« Das Haus hatte ihre Mutter in einer Lotterie von Kaiser Franz gewonnen; wann es wieder verkauft wurde, wußte sie nicht.

Ganz Interessantes erzählte die Gräfin aus ihrer Jugend. »Der junge Kaiser«, sagte sie, »Sie müssen wissen, mein junger Kaiser war Kaiser Franz Joseph, schaffte bei seiner Thronbesteigung Verschiedenes ab. So zum Beispiel das sechsspännige Fahren – was die Wiener aber gar nicht gern sahen, da sie immer für einen gewissen Prunk sind. Der Vater des Kaisers, Erzherzog Franz Karl, fuhr auch weiter sechsspännig und wurde deshalb viel mehr bejubelt wie der junge Kaiser!« Wie wurde es in unserer Zeit Kaiser Karl übel genommen, als er das Auto hoffähig machte!

Noch vieles hat mir die alte Gräfin erzählt, von Wagenreisen mit ihrem Vater, von ihrem Leben vor 1848 in Wien und später in Mexiko – sie war Obersthofmeisterin der Kaiserin Charlotte von Mexiko gewesen – und anderes mehr; leider ist mir das meiste entfallen, weil ich keine Notizen machte. Während sie erzählte, stocherte sie mit einer silberbeschlagenen Glasröhre, in der Menthe war, in der Nase. Leider ist die Gräfin im November des nächsten Jahres gestorben.

Der von Kaiser Karl zu Beginn seiner Regierung neu ernannte Obersthofmeister, Prinz Konrad Hohenlohe-Schillingsfürst, hatte die Weisung zu sparen, weil der junge Herr bedeutend weniger Einnahmen hatte als Kaiser Franz Josef. Der alte Kaiser hatte sein gesamtes Privatvermögen seinen zwei Töchtern und der einzigen Tochter seines Sohnes, Fürstin Erzy Windisch-Graetz, vermacht. Ich hörte einmal, daß das jährliche Nadelgeld der Kaiserin Zita nur so viel betrug, wie die Kaiserin Elisabeth zu ihrer Zeit monatlich ausgegeben hatte! Hohenlohe erwies sich nicht als großer Sparkünstler, jedenfalls kaufte er das Palais des Erzherzogs Leopold Salvator in der Alleegasse als Dienstwohnung für den jeweiligen Ersten Obersthofmeister, obwohl sein Vater im selben Amt im Augarten gewohnt hatte. Sicher wäre es billiger gewesen, zum Beispiel das leerstehende Hetzendorf zu diesem Zwecke herzurichten.[8)]

Nach Hohenlohes Abgang wurde das Palais auch gleich wieder verkauft, und zwar an Baron Franzi Mayr-Melnhof, den Schwiegersohn Hohenlohes. Natürlich gab das Anlaß zu begreiflichen, aber gänzlich unbegründeten Redereien.
In Baden wurde nun aus Ersparungsgründen die Marschallstafel abgeschafft und eine allgemeine Hoftafel eingeführt. Hier wurden alle Mitglieder des Hofes (im weitesten Sinne des Wortes) abgefüttert, und zwar von den Hofdamen bis zum letzten Hoftelegraphisten und -kanzlisten. Zu diesem Zweck wurde ein großer, finsterer Raum im Hintertrakt des Metternich-Hauses notdürftig als Speiszimmer hergerichtet.
Für die Herren wäre diese Maßnahme noch erträglich gewesen. Die Hofdamen jedoch litten begreiflicherweise sehr unter diesem Zwang, täglich mit mehr oder minder unbekannten Männern, die sich kaum beim Essen zu benehmen wußten, die Hauptmahlzeiten einnehmen zu müssen. Es geschah wiederholt, daß etliche Unterbeamte bereits Zeitung lesend oder Zigaretten rauchend bei Tisch saßen, wie sie es aus ihren Kantinen gewohnt waren, wenn wir – das heißt die Mitglieder der ehemaligen Marschallstafel samt den höheren Offizieren und Hofbeamten – den Speisesaal von unserem kleinen Salon aus betraten. Es wäre zwar möglich gewesen, das zu verbieten, doch wollte man auch wiederum diesen vielfach sehr beschäftigten Menschen nicht ihre einzige freie Zeit durch Etiquettefragen rauben.
Wir Jüngeren, nämlich die Leibgardereiter und Pauli Graf Thun, der zur Zeit als Vertreter des Ministeriums des Äußeren fungierte, leisteten uns (da wir Kämmerer waren) den Scherz, unseren Hofrang den Hofbeamten gegenüber herauszukehren; damit wollten wir auch diese unnötige und langweilige Maßnahme der Hoftafel untergraben. Die Kämmerer rangierten zwischen den Generalmajoren und den Hofräten; aktive Offiziere allerdings mußten, solange sie subaltern waren, den höheren Chargen weichen.[9] Wenn nun zufällig kein Flügeladjutant oder Stabsoffizier der Militärkanzlei zugegen war oder diese später zum Essen kamen, ließen wir die Hofdamen und höheren Würdenträger zuerst den Speisesaal betreten und drängten uns dann ostentativ durch die schmale Türe, um die besten Plätze der Tafel zu besetzen. So mancher Hofrat des Obersthofmei-

steramtes sah uns mit scheelen Blicken an und oft entstand geradezu ein Gedränge bei der Tür, weil keiner dem anderen weichen wollte – ganz wie im 18. Jahrhundert. Einmal geriet ich in der Türe mit Baron Prileszky zusammen, der seinem Amte entsprechend ein ganz tüchtiges Bäuchlein vor sich trug. Wir mußten beide lachen, da wir zwischen den Türpfosten buchstäblich stecken blieben und nur mit einer gewissen Energie ins Speiszimmer geschossen kamen. Diese und andere Unzukömmlichkeiten trugen dazu bei, die Institution der Hoftafel wieder abzuschaffen. Es war ungefähr die erste Tat des neuen Obersthofmeisters Graf Hunyady.

Von Baden aus machte ich den Besuch des bayerischen Königspaares in Laxenburg am 31. Mai und 1. Juni 1918 mit; für diese zwei Tage wurde wieder dieser herrliche Landsitz bezogen – es war das letzte Mal. In der Früh des 31. Mai fuhren wir in etlichen Hofautos hinüber. Knapp vor der Abfahrt teilte der Kaiser dem Oberstküchenmeister Graf Rumerskirch mit, daß er und die Kaiserin von Laxenburg für einige Tage nach Eckartsau fahren würden.

Unterwegs machte ich dann das nicht geringe Entsetzen mit, das Rumerskirch wegen dieser Nachricht erfüllte. Er behauptete, kaum noch genügend Kochtöpfe zur Verfügung zu haben, um nun schon fünf kaiserliche Hofhaltungen bestreiten zu können. Da bestand zunächst der kaiserliche Séjour in Baden, der recht kompliziert zu führen war, weil in mehreren Häusern gewohnt und gekocht wurde. Nun kamen, zweitens, die zwei Tage in Laxenburg dazu, mit Hof- und Marschallstafel, déjeuner à la camera und allen möglichen Nuancen höfischer Verpflegungsmöglichkeit, die so ein Majestätenbesuch mit sich brachte. Am 1. Juni abends wollten die Majestäten (drittens) in Eckartsau sein, also wieder Küche und Dienstpersonal erforderlich. Als vierter Séjour war Reichenau anzusehen, wohin die Majestäten immer wieder auf einige Tage fuhren und wo die Kaiserkinder immer lange Zeit weilten. Und natürlich war – fünftens – in der Wiener Burg auch alles parad, um die kaiserliche Familie aufzunehmen. Wenn man bedenkt, daß sich das alles im vierten Kriegsjahr abspielte, muß man dem Hofwirtschaftsamt alle Anerkennung zollen für die Präzision, mit der alles klappte. Wo waren die ruhigen Zeiten des alten Kaisers, als (insbesondere in den letzten 10 bis 15 Jahren) das Programm jedes Tages schon Monate vorher festgesetzt

2 Der Krönungshügel in Budapest, wenige Tage vor der Krönung Kaiser Karls zum
önig von Ungarn (30. 12. 1916)

3 Erzherzog Karl Franz Josef und sein Generaladjutant Prinz Zdenko v. Lobkowicz
eim Besuch auf dem Flaggschiff der österreichischen Kriegsmarine „Viribus Unitis" in
ola (Pula) am 1. März 1915

34 Dekorierung der Theresienritter in Reichenau, Villa Wartholz, am 17. 8. 1917; vor d
Glastür GdI Frhr. v. Marterer, hinter der Palme Prinz Zdenko v.Lobkowicz

35 17. 8. 1917, Kaiser Karl und die neuen Theresienritter; vorn 2. von links Linienschiff
leutnant Banfield, neben ihm mit Fez Hauptmann Gojkomir

6 *Kaiser Karl und Kaiserin Zita begrüßen die deutsche Kaiserin Auguste Viktoria auf em Bahnhof von Laxenburg*

7 *Kaiserin Zita und Kaiserin Auguste Viktoria auf dem Laxenburger Bahnhof*

38 Prinz Erwein v. Lobkowicz und seine Frau Antoinette (Netta), 1923

39 Die Vettern Leopold (links) und Erwein Lobkowicz in Winteritz, Juli 1916

war und als einzige Möglichkeit einer Übersiedlung nur Ischl in Betracht kam![10]
In der Zeit unserer Abwesenheit von Laxenburg hatte sich hauptsächlich im Alten Schloß vieles verändert, neue Zimmer waren entstanden, alles war frisch gestrichen. Wir Gardisten vom Dienst, nämlich Oberleutnant Ritter von Schullern von der Infanterie und ich, bezogen dort ganz neue Zimmer. Aber auch alle anderen Hofchargen wohnten in ungewohnten Lokalitäten, weil sie – abgesehen von den Umbauarbeiten – ihre Dienstwohnungen den bayerischen Gästen abtreten mußten; von diesen gab es etwa zwölf.
Die bayerischen Majestäten, König Ludwig III. und Königin Maria Therese, wohnten im sogenannten Grünen Haus, das für diese Zwecke eigens adaptiert worden war – ein entzückendes Maria-Theresianisches Schlößchen, ganz in gelb und weiß gehalten, mit Doppeldach und nur wenigen Zimmern im Hochparterre. Außer dem Herrscherpaar wohnte hier nur noch die Schlüsseldame[11] Ihrer Majestät, Freiin von Kesling, eine freundliche alte Dame, und der Leibarzt Geheimer Sanitätsrat Dr. von Hoesslin.
Unsere Majestäten fuhren, nachdem sich der Kaiser in die bayerische Uniform mit dem Max-Josephs-Orden am schwarz-weißblauen Band geworfen hatte, an die Bahn, nur von meinem Vater und dem Flügeladjutanten vom Dienst begleitet. Für die Kaiserin kamen Eszterházy mit und die Fürstin Starhemberg, die an diesem Tag die Erste Obersthofmeisterin vertrat. Der übrige Hof erwartete die hohen Gäste im grünen Haus; Graf Hunyady unten an der kleinen Freitreppe, die übrigen im sogenannten I. Stock, im mittleren Salon: Oberststallmeister Fürst Pálffy, Oberstküchenmeister Graf Rumerskirch, Hawerda als Stellvertreter des Kabinettsdirektors, der neue Generaladjutant Generalmajor Freiherr von Zeidler, der Erste Stallmeister Graf van der Straaten, die dienstfreien Flügeladjutanten Schonta und Ledochowski, wir zwei Gardisten, die Hofdamen Gräfin Gaberl Bellegarde und Agnes Schönborn, und Graf Nandi Attems, der Dienstkämmerer der Kaiserin.
Wir stellten uns malerisch im Halbkreis auf. Am rechten Flügel Nikola Pálffy, der als Abzeichen seiner Würde einen Reitstock aus dem 18. Jahrhundert trug, mit einer reizenden Miniatur am Knauf; er stammte noch vom Minister Kaunitz her. Leider boten wir wie

immer ein recht graues Bild, nur unterbrochen durch die hellen Kleider der Damen; in diesem Rokoko-Milieu kein schöner Anblick. Jemand klopft dreimal und es kommen die Majestäten herein. Der König, in der auch sonst wenig kleidsamen Friedensuniform eines österreichischen Infanterieobersten (Infanterieregiment Nr. 62) mit dem Maria-Theresia-Ordensband, bot leider einen wenig schönen Anblick. Klein, etwas o-füßig, gebeugt, das Gesicht umrahmt von einem struppigen weißen Vollbart (er stand im 74. Lebensjahre), auf der Nase eine einfache Drahtbrille. In Zivil hätte man ihn für einen pensionierten Gymnasialprofessor gehalten. In den viel zu langen Hosen, dem schlotternden Rock und dem Infanterie-Tschako, der gar nicht zu diesem Gesicht paßte, sah er für einen König doch etwas zu schlicht aus. Die Königin, eine geborene Erzherzogin von Österreich-Modena, machte damals schon einen recht kranken, gebrechlichen Eindruck; sie ist auch am 3. Februar 1919 gestorben, noch nicht 70 Jahre alt. Obwohl auch klein, machte sie mit ihrem gütigen Gesicht eine viel königlichere Figur als ihr Gemahl. Dem König wurden wir durch den Kaiser vorgestellt, der in seiner bayerischen Uniform (Infanterieregiment 13) sehr gut aussah. Mir sagte der König nichts Bemerkenswertes. Die Königin, der uns die Kaiserin vorstellte, lächelte mich gütig an und sagte: »Leider habe ich Ihre Tante Anna nicht mitnehmen können!« und fügte noch mit einem lieben Augenzwinkern hinzu: »Sie wäre sehr gerne mitgekommen!« Tante Anna, Fürstin Wrede, Schwester meines Vaters, war der Kaiserin in München als bayerische Palastdame zugeteilt gewesen und hatte gehofft, als solche nach Laxenburg mitgenommen zu werden. Wegen Platzmangel wurde aber nur eine ganz kleine Suite mitgebracht.
Den König begleiteten der Obersthofmeister Baron Wilhelm von Leonrod, Staatsminister Otto von Dandl, Generaladjutant General der Kavallerie von Walther, die Flügeladjutanten Generalmajor Otto Graf zu Castell-Castell und Rittmeister Gustav Freiherr von Perfall und der Kabinettschef Graf Heinrich von Spreti. Die Königin wurde begleitet von ihrem Obersthofmeister Freiherr von Lassberg sowie ihrer Schlüsseldame und ihrem Leibarzt, wie schon erwähnt. Laut Wohnungsliste kamen 5 Personen Leibdienst und 11 Personen Dienerschaft mit, dabei allerdings mitgezählt die der bayerischen

Gesandtschaft. An Diplomaten nahmen teil der bayerische Gesandte Freiherr von Tucher und der Legationsrat Baron Philipp von Hoffmann aus Wien und der österreichische Gesandte in München, Botschafter Graf Douglas Thurn.
Nach der Vorstellung ging alles wieder hinunter in den Hof, um der Defilierung der ausgerückten Ehrenkompanie beizuwohnen; sie war aus Schülern der nahen Mödlinger Technischen Akademie zusammengesetzt und marschierte sehr stramm an uns vorüber. Hier traf ich mit FML Oskar von Heimerich zusammen, einem alten Theresienstädter Bekannten, der Kommandant in Mödling war. Ein gegenseitiges Vorstellen und Begrüßen beider Hofstaaten hub nun an. Die Bayern waren nicht in Felduniform und daher viel bunter als wir, besonders Freiherr von Tucher nahm sich in seinem roten Staatsfrack mit den vielen Orden sehr feierlich aus. In meinem Absteigequartier fand ich einen Stoß von Visitenkarten der bayerischen Gäste vor und auch wir Einheimischen mußten nun unsere Karten »zurück werfen«.
Um 1 Uhr speisten die Majestäten à la camera, was soviel hieß, daß sie zu viert ganz unter sich blieben; die Marschallstafel versammelte sich zur selben Zeit im Parterretrakt. Unser déjeuner im Habsburgersaal spielte sich so ähnlich ab wie die schon früher beschriebenen Hoftafeln, nur daß es in Ermangelung von Hoheiten doch etwas ungezwungener herging. Ich saß übrigens während aller Mahlzeiten dieser zwei Tage zwischen Rudi van der Straaten und einem Flügeladjutanten – Grund genug, mich mehr mit dem guten Essen als mit meinen Nachbarn zu beschäftigen.
Nachher stand man eine Weile herum und ich unterhielt mich gut mit Philipp v. Hoffmann, der schon jahrelang in Wien war. Er war der Sohn der Schwester von Baronin Bessie Schönborn geb. Ward, in deren Villa »Celimontana« (Mattei) am Monte Celio in Rom Onkel Kardinal Schönborn bei seinen römischen Besuchen immer gewohnt hatte.
Später nahm mich Generaladjutant v. Walther mit in seine Wohnung, um mir alle Orden zu übergeben, die mein Vater zur Verteilung bringen sollte. Die altbekannten Zimmer meines Vaters, die jetzt der Generaladjutant benutzte, waren sehr hübsch ausgemalt und frisch möbliert worden. Mein Vater hat sie aber nicht mehr be-

zogen, von Walther war der letzte, der vor dem Umsturz dort gewohnt hat. Vor allem übergab mir der General meinen Orden, den bayerischen Militär-Verdienstorden IV. Klasse mit der Krone, wobei er bemerkte, daß die Krone eigentlich erst Majoren gebührte. In Würdigung dieser bayerischen Protektion machte ich eine tiefe Verbeugung mit freundlich dankbaren Nasenlöchern. Mein Infanteriekollege, der allerdings erst Oberleutnant war, bekam den gleichen Orden ohne Krone. Ich übernahm die Liste der zu Beteilenden mit einem Stoß von Etuis. Meinem Vater, der gerade vor einem Jahr beim Besuch unserer Majestäten in München das Großkreuz meines Ordens erhalten hatte, überreichte der König seine Photographie mit Unterschrift in silbernem Rahmen.

Am Nachmittag führte man die Gäste im Park spazieren und zeigte ihnen die Franzensburg. Die abendliche Marschallstafel unterschied sich vom déjeuner eigentlich nur dadurch, daß wir Gardisten eine Dienstansage statt einer Einladung erhielten, und daß Philipp Hoffmann, der einzige Zivilist, im Frack erschien.

Natürlich paradierte beim Abendessen alles in den neuen Orden. Besonders Hoffmann war stolz auf sein Komturkreuz des Franz-Josef-Ordens, das bei uns nicht gerade sehr hoch stand, im Ausland aber, am hochroten Bande um den Hals getragen, sehr geschätzt wurde.

Am nächsten Vormittag begegnete ich Rumerskirch, der mein Interesse für derlei Fragen kannte und mich bei seinem Rundgang durch Küche und Festräume mitnahm. In der Hofküche im Blauen Hof herrschte regstes Treiben. Wir kosteten dieses und jenes, und der Küchenchef zeigte uns ein Regiment kleiner Crèmebecherl mit verschiedenem Inhalt, deren Oberfläche wie poliert aussah; dies erfüllte ihn mit besonderem Stolz (beim »allerhöchsten déjeuner« schmeckten uns dann die »crèmes variées en petits pots« besonders gut).

Dann gingen wir in den nahegelegenen Gartentrakt, in dessen Parterresaal das Essen heute serviert werden sollte. Die Tafel war schon halb gedeckt; ein weibliches Wesen aus der Wäschekammer eilte mit einem heißen Bügeleisen um den langen Tisch, die vielen Büge des Tischtuches zu glätten. Eine Unzahl Gärtner war dabei, den Raum mit Grünzeug zu schmücken. Auch der prachtvolle Bronzeaufsatz –

er hieß »der Mailänder« – wurde kunstvoll aufgebaut und mit lila Orchideen geschmückt. Er bestand aus sehr vielen Teilen und ich glaube, daß er auch diesmal, bei der Tafel von 37 Personen, nicht vollständig gezeigt wurde. Die schönen ziselierten, vergoldete Empire-Körbe, -Vasen und -Schüsseln tragenden Engel stammten aus Napoleonischer Zeit.[12] Gerügt und abgestellt wurde von Rumerskirch die Absicht des Obergärtners, etliche Orchideenblüten in den Palmenbosquetten anzubringen, welche die Saalecken ausfüllten. Geschmackvoll wär's wohl nicht gewesen, aber ob es die Gäste bemerkt hätten?
Wir versammelten uns diesmal im Habsburgersaal. Beide Hofstaaten, vermehrt durch etliche Minister, wie z. B. Ministerpräsident Dr. von Seidler, Kriegsminister Frhr. v. Stöger-Steiner oder Graf Zichy, waren noch in hellen Haufen zusammengeballt, als plötzlich die bescheidene Oberstenuniform des Königs unter uns auftauchte; niemand hatte sein Kommen bemerkt.
Nun ging das Ordnen schnell vor sich, und schon erschienen auch unsere Majestäten mit Erzherzogin Maria Josepha. Diese war wohl als Zweite Dame eingeladen worden, weil die Königin nicht zum déjeuner erschien; wie schon gesagt, war sie recht leidend und zeigte sich äußerst selten in der Öffentlichkeit. Sie war auch, glaube ich, zu ihren Stiefgeschwistern nach Wien oder in die Weilburg gefahren. Die Erzherzogin hatte das Ehepaar Altgraf Augusto Salm als Begleitung mit.
Zum letzten Mal entfaltete unser Hof das glanzvolle und dabei so elegante Gepränge eines präzis servierten déjeuner in einer unnachahmlichen Umgebung. Die hohen Glastüren gewährten einen freien Ausblick in die schier unendlichen Parkanlagen, die riesige Tafel prangte in reichstem Blumenschmuck. Es wimmelte von Tafeldeckern in ihren so eleganten braunen, goldgalonierten Fräcken, weißen Hosen und Escarpins. Auch etliche Hofbeamte schossen geschäftig umher, besonders der dicke Baron Prileszky und der schöne, immer tadellos gekleidete Ritter von Nepalleck, der sich mit seinem Zeremonienstab unendlich wichtig vorkam. Sehr auffallend waren die breiten, roten Generalslampasse auf ihren Hosen, die sich die Herren Hofräte erst in letzter Zeit zugelegt hatten. Besonders in Felduniform, die sie sehr gern in Baden und Reichenau trugen,

waren sie wirklich schwer von Generälen zu unterscheiden, zumal auch ihre Distinktionsrosetten auf ihren goldenen Krägen sternähnlich gestaltet waren.[13)] Nur Kenner wußten die subtilen Nuancen beider Aufschläge und Borten zu unterscheiden. Wiederholt wurde Prileszky mit dem Chef des Generalstabes Baron Arz verwechselt, was ersterem natürlich sehr schmeichelte, und auch sonst trugen diese Generalshosen diesen Herrschaften sehr viele unverdiente Ehrenbezeugungen ein. Der Kaiser, der für derlei Dinge gar keinen Sinn hatte und, wie gesagt, jegliche Beamtenuniform greulich fand, bewilligte ohne weiteres das Tragen dieser roten Generalslampas. Hunyady aber kannte wohl die Nachteile dieser mangelhaften Unterscheidung und sagte ein baldiges Abschaffen dieser inkriminierten Hose an.

Nach dem Essen, nach kurzem Herumgestehe unter den Kastanien, folgte die Spazierfahrt durch den Park, ähnlich wie beim Besuch der deutschen Majestäten. Diesmal machte ich sie dienstlich mit und fuhr mit meinem Infanteriekollegen in einem der letzten Wagen der langen Kolonne mit. Etwa eine Stunde fuhren wir im Park herum; es war gar nicht so einfach gewesen, die Route auszusuchen, weil jeder Weg nur einmal befahren werden sollte und Pálffy auch darauf achten mußte, daß die lange Kolonne sich weder schneide noch begegne. Schon Tage vorher wurden Proben gefahren und die ganze Strecke genau bestimmt, und es klappte dann auch alles ausgezeichnet.

Apropos Begegnen einer Wagenkolonne mit Hoheiten erinnere ich mich einer grotesken Episode, die mir meine Cousine Maria Schönberg erzählte; es war in den 10er Jahren unseres Jahrhunderts. Maria hatte noch nicht lange ihre Hofdamenstelle bei Prinzessin Mathilde von Sachsen (Schwester des Königs Friedrich August III.) inne, als die Prinzessin deren Tante, ich glaube in Stresa, besuchte, die Herzogin Elisabeth von Genua Gräfin Rapallo geb. Prinzessin von Sachsen. Der Unterschied zwischen den beiden Höfen war auffallend. Während der sächsische Hofstaat bei aller Deferenz für die Herrschaften doch mehr gemütlich mit diesen verkehrte, zeichnete sich der Hofstaat der italienischen Prinzessin durch ganz besondere Steifheit und Feierlichkeit aus. Das war umso bemerkenswerter, als die Herzogin nach dem frühen Tode ihres Mannes, des Herzogs Fer-

dinand von Genua, ihren Hofherren, den Marchese Nicolo Rapallo geehelicht hatte; freilich war auch dieser zur Zeit des erwähnten Besuches schon über zwanzig Jahre tot.
Es wurde eine Ausfahrt ins Gebirge unternommen. Im ersten Wagen saßen die beiden Hoheiten, Tante und Nichte. In der zweiten Kalesche folgte der beiderseitige Hofstaat, bestehend aus zwei Damen (eine davon Maria Schönberg) und zwei Herren. Man kam zu einer sehr steilen Bergstraße, deren Serpentinen sich in unzähligen Windungen in die Höhe zogen. Wer beschreibt Marias Schreck, als bei der ersten Kehre die Insassen ihres Wagens aufschnellten, um mit tiefem Bückling die Insassen des etwas höher (und scheinbar in Gegenrichtung) fahrenden Wagens zu grüßen! Diese Prozedur wiederholte sich nun jedesmal, wenn man zu einer Serpentinenkehre kam, und deren gab es mindestens zwanzig. Maria hatte die größte Mühe, nicht auszuplatzen; gleichzeitig mußte sie aber darauf achten, daß sie bei ihren Buckerln nicht das Gleichgewicht verliere, denn ein Herausfallen aus dem Wagen hätte bei der Steilheit und Enge des Weges recht gefährlich werden können. Sehr komisch wirkten auch die beiden Hoheiten, die jedesmal, wie erstaunt über diese Huldigung, sehr freundlich aber auch zurückhaltend nickten. Noch nach Jahrzehnten lachte die gute Prinzessin Mathilde mit Maria Tränen über das groteske Bild der im schwankenden Wagen sich ständig verneigenden Höflinge.
Unsere Pirudschade verlief leider ganz ohne solche komischen Momente. Für die meisten von uns, auch für die Majestäten, war es, freilich unbewußt, der Abschied von Laxenburg. Langsam rollten wir dem Bahnhof zu; als unser Wagen dort vorfuhr, kam uns schon der Kaiser im Auto entgegen – der König war eben abgereist. Das Kaiserpaar fuhr nach Eckartsau, wir kehrten zurück nach Baden.
Am Menu des Soupers dieses Tages, des 1. Juni 1918, notierte ich damals: »Letzte Hoftafel Baden, alles rückt nach Wien ein!« Wir bekamen Wiener Schnitzl, Salat, Roulade de bisquit, fromages, Kaffee; wie bescheiden waren wir seit dem April 1916 geworden! Die kaiserliche Familie übersiedelte für den Sommer, wie im vorigen Jahr, nach Reichenau. Meine Eltern mieteten dort eine Wohnung, damit mein Vater doch etwas Familienanschluß habe, falls er zufällig

einige Ruhetage im Trubel der fortwährenden Reisen würde genießen können.
Ich komme nun zum letzten höfischen Ereignis, das ich in der Monarchie erleben durfte, dem Geburtstag Kaiser Karls am 17. August 1918. Wie im vorigen Jahr wurde er in Reichenau begangen. Der allerhöchste Séjour in Baden war zwar am 1. Juni aufgehoben worden und unsere Gardeabteilung nach Wien zurückgekehrt, doch da ich Dienst hatte, bekam ich zu meiner Freude den Befehl, mich der zahlreichen Schar der Gratulanten anzuschließen.
Für die teils geladenen, teils kommandierten Gäste war ein Hofsonderzug am Wiener Südbahnhof bereitgestellt worden. In meiner Sammlung befindet sich eine Fahrordnung dieses Hofzuges, allerdings nur für die Rückfahrt Payerbach-Wien, die auf 5 Uhr nachmittags festgesetzt war (damals gab es noch kein »17« Uhr). Wie auch für die Hinfahrt betrug die Fahrzeit 1 Stunde 40 Minuten, bei einer Grundgeschwindigkeit von 70 km, wie besagte Fahrordnung gewissenhaft verzeichnet; für die damaligen Kriegsverhältnisse eine ganz gute Zeit.
Die Teilnehmer der Fahrt versammelten sich in der Früh des 17. August am Südbahnhof. Alles war wie üblich in feldmäßiger Kleidung, ich in der unvermeidlichen dicken grauen Lederhose, den steifen Stulpstiefeln, im engen grünen Waffenrock mit hohem Kragen, eingezwängt in der Feldbinde, am Kopf die Pickelhaube; kein ganz passendes Gewand für einen Augustausflug auf's Land!
Man befand sich in guter Gesellschaft, da außer den obersten Hofchargen und Hofdiensten diesmal auch die höchsten militärischen Würdenträger mit von der Partie waren. Es kamen die Feldmarschälle Kövess, Rohr und Böhm-Ermolli, der Chef des Generalstabes Baron Arz, Kriegsminister Frhr. Stöger-Steiner v. Steinstätten, beide Landesverteidigungsminister FML Karl Czapp von Birkenstetten für Cis- und General der Infanterie Alexander Szurmay für Transleithanien. Der gehorsamsten Vorstellungen und Händedrücke war kein Ende.
Mit FM Böhm hatte ich die letzte Zeit beinahe täglich Mittag gegessen, im damals sehr beliebten Speiselokal Pohl in der Siebensterngasse, unweit meiner Gardewohnung. Allerdings an verschiedenen Tischen, da ich stets und er öfters in Zivil hinkam, was ja leider in

der österreichischen Armee streng verpönt war. Bei der Begegnung am Bahnhof war natürlich von nichts die Rede, obwohl wir es beide sicher auf den Lippen hatten. Böhm trug wie immer eine schwarze Friedenskappe und nicht, wie zu seiner Felduniform vorgeschrieben, eine graue. Er war wohl der eleganteste, auch der jüngste unter seinen Kollegen, hatte eine gute Kavalleristengestalt. Das Tragen einer schwarzen Kappe entsprang sicher seiner Eitelkeit, er wollte wohl mit ihr populär werden. Ludwig Koch hat ihn auch mit einer solchen verewigt, auf einem seiner drei Riesengemälde aller Heerführer des Weltkrieges.
Von Payerbach brachten uns etliche Hofautos zur Kaiservilla nach Reichenau. Diesmal waren wir Gardisten (von der Infanterie war Hauptmann Arthur Pekárek mitgekommen) nicht der Kaisergratulation beigezogen worden; ich glaube, daß überhaupt keine korporative Begrüßung stattfand.
Sehr herzig waren die Kaiserkinder, die man überall herumwimmeln sah. Die drei Großen, Otto, Adelhaid und Robert, durften auch von der Veranda aus der Feier zusehen. Der Kronprinz, dessen blonder Lockenkopf allgemein Bewunderung hervorrief, trug heute eine Miniaturdekoration des Goldenen Vlieses.
Wie im Vorjahr sollten wieder Theresienritter dekoriert werden, diesmal deren elf, die bereits vom neuen Ordenskapitel, mit dem Feldmarschall Conrad als Kanzler an der Spitze, dem Kaiser vorgeschlagen worden waren. Von diesen elf kannte ich FML Dr. Bardolff, seinerzeit Flügeladjutant des Erzherzogs Franz Ferdinand und Chef von dessen Militärkanzlei, mit dem ich 1912 einige Wochen auf Brioni zugebracht hatte. Dann den Hauptmann Wilhelm Cavallar von Grabensprung (Inf. 92); im August 1914 hatten wir uns in Theresienstadt getrennt, wo wir beide in Garnison gewesen waren. Siegesgewiß war er gegen Serbien ausgezogen, überzeugt, in drei bis vier Wochen zurück zu sein – eine Ansicht, die ich schon damals nicht teilen konnte. Jetzt sah ich ihn wieder, glücksstrahlend, der Held von Sašinči vom 6. September 1914. Der Himmel hing voller Geigen – er hatte das höchste Ziel jedes Soldaten erreicht, würde überdies Freiherr werden! Und nur zwei Monate später …
Ein malerisches Bild bot die Aufstellung der Teilnehmer an diesem letzten Hoffest im alten Österreich. Vor der (allerdings nichts weniger

als schönen, Perron-artigen) Veranda oder Terrasse der Kaiservilla, mit Front dieser zugekehrt, standen die zu dekorierenden Theresienritter. An beiden Flügeln hatten sich hufeisenförmig gruppiert rechts die sechs Feldmarschälle (Erzherzog Friedrich, Erzherzog Eugen, Conrad, Kövess, Rohr und Böhm), dahinter die Minister und andere militärische Würdenträger; links die übrigen Teilnehmer, Hofdamen, Mitglieder der verschiedenen Hofstaaten und wir Gardisten.

Hier sah ich zum ersten- und letztenmal ein Modell der neu zu schaffenden Hofbeamtenuniform; ein Versuch, die alte zu neutralisieren, um die patriotischen Gefühle der Ungarn nicht zu verletzen. Besonders der Zweispitz war recht plump und unschön geraten; er durfte keinerlei Federschmuck an der oberen Kante haben, weil dieser in Ungarn als zu österreichisch verpönt war.

Auf der Terrasse der Villa befanden sich die Kaiserin mit ihren Kindern, ihre Mutter und einige ihrer Geschwister Parma, unter letzteren Prinz Felix, der gegenwärtige Gemahl der Großherzogin von Luxemburg; dann die Mutter des Kaisers, Erzherzogin Maria Josepha. Der schöne Park, mit dem hohen, majestätischen Feuchter im Hintergrund, bildete einen grandiosen Rahmen zu dieser Feier.

Knapp bevor der Kaiser auf die Terrasse heraustreten sollte, tauschte FM Böhm seine schwarze Kappe gegen eine nicht ganz neue graue aus. Als nämlich der Kaiser durchs Fenster den schwarzen Kopfschmuck Böhms bemerkte, machte er ärgerlich meinen Vater darauf aufmerksam. Der schickte rasch um eine seiner grauen Kappen, um sie dem FM zu borgen. Im allgemeinen war der Kaiser nicht sehr streng in bezug auf die Adjustierungsvorschriften, nur ganz unbegründete Extravaganzen sah er nicht gern.

Das Fest begann mit der feierlichen Übergabe eines Marschallstabes an den Kaiser, ein Geschenk der Armee. Zu diesem Zweck waren die Feldmarschälle nach Reichenau gekommen, an ihrer Spitze, wie erwähnt, die Erzherzoge Friedrich und Eugen. Es war nicht uninteressant, die beiden so ungleichen Brüder nebeneinander zu sehen. Friedrich klein und dicklich, auf viel zu kleinen Füßen, sehr kurzsichtig, mit Zwicker behaftet, wenig dekorativ. Sein jüngerer Bruder war das gerade Gegenteil. Er war besonders groß – maß er doch über 2 Meter – und imposant, mit klassisch schönen Zügen. Außerdem war er stets ausgezeichnet adjustiert.

Als ranghöchster General verlas Erzherzog Friedrich, wenn auch mit etwas gequetschter Fistelstimme, eine schöne Ansprache und übergab den Stab. Darauf antwortete der Kaiser, schwungvoll, mit gutem Rednerorgan. Er schloß seine Rede mit dem von ihm neu gewählten, leider zungenverrenkenden Wahlspruch: »Indivisibiliter ac inseparabiliter – so war es, so ist es, so wird es immer sein!«[14)] Wie erwartet und gefürchtet, stolperte er natürlich über dieses Worthindernis, was sofort zu den düstersten Voraussagen Anlaß gab. Das ganze Fest litt ohnehin etwas unter dem Druck der mißlungenen Offensive gegen Italien (was langsam kein Geheimnis mehr war). Doch niemand, auch nicht der schwärzeste Pessimist, ahnte damals das nahe Ende.
Anschließend bekam auch Erzherzog Friedrich von der Armee einen ganz ähnlichen Stab, den ihm der Kaiser mit verbindlichen Worten übergab. Beide Stäbe waren etwa 50 bis 60 cm lang, walzenförmig und mit dunkelrotem Samt bezogen. Die Enden steckten in ziselierten Goldhülsen und die Stäbe waren reich mit vergoldeten Lorbeergewinden und Spruchbändern verziert. Die Adjustierungsvorschriften der k.u.k. Armee kannten keinen Marschallstab; Kaiser Franz Joseph, wie erwähnt, hat nie einen besessen. Erzherzog Albrecht benützte als solchen einen dünnen schwarzen Reitstock mit Elfenbeinknopf, der mit einem Miniaturportepee umwunden war. Erst Kaiser Karl, der im Verlauf des Krieges wieder Feldmarschälle ernannt hatte, schenkte jedem dieser Würdenträger (auch den wenigen ausländischen) einen Marschallstab, der dem alten Korporalstock nachgebildet war. Sehr geschmackvoll aus braunem, glattem, zart gemasertem Bambus, hatte der Stock einen birnenförmigen Knauf und eine konisch zulaufende Zwinge, beides aus Elfenbein. Unter dem Knauf war ein breiter goldener Reif mit dem kaiserlichen Namenszug angebracht; darunter war der Stock durchlocht und mit einem schmalen goldenen, schwarzdurchwirkten Portepee versehen. Der Bulgarenkönig Ferdinand, der schlecht gehen konnte, bekam noch einen breiten, einschraubbaren Stockgriff aus Elfenbein dazu, den er gerne benutzte.
Erzherzog Josef war knapp vor Torschluß Feldmarschall geworden; sein Stab war bereits angefertigt und befand sich übergabebereit in der Generaladjutantur in der Wiener Hofburg. Es kam der Umsturz,

und mein Vater nahm den Stock mit nach Schönbrunn, wo er in den letzten, so unruhevollen Tagen überall in unserer Wohnung herumlag. Ob ihn der Erzherzog noch bekommen hat?

Doch zurück nach Reichenau. Die Dekorierung der Theresienritter rollte sich auf gleiche Art ab wie im Vorjahr, nur dauerte sie viel kürzer, weil ja nur 11 statt 24 Ritter zu beteilen waren. Nach Schluß der Feier, während der allgemeinen Beglückwünschung, trat Erzherzog Eugen lachend auf mich zu mit der Bemerkung: »Ah, noch so ein Langer! Sie – wir müssen uns mit Oberst Schöbel photographieren lassen!« Besagter Herr vom Infanterieregiment Nr. 79, ein eben dekorierter Theresienritter, galt für einen der größten Offiziere in der k.u.k. Armee; seine Maße habe ich leider nicht erfahren, doch überragte er bei seiner Dekorierung den Kaiser, der zwei Stufen höher stand, um einiges. Leider kam es dann doch nicht zu dieser Aufnahme, der Erzherzog hatte wohl darauf vergessen.

Mein Vater stellte mich dem seit dem 15. Juli frisch gegraften FM Conrad von Hötzendorf vor. Als Oberst sämtlicher Garden – bisher hatte der jeweilige Erste Obersthofmeister dieses Amt bekleidet – war Conrad eigentlich mein direkter Vorgesetzter. Er hat aber, wie schon früher gesagt, diese Funktion nie ausgeübt und sich vom (ebenfalls frisch gegraften) Kapitän der Ersten Arcièren-Leibgarde Generaloberst Viktor Dankl vertreten lassen. Conrad war von kleiner, hagerer Statur und hatte ein ernstes, kluges Gesicht mit langem, weißen Schnurrbart. Betont einfach in seiner Kleidung – er trug auch keinen Marschallstab und sonderte sich merklich von der Hofgesellschaft ab – machte er überhaupt den Eindruck eines zerstreuten Gelehrten.

Über Feldmarschall Franz Freiherr Rohr von Denta weiß ich nicht viel zu sagen. Von großer, ungeschlachter Figur sah er nicht sehr bedeutend aus und hat sich bestimmt über den Feldmarschall nicht weniger gewundert als die ganze Armee.

Feldmarschall Baron Hermann Kövess de Kövessháza kannte ich schon von früher. Als bescheidener Fähnrich und Nachrichtenpatrouillen-Kommandant bei den Einser Dragonern war ich dabei, als er sich 1910 im Lager von Milovic vor Erzherzog Eugen sein Korpskommando verdiente. Mit seinem sympathischen, dicklichen, glattrasierten Gesicht glich Kövess eher einem Geistlichen oder Schau-

spieler als einem Heerführer, doch war sein Auftreten schlicht und einfach. Armee-bekannt waren seine scheußlichen, hellgrünlich-gelben Ledergamaschen, die er anscheinend besonders dekorativ fand, da er sie bei jeder feierlichen Gelegenheit anlegte.
Für die anwesenden Hoheiten gaben die Majestäten am Nachmittag einen Tee. Die militärischen Teilnehmer der Feier versammelten sich statt dessen um 1 Uhr zu einer Marschallstafel – heute im wahrsten Sinne des Wortes. Der Hofrang war aufgehoben und wir saßen nach unseren Chargen, ich neben meinem alten Bekannten, dem angehenden Freiherrn Cavallar. Zum Dessert wurden Bonbonnieren mit dem Bild des Kaisers serviert, wie sie seinerzeit bei jeder Hoftafel vorkamen. Ich trat meine an Cavallar ab, der darüber eine rührende Freude hatte; er wollte das Schächtelchen seiner Schwester mitbringen. Wenn ich damals geahnt hätte, daß es auch meine letzte Hoftafel sein werde, wäre ich kaum so freigebig gewesen.
Auf meinem Menu haben sich unter anderem die Feldmarschälle Kövess, Rohr und Böhm unterschrieben, nur Conrad habe ich leider nicht einfangen können. Als Ranghöchster hielt er einen sehr flotten Kaisertoast über Treue, Durchhalten, Unüberwindlichkeit und anderes mehr. Wer von uns sah den kommenden November?

Anmerkungen

1. Ein »Großkreuz«, d. h. die höchste Klasse oder Stufe eines Ordens, besteht aus Ordensband (grand cordon) in den spezifischen Farben des jeweiligen Ordens, schräg über der Brust zu tragen; Stern, gelegentlich mit einem besonderen Emblem in der Mitte und theoretisch mit Diamanten besetzt, meist auf der linken Brustseite zu tragen; und schließlich dem eigentlichen Ordenskreuz oder -kleinod, das am unteren Ende des Ordensbandes in Höhe der Hüfte hängt; gelegentlich »vertritt« das Band auch das Kleinod. Großkreuze wurden und werden nur mit der Gala-Uniform (bei Zivilisten: Frack) getragen, so daß sie am Hofe Kaiser Karls, an dem man Felduniform trug, eigentlich nicht hätten getragen werden können – wenn man nicht diese neuen Trageweisen erfunden hätte.
   Das gleiche gilt für sog. Kommandeurkreuze, eine Stufe unter dem Großkreuz, d. h. Halskreuze ohne Stern und Schulterband.
2. Bouchées à la Strassbourgoise sind in keinem dem Bearbeiter zugänglichen Kochbuch oder Konversationslexikon zu finden gewesen. Eine Bouchée ist ein Häppchen, und da sie »auf Straßburgerinnen Art« waren, bestanden sie wohl aus Gänseleberpastete.
3. Ein Kutschierwagen wird vom Insassen gelenkt, nicht von einem besonderen Kutscher.
4. Wie der Autor hierzu noch berichtet, war der letzte österreichische Theresienritter, Feldzeugmeister Baron Fejervary, im Jahre 1914 gestorben; ausländische Theresienritter lebten 1917 nur noch zwei, nämlich der Herzog von Cumberland, der den Orden 1866 als Kronprinz von Hannover erhalten hatte, und der Graf von Caserta, Prinz beider Sizilien, der ihn »für Gaeta« 1861 bekommen hatte. Dieser letztere ist erst 1934 gestorben, hat den Orden also 73 Jahre lang getragen; nach Meinung von Prinz Lobkowicz ein einmaliger Fall.
   Großkreuzträger, im Gegensatz zu den Rittern, gab es mehrere: Kaiser Karl als Großmeister legte den Orden 1917 an; Erzherzog Friedrich hatte ihn nach seiner Abberufung 1916 von Kaiser Franz Josef bekommen, Erzherzog Eugen und Feldmarschall Conrad erhielten das Großkreuz von Kaiser Karl; ausländische Großkreuzträger waren Kaiser Wilhelm, König Ferdinand von Bulgarien, König Ludwig III. von Bayern und König Friedrich August von Sachsen. Das Kommandeurkreuz trugen die Feldmarschälle Svetozar Boroević de Bojna und Eduard von Böhm Ermolli.
5. Ein Porphyrogenet (griech.) ist ein unter dem (kaiserlichen) Purpur geborener Sohn des Kaisers, d. h. während dessen Regierungszeit;

der Ausdruck stammt wohl ursprünglich aus dem byzantinischen Hofzeremoniell.

6. Kaiser Karl hatte ein gewisses Faible für seinen Generaladjutanten, den Vater des Autors, so daß er dem Sohn vielleicht einiges durchgehen ließ. Es ist nämlich kaum anzunehmen, daß der Kaiser den gut 2 Meter großen Prinzen Lobkowicz unter den wenigen Zuschauern am Westbahnhof nicht bemerkt hätte.
7. Der Erste Obersthofmeister, zu dem Graf Hunyady wenig später ernannt wurde, war tatsächlich der ranghöchste Mann des Reiches, denn der Kaiser stand ober- und außerhalb jeder Rangordnung.
8. Schloß Hetzendorf, heute eine Modeschule, war zunächst die Wohnung von Erzherzog Karl Franz Josef, des Thronfolgers, gewesen, bis Kaiser Franz Josef diesem das Meidlinger Stöckl im benachbarten Schönbrunn als Wohnung zuwies. Hetzendorf gehörte dem Hofaerar, brauchte also nicht mehr gekauft zu werden.
9. Prinz Lobkowicz drückt sich hier etwas verkürzt aus, so daß diese »Vorfahrtsregelung für Offizierskasinos« nicht ganz verständlich wird. Gemeint sind »aktive Offiziere«, die gleichzeitig Kämmerer, aber subaltern waren, d. h. ohne eigenes Kommando, wie eben der Autor. Generalmajore rangierten ohnehin vor den Kämmerern, aber ein »einfacher« General mit eigenem Kommando rangierte dennoch vor dem Kämmerer, wenn dieser nur Leutnant war.
10. In der langen Regierungszeit des alten Kaisers war, wie Prinz Lobkowicz sagt, »alles zur Unverrückbarkeit erstarrt«, d. h. auch die interne Organisation für die kaiserlichen Séjours. Das Personal erfüllte, gerade weil Krieg war, seine altüberkommenen Aufgaben und Pflichten mit äußerster Hingabe und setzte bis zum letzten Küchenjungen seinen ganzen Stolz darein, den friedensmäßigen Ablauf eines Kaiseraufenthaltes zu gewährleisten. Etwas anderes hatten sie nicht gelernt, und es war auch niemand da, der sie rechtzeitig auf diese neue Situation vorbereitet, geschweige »umgeschult« hätte. Aus dieser Haltung heraus war es auch undenkbar, den Kaiser selbst auf die Probleme seines Hofstaates aufmerksam zu machen; die Feststellung der Behörden, daß sie für die Sicherheit der kaiserlichen Familie in Laxenburg nicht mehr garantieren konnten, so normal und richtig sie uns heute anmutet, war damals ein Zeichen von hoher Zivilcourage, in den Augen mancher grenzte sie gar an Dienstverweigerung, wenn nicht Revolution. Wie die Reaktion des Kaisers jedoch zeigt, akzeptierte er die Aussage der Fachleute sofort und handelte entsprechend. Hinsichtlich der Probleme des Oberstküchenmeisters muß man daher sagen, daß weder er noch sein Vorgesetzter, der Obersthofmeister, ihre Pflicht erfüllt und den Kaiser darauf angesprochen haben.

11. Eine Schlüsseldame entspricht der Palastdame, steht im Rang jedoch etwas niedriger als diese. Palastdamen sind Angehörige eines kaiserlichen, Schlüsseldamen eines königlichen Hofstaates.
12. Der »Mailänder« Tafelaufsatz aus vergoldeter Bronze wird heute in der Silberkammer der Wiener Hofburg aufbewahrt und gezeigt.
13. Distinktions-, d. h. Unterscheidungs- (nicht »Auszeichnungs«-)Rosetten kennzeichneten die einzelnen Ränge der Hofbeamten. Sie wurden am steifen Kragen der Hofbeamtenuniform exakt dort getragen, wo bei Offizieren die Rangsterne saßen, und waren bewußt so gestickt, daß ihre ursprüngliche Blütenform dem militärischen Stern sehr nahe kam. In einer Gesellschaft, in der letztlich nur der militärische und nicht der zivile Rang zählte, ist es nur zu verständlich, daß ein Teil der Beamtenschaft sich so wenigstens äußerlich der Führungsschicht anzupassen versuchte.
14. »Unteilbar und untrennbar …« – gemünzt auf die verzweifelt beschworene Einheit der Doppelmonarchie Österreich-Ungarn nebst ihren vielen quasi-autonomen Regionen und Provinzen.

12.
Vorhang, ohne Applaus

Der eigentliche Grund, warum ich mich jetzt entschlossen habe (geschrieben Jänner 1931), meine Erinnerungen an den Umsturz in Wien im Herbst 1918 zu Papier zu bringen, sind die meist falschen Angaben und grotesken Verdrehungen vieler Episoden aus dieser Zeit in der Publikation eines Mannes, der ehemals in der Umgebung Kaiser Karls war. Ich habe nicht die Absicht, auf diesen Mann und sein merkwürdiges Machwerk weiter einzugehen, sondern möchte nur wahrheitsgetreu berichten, wie sich mir der unselige Zerfall der alten Monarchie darstellte. Leider habe ich keinerlei Notizen oder Briefe zur Verfügung, so daß ich ganz aus dem Gedächtnis schreiben muß. Auch die chronologische Reihenfolge der Ereignisse ist mir etwas entfallen und so bin ich gezwungen, meine damaligen Erlebnisse ganz wahllos zu schildern.

Der Anfang vom Ende war für mich der Durchbruch der bulgarischen Front durch die Salonikiarmee. Ich erfuhr die Schreckensnachricht im Herrenhaus, dessen Sitzungen, wie die des Abgeordnetenhauses, ich immer mit großem Interesse besuchte. Die Nachricht deprimierte mich, obwohl schon seit Monaten nichts anderes zu erwarten gewesen war. Ich gab sie gleich meiner Logennachbarin Fürstin Irma Fürstenberg weiter, die auf offener Szene in Tränen ausbrach. Die Arme – wie sie sagte, aus Freude über den baldigen Frieden; aber wohl auch, weil sie vor kurzem ihren Sohn Fritzi in Rumänien verloren hatte. Einige Herren kamen während der Sitzung zu uns herauf und alles sprach über diesen Durchbruch. Auch Max Fürstenberg zum Beispiel war ganz freudig erregt, da jetzt bald Frieden käme.

Ich konnte freilich diesen Optimismus nicht teilen. Zwar schien wirklich der Friede nahe gerückt, doch was für einer würde es werden? Meine Nachrichten über die Stimmung im Volke, speziell aus

Böhmen, lauteten schon das ganze letzte Jahr so erschreckend, daß mit Sicherheit ein Ausbruch von Unruhen zu erwarten war und ich beim besten Willen nicht in diese allgemeine Freude einstimmen konnte. Meine Quellen, aus denen ich meine Informationen schöpfte, waren der oft erwähnte Graf Polzer-Hoditz, damaliger Kabinettsdirektor Kaiser Karls, und mein alter Freund Reinhold Graf Boos-Waldeck, Chef des Polizeidepartements an der Prager Statthalterei, der natürlich über alles in Böhmen sehr gut und genau unterrichtet war. In den letzten Monaten war er oft zu Beratungen nach Wien gekommen und seine Nachrichten aus Prag lauteten immer pessimistischer. Nur mit Bangen konnte man an die Zukunft denken.

Schon seit dem Sommer war uns erlaubt worden, statt in den weißen Mänteln in den feldgrauen oder in den alten braunen Kavalleriemänteln zu erscheinen, weil uns bekanntlich die englische Putzkreide ausgegangen war. Nur mehr bei besonderen Gelegenheiten sollte der Gardemantel, dieses historische Kleidungsstück, getragen werden. Die letzten Gelegenheiten, bei denen wir Gardisten unsere weißen Mäntel trugen, waren die knapp auf einander folgenden Hochzeiten Erwein Graf Nostitz – Anna Bertha (Nicky) Gräfin von Neipperg und Erwin Graf zu Königsegg – Lucia (Baby) Gräfin von Wilczek am 14. und 15. Oktober 1918 im Stefansdom. Dabei begegneten wir vielen hämischen und feindlichen Blicken; dieser oder jener Gardist hatte auch schon Bemerkungen über diese »unzeitgemäße Maskerade« gehört. So hatten wir nun beschlossen, während dieser unruhigen Zeiten unseren schönen Mantel nicht mehr zu tragen und auch der Mannschaft wurde er verboten. Als ich den meinen ausgezogen hatte, war ich fest davon überzeugt, daß es das letzte Mal gewesen sei.

Zu beiden Hochzeiten waren viele Verwandte und Bekannte in Wien zusammengekommen und bei den Feiern in der Kirche wie auf den einzelnen Soirees und Tees deutete noch nichts auf das baldige Ende, obwohl es natürlich mit Rücksicht auf den langen Krieg recht einfach herging. Aber schon in den nächsten Tagen hieß es, der Zugverkehr werde eingestellt, da Streiks ausgebrochen seien; die Gerüchtemaschine war in voller Tätigkeit. Die meisten Gäste verließen Hals über Kopf die Hauptstadt, einige freilich recht verärgert und durchaus nicht glaubend, daß es zu etwas Ernstlichem kommen würde. In diesen Tagen hatte ich eine damals grassierende Grippe, die sich bei mir auf den Magen warf, so daß ich einige Tage im Bett bleiben mußte. Es muß wohl um den 28. Oktober gewesen sein, daß ich spät abends aus Prag angerufen wurde. Am Apparat war Reinhold Boos, der mich bat, irgend etwas zu unternehmen, damit die Beamten der Prager Statthalterei vom Eid entbunden würden! Auch sagte er mir, daß eine tschechische Regierung im Entstehen sei und daß wohl bald die telefonischen Verbindungen mit Wien unterbrochen würden. Über die sogenannte Hofgeheimnummer rief ich von meinem Bett aus sofort Polzer an und trug ihm Boosens Bitte vor. Polzer versprach, beim damaligen Ministerpräsidenten (ich glaube, es war noch Hussarek) zu intervenieren. Ob darauf etwas erfolgte, weiß ich nicht.

Wir Gardisten hatten abwechselnd Dienst in unserer Kaserne, um bei Überfällen auf die Gebäude bei der Hand zu sein. Unser Chef, Josef Graf Erbach, der nach dem Tode von Rumerskirch wieder zur Garde gekommen war, hielt sich meist in der Burg auf und hatte viel mit der Organisation der Verteidigung dieses Riesenbaues zu tun; dort befand sich auch unser Oberkommando, in den Händen des Generaloberst Graf Dankl, Kapitän der Arcièrenleibgarde. Hier herrschte ein rechtes Durcheinander, da viel konferiert und beraten wurde, aber eigentlich niemand wußte, was zu geschehen habe. Eine große Zahl beurlaubter Offiziere stellte sich zur Verfügung und sicherte mit unseren Gardisten die zahlreichen Eingänge der Burg.

Wer uns aber damals gesagt hätte, daß der Kaiser in wenigen Tagen abgesetzt werden würde, den hätten wir zum Narren erklärt! Man fürchtete zwar momentane Unruhen, sprach auch viel vom kommenden Föderalismus im Gegensatz zum bisherigen Zentralismus und glaubte im übrigen mehr an eine Art 1848. Freilich machte das Versagen oder vielmehr der Zerfall der Armee, der immer deutlicher wurde, uns alle sehr nachdenklich.

Als ich an einem dieser Tage, ich glaube, es war ein Sonntagmorgen, über den Ring ging, zog eine schier endlose Infanteriekolonne an mir vorüber, angeführt von wenigen Offizieren. Es waren die ungarischen Truppen, die sang- und klanglos Wien verließen! Ich war wie im Traum. Ohne daß sich jemand darum gekümmert oder darüber aufgeregt hätte, vollzog sich diese schicksalsschwere Trennung – so abgestumpft hatte jeden der vier Jahre lange Krieg. Ein Friseur erzählte mir, daß er, als mindertauglich qualifiziert, in den letzten Jahren seinen Dienst in einer Wiener Kaserne versehen hatte. Über den Sonntag hatte er seine Familie besucht und als er am nächsten Tag in die Kaserne kam, fand er diese buchstäblich leer! So endete für ihn und für viele der Krieg.

Wie bereits erwähnt, hatte ich oft Sitzungen des Parlamentes und des Herrenhauses beigewohnt. Das Getriebe dort und die sich im letzten Jahr oft wiederholenden wüsten Szenen im Abgeordnetenhaus haben mich immer sehr interessiert, allerdings mehr von der psychologischen als von der politischen Seite. Aber auch manche gute Rede habe ich hier und besonders im Herrenhaus gehört, so zum Beispiel von dem berühmten Rechtslehrer Professor Lammasch, der wegen seiner gemäßigten und friedlichen Art von so manchem verblendeten Herrenhäusler arg angefeindet wurde. Auch Graf Ottokar Czernin, der gewesene Minister des Äußeren[1)], sprach gut, obwohl ich selten seine Ansicht teilte. Ganz ausgezeichnete Redner waren mein Vetter Friedrich Lobkowicz-Hořin und der viel ältere Friedrich Schwarzenberg.

Auch der letzten Herrenhaussitzung wohnte ich zufällig bei. Onkel Alfred Windisch-Graetz, der langjährige Präsident dieses Oberhauses, schloß sie mit den üblichen Worten: »Die nächste Sitzung wird auf schriftlichem Wege bekanntgegeben werden!« Es sollte nicht mehr dazu kommen. Wie üblich waren auch zu dieser Sitzung das Präsidium und alle Beamten des Hauses im Frack mit schwarzer Krawatte erschienen; nur die Vizepräsidenten Onkel Fede Lobkowicz, Fürst Louis Schönburg und Fürst Max Fürstenberg, alle drei Generäle, waren in ihrer Felduniform.

Es kam auch die Sitzung des Parlamentes, in welcher der Abgeordnete Zahradník ausrief: »Češi ven!« – »Die Böhmen heraus!«, und alle tschechischen Abgeordnete diesem Rufe Folge leisteten. Es hieß dann, die Tschechen berieten vorerst die Lage, doch mir und manchem Zuhörer war klar, daß dies das Ende war. Die meisten Abgeordneten reisten noch am selben Tag nach Prag, dem neuen Staat entgegen. Dies geschah, glaube ich, an jenem Tag, an welchem Mi-

nisterpräsident Freiherr Max Hussarek von Heinlein seine berühmte Rede hielt vom ›Platz an der Sonne für alle Völker der Monarchie‹; diese Einsicht kam diesem unverbesserlichen Zentralisten reichlich spät.
Zahradník, der damals noch Geistlicher und Mitglied des Prämonstratenserklosters am Strahov in Prag war, apostasierte und heiratete später und wurde eine Stütze der neuen tschechischen Kirche. Als Eisenbahnminister bewohnte er in der Hybernergasse 12 die Zimmer meiner Großmutter Lobkowicz, nachdem das Haus von der neuen Regierung beschlagnahmt worden war. Sowohl er wie der Gründer der tschechischen Kirche, Farský, sind beide an Zungenkrebs zugrunde gegangen.[2)]
Im Sommer 1918 war mir im Parlament der später sehr bekannte sozialistische Abgeordnete Renner begegnet, den ich von seinen zahlreichen Audienzen in Laxenburg her kannte. Er hatte mich äußerst zuvorkommend begrüßt und mit vielen Bücklingen und Be-durchlauchtungen in eine der Logen geführt – wohl ein seltener Fall, daß ein Sozialistenführer einen Gardisten im Parlament begrüßt und förmlich einführt. Doch zurück zum Umsturz.
Mitte Oktober traf ich Polzer sehr aufgeregt auf der Kärntnerstraße. Er teilte mir unter strengster Diskretion mit, daß die Regierung beabsichtigte, Kaiser Karl zur Publizierung des ominösen Manifestes zu veranlassen, in welchem der Kaiser seinen Völkern die Freiheit der Regierungswahl gebe – was einer faktischen Auflösung Österreichs gleichkäme. Das dürfe unter keinen Umständen jetzt geschehen, das wäre unweigerlich das Ende! Es war eine der vielen Hiobsbotschaften, die man jetzt täglich hörte. Ich versprach, meinem Vater davon Mitteilung zu machen, obwohl dieser sich prinzipiell von jeder politischen Beeinflussung fern hielt und dies auch seinem kaiserlichen Herrn versprochen hatte. Ungern ging mein Vater nun darauf ein, doch kam die Intervention zu spät und hätte wohl auch kaum genützt. Friedrich Lobkowicz, dem ich es auch sagen durfte, meinte nur recht ungeduldig: »Alle diese Rettungsversuche kommen viel zu spät!« Ein Manifest mehr oder weniger hätte damals den Zerfall der Monarchie sicher nicht mehr aufgehalten.
Auch in diesen kritischen Tagen war der Kaiser viel auf Reisen; am

23. Oktober war er, glaube ich, in Debreczin. Wie immer bei derlei Empfängen spielte die Musik die Kaiserhymne. Das löste am gleichen Tag im ungarischen Parlament einen Sturm der Entrüstung aus, welcher der eigentliche Beginn der Revolution und des Abfalles des Königreiches war. Das allerhöchste Hoflager befand sich damals in Gödöllö, doch kamen die Majestäten am 26. Oktober nach Schönbrunn, weil die Nachrichten von der Front immer alarmierender lauteten. Die gesamte Monarchie krachte in allen Fugen.

Die kaiserlichen Kinder waren noch in Gödöllö geblieben, doch da sich der Skandal in Pest nicht beruhigen wollte – Michael Károlyi hatte mittlerweile einen sogenannten Nationalrat und am 31. ein ganz radikales Ministerium gebildet – schien es ratsam, die Kinder auch nach Wien zu nehmen. Es wird wohl das erste Mal gewesen sein, daß den armen Majestäten an diesem schrecklichen 31. Oktober das Schwinden ihrer Macht deutlich vor Augen kam. Das Telefon mit Ungarn war bereits unterbrochen und einen ganzen Tag lang wußten die kaiserlichen Eltern nichts über ihre Kinder; stundenlang durchwanderten sie an diesem Tage voller Unruhe den Schönbrunner Hof. Von überall her kamen Nachrichten über ausbrechende Unruhen und es gab kein Mittel, etwas über die Kinder zu erfahren. Erst gegen Abend – endlich! – kamen die Kinder wohlbehalten in vier Automobilen an, in ihrer Begleitung die Aya der Kaiserkinder, Gräfin Therese Kerssenbrock, sowie Burgpfarrer Seydl, Graf Nandi Attems, der Hofsekretär in der Militärkanzlei Alexander Beszedes und Schwester Melitta. Auch der Bruder der Kaiserin, Prinz René von Parma, war mit ihnen gefahren. Nachmittags hatten sie bei Erzherzog Friedrich in Preßburg rasten können; bei ihrer Abfahrt flog eben das städtische Gaswerk in die Luft. Sie brachten auch die Schreckensnachricht von der Ermordung des Grafen Stephan Tisza mit.

Hier sei erwähnt, daß die Kaiserin, wenn sie von ihren Kindern getrennt war, täglich lange telephonische Gespräche mit der Kinderkammer führte. Nur in Konstantinopel, im Frühjahr dieses Jahres, mußte sie sich mit langen Telegrammen begnügen, weil noch keine telephonische Verbindung mit dem übrigen Europa bestand.

In diesen letzten Oktobertagen war der Kaiser einige Male in der Stadt, wurde auch jedesmal vom Publikum akklamiert. Doch diese

Demonstrationen waren regelmäßig von geschickten Detektiven arrangiert worden. Das gleiche Publikum bejubelte einige Tage später, wohl von denselben Geheimen geleitet, das Ausrufen der Republik.
Die Kaiserin – als Protektorin – hatte meine Mutter an die Spitze einer großen Stiftung für Kriegsinvalide gestellt. Schon im Sommer hatte die Gründung stattgefunden und war von meiner Mutter die konstituierende Versammlung in der Burg zusammengerufen worden. Die Rede, die sie dabei halten sollte, hatte ihr sehr imponiert, doch war alles gut gegangen. Symptomatisch war freilich gewesen, daß sich die gesamte Schwerindustrie von dieser Sitzung gedrückt hatte. Keiner der Herren Skoda, Guttmann und wie sie alle hießen, war erschienen. Der Hof war zwar über diese Leute verschnupft gewesen, doch hatten die sich überstürzenden Ereignisse die volle Erkenntnis der Merkwürdigkeit dieses Benehmens verdrängt. Jetzt unternahm die Kaiserin eine Ausfahrt, um mit meiner Mutter den ausersehenen Bauplatz für das große Zentralspital zu besichtigen. Meine Mutter konnte später nicht genug versichern, wie sehr sie die Ruhe und das Gottvertrauen der Kaiserin erbaut, aber auch erschüttert hätten – war es ja doch fraglich, ob die hohe Frau den vollen, ja verzweifelten Ernst der Lage erkannt hatte.
Inzwischen war die italienische Front zusammengebrochen, und zwar recht plötzlich. Die Ursache waren die ungarischen Regimenter, die von den schlechten Nachrichten aus der Heimat – es war der Einfall der Salonikiarmee zu befürchten – beunruhigt waren und erklärten, nach Hause gehen zu wollen. Erzherzog Josef bemühte sich vergeblich, sie zurückzuhalten. So entstanden große Lücken in der Front, in die der Feind einrücken konnte. Eine allgemeine Panik brach aus, besonders bei den Stäben, aus Angst, gefangen zu werden. Die Auflösung war da! Prinz Ferdinand Auersperg, der bei den 6er Dragonern an der Südfront lag, bekam einen Urlaub nach Wien. Ordnungsgemäß meldete er sich bei allen Kommandanten ab und fuhr vergnügt ins Hinterland. In Wien angekommen, eilte er nach Haus, um sich zu säubern und abends in den Club zu gehen. Erst auf seine erstaunte Frage an den Kammerdiener, warum ihm dieser einen Zivilanzug statt der Uniform vorbereitet habe, klärte der Diener ihn über die Lage in Wien auf: Daß die Uniform auf der Gasse insultiert werde und daß sich niemand mehr traue, sich so zu zei-

gen! Ungläubig eilte Ferdinand in den Club, wo ich ihn traf. Er konnte es gar nicht fassen, daß die Armee nicht mehr bestehen sollte, die er doch vor kurzem erst verlassen hatte! Das Debakel war wohl kurz nach seiner Abreise von der Front eingetreten.

In Wien wurde es immer ungemütlicher. Besoffene Soldaten und Pöbel alle Art zogen in den Gassen herum und zwangen die Offiziere, ihre Kokarden von den Kappen zu nehmen. Allen Gardeoffizieren wurde daraufhin erlaubt, in und außer Dienst in Zivil zu gehen. Ich war ja sehr an's schlichte Bürgergewand gewöhnt, doch es war schon ein komisches Bild, wenn wir in der Kaserne in Zivil amtierten. Für unsere Mannschaft galt das Gleiche, es durfte keiner in Uniform die Kaserne verlassen.

Immer aufgeregter wurden die Gemüter. Kaum ein Soldat grüßte mehr die Vorgesetzten, doch ich sah andererseits auch, wie ein Offizier einem Einjährigen die Kappe vom Kopf riß und ihn beschimpfte, daß er eine schwarz-rot-goldene Kokarde trage.

Alle Hofautos und -wagen mußten irgendwie getarnt werden, um vor Insulten geschützt zu sein. Am 1. November machte ich so den letzten Kassagang mit. Wie kläglich war das jetzt! Der Kutscher saß mißmutig als Fiaker verkleidet am Bock, die Geschirre hatten keine Beschläge mehr, die Schimmel waren kaum noch gewartet. Der Wagen war schwarz überstrichen, am Wagenschlag war ein scheußliches grünes Hufeisen aufgemalt, um die Krone zu überdecken. Ich fuhr natürlich auch in Zivil und so ging dann alles glatt ab.

Weil die Unruhen immer mehr zunahmen, konnten die Majestäten nicht mehr in die Stadt fahren; sie machten täglich einen großen Spaziergang am großen Parterre längs des Schlosses. Die zufällig anwesenden, nicht sehr zahlreichen Besucher akklamierten sie jedesmal herzlich. Es fanden sich immer etliche Herren des Hofstaates ein, die sich unters Volk mischten, um nötigenfalls bei der Hand zu sein. Wir alle waren, wie gesagt, in Zivil, nur der Kaiser trug noch Uniform. An einem dieser Tage wurde ich zum letzten Mal von den Majestäten angesprochen und mit einem gnädigen Händedruck bedacht. Ich erinnere mich, damals Hunyady, Eszterházy, Ledochowski, Mensdorff (der den Dienst in Schönbrunn versah), Oberleutnant von Grüber und Werkmann gesehen zu haben; Grüber hatte irgendeine Hofanstellung.

Wohl das letzte Hofzirkular des Zeremonielldepartements ist vom 3. November 1918 datiert; ich habe ein Exemplar aufgehoben. Es wurde darin angeordnet, daß der gesamte Hofstaat zum Festgottesdienst am 4. November – es war der Namenstag Seiner Majestät – nicht in der Stefanskirche, sondern um 9 Uhr in der Hofburgpfarrkirche zu erscheinen habe, die Hofwürdenträger und alle Herren von Zivil im Gehrock, die Militärs in Kappe und Mantel; gezeichnet Nepalleck! Ich machte diesen allerletzten, traurigen Kirchgang nicht mit, sondern nahm an der hl. Messe in Schönbrunn mit der engsten Suite teil; dort hatte ich ständig eine Uniform. Wir alle erschienen in Feldgrau. Die Frömmigkeit der Majestäten war wie stets höchst erbaulich – eine wehmütige Feier!
In der Stiftskaserne hatte sich das Kommando der roten Truppen gebildet, keine sehr bequeme Nachbarschaft für uns. Es hieß leider auch, daß einige der Trabanten, wo bekanntlich unsere Wohnungen waren, auch etwas rot geworden seien; gemerkt habe ich davon aber nichts. Zur Sicherheit sagte ich meinem Diener Sobota, er solle einzupacken beginnen, da wir wohl nicht mehr lange hier geduldet werden würden. Wer beschreibt meine Verblüffung, als ich an diesem Abend nach Hause komme und buchstäblich meine gesamte Wohnung verpackt vorfinde! Sobota hatte so gründlich gearbeitet, daß ich nicht einmal mehr ein Sacktuch haben konnte; nur mein Bett war zur Not noch für die Nacht gerichtet. Zu Sobotas größtem Leidwesen mußte nun doch etliches wieder ausgepackt werden. Später habe ich dann immer bei meinen Eltern in Schönbrunn übernachtet, aber nachdem der Kaiser das Schloß verlassen hatte und mein Vater gezwungen worden war, nach Prag zu reisen, zog ich ins Lobkowiczische Haus am Lobkowicz-Platz 2. Nur mit Mühe und einem beträchtlichen Lösegeld an unsere roten Nachbarn gelang es mir, auch meine Möbel und Koffer ins Palais zu bringen. Verloren habe ich damals nichts. Erst bei Lobkowicz, wohl bei der Übersiedlung nach Prag, sind mir eine große Bettdecke und eine hübsche Laterne abhanden gekommen.[3)]
Böhmen fiel ab, Ungarn, Kroatien, Galizien – die Monarchie wurde immer kleiner. Die kaiserliche Flotte wurde an das neue Jugoslawien abgegeben, der Kaiser legte das Oberkommando nieder und FM Baron Kövess mußte es übernehmen. Einige Tage zuvor, ich

glaube, am 27. Oktober, war die letzte österreichische Regierung gebildet worden, mit dem als friedliebend bekannten Professor Lammasch an der Spitze. Aber nichts nützte mehr, der Monarch mußte den Leidensbecher bis zur Neige leeren.

Für uns Schönbrunner äußerten sich alle diese Geschehnisse in einem tollen Auto- und Telephonverkehr mit Wien. Buchstäblich Tag und Nacht dauerten die Beratungen Kaiser Karls mit den Ministern und Generalen, leider auch mit den neuen Machthabern. Untätig mußte man zusehen, wie das große Reich zerfiel. Besonders wir Gardisten waren jetzt zu wenig nütz, außer unserer Person konnten wir dem Kaiser nichts bieten. Unsere Garden waren eigentlich von jeher nur zu Repräsentationszwecken verwendet worden. Ihre Bewaffnung und Uniformierung war teils mangelhaft, teils höchst unmodern und zu jeder »kriegerischen« Tätigkeit ungeeignet.

Bezeichnend für die Art dieses merkwürdigen Umsturzes war, daß sich unser Kommando an das neue Kriegsministerium wandte, um für die Gardisten wenigstens einige feldmäßige Mäntel zu erhalten, damit sie auf der Gasse nicht so auffielen; diese Bitte wurde bereitwilligst erfüllt.

Dadurch, daß – wenn man so sagen kann – die alte Zeit mit der neuen sogar aktenmäßig verkehrte, verwirrten sich alle Begriffe und alles trachtete, recht schnell und bequem in die neue Zeit hinüber zu kommen. Die Zeche bezahlten fürs erste die Majestäten. Allerdings hatte der Kaiser, indem er freiwillig auf jede Beeinflussung der Neugestaltung Österreichs verzichtete und selbst den Anfang des Parlamentierens mit den neuen Größen machte, eine tragische Schuld auf sich genommen.

Auch unsere Gardisten waren aufgeregt und fragten immerfort, was mit ihnen geschehen werde, wenn die sogenannten Nachfolgestaaten ihre Staatsbürger zurückverlangten und der Hof in Wien sich auflösen sollte. Erbach schickte mich als Böhmen zum neuen tschechischen Gesandten Tuzar, um mit ihm über alle diese Fragen zu verhandeln. Wie der neue Staat war auch Tuzar von der letzten Regierung Kaiser Karls anerkannt worden.

Ich kannte Tuzar aus dem Parlament vom Sehen. Er war Maurergehilfe gewesen und gehörte der Sozialistenpartei an, ein stark hinkendes, kleines Scheusal. Mehrmals nun suchte ich ihn in seiner Gesandtschaft auf, die in einem Hotel in der Josefstadt untergebracht war, am Beginn der Taborstraße. Tuzars Auftreten und Benehmen war merkwürdigerweise höchst wohlerzogen und würdevoll, als ob er schon immer Diplomat gewesen wäre. Er empfing mich sehr zuvorkommend und ich konnte ihm die prekäre Lage unserer Leute in aller Ruhe schildern; es handelte sich um zehn bis zwanzig Mann, mit der Infanterie nicht mehr als sechzig Mann. Dann bat ich ihn, sich der böhmischen Hofangestellten anzunehmen, insbesondere unserer Garden, falls sie nach Hause müßten. Er versprach es und hat sein Versprechen später auch gehalten. Solange der Kaiser in Wien sei, fügte Tuzar hinzu, solle alles beim alten bleiben; er sei für eine unbedingte Ordnung und friedliche Liquidierung aller dieser und ähnlicher Fragen. Erst wenn die Garden beim Kaiser überflüssig würden, sollten alle Tschechen nach Hause einrücken. Zum Schluß versicherte mich Tuzar seiner größten Sympathie für den jungen Monarchen, daß er sein Schicksal bedauere und alles tun wolle, um es etwas zu erleichtern.

Tatsächlich war damals noch gar nicht die Rede davon, daß der Kaiser mit seiner Familie die Monarchie verlassen solle. Kein Mensch hätte damals angenommen, daß man ihn zu so etwas, und noch dazu für immer, zwingen werde. Man sprach nur davon, daß der Kaiser sich wohl über die Dauer der Unruhen und der Umgestaltung Österreichs in ein Schloß zurückziehen solle.

Die Gesellschaft, die man bei Tuzar traf, war freilich nicht sehr vertrauenerweckend, eher ein Revolutionslager. Ich erinnere mich eines schmutzigen, recht braunen Kerls (er gab an, Armenier zu sein), für den ich den Dolmetsch machte, weil er außer seiner Muttersprache nur Französisch verstand. Er versicherte, ein geschickter Bombenerzeuger und -leger, überhaupt ein professioneller Revolutionär zu sein, und er biete seine Dienste an! Tuzar lächelte und gab ihm eine Adresse mit der Bemerkung, der Betreffende werde ihn vielleicht brauchen können in der Aktion gegen Deutsch-Böhmen, wo eine separatistische Regierung ausgerufen worden sei. Unter vier Augen gestand Tuzar mir dann, daß er sich schäme, mit derlei Gelichter – wenn auch nur scheinbar – arbeiten zu müssen. Hätte er den Armenier jedoch abgewiesen, so wäre dieser sicher in einem an-

deren Lager untergekommen. So aber sei er – Tuzar – überzeugt, daß der Kerl in Prag bald hopp genommen sein werde.
Einmal platzte ich in eine Art Kriegsrat, bestehend aus etlichen Zivilisten, einem Artilleriefähnrich und einem Oberarzt; letzterer war der 1. Militärattaché an der Gesandtschaft, begreiflicherweise nur kurz. Alles schrie aufgeregt durcheinander, ein sehr ergiebiges Feld der Tätigkeit für Wichtigtuer. Tuzar sagte mir später, man müsse diese Leute nur reden lassen, sie seien dann recht harmlos. Diesmal handelte es sich hauptsächlich um die Heimschaffung der tschechischen Truppen.
Eine Weile war auch die Rede davon, daß der Kaiser nach Brandeis an der Elbe gehen würde, also nach Böhmen, wo er von seiner Dienstzeit her besonders populär war. Auch darüber wurde mit Tuzar konferiert, ich glaube, durch Friedrich Lobkowicz; einige Male hatte ich diesem diesbezügliches auszurichten. Ich sollte quasi als Quartiermacher vorausfahren und eventuell an der neuen Grenze intervenieren. Leider kam es nicht dazu, weil die tschechische Regierung als Bedingung die Abdankung Kaiser Karls forderte – aber gerade das war es, was der junge Herr als einziges nicht erfüllen zu können glaubte.
In diesen letzten Tagen wurde mit einem Sturm des Pöbels auf Schönbrunn gerechnet. Er wäre sicher gelungen, denn die Verteidigung hätte sich, abgesehen von der geringen Zahl der Verteidiger, recht schwierig gestaltet. Bei einer energischen Aktion freilich hätte der Kaiser sicher noch viele Männer gefunden, die gern ihr Blut für ihn hingegeben hätten. Ob das der Erhaltung der Monarchie letztlich gedient hätte, ist allerdings recht fraglich. Der Kaiser scheute davor zurück, etwas zu unternehmen, das noch mehr Menschenleben gekostet hätte. Es steht aber fest, daß niemand versucht hat, das Schloß anzugreifen.
Auch nur die rudimentärste Bewachung von Schönbrunn war jetzt kaum mehr durchführbar. Ein sehr bewährtes Bataillon (ich glaube, es waren Kaiserjäger) war herbeigeholt worden, um die Wache zu beziehen. Für den Moment schien alles gesichert. Aber zum größten Schreck aller Verantwortlichen (auch der Offiziere dieser Truppe) war nach einer recht kühlen, regnerischen Nacht am nächsten Morgen nicht ein Mann zur Stelle! Für die Leute war der Krieg

einfach aus und alles sehnte sich nach der Heimat zurück. Später wurde die Technische Militärakademie aus Mödling zur Bewachung aufgeboten. Stolz erfüllten diese Jünglinge ihre mühsame Pflicht, doch war es klar, daß das nicht lange so gehen werde.
Eine besonders aufregende Nacht ist mir noch in Erinnerung. Schwierige Beratungen waren in Gang, die Stimmung sehr gedrückt, da es sicher schien, daß der Hof hier weg müßte. Mein Vater war nur auf einen Sprung zum Abendessen herüber gekommen, dann gleich wieder ins Schloß geeilt. Der Meidlinger Flügel, die Wohnung der Majestäten, war hell erleuchtet; ein Auto jagte das andere. Ich stand mit meiner Mutter am Fenster und wir besprachen die kommenden Ereignisse. Was sollte aus den Majestäten werden, was aus uns allen? Aus dem schönen Schloß, das so majestätisch vor uns lag, aus unserer lieben Heimat? Am meisten bedrückte mich die Schlappheit und Würdelosigkeit, mit der das alte Regime zu Ende ging. Müde und verbraucht sank das alte Österreich ins Grab. Viele Ideale mußten da begraben werden. Schwarz lag die Zukunft vor uns.
Gegen Morgen kam mein Vater heim, eigentlich ohne Resultat. Die Pläne waren, je weiter die Nacht fortschritt, umso abenteuerlicher geworden. Als endlich jemand vorschlug, die kaiserliche Familie solle unter Bewachung einiger Gardisten noch in dieser Nacht nach Reichenau am Fuße der Rax aufbrechen (um nicht aufzufallen, in Wagen, also nicht in Autos), hatte mein Vater beantragt, doch lieber schlafen zu gehen, um dieses nutzlose Gerede auf den nächsten Tag zu verschieben. Er selbst war ganz gegen eine vorzeitige Flucht aus Schönbrunn, zumindest bevor nicht wenigstens der Versuch eines Angriffes auf das Schloß gemacht worden war. So dachte auch die Kaiserin, die sich ganz damit abgefunden hatte, wenn notwendig das Schicksal Marie Antoinettes von Frankreich zu teilen. »Lächelnden Angesichts!«, setzte mein Vater hinzu. Der Kaiser scheute jegliches Blutvergießen, obwohl doch schon seit vier Jahren so viele Tausende für ihn und für's Vaterland gefallen waren. Er wäre jedem Angriff auf das Schloß gewichen, im Unterschied zur Kaiserin, die unerschrocken dem Pöbel entgegengetreten wäre.
Meine Schwestern Christl und Berta waren mit dem letzten Zug am 1. November nach Prag gefahren und wohnten dort im Palais Lobko-

wicz auf der Kleinseite (Welscher Platz). Meine Mutter blieb vorerst bei meinem Vater. Auch Mademoiselle Jacquemin blieb da, um beim Einpacken der ganzen Wohnung zu helfen.[4] Es schien sicher, daß diese geräumt werden müsse, falls der Hof das Schloß verlassen würde. Wieder einmal, wie so oft, war eine telephonische Nachricht aus der Stadt gekommen, daß ein Sturm auf das Schloß beschlossen sei. Ich ging durch unsere Wohnung, um zu schauen, was in der Eile zu machen sei und wie weit die Einpackerei fortgeschritten wäre. Dabei traf ich Mlle. Jacquemin, tief in einen Koffer vergraben. Auf meine Mitteilung hin setzt sie sich, den Tränen nahe, auf denselben und sagt, sie könne nichts mehr machen, die Leute sollten nur kommen! Ihr sei alles gleich! Ich beruhigte sie etwas, doch muß ich sagen, daß auch mich eine absolute Gleichgültigkeit ergriffen hatte. Seit Tagen schon sah ich alle unsere Sachen wie fremde Dinge an und war erstaunt, wie schnell man in solchen Zeiten auf Hab und Gut verzichten kann; wie lange dieser »Verzicht« wohl gedauert hätte? Die wertvollsten Gegenstände, das Silber, Porzellan, einige Bilder und Schmuck hatten wir gleich zu Beginn der Unruhen zu einfachen, armen Bürgersleuten von Meidling und Hetzendorf in Sicherheit gebracht. Diese – meist sogenannte Vereinsweiblein und Kirchenbekanntschaften meiner Mutter – hatten sich selbst zu diesem Liebesdienst angeboten.

Der Kaiser verzichtete, wie erwähnt, für die Dauer der Umgestaltung Österreichs auf seine Herrscherrechte; auch erlaubte er seinen Untertanen, in die neuen Regierungen und Armeen einzutreten. Viele Kameraden waren mit mir der Ansicht, daß mit diesem Schritt des Souveräns unbedingt auch eine Entbindung vom Eid hätte verfügt werden müssen. Es bestand nämlich die Gefahr, daß durch die zu erwartenden, kaiserfeindlichen Verfügungen der neuen Machthaber die nun doppelt Vereidigten vor unüberwindliche Gewissenskonflikte gestellt werden würden. Graf Nikolaus Des Fours und ich legten dem General Graf Georg Wallis, dem ehemaligen Erzieher des Kaisers, unsere Bedenken vor. Wir hatten ihn als unseren Berater gewählt, weil er in der ganzen Armee als ein höchst achtbarer Offizier bekannt war.

Graf Wallis sah unsere Gründe voll ein und versprach, sein Möglichstes in dieser Richtung zu tun, ohne uns jedoch seine Zweifel an der

Durchführbarkeit zu verhehlen. Dann fuhren wir beide, Des Fours und ich, nach Schönbrunn, wo Des Fours mit dem neuen Generaladjutant und Chef der Militärkanzlei des Kaisers, General von Zeidler, über diese Frage sprach, während ich gleichzeitig dem Auditor Schager der gleichen Kanzlei (dem späteren Freiherrn von Eckartsau) und juristischen Berater Seiner Majestät meine Bedenken vortrug. Leider gelang es uns nicht, die beiden zu überzeugen. Die Entbindung vom Eid dem Kaiser gegenüber schien ihnen zu gefährlich. Warum aber der Verzicht auf die Herrscherrechte diesen Herren (die, wie ich wußte, Anhänger, wenn nicht gar Urheber dieser Maßnahme waren) nicht viel gefährlicher, ja katastrophal erschien, ist mir immer unklar gewesen. Außer von verhältnismäßig wenigen Eingeweihten wurde dieser zeitweise Verzicht des Kaisers allgemein als Abdankung aufgefaßt, die natürlich einer Entbindung vom Eid gleich kam – und alles ging über diesen Punkt hinweg zur Tagesordnung über. Viel später habe ich gehört, daß Kaiser Wilhelm II. das deutsche Heer tatsächlich vom Eid entbunden hatte, und daß ihm dieser Akt von vielen sehr übel genommen worden war. Wieder einmal hatte man es nicht allen recht machen können. Daß Verzicht oder Abdankung, Eidesbefreiung oder nicht, den Lauf der Dinge aufgehalten hätten, ist kaum anzunehmen. Wo nichts, das heißt auch keine Staatsgewalt mehr ist, hat eben auch der Kaiser sein Recht verloren. Von verschiedenen Geistlichen hörte ich damals, daß ein erzwungener Eid, also der Soldateneid, nie bindend sein könne. Mit dem Kämmerereid freilich wußten sie nichts anzufangen. Wir mußten uns schließlich mit der Lage abfinden und uns damit zufrieden geben, daß der Kaiser ausdrücklich den Eintritt in die neuen Heere erlaubt hatte.

Wie schon erwähnt, kam es nicht einmal zu Zusammenrottungen vor oder in der Nähe von Schönbrunn. Es kam aber vor, daß Leute, die mit Gepäck das Schloß verlassen wollten, angehalten wurden, weil es hieß, das »Volksgut« werde verschleppt. Die Zeitungen freilich waren voll der ärgsten Nachrichten über das Toben der Revolution in Wien. Ich schaute mir einmal dieses Toben an: Etwa zwanzig betrunkene Soldaten durchzogen mit einer roten Fahne grölend die Mariahilferstraße; es hieß, die Arrestzellen der Stiftskaserne seien geöffnet worden. Sehr blutig sah's nicht aus, auch wurde der Zug von den Passanten kaum beachtet. Am nächsten Tag waren natürlich die üblichen Greuelnachrichten in allen Blättern.

Am 9. November dankte Kaiser Wilhelm II. ab, in der Nacht vom 7. auf den 8. November hatte König Ludwig III. von Bayern die Münchner Residenz verlassen; täglich hörte man von Thronverzicht oder Flucht eines der deutschen Bundesfürsten. Jetzt war klar, daß der Kaiser sich nicht würde halten können. Spätnachmittags am 11. November erhielt ich eine telephonische Nachricht von meiner Mutter aus Schönbrunn, daß mein Vater abreise. Ich ahnte gleich, was das bedeutete und sprang in die nächste Elektrische, um nach Schönbrunn zu kommen. Der ganze Wagen hallte wider von Schimpfreden auf die Majestäten, »diese Urheber des Krieges« und dergleichen.

Kurz vor der Endstation am Meidlinger Tor fuhren etliche Autos, aus dem Schloß kommend, recht rasch an uns vorüber. Ich erkannte gleich die Insassen: Es waren die Majestäten, die mit ihren Kindern, Therese Kerssenbrock, meinem Vater und noch einigen Suiten und Dienerschaften Schönbrunn verließen, auf dem Weg nach Eckartsau. Der Kaiser war in Zivil. Von den Passagieren der Elektrischen hatte niemand die Autos bemerkt. Mich packte eine recht arge Verzweiflung. Nun war wohl alles aus! Freilich war's ja so am besten, daß die hohen Herrschaften aller Voraussicht nach für die nächste Zeit in Sicherheit waren; auch war man in Schönbrunn eine Sorge los. Doch wir hatten immer noch auf eine Art Wunder gehofft, daß sich alles irgendwie beruhigen werde.

Der große Schönbrunner Hof war voller Militär; es war, glaube ich, eine Abteilung der Belgien-Infanterie Nr. 27, die sich den ganzen Krieg hindurch sehr gut gehalten hatte. Die Gewehre hatten sie in Pyramiden zusammengestellt. Sie waren von der neuen Regierung geschickt worden, um das Schloß zu besetzen. Durch ein unglückliches Mißverständnis waren sie etwas zu früh gekommen, so daß man dem armen Kaiser nicht hatte ersparen können, eine geschlossene Truppe zu sehen, die von ihm kaum Notiz nahm. Der Kommandant, ein Oberstleutnant, ließ sich bei meinem Vater melden und teilte ihm markiert salopp die Besetzung des Schlosses mit; durch sein gemessen kühles Benehmen zwang mein Vater ihn, doch etwas strammer zu werden. Graf Alphons Karl Mensdorff, der den

Monatsdienst in Schönbrunn hatte, und sein Kollege von der Infanterie meldeten sich, wie mir mein Vater später erzählte, am Fuß der Treppe vom Dienst ab, wie es bei Verlegung des allerhöchsten Hoflagers vorgeschrieben war. Der Kaiser in Jagdzivil war sichtlich gedrückt, die Kaiserin ließ sich nichts anmerken. Als die Majestäten dann im Hof erschienen, war die Mannschaft kaum zu bewegen gewesen, aufzustehen! Die Offiziere salutierten wenigstens verlegen.
Als ich im Schloß ankam, ging ich gleich zum Kommandanten, um etwas über die Lage zu erfahren, und ob er mit einem Angriff auf das Schloß rechne; es hieß ja, das »Volk« habe nur auf die Abreise des Hofes gewartet, um Schönbrunn in Besitz zu nehmen. Er glaubte nicht an einen Angriff und behielt auch recht damit. Übrigens sagte er, er habe etliche Maschinengewehre und sei sich seiner Leute sicher. Seine Kameraden und er – vier bis fünf Mann – hatten sich im sogenannten Rudolf-Appartement einquartiert, links zu ebener Erde gegen den Park zu. Sie waren alle reich mit Kriegsdekorationen geschmückt. Sehr typisch für die ganze Armee war ihre Ansicht über die jetzige Zeit: Sie gipfelte in der wunschlosen Freude über das Ende des Weltkrieges. Alles andere war diesen Leuten mehr oder weniger gleichgültig, sie hofften nur, bald abrüsten zu können. Der Monarchie weinten sie keine Träne nach; diese und der Kaiser hätten sich wohl überlebt, meinten sie. Die zu erwartende Republik werde hoffentlich lange Frieden halten. Im übrigen seien sie jetzt freie Bürger und niemand könne sie je wieder zwingen, in einen Krieg zu gehen. Als ich ihnen sagte, daß sie die Räume bewohnten, in welchen die Kaiserin Maria Theresia als Witwe gelebt hatte, waren diese neugebackenen Republikaner doch sichtlich geschmeichelt und beeindruckt.
In der Wohnung meiner Eltern im Meidlinger Stöckl sah es jetzt recht wüst aus. Meine Mutter, Mlle. Jacquemin, Kammerdiener Strajchl, Diener Siegmund und die Köchin waren noch da, doch mußte ein Drittel der Wohnung, etwa sechs Zimmer, für die neue Besatzung geräumt werden. Bis zur Abreise meiner Mutter am 15. November schlief auch ich in der Wohnung.
Mein Vater hatte bei der Übernahme dieser Dienstwohnung auch einige sogenannte hofaerarische Möbel mit übernommen, lauter Sachen, die sich schon dort befunden hatten; unter anderem auch

ein großes Uhrenbild aus der Biedermeierzeit mit einer Ansicht von Prag. Jetzt übergaben wir das alles gegen eine Quittung der Schloßhauptmannschaft.

Traurig war's zu sehen, wie sich die Soldaten auf den echten Theresianischen Möbeln breit machten; etliche Sesselbeine mußten gleich dran glauben. Besonders eine große, weißlackierte gepolsterte Rokokobank auf unserem Gang diente den Leuten samt ihren kotigen Stiefeln als Ruhebett; sie sah bald danach aus! Gleich das erste Zimmer nahe der Stiege mit dem großen steinernen Engel (es war das meines Vaters) war als Maschinengewehrstand eingerichtet worden.

Die Hauptsache aber für die Leute war das gute Essen, das sie von der Hofküche bezogen. Solange sie das bekämen, versicherte der Kommandant, könne man unbedingt auf sie rechnen, weil sie diese gute Menage verteidigen würden. Das gleiche spielte sich übrigens auch in der Burg ab. Da der tägliche Verpfleg-Stand der Hofwirtschaftsdirektion den ganzen Krieg hindurch auf 4000 bis 5000 Mägen – täglich! – beziffert gewesen war (beide Hoftheater inbegriffen), waren riesige Vorräte da, die jetzt von der Besatzung verbraucht wurden. Das bedeutete allerdings, daß die bisher Verpflegten nun brotlos geworden waren – bei dieser Lebensmittelknappheit eine böse Sache.

Bis tief in den Dezember hinein konnten so die Burg, Schönbrunn und andere kaiserliche Schlösser vor Plünderung bewahrt werden. Dann hatten sich die Gemüter etwas beruhigt und es war, wie ich annehme, ein Ordnungsdienst eingerichtet. In Wien jedenfalls ist keines der Palais geplündert worden.

Mein Vater mußte am 20. November den kaiserlichen Hof in Eckartsau verlassen; das gleiche Los traf alle Mitglieder des Hofes, die nicht deutsch-österreichische Staatsbürger waren. Außer den Damen, die alle bleiben durften, blieben nur Graf Wladimir Ledochowski und Emmerich von Schonta zurück, die gleichen Herren, die den Kaiser später ins Exil begleiteten. Mein Vater hielt sich nur ganz kurz in Wien auf und fuhr bald nach Prag, von den tschechischen Zollbehörden übrigens korrekt behandelt. Vor seiner Abreise übergab er seine beiden goldenen Ordenscollanen von der Toison und von der Eisernen Krone gegen einen Revers der liquidierenden Kabinettskanzlei;

es hieß nämlich, daß man an der Grenze alle Orden beschlagnahme. Seine beiden Ordenskoffer ließ er in Schönbrunn zurück und hoffte, diese mit den Möbeln später nach Prag schaffen zu können (was auch gelang).

Einige Tage nach seiner Abreise machten unsere Nachbarn und Verteidiger einen Einbruchsversuch in unsere Wohnung. Sie gerieten über die Ordenskoffer, wurden aber offenbar gestört, da nur das Lippische Ehrenkreuz und etliche wertlose Medaillen gestohlen wurden. Auch den goldschimmernden, doch falschen Kämmererschlüssel nahmen sie mit. Aus echtem Metall, nämlich Silber vergoldet, war nur die österreichische Eiserne Krone, die aber von den Dieben verschont wurde. Wenn sie die echten Collanen erwischt hätten, wäre es für meinen Vater sehr peinlich gewesen, denn er hätte sie ersetzen müssen; die meisten Orden wurden nur auf Lebenszeit verliehen, ihre Insignien mußten nach dem Tode des Ordensritters zurückgegeben werden.

Als mein Vater seinerzeit das Goldene Vlies erhielt, bat er sich als Collane das Exemplar 28 aus, das der junge Kaiser Karl als Erzherzog getragen hatte (der jeweilige Kaiser trug eine etwas längere und leichtere Collane, weil er beim Ordensfest – Fronleichnam – alle Ketten zu tragen hatte). Später, als Kaiser Otto großjährig geworden war, wollte dieser die Collane seines Vaters haben. So wurde die Kette, die mein Vater in Wien gelassen hatte, nach Steen geschafft und mein Vater erhielt eine andere Collane zugeteilt. Tatsächlich aber hat mein Vater die Toisoncollane nie mehr angelegt; seit der Republik wurde sie von den Rittern nur bei der Festsitzung am Andreastag getragen[5)], und zufällig war mein Vater nie bei diesem Fest anwesend. Nach seinem Tod erhielt ich von der Toisonkanzlei eine Bestätigung, daß die Collane Nr. 28 ordnungsgemäß von mir zurückgegeben worden sei – faktisch aber war dieses Stück schon seit Jahren in Benützung beim jungen Kaiser Otto.

Eine sehr peinliche Angelegenheit mußte noch geregelt werden – es handelte sich um den Pensionsfond der Garden. Allen Gardisten waren regelmäßig Abzüge gemacht worden, um ihnen bei ihrer Entlassung eine Pensionszulage zukommen lassen zu können. Diese recht bedeutenden Kapitalien waren, wie sich herausstellte, vom Obersthofmeisteramt in einer Geldknappheit aufgebraucht worden und nur mehr am Papier vorhanden; lediglich die Zinsen wurden noch gezahlt. Nun war das gesamte kaiserliche und hofaerarische Vermögen von der Republik Deutsch-Österreich beschlagnahmt worden, und weil das Kapital des Garde-Pensionsfond nicht mehr bestand, sollten die Gardisten leer ausgehen.

Begreiflicherweise wirkte diese überraschende Nachricht bei unseren Leuten wie eine Bombe! Dies umso mehr, als einige von ihnen bis zu zwanzig Jahre lang brav eingezahlt hatten, nun keine Gage mehr hatten und die meisten tatsächlich brotlos waren. Die böhmischen Gardisten wandten sich an mich mit der Bitte um Intervention beim Sektionschef von Keller, dem Nachfolger Wetschels im Obersthofmeisteramt. Oberleutnant Skulski von der Infanterie sollte für die Polen sprechen und schloß sich mir an. Mit einer kleinen Deputation von Gardisten gingen wir zu Keller, der auch Liquidator des Obersthofmeisteramtes war.

Ich trug unser Anliegen vor, überzeugt, daß dieser Herr uns mit Rat und Tat an die Hand gehen werde. Aber zu meinem größten Erstaunen und zu meiner Empörung erklärte uns Keller recht sarkastisch, er betrachte sich nun als deutsch-österreichischer Beamter, und wir sollten uns doch an unsere Regierung wenden, wenn wir etwas haben wollten! Ich schämte mich wirklich. Das mußten die Gardisten nun von einem der höchsten Beamten am kaiserlichen Hof hören, einem Geheimen Rat, von dem Mann, unter dessen Amtsführung die Pensionsgelder verschwunden waren! Sicher war das damals ohne üble Absicht geschehen, und ohne den Umsturz wäre alles auf Heller und Pfennig zurückgezahlt worden, ohne daß ein Gardist etwas bemerkt hätte. Aber sich jetzt auf's hohe Roß zu setzen und jegliche Hilfe in dieser das Hofaerar, wenn nicht sogar den Kaiser höchst kompromittierenden Affäre zu verweigern, war doch mehr als zynisch!

Ein alter Gardist trat vor und sagte recht polnisch-deutsch: »Bitte uns doch zu helfen, wir sind arme Schafe!« Die armen Polen waren wirklich sehr schlecht dran. In ihrer Heimat sollten bis zu vier verschiedene Regierungen hausen, abgesehen von Ostgalizien, wo noch der ruthenische Aufstand tobte.

Ich bemerkte nur kurz, daß so den Gardisten nichts anderes übrig bliebe, als sich tatsächlich an die neuen Staaten zu wenden, und drehte Keller den Rücken zu.[6] Unsere Leute konnten die Sache nicht fassen. Einige wollten ihre Schimmel satteln, um nach Eckartsau zum Kaiser zu reiten, dieser müsse sie doch erhören! Nur mit Mühe konnten wir ihnen beibringen, daß der Kaiser jetzt womöglich ärmer sei als sie. Das Benehmen dieser merkwürdigen Excellenz war wirklich nicht dazu angetan, den monarchistischen Gedanken bei den Gardisten zu heben, aber das war wohl auch nicht beabsichtigt.

Später intervenierte ich in dieser Angelegenheit beim Kanzler der neuen deutsch-österreichischen Republik, Mataja, der sich viel entgegenkommender zeigte als der alte Hofbeamte; der hatte sich wohl auf diese Art bei der neuen Republik gut einführen wollen. Die Sache wurde so geregelt, daß das gesamte Inventar der Gardekasernen zugunsten der Gardisten versteigert werden sollte. Wie der Verkauf dann durchgeführt wurde, habe ich nicht mehr erfahren, weil ich Anfang Dezember Wien verließ.

In Schönbrunn blieb nur der alte treue Kammerdiener Strajchl zurück, der alles definitiv einpackte. Im Laufe des Winters fanden die Möbel meiner Eltern gastliche Aufnahme in der Liechtensteinischen Galerie in der Rossau. Als ich im März 1919 wieder nach Wien kam, fand ich sie, zu einem respektablen Haufen getürmt, im großen Galeriesaal wieder. Die mit großen Plachen zugedeckten Kisten und Kasten nahmen sich in diesem prächtigen Raum höchst unvorteilhaft, geradezu ärmlich aus. Fürst Liechtenstein hatte einigen Familien die gleiche Gefälligkeit erwiesen, und so waren im riesigen Mittelsaal einige solche Kistenberge aufgestapelt; es sah mehr nach einem Trödelmagazin aus.

Ende November 1918 wurden die Gardisten, die nach Eckartsau kommandiert gewesen waren, durch Gendarmen der neuen Republik abgelöst; nun konnte der Heimtransport der Garden böhmischer Nationalität durchgeführt werden. Es wurde uns ein Separatzug zur Verfügung gestellt, bestehend aus etwa vier Waggons.

Hauptmann Pekárek von der Leibgardeinfanterie und ich waren die Führer unseres Häufleins von 50 bis 60 Mann, die wir in zwei Personenwagen verstauten. In den Lastwagen hatten wir die Koffer der Leute untergebracht; außerdem war es mir gelungen, zwei Kisten mit Silber und Wertgegenständen meiner Eltern unauffällig hinein-

zuschmuggeln. Dem Transport schloß sich als einziger Zivilist auch Friedrich Lobkowicz an, der in Wien nichts mehr zu tun hatte und wohl unbemerkt nach Hause gelangen wollte.
An einem finsteren Abend Anfang Dezember 1918 stand unser Zug an einem Nebengleis der Nordbahn startbereit. Um kein Aufsehen zu erregen, mußten wir die recht weit draußen stehenden Waggons in kleinen Gruppen erreichen. Die überall aufgestellten Posten der sogenannten Roten Garde hätten uns, wenn sie uns bemerkt hätten, sicher Schwierigkeiten bereitet, was wiederum wohl zu einem saftigen Lösegeld geführt hätte. Langsam setzte sich der Zug in Bewegung, als plötzlich Halt! gerufen wurde und man etliche Soldaten uns nachlaufen sah. Ich war schon sehr besorgt (hauptsächlich wegen der Silberkisten), doch der Zug hielt nicht an, sondern fuhr durch den spärlich beleuchteten Bahnhof der neuen Grenze zu und weiter gegen Brünn.
Ich freute mich zwar, nach all diesen Aufregungen nach Hause in die Ruhe zu kommen, doch stimmte mich der Abschied von Wien unter solchen Verhältnissen recht wehmütig. Es waren doch schöne Jahre, die ich hier hatte verleben dürfen, und wir fuhren doch alle in eine mehr als dunkle Zukunft. Den größten Teil der Reise, die gegen Abend des nächsten Tages in Prag zu Ende ging, verbrachte ich auf der Lokomotive, deren Führung mich sehr interessierte.
Wie Tuzar es versprochen hatte, wurden sämtliche Gardisten als Portiere, Amtsdiener und in ähnlichen Stellen an den Ministerien untergebracht. Ich selber hätte mich um ein Kavallerieregiment bewerben sollen; begreiflicherweise hatte ich aber keine Lust, nun weiter zu dienen und ließ mich pensionieren. Leider wurde diese Pension später ganz gegen meinen Willen in eine Reservestellung umgewandelt.

Anmerkungen

1. »gewesene« bezieht sich auf das Jahr der Niederschrift, 1931.
2. Nähere Angaben zur Person dieses Farský und zu seiner und Dr. Zahradníks Todesart waren dem Bearbeiter leider nicht zugänglich.
3. Die Verluste kamen später, beim Ende des Zweiten Weltkrieges, und waren dann total; Prinz Lobkowicz und seine Familie kamen mit nicht mehr in den Westen als viele andere Flüchtlinge – mit dem, was sie tragen konnten.
4. Marie-Anne Jacquemin (1878–1941) war die langjährige »Hausdame« der Familie des Autors; ihre Stellung und Tätigkeit würde man heute mit der einer Hoteldirectrice in etwa vergleichen können.
5. Mit dem Zusammenbruch der Monarchie endete auch der Brauch, das Ordensfest der Ritterorden zusammengefaßt an Fronleichnam zu feiern. Die immer noch sehr schöne und bunte Wiener Fronleichnamsprozession der Neuzeit ist nur ein schwacher Abglanz der Pracht, die bis zum Ersten Weltkrieg üblich war.
6. Jemandem im Gespräch bewußt den Rücken zuzukehren, galt zu jener Zeit als nahezu tödliche Beleidigung. Die Geste drückte aus, daß der Sprecher seinen Gegenpart so abgrundtief verachtete, daß er dessen Anblick seinerseits als Beleidigung betrachtete. Der so Brüskierte hätte eigentlich nur noch mit einer Forderung zum Duell reagieren können, um sein Gesicht zu wahren. Im vorliegenden Fall ist diese Geste eines der vielen Beispiele für den hilflosen Versuch, der neuen Zeit mit der alten Sprache beizukommen.

Glossar

à tor et à travers	kreuz und quer
Abdikation	Abdankung
Abfertigung	Befehlsausgabe, Order
agassieren	ärgern, nervös machen
Agende	dienstliche Aufgabe, Planstelle
Akolyt	Inhaber der letzten der vier niederen Weihen (bis 1969), Meßdiener, Ministrant
Alba, Albe	knöchellanges weißes Gewand mit engen Ärmeln
Alte-Frauen-Haube	Teil der Volkstracht für verheiratete Frauen
Alumne	Schüler in einem (kirchlichen) Schülerheim, hier: Theologiestudent
angesagt	angekündigt im Sinne von befohlen
apostasieren	vom Glauben abfallen, dem Glauben (der Kirche) abschwören
Apparat	komplette Garnitur aller benötigten Meßgewänder und Paramente in einer Farbe
Aspergil	durchlöcherte Hohlkugel mit Stiel zum Versprengen von Weihwasser
Aufschneidmesser	Brieföffner
ausstellen	hier im Sinne von bescheinigen, bekräftigen, beweisen
Bandelier	breiter Lederriemen schräg über Brust und Rücken, ursprünglich zur Befestigung vorgefertigter Pulverladungen für Vorderladergewehre bzw. von Wurfgranaten
Bibelot	Nippes, Nippsachen, »Vitrinen-Objekte«
Bonne	französischsprechendes Kindermädchen, das auch Erziehungsaufgaben hatte
Breeches	Reithosen, ohne Stiefel zu tragen
Buchs	Holz des Buchs- oder Buxbaumes, meist gelb und sehr hart
Bussole	Magnetkompaß

Carossier	Kutsch- oder Wagenpferd
Cartouche	Umhüllung (Pappe, Metall) der Pulverladung für ein Geschoß, später der Behälter, in dem solche fertigen Ladungen aufbewahrt wurden
Chaiselongue	wörtlich: Langstuhl; Sitzliege ähnlich einem Diwan
Chargepferd	Dienstpferd
Chattonsreihen	Reihen gleichförmig gefaßter Einzelperlen oder -steine
Cheffürstin	ranghöchste Dame eines fürstlichen Hauses, die Frau des Familienchefs
Collane	metallene Halskette für Ordenskleinodien, Bürgermeisterkette
Contenance	Beherrschung, Selbstbeherrschung, Unbewegtheit
coupiertes Terrain	zerklüftetes Gelände
courtiert	gekürzt, beschnitten
Crkva	Kirche (poln.)
Dalmatika	kurzärmeliges Meßgewand für Diakone
debouchieren	aus einem Engpaß trichterförmig herausquellen
deferent	ehrerbietig, unterwürfig
Deferenz	Ehrerbietung
Déjeuner	Mittagessen
delabriert	heruntergekommen, vergammelt
Dépendance	Niederlassung, Nebenhaus
deplaciert	unpassend, am falschen Platz
deprezieren	zögern, warten, sich zieren
Detachement	Abteilung, kleiner (Späh-)Trupp
Dezennien	Jahrzehnte
Diamantrauten	gemeint sind Diamantrosen, eine Schliffart für kleine, weniger wertvolle Steine
Dienststück	dienstliches Schriftstück
Disposition	Aufstellung (der Truppen), Angriffsplan
Divan	gepolsterte Sitzliege ohne Lehnen, allenfalls mit angehobenem Kopfteil
Domvikaristen	Ein Domvikar ist der Stellvertreter eines Domherrn
drap	erdfarben, sandfarben (»khaki«)
Durchhaus	Haus mit Ein-, Aus- und Durchgängen von bzw. nach mehreren Straßen

Einjährig-Freiwilliger	Soldat, meist Offiziersanwärter, der das Gymnasium mit der Mittleren Reife verlassen und sich freiwillig zu einjährigem Dienst verpflichtet hat
Einser Dragoner	Offiziere und Soldaten des Dragoner-Regimentes Nr. 1
Epistelseite	die linke Altar- bzw. Kirchenseite
Equipierung	Ausrüstung, Ausstattung
Escarpins	leichte, flache Schuhe, auch Ballettschuhe
Eskadron	Kavallerie-Einheit, auch Schwadron genannt, entspricht etwa einem Bataillon
Eßschale	soldatisches Kochgeschirr
Evangelienseite	im tridentinischen Ritus die (vom Kirchenraum her gesehen) rechte Seite des Altars, weil auf dieser das Evangelium gelesen wurde
Faldisterium	Klappsessel, galt schon im Römischen Reich als Herrschersymbol
Familienrang	der einer bestimmten Familie vom Kaiserhof zugeteilte Rang, der die Reihenfolge der Familien bei Cortège oder Sitzordnung bestimmte
Fauteuil	österr. Ausdruck für Lehnsessel
faschiertes Schnitzel	Frikadelle, Fleischkloß
Feldbinde	ursprünglich eine Schärpe, später ein mit Metallfäden durchwirkter Gurt, der ähnlich einem Koppel um den Leib getragen wurde
Fideicommiß	durch Gesetz geschützte Erbfolge, bei welcher immer nur ein Erbe das Fideicommißvermögen erbt und andere Erben auszahlen muß
Fliegerrad	gesticktes Rad mit aus der Nabe wachsenden Flügeln
Flügeladjutant	Verbindungsoffizier zwischen Kommandant und Truppe, ursprünglich zu den Flügeln der Schlachtordnung
FM	Feldmarschall
FML	Feldmarschalleutnant
Frühstück	hier: Mittagessen
führen	kutschieren, fahren (jemanden)
FZM	Feldzeugmeister
GA	Generaladjutant
Galanteriewarengeschäft	Geschäft für Putz- und Modewaren und modische Accessoires

GdI	General der Infanterie
GdK	General der Kavallerie
gefürstete Grafschaft	Prädikat der mit fürstlichen Ehrenrechten ausgestatteten Grafen, übertragen auf ihre Gebiete
Gehrock	mantelartiges Kleidungsstück, endet oberhalb der Knie, statt Rock oder Jacke zu tragen
Generaladjutant	militärischer Assistent eines Kaisers, Königs oder Erzherzogs, steht selbst im Generalsrang
Generalslampas	rote Lampas (siehe dort) der Generalshose
geschickter Schriftsteller	der sein Handwerk versteht, eine »gute Schreibe« hat
Geschwisterkind	Kind einer Schwester oder eines Bruders von Vater oder Mutter
GFM	Generalfeldmarschall
GM	Generalmajor
GO	Generaloberst
gold-galoniert	mit breiten Goldborten gesäumt
goutieren	Geschmack an etwas finden
Grant	Mißmut, schlechte Laune
Gucker	Fernglas
Habitué	jemand, der gewohnheitsmäßig etwas tut, hier: jemand, dem das tägliche Zur-Schau-Stellen seiner Person zur unentbehrlichen Gewohnheit geworden ist
Herrenhaus	Oberhaus im politischen Zweikammersystem
hoffähig	darf am kaiserlichen Hof erscheinen
Impediment	Hindernis, Behinderung
incensieren	mit Weihrauch beräuchern
Inful, Infel, Imfel	anderer Ausdruck für Mitra, Kopfbedeckung eines Bischofs
inoffensiv	friedfertig, nicht angriffslustig, hier: nicht unangenehm
Josefinismus	militant liberale Haltung gegenüber der Kirche, gefördert von Josef II.
Kalpak	ungarische Kopfbedeckung: hohe, zylindrische Mütze (aus Lammfell) mit seitlich herabhängendem, beutelförmigem Tuch; manchmal auch nur das Tuch

Kanapee	Sofa mit Arm- und Rückenlehnen
Karfiol	Blumenkohl
Karrieregalopp	schnellstmögliche Galoppart
Karyatide	weibliche Gewandstatue, die eine Säule ersetzt
Kasel	ärmelloses, an den Seiten offenes Meßgewand, das über den Kopf angezogen wird
Kasten	österreichischer Ausdruck für Schrank
Katzenköpfe	Pflastersteine aus Blaubasalt
Kindermädchen	Hilfskraft für die Kindsfrau, in kleineren Haushalten auch alleinige Betreuerin der Kinder
Kindsfrau	nicht fremdsprachige Betreuerin von Kleinkindern, meist ohne besondere Erziehungsaufgaben
Koller	lederner Schutzpanzer, Lederwams; auch krampfartiger Anfall beim Pferd
kollrig	zu krampfartigen Anfällen neigend (beim Pferd)
Kommanden	Kommandostellen, Kommandos
Kommodehut	vom französischen commode, bequem; ein bequem zu tragender Hut
Kompliment	Verbeugung
Konfident	Vertrauensmann, »Undercover«-Agent
Konikel	polnisches Arbeitspferd
Konversation machen	Die Kunst, eine gepflegte, interessante Unterhaltung ohne Tiefgang und ohne anstößige Momente in Gang zu halten
kotzenartig	eine Kotze ist ein wetterfester Umhang ohne Ärmel, meist aus Loden
Lampas	breite Längsstreifen an den äußeren Nähten der Beine von Generals- und Trachtenhosen
Landauer	offene, viersitzige Kutsche mit Bock und zweiteiligem Klappverdeck, deren Passagiere sich gegenübersitzen
Langeweile, gelangweilt	höfischer Ausdruck für Ärger, verärgert sein (ein Gefühl, das man nicht zeigen durfte)
Latifundien	ausgedehnter Besitz an Ländereien
Leibbereiter	Betreuer der persönlichen Pferde des Kaisers
Leibstall	die für den persönlichen Gebrauch des Kaisers bestimmten Pferde
Leichenfurgon	geschlossener Leichenwagen
Leute	hier immer nur im Sinne von Soldaten oder Angestellten, nie allgemein

liberal	im damaligen Sprachgebrauch so viel wie antimonarchisch und antikirchlich
Lichtlweib	Frau, welche die Kerzen vor und auf den Altären versorgt
Lizière	Umgrenzung, Abgrenzung, Grenze, Grenzzaun, -mauer
Majoratshaus	Sitz des Majoratsherrn
Majoratsherr	Familienchef, gleichzeitig Inhaber des Familienbesitzes
Manteletta	kurzer, bis zu den Hüften reichender leichter Mantel
Masche	österreichischer Ausdruck für Schleife
Menage	Verpflegung beim Militär
Menagieren	Essen fassen, Verpflegung austeilen bzw. in Empfang nehmen
Mezzanin	Etage zwischen Erdgeschoß und 1. Stock, auch Hochparterre
Mozet	Schulterkragen mit Kapuze, für Bischöfe
nachgeborene Prinzessin	nach der ältesten (und damit ranghöchsten) Prinzessin geborene Tochter eines Fürstenhauses
Nadelgeld	für persönliche, private Ausgaben bestimmte Einkünfte
Nase	Kurzform für Nasenstüber, strenge Ermahnung
Nuntius	akkreditierter Botschafter des Vatikans
Oberstlandkämmerer	Präsident der (böhmischen) Finanzverwaltung
Oberstlandmarschall	Präsident des (böhmischen) Landtages
Offizial	Beamter (auch kirchlicher Amtsträger)
ostentativ	bewußt auffällig, betont
Oratorium	(abgetrennter) Gebetsraum
Pakasch	phonetische Wiedergabe von »bagage«, französisch Gepäck, hier in der Bedeutung von »Lumpenpack«
panslavistisch	politische Bewegung für den Zusammenschluß aller slawischen Völker, unter Ausschluß der übrigen
Pantalons	lange Hosen
Paramente	liturgische Kleidung und Geräte
passepoiliert	mit einer Kordel abgedeckte Naht

pecuniär	das Geld betreffend
Pedum	Fußschemel
per Prokuration	in Vertretung
pièce	Stück
Pneumatikräder	Räder mit luftgefüllten Reifen (statt Vollgummireifen)
Pontifikalstrümpfe (-schuhe)	zeremonielle Fußbekleidung von Bischöfen und Päpsten
pontifizieren	ein Pontifikalamt feiern, d. h. eine vom Bischof in vollem Ornat mit großer Assistenz und besonderen Zeremonien gelesene Messe
Poterne	schmaler Durchlaß durch eine Festungsmauer
pour-parlers	mündliche Verhandlungen
Presbyterium	(abgetrennter) Aufenthaltsraum für Geistliche innerhalb des Kirchenraumes
Prosektur	pathologisches Institut
Purpurat	der Purpurträger (Purpur als Zeichen der Würde bzw. Herrschaft)
Queue	Schwanz, Ende (der Kolonne)
Rachel	tiefes, trockenes Bachbett, steile Mulde, tiefe breite Rinne
ramagiert	Dekormuster aus Blumen und Vögeln (eigentlich nur bei Textilien)
respondieren	antworten
restringieren	einschränken
Rochette	spitzenbesetztes, weißes Chorhemd aus Leinen mit engen Ärmeln, kürzer als eine Albe
Schabracke	Satteldecke
Schale	österreichischer Ausdruck für Tasse
Scheuer	Scheune
Schrammeln	Musikkapelle aus ein bis zwei Geigen, Gitarre oder Klarinette, Akkordeon, benannt nach Johann und Josef Schrammel, 1850–1893 bzw. 1852–1895
schweißig	blutig (Jägersprache)
Sedisvakanz	Zeit zwischen dem Tod eines Bischofs und der Inthronisierung seines Nachfolgers
Seide zupfen	Auszupfen der Fäden aus zerrissenen oder sonst un-

	brauchbaren Seidenkleidern oder -stoffen, um damit zu »basteln«
Sessel	österreichischer Ausdruck für Stuhl
Soiree	Abendgesellschaft mit Tanz, aber weniger formell als ein Ball
Souper, soupieren	Abendessen ohne besondere Feierlichkeit
Sous-Chef	stellvertretender Leiter
Spagat	Schnur
Spenzer	kurzes Herrenjäckchen mit Ärmeln, das den Gürtel nicht bedeckt
Stangenpferd, -paar	das an der Deichsel gehende Pferd bzw. Pferdepaar
stellig machen	(etwas) wieder an den Platz stellen, an den es gehört
Strecke	das nach der Jagd in Reihen geordnete erlegte Wild
Studentenzerevis	flache Kopfbedeckung farbentragender Studenten
stützig melden	beim Pferd: vor einem Hindernis zögern, stutzen
Subaltern-Offizier	Offizier ohne eigenes, selbständiges Kommando
Tabourett	niedriges Tischchen
taillieren	hier: es steht ihm, es kleidet ihn
Tatterich	Zittern
Tatze, Tazza	flache Anbietschale oder -platte mit Fuß
Tête	Anfang, Kopf, Spitze der Kolonne
Theresienkreuz	Ordenskleinod des Maria-Theresien-Ordens
Tiara	zeremonielle Kopfbedeckung der Päpste aus drei übereinanderliegenden Kronen, seit dem Zweiten Vatikanischen Konzil nicht mehr in Gebrauch
Toison	Schaffell, hier: Ordenskleinod des Ordens vom Goldenen Vlies
Toisonritter	Ritter des Ordens vom Goldenen Vlies
Train	Nachschub- und Versorgungseinheiten für die kämpfenden Truppen
treue Dienste	Abkürzung für die gesamte Tätigkeit eines Angestellten (Dieners etc.), wie sie von ihm erwartet wurde
Tumba	sargähnlicher Aufbau bei kirchlichen Trauerfeiern, in Vertretung des echten Sarges, der in der Regel nicht in der Kirche steht
Tunicella	Meßgewand für Subdiakone, ähnlich einer Dalmatika
unterhielten uns	vergnügten uns

Velum	rechteckiger Umhang des Priesters für den Segen mit der Monstranz
Vespermantel, Pluviale	ärmelloser, kostbarer Umhang des Priesters für Segensandachten
visitieren	Kontrollbesuch eines Bischofs bei den Pfarreien seines Bistums
Volkshymne	die jeweilige Nationalhymne, im Gegensatz zur allgemeingültigen Kaiserhymne
Wichsstiefel	Stiefel, die mit Schuhwichse gefärbt waren, im Gegensatz zu solchen aus naturfarbenem Leder
Zeremoniär	der für die Vorbereitung und vorschriftsmäßige Durchführung kirchlicher Zeremonien verantwortliche Priester
zerstreuend	geistig ablenkend, besonders beim Gebet
zum schwarzen Kaffee	gesellige Gesprächsrunde nach dem Mittagessen, an der die Damen nicht immer teilnahmen

Personenregister

Ortsregister

Bildnachweis

Heeresgeschichtliches Museum Wien: 4, 12–17, 19, 20, 23–26, 28–30, 32, 34–37
Archiv K. J. Frhr. v. Ketteler: 1, 3, 5, 7, 10, 11, 18, 21, 22, 25, 27, 33, 38
Archiv Lobkowicz-Eltz, Eltville: 2, 6, 8, 9, 31, 39